普通高等教育"十三五"规划教材

GuoJi MaoYi LiLun Yu ShiWu

国际贸易理论与实务
（第六版）

主编 ◎ 彭红斌　董　瑾

北京理工大学出版社
BEIJING INSTITUTE OF TECHNOLOGY PRESS

内 容 简 介

本书为《国际贸易理论与实务》第六版，其内容包括国际贸易理论、对外贸易政策与措施、区域经济一体化、世界贸易组织、国际贸易术语、国际贸易合同的主要条款、国际货物贸易程序、国际贸易方式等。结合近年来国际贸易实践中出现的新情况、新问题，本版增加了国际贸易保护理论之内容，对各章的主要数据、小知识、迷你案例等进行了修订和补充。全书结构完整、内容新颖、重点突出、简明扼要。本书可供高等院校的财经类、管理类本科生、研究生和工商管理硕士（MBA）教学使用，也可作为广大经济管理干部、工商企业人员的培训教材。

版权专有　侵权必究

图书在版编目（CIP）数据

国际贸易理论与实务/彭红斌，董瑾主编．—6 版．—北京：北京理工大学出版社，2020.1
ISBN 978-7-5682-8057-0

Ⅰ．①国… Ⅱ．①彭…②董… Ⅲ．①国际贸易理论-高等学校-教材②国际贸易-贸易实务-高等学校-教材　Ⅳ．①F740

中国版本图书馆 CIP 数据核字（2020）第 002236 号

出版发行　/　北京理工大学出版社有限责任公司
社　　址　/　北京市海淀区中关村南大街 5 号
邮　　编　/　100081
电　　话　/　（010）68914775（总编室）
　　　　　　　（010）82562903（教材售后服务热线）
　　　　　　　（010）68948351（其他图书服务热线）
网　　址　/　http://www.bitpress.com.cn
经　　销　/　全国各地新华书店
印　　刷　/　三河市华骏印务包装有限公司
开　　本　/　787 毫米×1092 毫米　1/16
印　　张　/　23.75　　　　　　　　　　　　　　　　　　责任编辑　/　王玲玲
字　　数　/　558 千字　　　　　　　　　　　　　　　　　文案编辑　/　王玲玲
版　　次　/　2020 年 1 月第 6 版　2020 年 1 月第 1 次印刷　责任校对　/　刘亚男
定　　价　/　56.00 元　　　　　　　　　　　　　　　　　责任印制　/　李志强

图书出现印装质量问题，请拨打售后服务热线，本社负责调换

前言 (第六版)

PREFACE (Sixth Edition)

《国际贸易理论与实务》自1998年出版以来，分别在2001年、2005年、2008年、2013年和2014年进行了5次修订和补充。本书先后被评为"第八届全国高校出版社优秀畅销书"一等奖、"普通高等教育'十一五'国家级规划教材"，两次被评为"北京高等教育精品教材"。本书累计销售量已达到11.5万册。

自第五版出版以来，世界经济贸易局势处于动荡、前景不明朗时期，反全球化思潮重起；个别国家大搞单边主义、贸易保护主义和霸凌主义；多边贸易体制面临着前所未有的挑战；中美这两个最大贸易国、经济体之间的贸易摩擦问题仍未解决；"一带一路"倡议取得明显进展。世界经济秩序处于巨大变动、调整与重建之中。在上述背景下，我们决定对第五版的内容进行更新与补充，出版第六版。

在修订本书的过程中，我们既保持上一版的风格和基本框架，又对部分章节做了新的安排，如将第五版中的第三章世界市场改为国际贸易保护理论，同时更新或补充了各章的主要数据、小知识和迷你案例，使本书更贴近当今国际贸易和世界市场发展的现实。

本书前五版均由董瑾担任主编，本次修订则由彭红斌、董瑾担任主编，并负责全书的统稿工作。本次修订的具体分工如下：

彭红斌　第一、二、三、四、五、六、八、九、十四章
张晓甦　第七、十、十一章
董梅　　第十二章
李京　　第十三章、附录

在本书编写与修订过程中，作者参阅了许多国内外论著与教材，有部分小知识、案例摘引自一些报刊、网站，在此对所参考引用资料的作者表示衷心的感谢！

编　者
2019.10

前言（第五版） PREFACE (Fifth Edition)

《国际贸易理论与实务》第四版于 2009 年出版，2011 年被评为"北京高等教育精品教材"，本书累计发行量达到 10 多万册。

本书第四版出版以来，国际贸易和世界市场发生了重要变化，区域经济贸易集团深入发展，多边贸易体制面临挑战，国际贸易规则有所调整。为充分反映国际贸易理论、政策与实践的最新变化，结合教学实践，作者在第四版的基础上修订出版第五版。在修订本书的过程中，我们既保持上一版风格和基本框架，又补充了新型贸易壁垒、区域经济贸易集团、全球多边贸易体制运行等内容，并根据国际商会（ICC）《2010 年国际贸易术语解释通则》，修改了贸易术语，同时更新了各章的数据、小知识和迷你案例，使本书更贴近当今国际贸易和世界市场发展的现实。

在本书编写过程中，作者参阅了许多国内外论著与教材，有部分小知识、案例摘引自一些报刊，对此我们对所参考资料的作者和报刊表示衷心的感谢！

本书的某些观点是作者在教学科研中的思考，不一定成熟，敬请专家、同仁及读者提出宝贵意见。

董 瑾

2013.12

前言（第四版）

《国际贸易理论与实务》第三版自 2005 年 8 月出版以来，已重印 8 次，发行量达到近五万册。该书 2006 年被评为"北京高等教育精品教材"。2008 年 11 月被评为"第八届全国高校出版社优秀畅销书"一等奖。本书第四版被列为"普通高等教育'十一五'国家级规划教材"。

第四版在第三版的基础上又做了一些修订。第一，结合国际贸易的最新发展，对世界市场的发展、全球多边贸易体制的运行和区域经济一体化做了补充与完善。第二，按照国际商会《跟单信用证统一惯例（2006 年修订本）》即《UCP600》的规定，对信用证结算的相关内容进行了修改。第三，调整和补充了一些重要资料和典型案例。第四，在附录中安排了几张有代表性的国际贸易单证示例，便于学生自学。

本书在修订过程中，坚持以马克思主义经济学为指导，全面反映国际贸易理论、政策与实践的最新发展，并吸收国内外学者的最新研究成果。

本次修订的具体分工如下：

董 瑾 第一、二、三、四、五、六、十四章

张晓甦 第七、十、十一章

彭红斌 第八、九章

董 梅 第十二章

李 京 第十三章、附录

本书由董瑾担任主编，负责全书统稿。

本书在修订过程中，参阅和借鉴了许多国内外论著与教材，在此对这些论著和教材的作者表示感谢！尽管作者尽了最大的努力，但本教材肯定还存在不少值得进一步探讨和完善的地方，诚挚地希望读者批评指正。

本书从 1998 年第一版以来，责任编辑孙金芳女士为此付出了巨大的努力，在此表示衷心的感谢。

董 瑾

2008.12

前言（第三版）
PREFACE (Third Edition)

本书在第二版的基础上，根据国际贸易的发展进行了修订与补充，具有以下特点：

第一，本书增加了一些新内容，使教材体系更加完整。在第三版中，将区域经济一体化作为独立一章，该章阐述经济一体化的基本形式，分析区域经济贸易集团的最新发展以及对国际经济贸易的影响。考虑到中国加入世界贸易组织后，面临更多的非关税壁垒问题，在非关税措施中较为具体地分析了技术性贸易壁垒、环境贸易壁垒和服务贸易壁垒的最新发展。

第二，本书注重国际贸易理论、政策与中国对外经济贸易实际的有机结合，全面反映中国入世后的外贸体制和相关机构与运作的变化，有针对性地阐述了国际市场变化对我国外经贸实际的影响。

第三，本书在编排上增加了小知识、迷你案例、例题和小讨论等内容，有助于学生扩展视野，更深入地理解和掌握书中的重点问题。每章均有学习要点和复习思考题。

本次修订的具体分工如下（以章节为序）：

董 瑾 第一、二、三、四、五、六、十四章

张晓甦 第七、十、十一章

彭红斌 第八、九章

董 梅 第十二章

李 京 第十三章

全书由董瑾担任主编，负责全书设计、总纂。

在本书写作过程中，我们参阅了大量的国内外论著与教材，由于篇幅有限，恕不一一列出，谨向文献的作者表示衷心的感谢。

由于作者水平有限，书中错误与遗漏难免，敬请读者指正。

作 者
2005.3

前言（第二版）
PREFACE (Second Edition)

为了更好地适应国际贸易领域的新情况、新课题、新规则的发展，为了满足培养对外经济贸易人才的需要，我们对《国际贸易理论与实务》一书进行了修订。本书坚持以马克思主义为指导，密切结合国际贸易的最新发展趋势，在吸收国内外新近出版的有关专著、教材和科研成果的基础上，按照理论篇、政策篇和实务篇的结构，系统地阐明了国际贸易理论、政策与措施，全面介绍了国际贸易术语、进出口的交易条件和交易程序等内容。本次修订在保留了原有教材基本框架的基础上，补充了国家竞争力理论、战略性贸易政策、世界贸易组织的基本原则、中国入世面临的机遇与挑战等内容；根据国际贸易规则的变化以及学生的要求，调整了国际贸易术语、国际货物贸易基本程序、国际贸易结算等章节的内容。全书在编写中力求内容新颖，重点突出，简明扼要、深入浅出。本书可供高等院校的财经类、管理类的本科生和工商管理硕士（MBA）使用，也可作为广大经济管理干部、工商企业人员的培训教材。

本书第一版的撰稿人有董瑾、王嗣俊、彭红斌、刘岭、杨裕钦。本次修订的具体分工如下（以章节为序）：

董　瑾　第一、二、三、四、五、十三章
张晓甦　第六、八、十章
彭红斌　第七、九章
杨裕钦　第十一章
李　京　第十二章

全书由董瑾担任主编，负责全书设计、总纂。第一版由中国人民大学国际经济系黄卫平教授担任主审，他对第一版的初稿提出了宝贵的修改意见。在本书写作过程中，我们参阅了大量的国内外论著，由于篇幅有限，恕不一一列出，谨向文献的作者表示衷心的感谢。

由于作者水平有限，本书错误与遗漏难免，敬请各位专家、学者和广大读者批评指正。

作　者
2001.4

目 录
CONTENTS

第一章	国际贸易概述	001
第一节	国际贸易概念与分类	001
第二节	国际贸易的产生与发展	011

上篇　国际贸易理论与政策

第二章　国际贸易理论 023
- 第一节　马克思主义国际贸易理论 023
- 第二节　比较优势理论 029
- 第三节　相互需求理论 035
- 第四节　要素禀赋理论与新要素理论 037
- 第五节　国际贸易的技术差距理论与产品生命周期理论 046
- 第六节　产业内贸易理论 049
- 第七节　国家竞争优势理论 053

第三章　国际贸易保护理论 058
- 第一节　重商主义贸易保护理论 058
- 第二节　李斯特保护幼稚产业理论 059
- 第三节　超贸易保护理论 061
- 第四节　战略性贸易政策理论 062
- 第五节　其他新贸易保护理论 064
- 第六节　中心-外围理论 065

第四章　国际贸易政策与措施 067
- 第一节　对外贸易政策 067
- 第二节　关税措施 071
- 第三节　非关税措施 082
- 第四节　促进出口措施 093
- 第五节　出口管制 097

第五章 区域经济贸易集团 ······ 100
- 第一节 区域经济一体化的概念 ······ 100
- 第二节 主要区域贸易集团的发展 ······ 105
- 第三节 区域贸易集团兴起的影响 ······ 117

第六章 世界贸易组织 ······ 121
- 第一节 从关税与贸易总协定到世界贸易组织的建立 ······ 121
- 第二节 世界贸易组织的宗旨、职能与法律框架 ······ 125
- 第三节 世界贸易组织的基本原则 ······ 128
- 第四节 世界贸易组织的运行机制 ······ 132
- 第五节 世界贸易组织的特点和作用 ······ 136
- 第六节 中国与世界贸易组织 ······ 144

下篇 国际贸易实务

第七章 国际贸易术语 ······ 153
- 第一节 国际贸易术语的含义及作用 ······ 153
- 第二节 有关贸易术语的国际贸易惯例 ······ 154
- 第三节 《2010通则》中主要国际贸易术语 ······ 160
- 第四节 其他贸易术语 ······ 171
- 第五节 贸易术语的选用 ······ 175

第八章 商品的品质、数量和包装 ······ 179
- 第一节 商品的品质 ······ 179
- 第二节 商品的数量 ······ 184
- 第三节 商品的包装 ······ 189

第九章 国际货物运输与保险 ······ 200
- 第一节 货物运输 ······ 200
- 第二节 货物的运输保险 ······ 211

第十章 商品的价格 ······ 223
- 第一节 进出口商品价格概述 ······ 223
- 第二节 价格制定和价格计算 ······ 226
- 第三节 佣金与折扣的运用 ······ 235
- 第四节 合同中的价格条款 ······ 239

第十一章 国际贸易结算 ······ 241
- 第一节 国际贸易结算工具 ······ 242

第二节	国际贸易结算方式	251
第三节	国际贸易结算方式的选择	277

第十二章 检验、索赔、不可抗力与仲裁 ···································· 280
  第一节 进出口商品检验检疫 ·· 280
  第二节 索赔 ··· 289
  第三节 不可抗力 ·· 292
  第四节 仲裁 ··· 294

第十三章 国际货物贸易流程 ·· 306
  第一节 交易准备 ·· 306
  第二节 交易磋商 ·· 310
  第三节 合同的签订 ·· 318
  第四节 合同的履行 ·· 323

第十四章 国际贸易方式 ·· 335
  第一节 经销和代理 ·· 335
  第二节 寄售、展卖与拍卖 ·· 339
  第三节 招标与投标 ·· 346
  第四节 商品期货交易 ·· 349
  第五节 对销贸易 ·· 352
  第六节 加工贸易 ·· 355

附录 国际贸易单证示例 ··· 359
参考文献 ·· 363

第一章
国际贸易概述

本章学习要点
- 国际贸易的概念
- 国际服务贸易的定义与特点
- 国际贸易的分类
- 国际贸易产生的条件

国际贸易作为一门学科,包括国际贸易理论、国际贸易政策和国际贸易实务三部分内容。国际贸易理论主要研究国际贸易形成与发展的原因,分析国际贸易的利益所在,揭示国际贸易的特点及运动规律。国际贸易政策则研究各国政府对外贸易政策的内容与趋势,以及国际贸易政策的协调机制。国际贸易实务专门研究国际货物交换的具体过程与基本做法,分析国际货物买卖合同的各项交易条件、交易磋商和合同履行的具体问题以及各种贸易方式。

本章主要阐述国际贸易的基本概念,介绍国际贸易的产生与发展的历史。

第一节 国际贸易概念与分类

一、国际贸易的概念

国际贸易(International Trade)是指世界各国(地区)之间货物(商品)(goods)和服务(services)的交换活动,是世界各国在国际分工基础上相互联系的主要形式。由于国际贸易是一种世界范围内的货物和服务的交换,因此又称为世界贸易(World Trade)或全球贸易(Global Trade)。

国际贸易是世界各国对外贸易的总和。对外贸易是指一国(地区)与其他国家(地区)之间商品和服务的交换活动。国际贸易与对外贸易既有联系又有区别。国际贸易与对外贸易都是跨越国界的商品和服务的交换,国际贸易主要是从世界范围内考察国家与国家之间的货物与服务的交换活动,而对外贸易则是从一个国家的角度来研究。

研究国际贸易要把握以下几个重要概念。

(一)国际货物贸易与国际服务贸易

1. 国际货物贸易

由于国际货物贸易买卖的对象是看得见摸得着的,有一定物理形态的商品,因此,国际货物贸易也称为有形贸易（Visible Trade）。有形贸易的进出口必须办理通关手续，因而反映在海关统计中，构成一国国际收支经常项目的重要内容。国际贸易的商品种类繁多，为了统计及分析的方便，联合国编制了《国际贸易商品标准分类》（Standard International Trade Classification, SITC），现已被世界绝大多数国家所采用。根据这个标准，国际贸易商品分为10大类、63章、233组、786个分组和1 924个基本项目。其具体分类为：0类为食品及主要供食用的活动物；1类为饮料及烟草类；2类为燃料以外的非食用粗原料；3类为矿物燃料、润滑油及有关原料；4类为动植物油脂及油脂；5类为化学成品及有关产品；6类为主要按原料分类的制成品；7类为机械及运输设备；8类为杂项制品。9类为没有分类的其他商品。在进行国际贸易统计时，一般把0~4类商品称为初级产品，5~8类称为工业制成品。

1988年海关合作理事会通过了《协调商品名称和编码制度公约》及其附件《协调商品名称和编码制度》（Harmonized Commodity Description and Coping System, H. S.），简称《协调制度》，并于1988年1月1日正式生效。H. S. 将商品分为21类、97章、1 241个税目及5 019个子目，该制度使商品分类更加细致和科学。现使用H. S. 的国家和地区约有100个。我国海关从1992年起采用H. S。

小知识1-1

H. S. 的商品分类

（引自http://www.2wfreight.com/static/HS-Code.php）

H. S. 将国际贸易按商品生产部门归类，共划分为21类。具体分类如下：

第一类　活动物；动物产品（1~5章）

第二类　植物产品（6~14章）

第三类　动、植物油、脂及其分解产品；精制的食用油脂；动、植物蜡(15章）

第四类　食品、饮料、酒及醋；烟草、烟草及烟草代用品的制品（16~24章）

第五类　矿产品（25~27章）

第六类　化学工业及其相关工业的产品（28~38章）

第七类　塑料及其制品；橡胶及其制品（39~40章）

第八类　生皮、皮革、毛皮及其制品；鞍具及挽具；旅行用品、手提包及类似容器；动物肠线（蚕胶丝线除外）制品（41~43章）

第九类　木及木制品；木炭；软木及软木制品；稻草、秸秆、针茅或其他编结材料制品；篮筐及柳条编结品（44~46章）

第十类　木浆及其他纤维素；纸及纸板的废碎品；纸、纸板及其制品（47~49章）

第十一类　纺织原料及纺织制品（50~63章）

第十二类　鞋、帽、伞、仗、鞭及其零件；已加工的羽毛及其制品；人造花；人发制品（64~67章）

第十三类　石料、石膏、水泥、石棉、云母及类似材料的制品；陶瓷制品；玻璃及其制品（68~70章）

第十四类　天然或养殖珍珠、宝石或半宝石、贵金属、包贵金属及其制品，仿首饰；硬

币（71章）

第十五类　贱金属及其制品（72~83章）
第十六类　机器、机械器具、电气设备及其零件；录音机及放声机、电视图像、声音的录制和重放设备及其零件、附件（84~85章）
第十七类　车辆、航空器、船舶及有关运输设备（86~89章）
第十八类　光学、照相、电影、计量、检验、医疗或外科用仪器及设备、精密仪器及设备；钟表；乐器；上述物品的零件、附件（90~92章）
第十九类　武器、弹药及其零件、附件（93章）
第二十类　杂项制品（94~96章）
第二十一类　艺术品、收藏品及古董（97章）

2. 国际服务贸易

国际服务贸易是指国家（地区）间各种类型服务的交换活动，是无形贸易（Invisible Trade）的重要组成部分。服务贸易作为一个独立概念提出来并被普遍接受是在20世纪70年代。在过去40多年的发展中，服务贸易快速增长，为世界各国经济发展提供了广阔的空间，并成为衡量一个国家整体水平的重要指标。

"乌拉圭回合"达成的《服务贸易总协定》（General Agreement on Trade in Services，GATS）将服务贸易界定为四类：

（1）跨境交付（Cross-border Supply）。自一成员境内向任何其他成员境内提供服务。

（2）境外消费（Consumption Abroad）。在一成员境内向任何其他成员的服务消费者提供服务。

（3）商业存在（Commercial Present）。一成员的服务提供者在任何其他成员境内通过商业存在提供服务。

（4）自然人流动（Movement of Personnel）。一成员的服务提供者在任何其他成员境内通过自然人提供服务。

这个定义已成为"国际服务贸易"的权威性定义，并被各国普遍接受。

第一类服务贸易是指服务的提供者与消费者都不移动。如通过电信、邮电、计算机网络实现的视听、金融、信息等服务。第二类服务贸易是通过服务消费者的过境移动实现的。如接待外国游客，提供旅游服务，为国外病人提供医疗服务，接受外国留学生等。第三类服务贸易与市场准入和直接投资有关，即服务的提供者将自己的生产要素（人员、资金、服务工具）移动到另一成员境内，通过设立商业机构或专业机构为消费者提供服务，取得收入。如外国公司到中国开办商店，设立金融机构，会计师、律师事务所等。第四类服务贸易是指服务提供者（自然人）的过境移动在其他成员境内提供服务而形成的贸易。如一国的医生、教授、艺术家到另一国从事个体服务。

以上四类各国间的服务交易，无论交易发生在何地，都属于服务贸易。服务的消费方是服务的进口方，服务的提供者是服务的出口方。

> 小知识 1-2

国际服务贸易的分类

(引自 http://www.wto.org/english/tratop_e/serv_e/mtn_gns_w_120_e.doc)

世界贸易组织将全世界的服务部门分为 12 大类，55 分类，143 个服务项目。具体分类如下：

1. 商务服务

(1) 专业服务；(2) 计算机及相关服务；(3) 研究与开发服务；(4) 房地产服务；(5) 无经纪人介绍的租赁服务；(6) 其他商务服务

2. 通信服务

(1) 邮政服务；(2) 快递服务；(3) 电信服务；(4) 视听服务；(5) 其他

3. 建筑及相关工程服务

(1) 建筑物的总体建筑工程；(2) 民用工程的总体建筑工程；(3) 安装和组装工程；(4) 建筑物的装修工程；(5) 其他

4. 分销服务

(1) 佣金代理服务；(2) 批发服务；(3) 零售服务；(4) 特许经营；(5) 其他

5. 教育服务

(1) 初等教育服务；(2) 中等教育服务；(3) 高等教育服务；(4) 成人教育；(5) 其他教育服务

6. 环境服务

(1) 污水处理服务；(2) 废物处理服务；(3) 卫生和相关服务；(4) 其他

7. 金融服务

(1) 所有保险和与保险相关服务；(2) 银行和其他金融服务；(3) 其他

8. 与健康相关的服务和社会服务

(1) 医院服务；(2) 其他人类健康服务；(3) 社会服务；(4) 其他

9. 旅游和与旅游相关的服务

(1) 饭店和餐馆；(2) 旅行社和旅游经营者服务；(3) 导游服务；(4) 其他服务

10. 娱乐、文化和体育服务

(1) 文娱服务；(2) 新闻机构服务；(3) 图书馆、档案馆、博物馆和其他文化服务；(4) 体育和其他娱乐服务；(5) 其他

11. 运输服务

(1) 海运服务；(2) 内河运输服务；(3) 航空运输服务；(4) 航天运输服务；(5) 铁路运输服务；(6) 公路运输服务；(7) 管道运输；(8) 所有运输方式的辅助性服务；(9) 其他运输服务

12. 其他未包括的服务

与货物贸易相比，国际服务贸易具有以下特点：

(1) 国际服务贸易的标的具有无形性。货物贸易的商品在空间形态上是确定的、可视的、有形的。而服务贸易的标的空间形态上是不固定的、不直接可视的、无形的。

（2）国际服务贸易标的的生产和消费过程具有同步性。国际货物贸易中的商品生产和消费过程是可以分割的。而国际服务贸易中服务的提供与消费难以分割，也就是服务价值的形成和使用价值的创造过程，与服务价值的实现和使用价值的让渡过程，以及使用价值的消费过程往往是同时发生的。

（3）国际服务贸易的标的是难以储存和反复转让的。货物是可以在时空上分离的物品，它可以储存，可以运输（位移），可以被反复转让。而服务不能储存，不能运输，不能被反复转让。

（4）国际服务贸易一般不经过海关，也不显示在海关统计上。而国际货物贸易必须经过一国的海关，货物的进出口反映在一国的海关统计中。一国货物的进出口和服务的进出口构成一国国际收支经常项目的主要部分。

国际服务贸易与国际货物贸易尽管有如此多的不同，但是从总体上看，两者之间是相互依存、相互促进的。一方面，国际货物贸易的发展会刺激与之有关的国际服务贸易的发展，比如，国际货物贸易的增长带动了与之相关的金融、保险、运输、通信等服务业的国际化，促进了国际服务贸易的发展。尤其是随着世界市场竞争逐步由价格竞争转向非价格竞争，无论是一个国家还是一个企业，能否在国际竞争中占据优势，在很大程度上取决于它能否为货物交换提供高水平的国际服务。因此，国际货物贸易的增长必然地会带动国际服务贸易的发展。第二次世界大战后国际贸易发展的实践充分证明了这一规律。

另一方面，传统国际服务贸易的发展以及新型服务贸易的出现也会促进国际货物贸易的发展。比如，运输服务贸易的增长增加了对汽车、轮船、飞机等交通工具的需求；数据处理和通信服务贸易的增长促进了对计算机、大型计算机网络、程控电话设备、通信卫星等商品的需求；文化娱乐服务的消费增长推动了卡拉OK、游戏机、电视机、影碟机等的发展。

（二）对外贸易额、国际贸易额与对外贸易量、国际贸易量

对外贸易额（Value of Foreign Trade）、国际贸易额（Value of International Trade）和对外贸易量（Quantum of Foreign Trade）、国际贸易量（Quantum of International Trade）是衡量一国对外货物贸易和国际货物贸易规模的重要指标。以货币表示的按现行价格计算的一国一定时期的对外贸易总额，称为对外贸易额或对外贸易值。联合国及世界贸易组织编制和发表的世界各国对外贸易额的资料，一般以美元表示。

对外贸易额是一国出口贸易额与进口贸易额的总和。一国将本国生产或加工的商品输往其他国家或地区，这种活动称为出口贸易。一国将外国生产或加工的商品输入本国市场，这种活动称为进口贸易。一国的出口贸易收入称为出口额，进口贸易支出称为进口额。一国在一定时期内出口额与进口额的差额称为贸易差额（Balance of Trade）。当一国出口额大于进口额时，称为贸易顺差（Surplus of Trade）或出超（Favorable Balance of Trade）。当一国进口额大于出口额时，称为贸易逆差（Deficit of Trade）或入超（Unfavorable Balance of Trade）。

同一货币单位表示的世界各国货物出口或进口总额，称为国际贸易额或国际贸易值，通常以美元表示。从一国来说，出口额与进口额之和构成一国的对外贸易额。但从整个世界来考察，一国的出口就是另一国的进口，如果把各国的对外贸易额相加就会造成重复计算。由于世界上大多数国家根据装运港船上交货价（FOB）计算出口额，用成本加保险费、运费价

(CIF) 计算进口额，进口额比出口额增加了运费和保险费。因此，世界出口货物总额总是小于世界进口货物总额。

由于进出口商品的价格经常变动，对外贸易额难以反映该国贸易的实际规模和发展变化，如果以国际贸易实物数量来表示，则能避免上述矛盾。但是，参加对外贸易的商品种类繁多，计量标准各异，无法把它们直接相加。为此，一般要选择某一固定年份为基期，以基期计算的报告期出口或进口价格指数去除报告期的出口额或进口额，得到按不变价格计算的出口额或进口额。这种按不变价格计算的对外贸易额已经排除了价格波动的影响，反映了对外贸易的实际规模，故称为对外贸易量。国际贸易量则是以一定时期的不变价格为标准计算的国际贸易额。

（三）对外贸易与国际贸易商品结构

对外贸易商品结构（Composition of Foreign Trade）是指一国各类进出口货物的构成状况。一国对外贸易商品结构主要由该国经济发展水平、自然资源状况、对外贸易政策等因素决定，它在一定程度上反映一国经济发展水平和在国际分工中的地位。改革开放以来，我国的对外贸易商品结构发生了根本性的变化，工业制成品在出口中的比重从1981年的49.7%上升到目前的95%以上。

国际贸易商品结构（Composition of International Trade）是衡量国际商品贸易发展水平的主要指标。它反映了各类货物在国际贸易中所处的地位，通常以各类货物贸易额在国际贸易总值中的比重来表示。国际贸易货物结构的变化，受到各国经济结构变化和各类商品价格变动的影响。国际贸易的商品结构通常分为初级产品和工业制成品。第二次世界大战后，随着科学技术的发展，国际分工的深化，工业制成品所占比重逐渐上升，初级产品的比重日趋减少。

（四）对外贸易与国际贸易地理分布

对外贸易地理分布（Geographic Distribution of Foreign Trade）指一定时期内世界上一些国家或地区的商品在某一个国家对外贸易中所占的地位，一般是以这些国家或地区的商品在该国进出口贸易总额的比重来表示，它表明该国同世界各国和地区经济贸易联系的程度。2018年，中国主要贸易伙伴包括欧盟、美国、东盟、日本、韩国、中国香港、中国台湾、澳大利亚、巴西、俄罗斯等，中国与它们之间的贸易额在中国进出口总额中的比重分别为14.8%、13.7%、12.7%、7.1%、6.8%、6.7%、4.9%、3.3%、2.4%、2.3%。这10个国家或地区合计占74.7%。

国际贸易地理分布（Geographic Distribution of International Trade）是指各个国家（地区）在国际贸易中所处的地位，通常以它们的出口额（进口额）占世界出口额（进口额）的比重来表示。它是反映国际贸易地区分布和商品流向的指标。2018年，位居世界出口前十名的国家或地区为中国、美国、德国、日本、荷兰、韩国、法国、中国香港、意大利和英国。它们的出口额分别占世界出口总额的12.8%、8.5%、8.0%、3.8%、3.7%、3.1%、3.0%、2.9%、2.8%、2.5%。2018年，位居世界进口前十名的国家或地区为美国、中国、德国、日本、英国、法国、荷兰、中国香港、韩国和印度，它们的进口额分别占世界进口额的13.2%、10.8%、6.5%、3.8%、3.4%、3.4%、3.3%、3.2%、2.7%、2.6%。

(五) 对外贸易依存度 (Ratio of Dependence on Foreign Trade)

对外贸易依存度也称"外贸依存率"或"外贸系数",反映一国对外贸易与国民经济之间的关系,一般用一国对外贸易额在国民生产总值 (GNP) 或国内生产总值 (GDP) 中所占比重来表示。

对外贸易依存度越大,表明一国对国际经济的依赖程度越深,同时依存度也表明对外贸易在一国国民经济发展中的地位与作用。外贸依存度分为出口依存度和进口依存度。出口依存度是一国在一定时期内出口贸易额占 GNP 或 GDP 的比重;进口依存度是一国在一定时期内进口贸易额占 GNP 或 GDP 的比重。出口依存度可以反映国内生产对外部市场的依赖程度,也可以反映一国的国际竞争力,而进口依存度则可以反映国内市场的供给对外部市场的依赖程度,也可以反映国内市场上外国产品的相对竞争力。影响一国对外贸易依存度的因素有:国内市场的发展程度、加工贸易的层次、汇率水平等。

迷你案例 1-1

2018 年中国对外贸易发展情况

(摘自中国对外贸易形势报告,http://zhs.mofcom.gov.cn/article/cbw/201905/20190502866408.shtml,略有删减)

2018 年,面对错综复杂的国内外形势,特别是中美经贸摩擦的严峻挑战,中国全年对外贸易仍然是稳中有进、稳中向好,质量效益进一步提升,货物贸易第一大国和服务贸易第二大国地位更加巩固,贸易强国建设进程加快推进,为中国经济社会发展做出新贡献。

(一) 进出口实现较快增长,规模创历史新高

2018 年,中国货物贸易进出口总额 30.5 万亿元人民币,比上年 (下同) 增长 9.7%。其中,出口 16.4 万亿元,增长 7.1%;进口 14.1 万亿元,增长 12.9%;贸易顺差 2.3 万亿元,收窄 18.3%。全年进出口总额、出口总额、进口总额均创历史新高。以美元计,2018 年中国货物进出口总额 4.6 万亿美元,增长 12.6%。其中,出口 2.5 万亿美元,增长 9.9%;进口 2.1 万亿美元,增长 15.8%。贸易顺差 3 517.6 亿美元,收窄 16.2%。据世界贸易组织 (WTO) 统计,2018 年中国货物出口额占全球货物出口总额的比重为 12.8%,与上年持平;货物进口额占全球货物进口总额的比重为 10.8%,比上年提高 0.6 个百分点,为历史最高水平。

(二) 国际市场布局更加多元,国内区域布局更趋均衡

2018 年,中国对前四大贸易伙伴欧盟、美国、东盟、日本进出口分别增长 7.9%、5.7%、11.2% 和 5.4%,合计占进出口总额的 48.3%。其中,对欧盟、美国、东盟、日本的出口分别增长 7.0%、8.6%、11.3% 和 4.4%。对"一带一路"沿线国家、非洲、拉丁美洲进出口分别增长 13.3%、16.4% 和 15.7%,增速分别高于进出口总体增速 3.6、6.7 和 6.0 个百分点,分别占进出口总额的 27.4%、4.4% 和 6.7%。我国与"一带一路"沿线国家的贸易合作潜力不断释放,成为拉动我国外贸发展的新动力。其中,对俄罗斯、沙特阿拉伯和

希腊进出口分别增长24.0%、23.2%和33.0%。

2018年,西部12省区市、中部6省市、东北三省进出口分别增长16.1%、11.4%和14.8%,分别高于全国整体增速6.4、1.7和5.1个百分点。东部10省市进出口增长8.8%。

(三) 民营企业成为外贸增长主力军,市场主体活力竞相迸发

2018年,民营企业进出口12.2万亿元,增长12.9%,占进出口总额的40.0%,比上年提高1.1个百分点,对年度进出口增长的贡献度超过50%。其中,出口7.9万亿元,增长10.4%,占出口总额的48.0%,比上年提升1.4个百分点,连续4年保持第一大出口主体地位;进口4.3万亿元,增长17.8%。民营企业机电产品出口和进口分别占民营企业出口总额和进口总额的4成以上,其中,集成电路、液晶显示板、手机出口分别增长51.0%、34.1%和16.8%,集成电路进口增长35.3%。中部、西部和东北地区的民营企业进出口分别增长20.3%、18.9%和16.7%,高于东部地区的12.1%。2018年,国有企业进出口5.3万亿元,增长16.8%,占进出口总额的17.4%。外商投资企业进出口13.0万亿元,增长4.3%,占进出口总额的42.6%。2018年,中国有进出口实绩的企业47万家,较上年增加3.4万家,市场主体活力进一步提升。

(四) 出口商品结构持续优化,机电和高新技术产品占比扩大

2018年,中国机电产品出口9.6万亿元,增长7.9%,快于总体增速0.8个百分点,占出口总额的58.8%,比上年提高0.4个百分点。高新技术产品出口4.9万亿元,增长9.3%,快于总体增速2.2个百分点,占出口总额的30.1%,比上年提高0.7个百分点。其中,金属加工机床、手机、汽车出口分别增长19.2%、9.8%和8.3%。高新技术产品出口实现较快增长,反映出口商品结构进一步改善,出口企业自主创新能力不断增强。同期,纺织品、服装、鞋类、箱包、玩具、家具、塑料制品等七大类劳动密集型产品合计出口3.12万亿元,微增1.3%,占中国出口总额的19.0%,比上年下降1.1个百分点。

(五) 一般贸易进出口快速增长,贸易附加值水平提升

2018年,中国一般贸易进出口17.6万亿元,增长12.5%,占进出口总额的57.8%,比上年提升1.4个百分点。其中,出口9.2万亿元,增长10.9%,占出口总额的56.3%,比上年提升2.0个百分点;进口8.4万亿元,增长14.3%,占进口总额的59.5%,比上年提升0.7个百分点。2018年,中国加工贸易进出口8.4万亿元,增长4.0%,占进出口总额的27.5%,比上年下降1.5个百分点。其中,出口5.3万亿元,增长2.5%,占出口总额的32.1%,比上年下降1.4个百分点;进口3.1万亿元,增长6.6%,占进口总额的22.1%,比上年下降1.3个百分点。

(六) 外贸发展新动能加速积聚,发展动力加快转换

跨境电子商务、市场采购贸易等贸易新业态已连续3年保持高速增长,成为外贸发展的新亮点。2018年,通过海关跨境电子商务管理平台零售进出口总额达到1347亿元,增长50.0%。其中,出口561亿元,增长67.0%;进口786亿元,增长39.8%。在外贸转型升级基地、贸易促进平台和国际营销网络"三项建设"的带动下,一大批外贸企业从供给侧发力,加快转型升级,加大技术创新、管理创新力度,不断提升国际竞争力,具有自主品牌、自主知识产权、自主营销渠道及高技术、高附加值、高效益的产品出口快速增长,外贸发展自主动力进一步增强。

（七）进口成为拉动外贸增长的重要动力，对国民经济社会发展贡献增强

2018年，中国进口增长对外贸增长的贡献率达到56.6%，成为拉动外贸增长的重要动力。部分重要设备和关键零部件、优质消费品进口增长较快，其中集成电路进口增长16.9%。部分降税商品进口增速较高，如化妆品和水海产品进口分别增长67.5%和39.9%。原油、天然气、铜精矿、煤、纸浆、原木等大宗商品进口数量分别增长10.1%、31.9%、13.7%、3.9%、4.5%和3.9%，有效保障了国内市场需求。2018年，中国进口环节税收1.97万亿元，增长4.0%，占中国税收收入的12.6%。外贸进口的较快增长，为推动产业升级、平衡国际收支、增加财税收入等作出了积极贡献。

（八）服务贸易出口增速高于进口增速，高质量发展成效明显

2018年，中国服务进出口总额52 402亿元，增长11.5%，规模创历史新高，连续第5年位居全球第二。其中，出口17 658亿元，增长14.6%，是2011年以来最高增速；进口34 744亿元，增长10%。随着服务业特别是生产性服务业发展水平提高，中国专业服务领域国际竞争力不断增强，服务出口增速连续两年高于进口。服务贸易结构持续优化，高质量发展取得积极进展。知识密集型服务进出口16 952.1亿元，增长20.7%，高于整体增速9.2个百分点，占进出口总额的比重达32.4%，比上年提升2.5个百分点。知识产权使用费进口增长较快，进口2 355.2亿元，增长22%；出口368亿元，增长14.4%。高端生产性服务需求和出口竞争力同步提升，技术服务出口1 153.5亿元，增长14.4%，进口839.2亿元，增长7.9%。旅行、运输和建筑等三大传统服务进出口33 224.6亿元，增长7.8%，占进出口总额的比重为63.4%，比上年下降2.2个百分点。国货物进出口总额4.6万亿美元，增长12.6%。其中，出口2.5万亿美元，增长9.9%；进口2.1万亿美元，增长15.8%。贸易顺差3 517.6亿美元，收窄16.2%。据世界贸易组织（WTO）统计，2018年中国货物出口额占全球货物出口总额的比重为12.8%，与上年持平；货物进口额占全球货物进口总额的比重为10.8%，比上年提高0.6个百分点，为历史最高水平。

二、国际贸易的分类

国际贸易范围广泛，内容复杂，种类繁多，依据不同的标准，可以进行不同的分类。认识和掌握这些分类以及相关的概念，有助于深入地研究国际贸易。

（一）以货物移动方向为标准的分类

出口贸易（Export Trade）是指将本国生产、加工的商品输往国外市场销售。

进口贸易（Import Trade）是指将外国商品输入本国市场上销售。

过境贸易（Transit Trade）是指甲国经过丙国国境向乙国运送商品，对丙国来讲，是过境贸易。

一国在出口和进口贸易中，由于某些原因，存在着复出口（Re-export Trade）和复进口（Re-import Trade）。所谓复出口，是指输入本国的商品再出口。所谓复进口，是指输出国外的商品再输入本国。一国在一定时期内，某种商品往往既有进口又有出口，若出口量大于进口量，称为净出口（Net Export）；若出口量小于进口量，称为净进口（Net Import）。

(二) 以货物运输方式为标准的分类

陆路贸易（Trade by Roadway）是指采用火车、卡车等运输工具运送货物的贸易，适用于陆地相邻国家间的贸易。

海路贸易（Trade by Seaway）是指采用各种船舶通过海上航线运送货物的贸易，国际贸易中大部分货物都是通过海上运输的。

空运贸易（Trade by Airway）是指通过航空运输的方式运送货物的贸易，主要适用于贵重商品以及对时效要求较高的商品。

邮购贸易（Trade by Mail Order）是指采用邮政包裹的方式运送货物的贸易。

多式联运贸易（Trade by Multimodal Transport）是指采取海、陆、空等运输方式中任何两种或两种以上的运输方式运送货物的贸易。

(三) 以贸易统计方法为标准的分类

总贸易（General Trade）是指以国境为标准划分商品进出口的统计方法。总贸易分为总进口和总出口。凡是进入国境的商品一律列为总进口，凡是离开国境的商品一律列为总出口。日本、英国、加拿大、美国、澳大利亚等国均采取这种统计方法。我国也采取总贸易统计方法。

专门贸易（Special Trade）是指以关境为标准划分商品进出口的统计方法。专门贸易分为专门进口和专门出口。凡是进入关境的商品一律列为专门进口，凡是离开关境的商品一律列为专门出口。专门进口包括外国商品直接进入关境供国内消费和从保税仓库提出进入国内市场的商品。专门出口包括从国内运出关境的本国商品以及进口后未经加工又运出关境的商品。德国、意大利、法国等国均采用这种统计方法。

(四) 以是否有第三国或地区参加贸易为标准的分类

直接贸易（Direct Trade）是指商品生产国与商品消费国直接买卖商品的行为。直接贸易的双方直接洽谈、直接结算、货物直接从出口国运到进口国。

间接贸易（Indirect Trade）是指商品生产国与商品消费国通过第三国或地区进行商品买卖的行为。出口国与进口国不直接进行洽谈、结算，必须经第三国或地区商人之手完成交易。买卖的商品可以由出口国直接运往进口国，也可以先运到第三国或地区，再由第三国或地区转运到进口国。

商品生产国与商品消费国通过第三国或地区进行的贸易，对第三国或地区来讲，则是转口贸易（Entrepot Trade）。转口贸易发达的国家或地区往往地理位置优越，运输条件便利，贸易限制较少，如新加坡、鹿特丹、中国香港地区等。

(五) 以清偿工具为标准的分类

现汇贸易（Spot Exchange Trade）是指以能够自由兑换的货币作为清偿工具的贸易。在国际贸易中，能够自由兑换的货币主要是发达国家的货币，如美元、欧元、日元等。

易货贸易（Barter Trade）是指以货物经过计价作为清偿工具的贸易。其特点是把进出口直接联系起来，双方有进有出，进出基本平衡。易货的商品可以一种对一种，也可以一种对多种，多种对多种。易货贸易有助于克服某些国家外汇短缺，难以用现汇从国外购买所需商品的障碍。但易货贸易也存在局限性，一是交换的商品不易对路；二是受支付平衡的限制，贸易规模难以扩大；三是手续复杂，谈判周期长；四是由于货物计价不是通过市场竞争形成的，而是由双方谈判确定的，因此，价格未必合理。

（六）以交易手段为标准的分类

单证贸易（Trade with Documents）是指在国际贸易交易过程中，以纸面单证为基本手段的贸易。

无纸贸易（Trade without Documents）是指以电子数据交换（Electronic Data Interchange，EDI）为工具的贸易，即贸易伙伴之间按协定通过电子计算机网络传递规范化和格式化的商贸数据和信息进行的贸易。

第二节 国际贸易的产生与发展

一、国际贸易产生

国际贸易是一个历史的范畴，它是社会生产力发展到一定阶段的产物。古代国际贸易的产生是以商品生产和国家出现为前提的。而这个前提是随着原始社会的解体和奴隶制的兴起而形成的。在原始社会初期，人类处于自然分工状态，生产力十分低下，人们在共同劳动的基础上获取有限的生活资料，仅能维持本身生存的需要。因此，没有剩余产品，没有阶级和国家，也就不存在对外贸易。

在原始社会野蛮时期的中级阶段，出现了人类历史上的第一次社会大分工，游牧部落从其他部落中分离出来。第一次社会大分工以后，促进了社会生产力的发展，产品开始有了少量剩余。于是在氏族公社之间，部落之间出现了剩余产品的交换。这种交换是极其原始的偶然的物物交换。

进入原始社会野蛮时期的高级阶段，出现了人类第二次社会大分工。手工业从农业中分离出来。手工业的出现产生了直接以交换为目的的商品生产。商品生产以及商品交换的不断扩大，产生了货币。商品交换逐渐变成了以货币为媒介的商品流通。随着商品货币关系的发展，出现了专门从事贸易的商人，产生了第三次社会大分工。

生产力的发展，交换关系的扩大，加速了私有制的产生，原始社会过渡到奴隶社会。整个社会分裂为奴隶主和奴隶两大对立阶级，作为阶级统治工具的国家代替了氏族制度。国家出现后，商品交换超出了国家界限，产生了国际贸易。

二、前资本主义时期的国际贸易

（一）奴隶社会的国际贸易

奴隶社会是以奴隶主占有土地和其他生产资料并占有直接生产者——奴隶为基础的社会。在奴隶社会，自然经济占统治地位，商品生产处于从属地位。因而决定了当时的国际贸易具有以下特征：

(1) 从商品结构看，十分单一有限。奴隶是最主要的商品，当时希腊的雅典是贩卖奴隶的中心之一，每年奴隶的交易量达到 20 万人左右。同时，奢侈品，如宝石、装饰品、各种织物、香料等，在国际贸易中也占有较大比重。

(2) 从地理范围看，具有明显的地域性。在欧洲，贸易主要集中在地中海和黑海的沿岸。我国在夏商时代已进入奴隶社会，贸易集中在黄河流域。

(3) 从贸易民族看，在奴隶社会，地中海一带的贸易主要由腓尼基人、迦太基人以及希腊的某些城邦所控制。

(二) 封建社会的国际贸易

封建社会是以封建地主占有土地、剥削农民（农奴）剩余劳动的社会。封建社会的经济仍然是自给自足的自然经济，商品经济仍处于从属地位，因而当时国际贸易的规模有限，但比奴隶社会仍有相当的发展。

在封建社会发展的不同阶段，国际贸易状况是有所不同的。在封建社会早期，封建地租采取劳役和实物的形式，进入流通的商品不多。因此国际贸易的商品种类、地区范围受到极大限制，贸易往来只发生在少数近邻国家或地区之间，而且时断时续。在封建社会中期，随着商品生产的发展，封建地租逐步转变为货币地租，促进了国际贸易的发展。在封建社会末期，普遍采取货币地租。同时城市手工业的发展，使得商品经济和国际贸易有了较大发展。

在封建社会，国际贸易的主要商品仍然是奢侈品。到了封建社会末期，原料和日用品逐渐增多。

在封建社会，国际贸易的范围不断扩大。起初国际贸易集中在地中海东部，在 11 世纪以后又逐步扩大到地中海、北海、波罗的海和黑海沿岸。在封建社会发展过程中形成的欧洲各国的贸易中心发生过多次变迁。这些贸易中心，对于欧洲各国对外贸易的发展都先后起着相当重要的作用。在封建社会的早期阶段，罗马帝国的首都君士坦丁堡是最大的国际贸易中心。这里汇集着大量的阿拉伯和拜占庭的商人。当时阿拉伯商人专门贩卖非洲的象牙、中国的丝绸、东方的宝石和香料。随着意大利北部城市和波罗的海沿岸的兴起，国际贸易中心转移到意大利的威尼斯和热那亚。

我国在秦汉时期，对外贸易有了一定的发展。公元前 2 世纪，就开辟了从新疆经中亚通往中东和欧洲的陆路——丝绸之路。通过"丝绸之路"，中国的丝绸、茶叶开始输往欧洲西南部和地中海沿岸，而欧洲的宝石、珊瑚和玻璃制品输往中国。

当时的东西方之间不仅有横贯中亚、西亚的陆路商路，还有一条"海上丝绸之路"。早在汉武帝时就开辟了中印海上航线。这条航线从雷州半岛出发，绕印度支那半岛、马来半岛、过马六甲海峡，进孟加拉湾到达印度。这样使中国同马来西亚、印度尼西亚、印度建立了直接的海上贸易关系。同时，通过印度又沟通了中国同西亚、北非和罗马的海上贸易。

明朝郑和下"西洋"，扩大了海上贸易。通过对外贸易，我国向亚非许多国家传播了火药、指南针和手工业等技术，同时也把这些国家的土产、优良种子等输入我国，促进了我国人民与各国人民的友好往来和文化技术交流。

在奴隶社会和封建社会，由于自然经济占统治地位和交通条件的限制，国际贸易在当时的社会经济中不占主要地位。贸易的品种、数量和地区范围都有很大的局限性。只有到了资本主义社会，国际贸易才获得广泛的发展，才真正具有世界性。

三、资本主义时期的国际贸易

（一）资本主义生产方式准备时期的国际贸易

资本主义生产方式准备时期，即 16 世纪至 18 世纪中叶，是资本原始积累和工场手工业发展时期。在这一时期，工场手工业的广泛发展，提高了劳动生产率，促进了商品生产和交换的进一步扩大，国际贸易也随之发展起来。

在欧洲，1486—1487 年，葡萄牙人迪亚士发现了好望角；1492—1493 年，意大利人克里斯多弗·哥伦布由西班牙出发经大西洋发现了美洲；1497—1498 年，西班牙贵族瓦斯哥·达·伽马绕过非洲发现通往印度的新航路；1519—1522 年，葡萄牙人斐南多·麦哲伦率领的舰队穿过大西洋，沿南美洲东岸绕过美洲大陆最南端转入太平洋到达菲律宾群岛，然后经印度洋绕过好望角返航，第一次完成了环球航行。

地理大发现之后，欧洲大批殖民主义者涌进了美洲、非洲，用暴力、欺骗和贿赂的办法，进行掠夺性贸易，把当地的珍贵产品、大量的黄金、白银运到欧洲。同时强行占领这些地区，使之成为殖民地，并卷入国际贸易中。

地理大发现后，进入世界贸易的商品种类和商品总量急剧增加。除了从殖民地流入的贵金属外，还出现许多新商品，如美洲的烟叶、玉米等。西印度的咖啡和蔗糖、印度的手织棉布也大量输入欧洲。奴隶贩卖在国际贸易中也占有重要地位。由于印第安人在殖民主义者的虐杀和奴役下大批死亡，造成了殖民地种植园和矿山劳动力严重不足，于是欧洲殖民主义者开始从非洲猎捕黑人贩运到美洲充当奴隶，获取巨额利润。

地理大发现后，世界商路不再经地中海而取道大西洋，意大利各城市由于远离世界商路失去了贸易中心的地位。16 世纪时，贸易中心转移到葡萄牙、西班牙和尼德兰南部各港口，特别是里斯本、塞维尔、安特卫普。在 17 世纪时，荷兰的阿姆斯特丹成为国际贸易的中心。

在这一时期，欧洲国家出现了垄断殖民地贸易的特权公司。这种特权公司以贸易垄断和掠夺方式相结合，获取了大量利润。这些利润成为资本原始积累的重要来源。

这个时期的国际贸易，同奴隶社会和封建社会相比，有了很大的发展。但是由于资本主义机器大工业尚未建立，交通工具还不完善，国际贸易的规模、范围和商品品种均受到一定的限制。

（二）自由竞争时期的国际贸易

从 18 世纪后半期至 19 世纪 70 年代是资本主义自由竞争时期。在这一期间，欧美各先进国家相继发生并完成了产业革命，建立了机器大工业，资本主义生产方式取得了统治地位。

机器大工业建立以后，社会生产力迅速发展，社会产品大大增加。19 世纪上半叶，英国棉织物的产量增加了 9 倍，煤的开采量增加了 4 倍，铁的冶炼量增加了几乎 13 倍。与此同时，机器大工业的建立，推动了交通运输工具和通信联络工具的巨大发展和广泛运用，克服了国与国之间的距离障碍，便利和推动了国际贸易的发展。

这一时期，随着资本主义的发展，国际贸易发生了显著的变化，具有以下几个特点：

（1）国际贸易额空前增加。1800—1880 年的 80 年间，国际贸易额增长了 10 倍。而在这期间，由于资本主义竞争的加剧，价格呈下降趋势，国际贸易量实际增长了 13 倍。

（2）国际贸易的商品结构不断变化，商品种类越来越多，出现了机器和运输工具的贸易，纺织品的贸易迅速增加，粮食也成为大宗的贸易商品。

（3）贸易方式有了进步。国际定期集市的贸易方式逐渐减少，现场看货交易逐渐发展为凭样品买卖。同时商品交易所日趋专业化，1848 年美国芝加哥出现了第一个谷物交易所，1862 年伦敦成立了有色金属交易所。

（4）经营国际贸易的组织机构日益专业化，出现了很多为国际贸易服务的专业化的公司，如运输公司、保险公司等。

（5）国家之间的贸易条约、贸易协定广泛发展。为了保持在世界市场的份额，稳定贸易渠道，协调国家之间的贸易关系，一些国家之间开始签订贸易条约和协定。其主要内容是规定缔约国双方在贸易、航海、商品进出口、转口和关税等问题上的权利和义务。

（6）在自由资本主义时期，英国首先完成产业革命。英国凭借其先进的技术，成为世界上最大的工业、贸易、金融、航运大国，在国际贸易中处于垄断地位。英国以它工业和贸易上的优势为基础，极力鼓吹和推行自由贸易政策，以便进入其他国家市场。而其他国家如德国和美国为了保护其幼稚工业，则采取了保护贸易政策。到了 19 世纪中叶，其他资本主义国家先后发展起来，在世界市场上与英国展开了竞争。

（三）垄断资本主义时期的国际贸易

19 世纪末到 20 世纪初，各主要资本主义国家从自由竞争过渡到垄断资本主义，即帝国主义阶段。这个阶段的国际贸易具有以下特点：

（1）国际贸易额显著增加，但出现不稳定状态。19 世纪末至 20 世纪初的 10 年，世界贸易额大约增加了 1/3。而 1929—1933 年的资本主义世界经济危机，使得国际贸易额大大下降并且停滞不前。

（2）国际贸易商品结构继续发生变化。伴随第二次科技革命的发展，出现了一系列新兴产业如电气、汽车、石油等，重工业产品在国际贸易中的比重迅速增加。

（3）垄断资本在国际贸易中占统治地位。国际垄断组织利用资本输出，垄断国外市场，控制和奴役殖民地、附属国。

（4）国际贸易地理方向发生了变化，欧洲在世界贸易中的比重不断下降，由 1870 年的 72%下降到 1913 年的 64%，1937 年又继续下降至 50%左右。北美、亚洲、非洲、拉丁美洲在国际贸易中的比重有所上升，美国取代英国在世界出口中跃居第一位。

（5）各国相继采取超保护贸易政策，普遍建立了关税壁垒。出口补贴、出口信贷国家担保制、外汇管制等措施日益盛行。

四、第二次世界大战以后的国际贸易

第二次世界大战以后,在世界范围内发生了第三次科技革命。这次科技革命以原子能、电子计算机和空间技术的发明与利用为主要标志。科技革命使生产工具和生产手段发生了重大变革,特别是电子计算机的生产和广泛使用,创造了机器控制机器的生产自动化装置。自动化机器大生产体系的发展,在很大程度上代替了人的体力劳动,部分地代替了人的脑力劳动,从而形成了崭新的生产格局。现代科学技术创造了自然界不能提供的新型材料,使劳动对象发生了重要质变。同时,科技革命推动了运输、通信的发展。科技革命的发展,使国际贸易的发展进入了一个新的阶段。国际贸易无论是贸易规模,还是增长速度,都大大超过了战前的水平。

总体来看,第二次世界大战以来的国际贸易具有以下特征:

(一)国际贸易规模不断扩大

第二次世界大战后,世界市场日益扩大,国际贸易额不断增加。世界货物出口额 1950 年为 607 亿美元,1960 年为 1 278.7 亿美元,1970 年达到 3 120.7 亿美元,1980 年上升为 19 942.87 亿美元,1990 年达 32 000 多亿美元,1999 年达 70 000 亿美元,2018 年增长到 193 940 亿美元。2018 年的出口额约为 1950 年的 320 倍。

在货物贸易市场容量扩大的同时,国际服务贸易市场迅速发展。世界服务贸易额从 1970 年的 710 亿美元增长到 2018 年的 57 700 亿美元,增长了 80 倍之多,约为 2018 年国际货物贸易额的 30%。

战后世界市场规模不断扩大的主要原因是战后第三次科技革命的发展,尤其是信息技术的创新。伴随经济全球化的扩展,国际分工进一步深化,资本国际化进程的加快,使各国(地区)的市场不断融入世界市场。

但是,世界市场的发展并不是一帆风顺的,而是在动荡中发展与扩大的。世界市场上占主导地位的一直是西方发达国家。世界市场受资本主义基本经济规律和生产无政府状态的制约,引起世界性经济危机频繁爆发,加上国际性政治、军事冲突,导致了世界市场在动荡中不稳定地发展与扩大。如 1973—1975 年战后爆发了比较严重的经济危机,1982—1984 年战后爆发了最严重的经济危机。在两次经济危机期间,国际贸易的增长速度下降,甚至出现负增长。1997 年亚洲金融危机的爆发,使世界货物出口下降 2%。2008 年的全球金融危机导致 2009 年世界货物出口额同比下降 12%。

(二)国际贸易结构不断优化

国际市场交换的内容包括货物与服务产品。目前在科技革命的影响下,产品的结构不断优化,第二次世界大战后,工业制成品不仅年均增长一直快于初级产品(农产品和能源及矿产品)(表 1-1),且工业制成品在国际贸易中的比重不断增加。1955 年,制成品贸易额占世界贸易总额的比例只有 44.7%,到 1985 年,该比例上升到 62.3%。1999 年这一比重又上升为 76.5%,而 2011 年工业制成品出口所占比重有所下降,约占世界出口总额的 64.6%。2018 年,出口货物结构的变化,主要是能源价格上涨造成的。

表 1-1 2010—2018 年世界商品出口总额与 GDP 的增长率   %

项目	2010—2018	2016	2017	2018
世界商品出口	3.0	1.6	4.5	2.8
农产品	3.9	2.0	8.5	6.1
燃料与矿产品	1.3	1.6	-2.7	3.7
工业制成品	3.4	0.3	4.7	3.3
世界 GDP	2.7	2.3	3.0	3.2

（数据来源：WTO：World Trade Statistical Review 2019）

当代国际货物贸易结构的变化，不仅表现在制成品和初级产品的贸易比重的变化上，而且两大类贸易的内部结构也发生了一系列变化。在工业制成品贸易中，劳动密集型的轻纺产品比重下降，而资本货物所占比重上升，高技术产品的增长加快，化工产品、机器和运输设备等的贸易比重增长也较快。进入 20 世纪 90 年代以后，信息技术使世界出口商品构成发生了新的变化。在工业制成品贸易中，"息时代"产品如现代化办公及电信设备的出口在货物贸易中的比重日益提升，而纺织品和服装占比下降。在初级产品贸易中，石油贸易增长迅速。

自 20 世纪 80 年代以来，由于新兴服务产业的不断兴起，服务贸易的结构发生了变化，逐步由传统的自然资源或劳动密集型服务贸易转向知识、智力密集型或资本密集型的现代服务贸易。

现阶段运输、旅游和其他商业服务仍然是服务贸易中最重要的三大类别，但占服务贸易总出口额的比重有所变化。2000 年，运输、旅游和其他商业服务出口占世界服务出口总额的比重分别为 23%、32.1% 和 44.8%。2005 年，这三项的比重分别为 22.2%、26.6%、47.6%。2018 年的统计数据显示，运输、旅游占世界服务出口的总额的比重进一步下降，运输、旅游和其他商业服务的比重分别为 17.6%、24.9% 和 53.8%（表 1-2）。

表 1-2 2018 年国际服务贸易结构

项目	2018 年出口、进口额/10 亿美元	份额/%				
		2005	2010	2015	2017	2018
出口						
全部服务产品	5 770	100.0	100.0	100.0	100.0	100.0
与货物相关的服务	211	3.4	3.6	3.5	3.5	3.7
运输服务	1 017	22.2	21.5	17.5	17.7	17.6
旅游	1 434	26.6	24.9	25.0	25.0	24.9
其他服务	3 106	47.6	50.0	54.1	53.8	53.8
进口						
全部服务产品	5 485	100.0	100.0	100.0	100.0	100.0

续表

项 目	2018年出口、进口额/10亿美元	份额/%				
		2005	2010	2015	2017	2018
与货物相关的服务	143	2.6	2.1	2.5	2.6	2.6
运输服务	1 215	27.0	26.4	21.3	21.9	22.2
旅游	1 404	26.1	23.4	25.6	25.6	25.6
其他服务	2 722	44.3	48.1	50.6	50.0	49.6

（数据来源：WTO：World Trade Statistical Review 2019）

（三）区域贸易集团化趋势不断加强

20多年以来，尽管经济全球化成为世界经济发展的主流趋势，但实际上WTO框架下的多边谈判并不尽如人意。2001年开始的多哈回合谈判不仅进展艰难，而且使很多国家对WTO框架下的多边合作体制失去信心。在此背景下，各国积极推进区域经济合作，使全球区域经济一体化进入了一个新阶段，区域贸易集团化趋势明显加强。截至2012年1月15日，各缔约方向WTO通报的区域贸易安排达到511个，其中319个已开始有效运转，比2000年增加了近270%。

世界范围内的区域经济贸易合作名目繁多，所处的一体化程度不同。但这些区域贸易集团通过实施贸易自由化，削减或免除关税，消除其他非关税措施，使集团内成员间的贸易迅速增长，集团内贸易在成员国对外贸易总额中保持较高比重，如欧盟内部出口和进口贸易额均占整个集团出口和进口贸易额的60%以上，北美自由贸易区成员之间的出口和进口分别占整个集团出口和进口额的50%和1/3以上，同时，区域贸易集团在国际贸易中的地位越来越重要。欧盟、北美自由贸易区和东盟的出口额已占世界出口总额的近60%。

目前，新一轮的区域合作与一体化具有不同于以往的鲜明时代特征。首先，突破了传统的地缘性限制；其次，超越了以自由化为核心内容的贸易安排；最后，地区主义重新盛行，竞争更为加剧。新一轮的区域合作与一体化涉及更多深层次的内容，诸如投资、服务贸易、政府采购、环境保护、知识产权、劳工标准等。同时，各国在参与区域合作中，都十分明确地反映了国家总体构想、阶段目标、谈判标准等战略意图。如美国自高调"重返亚洲"以来，提出了"竞争性自由化战略"，实现亚太自由贸易区构想的核心框架，并以制度安排、规则制定、机制建设为主要内容。

小知识 1-3

南方共同市场和安第斯共同体

1991年3月26日，阿根廷、巴西、巴拉圭和乌拉圭4国总统在巴拉圭首都亚松森签署《亚松森条约》，宣布于1994年12月31日建立南方共同市场（MERCOSUR）。1995年1月1日，南方共同市场正式开始运作，成为世界上第一个完全由发展中国家组成的共同市场。智利、玻利维亚、秘鲁等国先后成为南方共同市场联系国。

安第斯共同体（Andean Community）是南美洲安第斯山地区发展中国家区域性经济合作组织。1969年5月26日，玻利维亚、哥伦比亚、智利、厄瓜多尔和秘鲁5国在哥伦比亚卡塔赫纳签署《安第斯区域一体化协定》（后称《卡塔赫纳协定》），成立了卡塔赫纳协定委员会，1969年10月16日协定生效。1973年2月13日委内瑞拉加入。1976年10月智利宣布退出。1992年9月，秘鲁中止对伙伴国承担经济义务，1996年1月，秘鲁政府宣布全面加入安第斯一体化体系，承担成员国所有义务。目前成员国有玻利维亚、哥伦比亚、厄瓜多尔、秘鲁和委内瑞拉。该组织的宗旨是促进成员国之间平衡和协调地发展，取消成员国之间的关税壁垒，组成共同市场，加速经济一体化进程。

区域贸易集团内消除贸易壁垒，是朝着贸易自由化迈出的一步。只要其优惠措施无损于非成员国，都将有利于全球贸易自由化的发展。但是在实践中，由于区域贸易集团对内实行各种优惠措施，往往会对非成员国构成一定的歧视，形成对外的排他性。特别是贸易转移效应，会给集团外原来处于优势地位的企业带来不利的影响。

（四）跨国公司在世界市场中的地位日益突出

1977年联合国出版物对跨国公司的内涵做了明确的表述："跨国公司是股份制的企业，包括母公司和他们的分支公司。母公司定义为一家在母国以外的国家控制着其他实体的资产的企业，通常拥有一定的股本。股份制企业拥有10%或者更多的普通股或投票权者，或者非股份制企业拥有等同的数量（资产）者，通常被认为是资产控制权的门槛。分支机构是一家股份制的或非股份制的企业，在那里一个其他国家居民的投资者对该企业管理拥有可获得持久利益的利害关系。"[1] 跨国公司是对外直接投资的主体，它通过建立国外子资公司、合资企业及其他合作方式，如许可转让、交钥匙工程等，将触角延伸到世界各地。

20世纪80年代以来，跨国公司获得了空前的发展。跨国公司成为国际贸易、国际金融和国际技术转让活动的主要承担者。根据联合国贸易与发展会议公布的《2007年世界投资报告》的统计数字，到2006年年底，全球约有78 000家跨国公司母公司，它们的海外分支机构约有780 000家。2010年，跨国公司在国内外创造的增值约16万亿美元，约占全球GDP的1/4。跨国公司外国子公司的产值约占全球GDP的10%以上和世界出口总额的1/3。在经济全球化和技术变革不断加快的背景下，跨国公司的发展呈现出跨国化程度不断提高、形成全球产业链、跨国并购成为跨国公司迅速成长和增强竞争力的有效途径等一些新的特点。

（五）国际市场竞争日趋加剧

20世纪90年代以来，世界经济全球化进程加快，区域经济贸易集团内部市场进一步统一，世界货物、服务、技术、投资市场不断融合，致使世界市场的竞争日益加剧。竞争集中在以下几个方面：① 竞争能力的培育由单一性向综合性发展。各国贸易厂商把"价值链"的完成作为经营的中心，既注重产品上游的研制开发，又加强下游的销售和服务。② 竞争方式由粗放式加速向集约式转变。贸易厂商不再单纯依靠拼价格、拼数量、拼优惠条件占领

---

[1] 联合国：1997年世界投资报告. 英文版，第295页.

国际市场，而是通过加强非价格竞争的因素，如提高产品质量、改进商品包装、加强广告宣传、创立名牌等。③ 竞争范围由商品贸易上的竞争转向融商品、服务、投资、知识产权为一体的多方面的竞争，而服务和知识产权的竞争尤为突出。④ 竞争格局由单个贸易国家间的竞争转向区域经贸集团之间的竞争。⑤ 各国政府积极介入竞争。⑥ 公平竞争成为世界市场的主流。为了确保国际贸易的顺利进行，各国政府越来越重视公平竞争，制止不正当的竞争。在国际市场上，各国通过各种贸易条约、国际贸易惯例等贯彻公平竞争的原则，为公平竞争提供法律环境。

思 考 题

1. 国际贸易与对外贸易有何异同？
2. 国际服务贸易具有哪些特点？
3. 国际贸易有哪些分类？依据是什么？
4. 国际贸易是怎样产生的？不同时期国际贸易各有什么特征？
5. 如何认识我国目前的对外贸易依存度？

上篇　国际贸易理论与政策

第二章
国际贸易理论

本章学习要点
- 国际分工的含义、影响因素和作用
- 国际价值的概念
- 比较优势理论的主要内容及其局限性
- 要素禀赋理论的主要内容
- 国际贸易新要素涵盖的内容
- 产品生命周期理论和技术差距理论的内容及意义
- 产业内贸易的特点及指数的测量
- 需求偏好相似理论的内容与意义
- 国家竞争优势理论的基本内容

国际贸易理论是对国际贸易基础、国际贸易利益、决定国际贸易总量、构成及格局变化规律的系统阐述,是国际贸易政策的理论依据。长期以来,国际贸易理论形成两大分支:一是马克思主义的国际贸易理论,二是西方经济学家的国际贸易理论。马克思、恩格斯在系统研究资本主义运动规律的同时,阐述了国际经济领域中一些带有普遍性的原理,这些原理对我们分析当今的国际经济贸易关系仍具有重要的指导意义。西方经济学家的国际贸易理论经历了近 200 年的发展,从古典、新古典到新贸易理论进行不断的演绎,通过修正、补充和完善,使其理论能够从多个侧面诠释国际贸易的新现象。西方国际贸易理论一直是国际经济学的重要组成部分,分析、研究、借鉴、吸收西方国际贸易理论中的科学成分,对于正确认识当代国际经济贸易的特点与规律,具有积极意义。

第一节 马克思主义国际贸易理论

马克思对国际贸易理论极为重视。在 1857—1858 年的《政治经济学批判》序言中,马克思曾计划将国际分工、国际交换作为一个分篇来研究。尽管马克思一直未形成国际贸易的专门著作,但曾有过不少关于国际贸易的论述,其中国际分工和国际价值是两个极为重要的内容。

一、国际分工理论

根据马克思主义的原理,分工是交换的基础。只有在分工不断专业化的基础上,经常性地、大规模地交换活动才能进行。国际分工（International Division of Labor）是指世界各国之间的劳动分工，是一国内部社会分工向国外的延伸和继续，是社会生产力发展到一定阶段的产物。国际分工是国际贸易的基础，在国际交换的背后，存在着各国生产者之间的劳动分工。没有国际分工就不会产生国际贸易。

（一）影响国际分工产生与发展的因素

国际分工是社会生产力发展到一定阶段的产物。它的形成与发展取决于社会生产力、自然条件、跨国公司的迅速发展、上层建筑等多种因素。

1. 社会生产力

生产力的发展是国际分工形成和发展的决定性因素。而科学技术是生产力的重要组成部分，科学技术的进步，深刻地改变着生产的物质基础，改变着劳动者的面貌。人类社会经历了三次大的科技革命，都对当时的生产过程、工艺技术以及与之相联系的众多生产领域产生了极为重要的影响，极大地推动了国际分工的发展。

科学技术的发明创造和运用，使生产力得到巨大增长，生产规模进一步扩大，产品在满足国内市场要求的基础上走向国际市场，实现国际专业化生产。同时，生产的扩大，使本国生产的原料、零部件等中间产品很难在数量、质量和结构上与之完全相适应，这就促使其在国际市场上寻找适宜的原料、中间产品，而另外一些国家将按照比较优势的原则，从事原料、中间产品的国际专业化生产。

科学技术的发展为国际分工创造了坚实的物质基础。科学技术的日新月异，提供了飞机、巨轮、电子通信等先进的交通运输工具和通信、联络手段，大大缩短了世界各国之间的空间与时间距离，使得国与国之间的生产过程联系密切。过去在一个国家完成的生产，现在可以分布在世界各地的最佳区域内进行。

生产力的发展水平决定一国在国际分工中的地位。生产力发展水平高的国家，在国际分工中处于领先地位。在自由竞争时期，英国最先完成了产业革命，生产力水平最高，在相当长的时间里处于国际分工的主导地位。以后，其他资本主义国家的生产力获得了发展，竞争实力加强，在国际分工中的地位随之提高，并处于支配地位。这是因为生产力水平决定着一国的经济结构，制约着其参与国际交换的产品内容，影响着其参与国际分工的形式。

2. 自然条件

自然条件包括地理位置、气候、自然资源、国土面积等。人类的生产活动总是在一定的自然条件下进行的。离开特定的自然条件，一些经济活动很难开展，甚至无法进行。矿产品只能在拥有大量矿藏的国家生产和出口，热带经济作物只适宜在热带雨林气候的条件生长。因此，有利的自然条件为一国参与国际分工提供了可能性，但要把可能性变为现实性，还取决于生产力的发展和科学技术的进步。这是因为，自然条件在多大程度上转化为一国参与国际分工的优势，取决于人类对自然条件的合理利用能力，而这种能力的高低是与科技的发展及运用密切相关的。同时，科学技术的进步，正在改变着地球的面貌，不断地创造出更多新的物质来代替天然材料，使自然条件对国际分工的作用逐渐削弱。

3. 跨国公司的迅速发展

跨国公司为了追求规模经济效益，赚取高额利润，必将冲破国内市场的限制，在世界范围内寻求生产的最佳配置，这就促使企业分工国际化。跨国公司通过对外直接投资，把生产过程分散到世界各地，在全球范围内实行劳动分工和劳动组合。

第二次世界大战后，跨国公司的迅速发展改变着国际分工的格局。国际投资的主体由战前的单一性发展为多元性，不仅发达国家的跨国公司增加投资规模，而且发展中国家、新兴经济体也在积极发展跨国公司，通过对外直接投资，扩大市场。跨国公司对外直接投资的区域由第二次世界大战前的发展中国家发展为发达国家，在发展中国家呈现出集中化趋势。跨国公司的投资领域由战前集中在采掘业、种植业发展为集中在工业部门内部和服务业。跨国公司投资的变化促使国际分工向深度和广度发展，水平型国际分工占据主导地位，垂直型国际分工的内容也发生了深刻变化，跨国公司之间及内部的协调成为调节国际分工的重要机制。

4. 上层建筑

上层建筑是指建立在经济基础之上的政治、法律等制度以及同经济基础相适应的社会意识形态如政治、法律、道德、艺术、哲学等方面的观点。上层建筑主要是通过政府实行的政策措施、法律制度、思想意识、文化观念等，促进、推动或阻碍、延缓国际分工的发展。发达国家积极利用上层建筑的作用，利用强权政治、各种不平等的条约和规定，采取关税和非关税措施，形成有利于自己的国际分工。为了制裁或反对别国，有时甚至采取封锁、禁运、断绝经济贸易关系的办法，人为地割断这个国家与其他国家的经济联系，从外部影响该国的经济发展。发展中国家能否实行对外开放，鼓励企业积极参与国际分工，参与国际市场竞争，在很大程度上取决于该国采取的政策及法律制度，取决于该国对国际分工的认识。我国改革开放前后的变化充分说明了这一点。

文化观念对参与国际分工有很大的影响。从现实生活考察，国际分工总是在文化观念相近的民族中得到发展。如欧盟各国之间的国际分工不断深化，美国和加拿大的分工与协作逐步升级，一个重要的因素就是文化同源。

（二）国际分工的作用

1. 促进作用

（1）促进生产国际化。国际分工的形成和发展，是生产力发展的结果和表现。机器大工业的建立，使生产超越了本国基地，进而依赖于国际分工、国际交换和世界市场。国际分工向全球领域的迅速扩展，打破了民族闭关自守的状态，消除了民族隔阂，将各个国家与民族在经济上联合起来，形成了与巨大社会生产力相适应的国际分工体系。随着生产力的发展，国际分工在深度和广度上进一步加深，导致了生产的国际化。目前，产品的"国籍"已不那么明显了。例如，美国的波音747飞机是由8个国家的1 600个大型企业、1.5万个中小企业协作生产出来的。

（2）节约社会劳动。参加国际分工的各个国家所拥有的自然条件、社会经济条件各不相同，各国按照自己的有利条件，进行专业化生产，发展优势产品，通过对外贸易，既能充分利用本国的资源优势，又可以利用本国稀缺的国外资源，借助国外的先进技术及有利因素，节约社会劳动。

（3）推动科学技术的发明与运用。专业化的生产使用专用设备和专门技术工人，有利于提高技术水平，有利于新技术的发明、推广及运用，同时，有利于产品的更新换代，增加花色品种。

2. 不利影响

（1）发达国家通过国际分工加强了对发展中国家的经济掠夺。第二次世界大战以前，西方国家实行殖民制度下的国际分工，对殖民地半殖民地的剥削掠夺是众所周知的。第二次世界大战以后殖民体系瓦解，发展中国家虽然在政治上获得了独立，但发达国家仍可利用在生产技术、销售渠道、经营管理、重要制成品与原材料方面的优势及垄断地位，进行不等价交换，使发展中国家的贸易条件恶化。

（2）造成一些发展中国家经济发展的单一性、脆弱性、依附性。在殖民统治的国际分工条件下，西方国家利用政治经济强制手段，阻挠殖民地国家民族工业的发展，迫使其发展单一经济，成为西方国家的原料来源地和销售市场，以至目前仍有一些发展中国家的工业基础薄弱，国家财政收入和外汇收入主要靠一种或少数几种农矿产品。而这些国家农矿产品的出口地和工业制成品的进口地又主要集中在发达国家，从而造成对发达国家的经济依赖性。

（3）对发展中国家的生态环境可能带来严重危害。随着发达国家产业结构的调整，他们将一些高消耗、劳动密集、严重污染的传统产业转移到发展中国家，破坏了一些发展中国家的生态环境，甚至造成不少恶性伤亡事件。

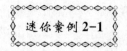

国际分工收益严重不对称

（摘编自新华网，2005.2.19）

国际分工可以从一国之内扩展到一国之外，使得各国能够充分发挥本国的比较优势，同时，也造就了跨国公司的发展，延伸了跨国公司的触角。跨国公司的趋利动机又进一步推动了经济活动的全球化发展。毫无疑问，一个全球化的时代也是跨国公司影响和主导世界经济的时代。然而，国际分工格局给我们带来的究竟是双赢的局面还是设置了陷阱？

一些数字也许给我们提供了发达国家与发展中国家双赢的结论。据统计，发展中国家在全球吸引的外资总量比例从20世纪80年代的25%上升到1996年的37%。世界银行《1998—1999年世界发展报告》指出，1990—1997年，发展中国家的年平均GDP增长率为2.8%，明显高于世界2.3%的平均水平和发达国家2.1%的年均增长水平。世界银行甚至乐观地预测，1992—2020年，发展中国家出口的年平均增长率为8.1%，比世界平均增长速度高2.6个百分点，而发达国家的出口增长速度只能达到4%。到2020年，发展中国家出口占世界出口总额的比重将由1992年的23.5%提高到48.4%。

事实上，国际分工的收益在发达国家和发展中国家之间的分配是严重不对称的。发达国家拥有先进的技术、充足的资金和高素质的技术管理人员；而发展中国家只有大量闲置的低素质、低技能的劳动力。发展中国家能够从事的生产经营活动，发达国家都能够从事。发达国家的跨国公司在全球范围内投资是为了扩大市场以获得更多的利润，但这不意味着发达国家不能够在国内生产。对于发展中国家来说，他们与发达国家虽然都可能从全球化的产业链条中获得收益，但是它们获得的收益数量却是大不相同。国际分工收益的绝大部分由发达国家获得，发展中国家只能获得其中的一小部分。例如，在美国市场，中国出口玩具"芭比娃娃"的零售价为9.99美元，其在美国海关的进口价仅为2美元，两者相差的8美元作为"智力附加值"被美方拿走。在剩下的2美元中，1美元是运输和管理费，65美分支付原材料进口的成本，中方只得到35美分的加工费。由此可见，包括中国在内的发展中国家在国际分工链条中处于明显的劣势和低端，而发达国家则成为最大的赢家。

二、国际价值学说

马克思运用价值理论分析世界市场时，创立了国际价值这一科学概念，并揭示了价值规律的国际性质。

（一）商品的国际价值与国别价值

在一国国内市场上，商品交换是以商品的价值为基础进行的。商品的价值是由社会必要劳动时间决定的。社会必要劳动时间是指在社会现有的正常的生产条件下，在平均的劳动熟练程度和劳动强度下生产某种使用价值所需要的劳动时间。当社会分工发展为国际分工，商品交换日益突破民族、国家的界限，成为世界性的交换时，社会劳动不再只作为个别国家的共同劳动，而是作为全球参与国际分工与国际贸易的一切国家的共同劳动。"只有对外贸易，只有市场，才使抽象劳动发展为社会劳动。"[①] 商品的国内价值（国别价值、国民价值）也发展为国际价值，价值规律更具有普遍意义。

商品的国际价值与国民价值一样，都是由抽象的社会劳动决定的，两者在本质上完全相同。但是在量的规定上却有着原则上的区别。商品的国际价值，不是由各国的社会必要劳动时间决定的，而是由"世界劳动的平均单位"决定的。马克思指出："在一个国家内，只有超过国民平均水平的强度，才会改变单纯以劳动的持续时间来计量的价值尺度。在以各个国家作为组成部分的世界市场上，情形就不同了，国家不同，劳动的中等强度也就不同：有的国家高些，有的国家低些，于是各国的平均数形成一个阶梯，它的计量单位是世界劳动的平均单位。因此，强度较大的国民劳动比强度较小的国民劳动，会在同一时间生产出更多的价值，而这又表现为更多的货币。"[②] 这里的世界劳动平均单位，是指在世界现有的一般生产条件下，在各国劳动者平均熟练程度和劳动强度下，生产某种商品所需要的国际社会必要劳动时间。

由于各国的劳动强度和劳动生产率不同，不同国家在同一时间内生产的同种商品的数量也不同，结果在世界市场上所表现的国际价值量和货币量也就不同。劳动强度较大的和劳动生产率较高的国家，在同一时间生产的商品数量多，单位产品中所花费的必要劳动时间低于世界劳动的平均单位，按商品的国际价值出售时，得到的货币收入就多。反之，劳动强度较小的和劳动生产率较低的国家，在同一时间生产的商品数量少，单位产品中所花费的必要劳动时间高于世界劳动的平均单位，按商品的国际价值出售时，得到的货币收入就少。

---

① 马恩全集．第26卷．北京：人民出版社，1972年版，第278页．
② 马恩全集．第23卷．北京：人民出版社，1972年版，第614页．

（二）影响国际价值量变化的主要因素

1. 劳动强度

劳动强度是指劳动的紧张程度和繁重程度，即在单位时间内劳动的消耗程度。国际价值量同劳动强度成正比例变化。就个别国家而言，若其他条件相同，在同一时间内，强度较大的劳动同强度较小的劳动相比，要支出较多的劳动，从而提供较多的国际价值。但是，如果世界各国的劳动生产率同时普遍地增进了，则新的较高的强度就会成为世界新的强度标准，从而影响国际价值量。

2. 劳动生产率

劳动生产率是指劳动的生产效率，即同一种劳动在单位时间内生产某种产品的数量，或单位产品所消耗的劳动时间。从世界范围来说，单位商品的国际价值量与世界劳动生产率的高低成反比变化。世界劳动生产率越高，单位时间生产的商品数量越多，单位商品中所包含的国际价值量越小。而劳动生产率的高低，又受到多种因素的制约。如劳动者的熟练程度、生产工具的装备水平、劳动组织和生产组织的状况、自然条件、科学技术发展和应用的程度等。其中科学技术的发展与运用最为重要。在科学技术革命的推动下，世界劳动生产率不断提高，使得单位商品的国际价值量不断下降。

3. 主要出口国的生产条件

马克思指出，以"世界劳动的平均单位"计量国际价值。但是世界劳动的平均单位不是简单地通过对各国生产商品的劳动耗费进行平均形成的。在其他条件相同的情况下，是在主要出口国生产商品所花费的劳动的决定性影响下形成的，出口国生产商品的劳动耗费同其生产条件有密切联系。而主要出口国的生产条件一般可分为较优、中等、较劣三种情况。

（1）如果国际市场的某种商品，相当大的部分是由中等生产条件的国家生产出来的，少量是由较优或较劣生产条件的国家生产的，则该商品的国际价值只能由中等生产条件的国家的国民价值来确定。

（2）如果国际市场的某种商品，相当大的部分是由较劣生产条件的国家生产出来的，少量是由较优或中等生产条件的国家生产的，则该商品的国际价值只能由较劣生产条件的国家的国民价值来确定。

（3）如果国际市场的某种商品，相当大的部分是由较优生产条件的国家生产出来的，少量是由较劣或中等生产条件的国家生产的，则该商品的国际价值只能受到较优生产条件国家的国民价值的支配。

（三）价值规律在世界市场上的应用

价值规律是市场经济的基本规律，它在一国和世界市场均发生作用。马克思指出："价值规律在国际上的应用，还会由于下述情况而发生更大的变化：……生产效率较高的国民劳动在世界市场上被算作强度较大的劳动"。[①] 因此就会出现"一个国家的三个工作日也可能

---

① 马恩全集. 第 23 卷. 北京：人民出版社，1972 年版，第 614 页.

同另一个国家一个工作日交换。价值规律在这里有了重大变化"。① 马克思在这里所说的价值规律在世界市场上的变化,是指在一个国家内表现为不等价交换的非等量劳动相交换,在世界市场却成为一种正常现象,即以国际价值为基础的等量劳动相交换。价值规律在世界市场上发生重大变化的原因,是由于生产要素在国与国之间流动受到阻碍,但在一国国内却是自由流动,这就使得工资率、利润率在国内有可能趋于一致,而在国与国之间则存在着差异。

第二节 比较优势理论

比较优势论是西方国际贸易理论的基石。这一理论是从英国古典经济学家亚当·斯密提出的绝对优势理论,经过大卫·李嘉图的比较优势理论补充、完善而发展起来的。

一、亚当·斯密的绝对优势理论

(一) 亚当·斯密的绝对优势理论的主要内容

亚当·斯密(Adam Smith,1723—1790)是英国古典经济学的创始人。他在 1776 年出版的《国民财富的性质和原因的研究》(Inquiry into the Nature Causes of the Wealth of Nations,简称《国富论》)中,将一国内部不同个人或家庭之间的分工和交换,推及国家之间的分工与交换,用以解释国际贸易。

斯密认为,交换是人类天然的倾向,是出于利己而进行的活动。正是由于人类这种交换倾向产生了分工,分工提高劳动生产率进而增加社会财富。斯密以制扣针为例,论证了分工对提高劳动生产率的作用。"制扣针共有 18 种操作,在分工条件下,10 个人一天可制造 48 000 枚,平均每人每天制造 4 800 枚。而在没有分工的情况下,一人一天连一根扣针也造不出来。分工之所以能提高劳动生产率,其原因有三:第一,劳动者的技巧因专业而日进;第二,由一种工作转到另一种工作,通常需损失不少时间,有了分工,就可以免除这种损失;第三,许多简化劳动的机械发明,使一个人能够做许多人的工作。"②

斯密认为,分工的原则是各自集中生产具有优势的产品。他以家庭之间的分工为例指出,如果一件物品购买所花费的代价比在家庭生产的代价要小,就应该去购买而不应该在家里生产。这是每一个精明家长的格言。裁缝不应自己做鞋而应向鞋匠购买,鞋匠也不应自己做衣服而应向裁缝购买。每一个人或每一个家庭都应该发挥各自的优势,集中生产自己的优势产品,然后相互交换。其结果,都会从这种分工和交换中获得更多的利益。

斯密认为,适用于一国内部不同个人或家庭之间的分工原则,也同样适用于各国之间,主张各国应集中生产并出口其具有绝对优势的产品,进口其不具有绝对优势的产品,其结果比自己什么都生产更有利。他指出,苏格兰虽然可以通过温室种植葡萄,并酿造出上等的葡萄酒,但生产成本要比外国贵 30 倍。如果为了鼓励苏格兰生产酒,而禁止外国酒的进口,

---

① 马恩全集. 第 26 卷. 北京:人民出版社,1974 年版,第 112 页。
② 亚当·斯密. 国民财富的性质和原因的研究 [M]. 北京:商务印书馆,第 1972 页:8.

则是非常愚蠢的行为。

各国参与国际分工的基础是有利的自然资源优势或某种生产技术优势。因为自然资源优势和某种生产技术优势,可以使一国生产某种产品的成本绝对低,在对外贸易中处于绝对优势地位。因此,每一个国家都应该生产具有绝对优势的产品去交换本国必需的但自己生产又处于绝对不利地位的产品,从而使本国的土地、劳动和资本得到最有效的利用,提高劳动生产率,增加社会财富。这就是绝对优势理论(Absolute Advantage)的基本思想。

(二) 绝对优势理论的进一步分析

1. 基本假设

绝对优势理论的基本假设如下:
(1) 世界上只有两个国家,它们生产两种产品。
(2) 两种产品的生产都只有"劳动"一种要素投入,该要素是同质的,没有熟练与非熟练之分。
(3) 两国在不同产品上的生产技术不同,存在着劳动生产率的差异。
(4) 规模收益不变。
(5) 无运输成本。
(6) 生产要素充分就业,并在一国国内自由流动,而在国与国之间则不能自由流动。
(7) 生产要素市场和产品市场是完全竞争的市场,国与国之间实行自由贸易。
(8) 贸易是按物物交换的方式进行。
(9) 不存在技术进步,国际经济是静态的。
(10) 一国公民的相对收入水平不受自由贸易的影响。

2. 确定绝对优势的方法

如何确定一国在某个产品上具有绝对优势呢?通常有两种方法:
(1) 用劳动生产率来衡量,即用单位要素投入的产出来表示。如果一国生产某种产品的劳动生产率比另一国的高,该国在这种产品上就具有绝对优势。如甲国每人每年生产小麦1吨,乙国每人每年生产小麦0.9吨,则甲国在小麦生产上具有绝对优势。
(2) 用生产成本来衡量,即用生产1单位产品所需的要素投入量来表示。如果一国在某个产品上所需的要素投入低于另一国,则该国在这一产品上就具有绝对优势。

3. 实例分析

假定国际贸易关系中只有甲乙两个国家,两国都只生产 A、B 两种商品,分工前单位产品投入的劳动量见表2-1。

表2-1 分工前

国别	A 产品		B 产品	
	劳动天数	产量	劳动天数	产量
甲国	100	1	200	1
乙国	200	1	100	1
总计	300	2	300	2

根据斯密绝对优势理论进行国际分工，甲国在生产 A 产品上具有绝对优势，乙国在 B 产品上具有绝对优势。因此，甲国应专门生产 A 产品，乙国应专门生产 B 产品。进行国际分工后，出现的情况见表 2-2。

表 2-2 分工后

国 别	A 产品		B 产品	
	劳动天数	产 量	劳动天数	产 量
甲 国	300	3	0	0
乙 国	0	0	300	3
总 计	300	3	300	3

从以上分析不难看出，甲乙两国在总投入没有增加的情况下，由于实行了国际分工，提高了劳动生产率，以致 A、B 两种产品的产量各比分工前增加了 1 个单位。这就是分工带来的利益。在国际分工的基础上，两国进行贸易，甲国以 1 单位 A 产品（100 天）与乙国的 1 单位 B 产品（100 天）相交换，双方都可获得利益，即两国都比分工前多得 1 个单位的产品，见表 2-3。

表 2-3 交换后

国 别	A 产品	B 产品
甲 国	3-1=2 单位	1 单位
乙 国	1 单位	3-1=2 单位

（三）理论的意义与局限性

亚当·斯密的绝对优势理论部分说明了国际贸易的基础和利益，首次论证了贸易双方可以通过国际分工和国际交换获得利益。但其国际贸易理论又具有很大的局限性，只说明了国际贸易中的一种特殊的现象，即至少在一种商品的生产上处于绝对优势的国家，才能参加国际分工和国际贸易并从中获得利益。而在生产上并不具有绝对优势的国家能否参加国际分工和国际交换，能否获得利益，斯密的理论并没有回答。

二、大卫·李嘉图的比较优势理论

（一）大卫·李嘉图的比较优势理论的主要内容

大卫·李嘉图（David Ricardo，1772—1823）是英国著名的经济学家，古典政治经济学的集大成者。他在 1817 年出版的代表作《政治经济学及赋税原理》（On the Principles of Political Economy and Taxation）一书中，继承和发展了亚当·斯密的绝对优势理论，提出了比较优势理论（Comparative Advantage）。

李嘉图在阐述比较优势理论时，同斯密一样，也从个人推及国家。他以制鞋和制帽为例，如果两个人都能制鞋和制帽，其中一个人在两方面都比另一个人强，制帽只强 1/5，而制鞋强 1/3。那么，这个较强的人就应该专门制鞋，那个较弱的人就应该制帽。然后进行分工和交换，对双方都是有利的。个人分工应当如此，国家之间的分工也应根据这一原则。

李嘉图认为，国际分工和国际贸易的基础是比较优势，而不是绝对优势。一国即使两种商品的生产成本都高于另一国，但只要按照"有利取重，不利择轻"的原则进行分工和交换，不仅可以增加社会财富，而且可以使贸易双方获得利益。

（二）比较优势理论的进一步分析

1. 基本假设和确定比较优势的方法

除了强调两国之间生产技术存在相对差别而不是绝对差别之外，比较优势模型的假设与绝对优势模型相同。

如何确定一国在某个产品上具有的比较优势呢？通常有三种方法：

（1）用相对劳动生产率来衡量。相对劳动生产率是指不同产品劳动生产率的比率或两种不同产品的人均产量之比。用公式表示为

$$产品A的相对劳动生产率（相对于B产品）=\frac{产品A的劳动生产率（人均产量）}{产品B的劳动生产率（人均产量）}$$

如果一国某种产品的相对劳动生产率高于另一国同样产品的相对劳动生产率，该国在这种产品上就具有比较优势。

（2）用相对成本来衡量。相对成本是指一种产品的单位要素投入与另一种产品的单位要素投入的比率。用公式表示为

$$产品A的相对成本（相对于B产品）=\frac{单位产品A的要素投入量}{单位产品B的要素投入量}$$

如果一国生产某种产品的相对成本低于另一国生产同样产品的相对成本，则该国在这一产品上就具有比较优势。

（3）用机会成本来衡量。机会成本是指为了多生产产品A而必须放弃的产品B的数量。用公式表示为

$$产品A的机会成本=\frac{减少的产品B产量}{增加的产品A产量}$$

一国生产某种产品的机会成本低，该种产品就具有比较优势。

以上三种方法得出的结论是相同的。

2. 举例分析

李嘉图用英国和葡萄牙生产毛呢和酒的例子具体阐述比较优势理论。分工前，两国单位产品投入的劳动量见表2-4。

表2-4　分工前

国别	毛呢		酒	
	劳动日/天	产量/匹	劳动日/天	产量/吨
英国	100	1	120	1
葡萄牙	90	1	80	1

从表2-4可知，英国生产毛呢的相对成本是0.83（100/120），而葡萄牙生产毛呢的相对成本是1.125（90/80），0.83<1.125，英国在毛呢生产上具有比较优势。英国生产酒的相

对成本是 1.2（120/100），而葡萄牙生产酒的相对成本是 0.89（80/90），0.89<1.2，葡萄牙在酒生产上具有比较优势。因此，分工后葡萄牙应生产酒，英国应生产毛呢。见表 2-5。

表 2-5 分工后

国 别	毛 呢		酒	
	劳动日/天	产量/匹	劳动日/天	产量/吨
英 国	100+120=220	2.2（220/100）	0	0
葡萄牙	0	0	80+90=170	2.125（170/80）

国际分工后，两国生产两种商品投入的劳动总量并未增加，但导致劳动生产率提高，国际社会财富增加，共生产了 2.2 单位的毛呢、2.125 单位的酒。分工后毛呢和酒的总量分别比分工前增加了 0.2 和 0.125 单位。假定按 1∶1 的比率进行交换，两个国家对两种商品的消费量都会增加。见表 2-6。

表 2-6 交换后

国 别	毛 呢	酒
英 国	2.2-1=1.2 单位	1 单位
葡萄牙	1 单位	2.125-1=1.125 单位

之所以假定 1∶1 作为交换比价，是因为英国和葡萄牙两国交换比价必须介于两国国内交换比价之间。至于两国两种商品的交换比价为什么必须介于两国国内交换比价之间，将在下一节中探讨。

3. 比较优势理论的意义与局限性

比较优势理论的核心思想是：在国际分工中，如果两国生产率不同，甲国生产任何一种商品的成本均低于乙国，甲国拥有绝对优势，而乙国的劳动生产率在任何商品的生产中均低于甲国，处于绝对劣势地位，这时两国仍存在进行贸易的可能性。处于绝对优势地位的国家不必生产全部商品，而应集中生产在本国国内具有最大优势的商品；处于绝对劣势地位的国家，也不必放弃所有商品的生产，而只应放弃生产本国处于最大劣势的商品。通过自由贸易，则可以增加世界产品生产，提高劳动生产率，参与交换的国家也可以节约社会劳动，增加产品消费。

比较优势理论的积极意义在于，它论证了无论是生产力水平高还是生产力水平低的国家，只要按照"有利取重，不利择轻"的原则进行国际分工和国际贸易，都可以得到实际利益，即增加物质财富。这一理论为各国参加国际分工和国际贸易提供了有力的论证。

然而，李嘉图的比较优势理论也存在其局限性。

第一，为了论证其比较优势理论，李嘉图把复杂多变的国际经济情况抽象为静态的、凝固的状态，缺乏动态分析。他没有意识到一国通过技术进步，提高劳动生产率，是可以改变自己的比较优势的。在技术不断发展变化的情况下，各国的优劣势地位也是可以改变的。

第二，比较优势理论只提出国际分工的一个依据，并未揭示出国际分工形成与发展的主要因素。自然条件、成本对国际分工的形成有一定的影响，但社会生产力的发展才是国际分工形成与发展的决定性因素。

第三，比较优势理论是以劳动价值论为基础的，但是未能解释葡萄牙80人一年的劳动为什么能和英国100人一年的劳动相交换。而马克思创立的国际价值理论解决了这一问题。

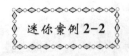

比较优势理论的验证

（引自 [美] Dominic Salvatore 著. 国际经济学. 第五版. 朱宝宪、吴洪译. 北京：清华大学出版社，第34~35页）

1951—1952年，麦克杜格尔（MacDougall）使用了1937年英、美两国25个产业的生产率和出口数据，对李嘉图的比较优势模型进行了第一次验证。

由于美国工资率是英国的两倍，麦克杜格尔认为，生产效率在一些美国产业中如果能达到英国的两倍以上，则美国这些行业的生产成本将低于英国。美国这些产业相对英国具有比较优势，在第三市场（即世界其他地方），美国将以比英国更低廉的价格出售这些产业的商品。另一方面，在一些英国产业的生产率超过美国生产率的1/2时，英国将具有比较优势，这些产品的销售价格也将低于美国的价格。

在麦克杜格尔的验证中排除了美、英两国的贸易，因为两国不同产业间的关税差别很大，它抵消了两国生产率的差别。而两国在第三市场上面对的则是同一关税。另外，两国相互出口额较小，还不到其总出口的5%，忽略后并不对验证产生不良影响。

通过验证表明，劳动生产率和出口是正相关关系。美国生产率比英国高的产业伴随着更高的出口比率。在麦克杜格尔研究的25个产业中有20个产业与此相吻合。图2-1反映了这一结果。在图中纵轴表示每个美国工人和英国工人的产出比率，比率越高，美国劳动力的相对产出越高。横轴表示美国和英国对第三市场出口的相对比率，这个比率越高，美国相对于英国出口到第三国的商品就越多，这个比率是对数值。图中显示，美国和英国对第三国出口比率大于1的部门有7个，均是美国对英国劳动生产率比率大于2的部门；美国和英国对第三国出口比率小于1的部门有13个，除啤酒外，均是美国对英国劳动生产率比率小于2的部门。

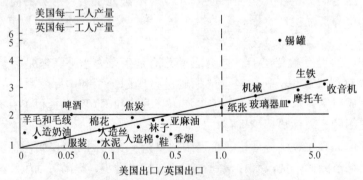

图2-1 劳动生产率和出口的相关性

在麦克杜格尔之后，贝拉瑟（Balassa）用1950年的数据，斯特恩（Stern）用1950年和1959年的数据也证实了这种劳动生产率和出口间的正相关关系。

第三节 相互需求理论

一、穆勒的相互需求理论

约翰·穆勒（John Stuart Mill，1806—1873）是 19 世纪中叶英国最著名的经济学家，其代表作为 1848 年出版的《政治经济学原理》。书中用相互需求理论对比较优势理论做了说明和补充。由于比较优势理论只是证明了国际分工和国际贸易可以给参加国带来贸易利益，但并未说明贸易利益有多大，贸易双方各占多少，而穆勒对此做了补充。

（一）国际商品交换比例的上下限

穆勒在比较优势理论的基础上，用两国商品交换比例的上下限来说明两国贸易利益的范围。他假设两国投入等量劳动和资本生产毛呢和麻布的数量见表 2-7。

表 2-7　英国与德国投入等量劳动生产毛呢和麻布的数量

国　别	毛　呢	麻　布
英　国	10 码	15 码
德　国	10 码	20 码

从表 2-7 可知，英国和德国在毛呢生产上劳动生产率是相同的，但是在麻布生产上，德国的劳动生产率高于英国。因此，德国应生产麻布，英国应生产毛呢。两国原来各自生产这两种商品时，英国国内的交换比例为 10∶15；德国国内的交换比例为 10∶20。如果英德两国麻布和毛呢的交换比例为 10∶15，同英国国内的交换比例一样，德国只要出口 15 码麻布就可以换回 10 码毛呢，这样对德国有利，而对英国不利。如果两国的交换比例为 10∶20，则对英国有利，而对德国不利。因而在上述两种交换比例下，双方无法开展贸易。因此，英德两国国内两种商品的交换比例决定了它们之间的国际交换比例的上限和下限，国际交换的比例，只能在其上限和下限之间（10∶15~10∶20 的范围）变动。

下面用几何图形加以分析。在图 2-2 中，x 表示麻布的数量，y 表示毛呢的数量。

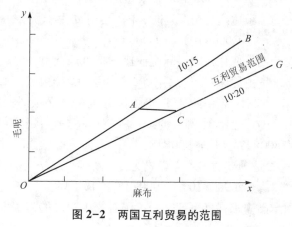

图 2-2　两国互利贸易的范围

两国国内的交换比例用从原点引出的两条射线 *OB*、*OG* 的斜率来表示。*OB* 斜率表示英国国内交换比例 10∶15，为毛呢与麻布交换比例的下限，*OG* 斜率表示德国国内交换比例 10∶20，为毛呢与麻布交换比例的上限。*OB* 与 *OG* 之间为互利贸易范围，超出该区域必然有一个国家会退出交易。

另外，*A* 点的斜率为 10∶15，*C* 点的斜率为 10∶20。这样从原点引出的、通过开区间线段 *AC* 的任意射线的斜率，都是互利贸易条件，只是越接近 *A* 点，对英国越不利，越接近 *C* 点对德国越不利。

（二）国际商品交换比例的决定与贸易利益的分配

国际交换比例最终是如何确定的？穆勒认为，它取决于交换双方对对方商品的需求强度。如果甲国对乙国的商品需求强烈，而乙国对甲国商品的需求较弱，则交换比例就会朝着不利于甲国而有利于乙国的方向变化。如果英国对德国的麻布需求旺盛，就可能以 1∶1.6 或 1∶1.7 的比例同德国相交换，使德国从国际贸易中获得更大的利益。反之，如果德国对英国的商品需求强烈，就可能以 1∶1.9 或 1∶1.8 的比例同英国进行交换，使英国在国际交换中得到更多的好处。由此可见，国际交换比例越接近本国国内的交换比例，对本国越不利，分得的贸易利益越少；越接近对方的交换比例对本国越有利，分得的贸易利益越多。

（三）国际需求方程式

穆勒用国际需求方程式说明国际交换比例的确定及其变动。穆勒认为，一方的供给构成了对对方商品的需求，因此供给和需求也就是相互需求。商品的价格是商品和货币的比例，是由卖方需求货币，买方需求商品的相互需求决定的，因此价格中的商品和货币的比例也就等于整个商品供给和商品货币需求的比例。由于供给和需求的变化，也使商品的价格经常会自行调整，以使供求达到均衡。他假设两个国家生产和交换两种产品，这两种产品的交换比例，必须等于相互需求对方产品总量的比，这样才能使两国贸易达到均衡。穆勒用物物交换说明相互需求的变动决定贸易条件的变动，把商品与货币的关系变成商品对商品的关系，得出国际需求方程式。假定英国的毛呢与德国的麻布交换比例为 10∶17，两国的彼此需求相等，都为这一比例的 1 000 倍，即德国对英国毛呢的需求量为 1 000×10 = 10 000 码，英国对德国麻布的需求量为 1 000×17 = 17 000 码。在既定的国际交换比例下，两国相互需求强度一致，则两国国际贸易收支总额达到均衡。这时，国际需求方程式为

$$（1\ 000×10）∶（1\ 000×17）= 10∶17$$

如果两国的相互需求强度发生变化，则国际交换比例将进行调整，形成新的需求方程式。假定英国对德国麻布的需求量由原来 17 码的 1 000 倍下降为 800 倍，而德国对英国毛呢的需求仍为 10 码的 1 000 倍。这时，德国为了取得英国的毛呢，必须降低麻布的交换价值。假设交换比例变为 10∶18，这一交换比例的变动，一方面将刺激英国对麻布的需求，使其对麻布的需求量由原来 800×17 上升为 900×18；另一方面将抑制德国对毛呢的需求，其市场需求量可能为 900×10。于是，新的需求方程式为

$$（900×10）∶（900×18）= 10∶18$$

相反，如果德国对英国产品需求强度不变，而英国对德国产品的需求强度增加，则交换比例将在 10∶17 以下。

穆勒的相互需求理论对比较优势理论做了两点补充：一是补充了国际贸易为双方带来利益的范围；二是补充了贸易利益如何进行分配的问题。但是，这一理论也存在着明显的局限性。这一理论只适应于经济规模相当，双方的需求对市场有重要影响的两个国家，因而不具有普遍意义。在实际生活中，国家之间的经济规模和相互需求往往相差很远，贸易小国的需求强度一般小于贸易大国的需求强度，这就导致贸易大国的国内交换比例经常成为国际交换比例。另外，这一理论是以物物交换为前提。在以货币为媒介的国际贸易中，进口和出口并非同时进行，而是两个不同的过程，因此，相互需求强度决定贸易条件是不符合实际的。

二、马歇尔的提供曲线

阿弗里德·马歇尔（Alfred Marshall，1842—1924）是19世纪末20世纪初新古典经济学派的创始人。其主要代表作是1879年出版的《国际贸易纯理论》。马歇尔在穆勒的理论基础上，用提供曲线说明相互需求决定交换比例。

提供曲线是表示一国贸易条件（交换比例）的曲线。它表示一国想交换的进口商品数量与所愿出口的本国商品数量之间的函数关系。下面仍以上例加以说明，如图2-3所示。

对德国来说，Ox 轴表示出口麻布的数量，Oy 轴表示从英国进口毛呢的数量；相反，对英国来讲，Ox 轴表示从德国进口麻布的数量，Oy 轴表示出口毛呢的数量。OG 表示德国的提供曲线，OB 表示英国的提供曲线。提供曲线上每一点的斜率都表示一个贸易条件。它等于曲线上任意点到 x 轴的距离和到 y 轴距离之比，即毛呢和麻布的交换比例。两条曲线的方向不同。对德国来说，提供曲线越往上弯曲，表示德国用一定量的麻布可以换取更多量的毛呢，对德国有利；相反，提供曲线越往下弯曲，则表明英国用一定量的毛呢可以换

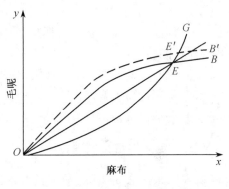

图 2-3 提供曲线

取更多的德国麻布，对英国有利。从图中可以看到，只有在两条提供曲线相交的 E 点，两国的进出口量才能达到平衡。这时，E 点就是均衡贸易条件。如果两国的相互需求发生变动（如图 2-3 中英国的提供曲线由 OB 移至 OB'），均衡贸易条件就会发生变化，即由 E 点移至 E' 点。

马歇尔首次运用几何方法分析贸易条件，为国际贸易理论增添了新的表达手段。但在理论上并未突破约翰·穆勒的相互需求理论的框架。

第四节 要素禀赋理论与新要素理论

一、要素禀赋理论

要素禀赋理论（Factor Endowments）是20世纪上半叶由瑞典经济学家赫克歇尔（E. Heckscher，1879—1952）和俄林（B. Ohlin，1899—1979）创立的。俄林是赫克歇尔的学生。赫克歇尔于1919年发表了名为《对外贸易对国民收入之影响》的著名论文，提出了

要素禀赋理论的基本观点。俄林接受了其师赫克歇尔的观点，于1933年出版了《域际和国际贸易》（Interregional and International Trade）一书，并因此获得了1977年诺贝尔经济学奖。要素禀赋理论也称为赫-俄理论（H-O理论）。

李嘉图认为比较优势是国际分工和国际贸易的基础。但两国之间的比较优势差异是如何产生的呢？李嘉图认为是由于国家之间劳动生产率的差异。而要素禀赋理论则根据各国资源禀赋即生产要素供给状况的不同，具体分析了比较优势产生的基础以及贸易对两国收入的影响。

（一）赫-俄理论的假设条件

与李嘉图的比较优势理论一样，赫-俄理论也是建立在一系列的假设条件的基础上。这些假设条件是：

(1) 世界上只有两个国家，生产两种商品，使用两种要素。
(2) 两国在生产同一商品时使用相同的技术，即生产函数相同。
(3) 两国在两种商品的生产上规模收益不变，即单位生产成本不随着生产的增减而变化。
(4) 商品市场和要素市场都是完全竞争的，生产要素在一国国内可以自由流动，在国际则不能自由流动。
(5) 没有运输成本、不存在关税或非关税壁垒。
(6) 两国的需求偏好相同。
(7) 两国的贸易是平衡的。

（二）要素供给比例理论

要素禀赋理论可以分为狭义的要素禀赋理论和广义的要素禀赋理论。狭义的要素禀赋理论也称为要素供给比例理论。广义的要素禀赋理论不仅包括要素供给比例理论，还有要素价格均等化理论。要素供给比例理论的主要内容如下。

1. 商品价格的国际绝对差异是国际贸易的直接原因

所谓商品价格的国际绝对差异是指不同国家的同种商品用同一货币表示的价格是不同的。商品总是由价格低的国家向价格高的国家流动。当两国的价格差额大于运输成本时，国际贸易可以带来利益。假定甲、乙两国生产A、B两种商品，A商品的价格在甲国比乙国便宜，而B商品的价格在乙国比甲国便宜。那么，必然会发生商品的跨国流动，即甲国的A商品向乙国流动，而乙国的B商品向甲国流动。

2. 各国商品价格比例不同是国际贸易产生的必要条件

尽管商品价格的国际绝对差异是产生国际贸易的直接原因，但并非有商品价格的国际绝对差异就会发生国际贸易，还必须符合比较优势的原则。赫-俄理论认为，交易双方国内商品价格（成本）的比例不同（在完全竞争市场条件下，商品价格等于生产成本），国际贸易才会发生。

现分别举例说明，假定只有甲、乙两国，生产两种商品（A、B），成本比例见表2-8。

表 2-8 成本比例　　　　　　　　　　　　　　　　　单位：本国货币

项 目	国 别	
	甲 国	乙 国
小麦单位成本	1.00	3.00
布匹单位成本	2.00	1.00

在甲国国内小麦和布匹品的成本比例是 1:2，乙国国内小麦和布匹的成本比例是 3:1。这意味着，在甲国 1 单位小麦能换 1/2 单位纺织品，而乙国国内，1 单位小麦能换 3 单位纺织品。如果甲国输出小麦，输入布匹，而乙国输出布匹，输入小麦，则双方都可以获利。

而如果两国的成本比例是相同的，一国的两种商品成本都按同一比例低于另一国，则两国间只能发生暂时的贸易关系。假定甲国生产小麦和布匹成本均比乙国低 50%，则成本比例见表 2-9。

表 2-9 成本比例　　　　　　　　　　　　　　　　　单位：本国货币

项 目	国 别	
	甲 国	乙 国
小麦单位成本	1.00	2.00
布匹单位成本	2.00	4.00

由于各国的商品价格是用本国货币表示的，为比较商品价格的国际差异，必须考虑汇率因素。加入汇率因素后，两国价格换算为同种货币后，两国商品价格的差额是不同的。当一种商品两国价格相等时，一方会退出交易而使国际贸易不会发生。当两种商品在一国的价格均高于另一国时，国际贸易也不会发生。

3. 各国商品价格比例不同是由要素价格比例不同决定的

所谓要素价格，是指要素的报酬，即生产要素劳动、资本、土地所获得的相应工资、利息、地租的货币收入。假定各国的生产函数是相同的，但各国的要素价格比例不同。由于商品价格等于生产要素价格乘以相同的生产函数，因此各国的商品价格比例不同。

4. 要素价格比例不同是由要素供给比例不同决定的

赫-俄理论认为，在要素的供求决定要素价格的关系中，要素供给是主要的。在各国需求一定的情况下，各国的要素供给不同对要素价格的影响是不同的。在一般情况下，要素供给丰富的国家，其价格就相对低廉，要素供给稀缺的国家，其价格就相对高昂。因此，一个国家应出口大量使用本国丰富要素所生产的商品，应进口那些本国需要大量使用稀缺要素所生产的商品。

现举例做具体分析。假定美国和英国两个国家，使用资本和劳动两种生产要素，生产小麦和布匹两种商品。如果在美国，一单位资本的价格（利息）是 1 美元，一单位劳动的价格（工资）是 2 美元；而在英国一单位资本价格是 4 英镑，一单位劳动的价格是 1 英镑。则美国与英国相比，资本便宜，劳动昂贵。若两国生产小麦与布匹的生产函数相同，生产一单位小麦需要 5 单位资本，1 单位劳动，生产一单位布匹需要 1 单位资本，10 单位劳动，则两国两种商品的生产成本就不相同。见表 2-10。

表 2-10　美国与英国的要素价格与商品价格

国　别		美　国		英　国	
要素价格（本国货币表示）		资本/美元 1.00	劳动/美元 2.00	资本/英镑 4.00	劳动/英镑 1.00
生产函数	小麦	5	1	5	1
	布匹	1	10	1	10
商品价格（本国货币表示）	小麦	7		21	
	布匹	21		14	

从表 2-10 可以看出，美国生产小麦和布匹的成本比例是 1∶3，而英国是 3∶2。这是因为，美国可以大量利用相对便宜的资本这一生产要素生产小麦，因而在生产小麦上具有比较优势。而英国可以大量利用相对便宜的劳动这一生产要素，因而在生产布匹上具有比较优势。因此，美国应出口小麦，进口布匹；而英国应出口布匹，进口小麦，使贸易双方均获得利益。

（三）要素价格均等化理论

赫克歇尔和俄林认为，国际贸易使生产要素的国际价格趋向于相等，即要素价格均等化理论。美国经济学家萨缪尔森（P. Samuelson，1915—2009）在 1948 年、1949 年、1953 年先后在三篇论文中对要素价格均等化作了数学证明，指出国际要素价格均等化不仅是一种趋势，而且是一种必然。故这一理论合称为赫-俄-萨（H-O-S）原理。

他们认为，在自由贸易的条件下，国际商品流动在一定程度上可以替代国际要素的流动，从而抵消了各国生产要素的差异。也就是说，国际贸易不仅会使各国商品价格均等化，而且会使各国生产要素的价格均等化。比如，甲国的资本相对丰富、劳动相对稀缺，故利息率较低、工资较高；乙国的劳动相对丰富、资本相对稀缺，故工资较低、利息率较高。在自由贸易中，甲国扩大生产并出口资本密集型商品，减少生产并进口劳动密集型商品，这就使得甲国的资本需求量增加，而劳动需求量减少，从而使甲国的资本价格上涨，劳动价格下跌。相反，乙国扩大生产并出口劳动密集型商品，减少生产并进口资本密集型商品，使得劳动需求增加、价格上涨，资本需求减少、价格下降。由于同一种生产要素价格在两国的反向运动，最终导致两国的同一要素价格均等化。

然而在现实生活中，国际贸易能使各国同质的生产要素收入相等吗？即使是最粗略的观察也会得出否定的答案。在美国和西欧，医生、工程师、律师、技师的工资均高于其在韩国和中国的同行。造成这一状况的原因是赫-俄-萨原理所依赖的一些假设在当今世界大多是不成立的。例如，各国并非使用同样的生产技术，各国间的运输成本和贸易壁垒也阻碍着各国相对商品价格相等。许多企业处于不完全竞争的市场上，其运作也不是规模收益不变。另外，其他因素，如各国科技水平发展速度不同，也会影响各国同质生产要素收益的均等化。因此，比较符合实际的说法是，国际贸易减少了同质生产要素价格如工资和利率的国际差异，而不是将其完全消除。

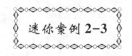

迷你案例 2-3

工业国家真实工资的变化

（引自［美］Dominic Salvatore 著．国际经济学．第五版．朱宝宪、吴洪译．北京：清华大学出版社，1998，第 99 页）

发达工业国家中制造业的小时工资随时间的推移而向美国的这一行业的工资率靠拢。特别要指出的是，外国这一行业的平均工资率占美国这一行业工资率的比率从 1959 年的 24% 上升至 1983 年的 108%。虽然在这一期间国际贸易的迅速扩大是导致这一收敛的主要原因，但是，其他一些因素也发挥了很重要的作用，例如美国和其他发达国家之间科技差距的缩小，其他国家劳工力量的成长慢于美国以及国际劳动流动的扩大等。

发达工业国家制造业的每小时工资与美国的比率见表 2-11。

表 2-11 发达工业国家制造业的每小时工资与美国的比率　　　　%

国　别	年　份			
	1959	1976	1985	1993
日本	11	24	51	108
意大利	23	42	62	111
法国	27	41	62	104
英国	29	35	53	90
联邦德国	29	56	84	128
一般平均	24	40	62	108
美国	100	100	100	100

（四）雷布津斯基定理

赫-俄理论的分析建立在一国拥有的要素总量固定不变的基础上。但在现实中，一国的要素数量经常在发生变化，这将带来哪些结果？1955 年，英国经济学家雷布津斯基（T. M. Rybczynski）在《要素禀赋与相对商品价格》中阐述了一国生产要素禀赋的变化对一国产出和国际贸易的影响，被称为雷布津斯基定理（Rybczynski Theorem）。

雷布津斯基定理认为，在商品价格不变的情况下，一种生产要素的数量增加，而另一种要素的数量保持不变，其结果是密集地使用前者进行生产的产品数量将增加，而密集地使用后者进行生产的产品数量将绝对减少。例如，一国资本的增加会使资本密集型产品的生产增加，同时会减少劳动密集型产品的生产。这是因为，在资源和商品相对价格保持不变的前提下，要保证资本密集型部门将新增的资本全部吸收，还需要一定的劳动要素配合。所以，劳动密集型部门不得不缩小生产规模，以便释放出一定的劳动要素。

该定理还认为，如果密集使用增加要素的产品是一国的比较优势产品，那么随着这种要素供给量的增加，其产品的出口量也会随之扩大。如果密集使用增加要素的产品不属于一国的比较优势产品，但随着这种要素供给的增加，会加强对进口产品的生产能力，从而减少竞争性产品的进口。同时，由于要素使用发生转移，该国比较优势产品的出口也将减少。

（五）要素禀赋理论的意义与局限性

要素禀赋理论是西方国际贸易理论发展中的一个重要阶段，是现代国际贸易理论的开端。要素禀赋理论从比较两国生产要素总供给的差异入手解释国际分工和贸易格局，认为各国要素的丰裕度是各国比较优势的基本原因和决定因素。这一理论可以解释第二次世界大战以前的国际贸易格局。不可否认，劳动、资本、土地、技术等生产要素状况在一国对外贸易中起重要作用。

要素禀赋理论分析了国际贸易对一国经济结构以及劳动者收入的影响。国际贸易一方面可以增加对相对丰富要素的需求，提高其价格；另一方面则减少了对相对稀缺要素的需求，降低其价格。通过国际贸易，可以使本国的生产要素得到最有效的利用。这些分析对于一国充分利用本国资源优势参与国际分工获取贸易利益具有积极意义。

然而要素禀赋理论也存在缺陷，主要表现在：

（1）要素禀赋理论同比较优势理论一样，是建立在一系列的假设基础上，如两国的生产技术水平相同，实行自由贸易、完全竞争等。这些假设与国际贸易的实际有较大出入，削弱了该理论对现实国际贸易的解释力。

（2）要素禀赋理论忽略了国际生产关系、国际政治因素以及政府对国际分工的影响。发达国家政府从本国利益出发，往往凭借其政治经济力量来影响本国参与国际分工的范围与程度，使国际经济贸易活动朝着不利于经济落后国家的方向变动。例如，发达国家对发展中国家劳动密集型产品设置种种进口限制措施，以保护本国的"夕阳工业"。事实上，一国参与国际分工的形式、参加国际交换的商品品种并非完全取决于要素的丰裕度。

二、里昂惕夫之谜（Leontief Paradox）及其解释

要素禀赋理论认为，一个国家出口的应是密集使用本国丰富的生产要素生产的商品，进口的应是密集使用本国稀缺的生产要素生产的商品。根据这一观点，一般认为，美国是资本相对丰富、劳动相对稀缺的国家，理所当然应出口资本密集型商品，进口劳动密集型商品。但是第二次世界大战后，美国经济学家里昂惕夫（W. Leontief, 1906—1999）运用投入产出方法，对美国经济统计资料进行验证的结果却与 H-O 理论预测相悖。里昂惕夫先后引用美国 1947 年和 1951 年的统计数字，对 200 个产业的百万美元价值的出口商品和进口替代商品进行了演算，结果表明美国出口商品的资本/劳动比率，低于进口替代商品的资本/劳动比率。见表 2-12。

表 2-12　每百万美元出口商品与进口替代商品所需的资本和劳动量

项　目	年　份			
	1947		1951	
	出口	进口替代	出口	进口替代
资本/美元	2 550 780	3 091 339	2 256 800	2 303 400
劳动量/（人·年）	182	170	174	168
人平均年资本量/美元	14 010	18 180	12 977	13 726

从表 2-12 可以看出，1947 年人均年资本量表示的进口替代商品和出口商品的比值为 1.30（18 180/14 010），即进口替代部门每个工人所用的资本比出口部门每个工人所用资本高出 30%，1951 年为 1.06（13 726/12 977）。这两个比值说明美国出口商品与进口商品相比是更为劳动密集型的。显然，这一验证结果与 H-O 理论所进行的理论预测相矛盾，故称为里昂惕夫之谜或里昂惕夫悖论（Leontief Paradox）。

里昂惕夫之谜在学术界引起了极大的反响，许多西方经济学家对此进行了广泛的探讨，做出了种种解释。归纳起来主要有以下几种。

（一）劳动力不同质

里昂惕夫认为美国对外贸易结构之所以出现出口劳动密集型产品，进口资本密集型产品，是因为各国的劳动生产率不同。按照他的解释，美国工人的劳动生产率大约是具有相同机器设备国家工人的 3 倍。这样，在计算美国工人人数时必须将实际人数乘以 3，自然美国就成为劳动相对丰富、资本相对稀缺的国家。因此应出口劳动密集型产品，进口资本密集型产品。这实际上提出了劳动力是不同质的观点。这一解释并未被广泛接受，里昂惕夫自己后来也否定了这一观点。原因是当美国的劳动生产率比他国劳动生产率更高时，资本的生产率也比他国的资本生产率要高。美国的劳动和资本生产率应乘以差不多大的系数，这就使美国的资本相对丰裕程度变化不会太大。

（二）存在关税及贸易壁垒

一些经济学家认为，里昂惕夫的结论受到贸易壁垒的影响。由于国际的商品流动要受贸易参加国关税及非关税的限制，这就使建立在完全竞争的市场假设前提下的 H-O 理论不能成立。

事实上，美国通过关税和各种非关税措施限制高技术产品的出口，促进劳动密集型产品的出口，阻碍劳动密集型产品的进口，以保持高科技领域的领先地位，保护国内的劳动密集型产业。这就人为地增加了进口商品中的资本要素比例，增加了出口商品中的劳动要素比例。根据美国经济学家鲍德温的计算，如果剔除美国进口限制的因素，则 1947 年进口产品中的"资本-劳动"比例和里昂惕夫计算的比例相比低 5%。这一研究证明，即使扣除贸易壁垒的影响，也只能减轻而无法消除里昂惕夫之谜。

（三）自然资源稀缺

美国学者凡涅克（J. Vanek）在 1959 年指出，里昂惕夫进行研究时，只局限劳动和资本两种投入，而没有考虑自然资源的影响。例如，美国的进口商品中 50%～60% 是初级产品，而其中大部分是木材和矿产品。由于这些产品的资本密集度很高，造成了美国进口资本密集型产品的现象。里昂惕夫在后来对美国的贸易结果进行分析时，考虑了自然资源这一因素，在计算时将投入-产出矩阵中减去 19 种资源密集型产品，结果美国出口劳动密集型产品而进口资本密集型产品之谜现象则不复存在。

（四）要素密集度逆转

所谓要素密集度逆转（Factor-intensity Reversal）是指某一特定商品，在劳动力相对丰富的国家属于劳动密集型产品，而在资本相对丰富的国家则属于资本密集型产品。例如小麦在很多发展中国家靠人力手工生产，是劳动密集型产品；但在美国却是靠机械化生产，属于资本密集型产品。这样，从美国的角度看进口的小麦是资本密集型产品，而对其他国家来说，则是劳动密集型产品。

那么究竟在哪些行业会出现要素密集度逆转呢？经济学家在 1962 年对 19 个国家 24 个行业进行了统计分析，发现仅有 5 个行业有要素密集度逆转，其后，里昂惕夫本人分析表明，可能发生要素密集度逆转的行业比例实际上要更低。由此可见，要素密集度逆转只是一种特殊现象。

（五）需求偏好

这种观点试图用国内需求结构来解释里昂惕夫之谜。它认为，各国需求偏好不同，也是产生国际贸易的基础。一个资本相对丰裕的国家，如果国内需求强烈偏向资本密集型的产品，其贸易结构就有可能是出口劳动密集型产品而进口资本密集型产品。从这种解释出发，里昂惕夫之谜是由于在美国市场上，消费者对于资本密集型产品的需求偏好过于强烈，这样美国就违背其在生产成本上的比较优势，进口资本密集型的产品。但是，这种观点并未得到学者的认同，他们认为美国市场对资本密集型产品并未有特殊的偏好。

里昂惕夫之谜是西方国际贸易理论发展史上的一个重要转折点，它推动了第二次世界大战后国际贸易理论的迅速发展。关于对里昂惕夫之谜的解释，实际上是从不同侧面对要素禀赋理论假定前提的修正，并为以后一系列国际贸易新理论的产生奠定了基础。

三、国际贸易新要素理论

以往的国际贸易理论仅仅把生产要素归结为土地、劳动和资本。而新要素理论赋予生产要素以新的含义，扩大了生产要素的范围，认为技术、人力资本、研究与开发、信息都是生产要素。新要素理论试图从更宽的视野解释里昂惕夫之谜，并从新要素的角度说明国际贸易的基础和贸易格局的变化。

（一）技术要素

在生产过程中积累起来的经验、知识与技巧等技术不仅可以提高土地、劳动和资本的生产率，而且可以提高三者作为一个整体的全部要素的生产率，从而改变土地、劳动、资本在生产中的比例关系。从这个意义上说，技术也属于一种独立的生产要素。技术进步或技术创新意味着一定的要素投入量可以生产出更多的产品，或者说一定的产量只需要较少的投入量就可以生产出来。通过技术的改进,可以提高现存的劳动量和资本量的生产率,改变各国生产要素禀赋的比率,从而影响各国产品的比较优势,使贸易格局发生变化。

同其他生产要素一样,技术也是可以流动的。但是技术的流动具有其特殊性。这种特殊性表现在三个方面:一是技术的流动往往伴随着其他生产要素而移动;二是一些技术只能与某些特定的生产过程相结合,在流动过程中不容易与生产要素进行重新配置与组合;三是技术流动的代价较高,过程较复杂。

技术作为生产要素在现代经济中的地位越来越重要。要素生产率的提高或要素的节约、商品成本的降低、商品和服务质量的提高、产品在国际市场竞争力的增强都是依靠技术水平的提高,因此技术也是一种重要的生产要素。

(二) 人力资本要素

人力资本是劳动力与资本结合而形成的一种新的生产要素。人们通过对劳动力进行投资,可以提高其素质,从而影响一国参加国家分工的比较优势。

美国学者基辛(D. B. Keesing)根据美国1960年人口普查资料,把企业人员按照技术熟练程度分为8个等级:科学家和工程师、技术员和制图员、其他专业人员、经理、机械工人和电工、其他熟练工人、推销人员和职员、半熟练和非熟练工。其中前7级是熟练劳动,第8级是非熟练劳动。基辛将这种技术熟练程度的分类应用到美国等14个国家的1962年进出口情况的分析中。基辛计算的美国等5个国家制造出口产品和进口替代产品所使用的熟练劳动和非熟练劳动的比例(其他9个国家或地区的比例从略)详见表2-13。

表 2-13 美国等5个国家进出口产品上所花费的熟练劳动与非熟练劳动的比重　　　%

国 别	出口		进口	
	熟练劳动	非熟练劳动	熟练劳动	非熟练劳动
美 国	54.6	45.4	42.6	57.4
瑞 典	54.0	46.0	47.9	52.1
德 国	52.2	47.8	44.8	55.2
意大利	41.1	58.9	52.3	47.7
印 度	27.9	72.1	53.3	46.7

从表2-13可以看出,美国出口产品所使用的熟练劳动的比例比进口替代产品所使用的要高(54.6%:42.6%),所使用的非熟练劳动的比例则较低(45.4%:57.4%)。美国也是出口产品中熟练劳动所占比例最高的国家(54.6%),这反映了美国技术专业人员及熟练工人相对丰富,在技术含量高的生产部门具有比较优势。

(三) 研究与开发要素

研究与开发要素理论是由美国经济学家格鲁伯(W. H. Gruber)、梅达(D. Mehta)和弗农(R. Vernon)在1967年提出的,其核心的内容是将研究与开发(Research and Development, R&D)也视为一种生产要素。所谓研究与开发是指为获得新技术成果(新技术、新产品、新工艺、新材料等）或对原有技术成果实施改造而进行的研究和开发的活动。衡量研究与开发强弱的指标主要有两个：一是研究与开发的费用占销售额的百分比；一是科学家、工程师占整个雇佣人数的比重。

研究与开发要素对一国的贸易规模和结构有着重要影响。一个国家在研究与开发活动中投入的资金越多，其所生产的产品的知识和技术密集度就越高。在国际竞争中所处的地位就越有利。格鲁伯、梅达和弗农对美国1962年的19个行业的研究与开发水平进行了分类比较。结果发现，运输业、电机业、仪器、化学和非电器机械这5个行业的研究与开发最强。这5个行业的研究与开发费用占19个行业的78.2%，科学家和工程师占85.3%，销售量占39.1%，而出口量占72%。[①] 由此可见，研究与开发要素是企业具有竞争实力的重要因素，是获取国际分工比较优势的基础。

（四）信息要素

信息是指来源于生产过程之外并作用于生产过程中能带来利益的一切信号的总称。信息要素是无形的，非物质性的。随着市场在全世界范围的拓展以及经济贸易活动的日益频繁，社会每时每刻都产生大量信息。这些信息从不同方面、不同层次影响着社会经济活动，影响着企业的决策与运作，甚至影响着企业的生存。

信息是一种能够创造价值的无形资源，和有形资源结合在一起构成现代生产要素。在现代国际贸易中，占有信息的多少，利用信息的状况如何，直接影响一个国家的比较优势，改变着一国在国际分工中的地位。

第五节　国际贸易的技术差距理论与产品生命周期理论

以上的理论都是从静态的角度分析国际贸易的基础，而技术差距理论与产品生命周期理论，是将各国技术的动态变化作为引发国际贸易的单独因素，从动态的角度说明贸易格局的变化。

一、国际贸易的技术差距理论

技术差距理论（Theory of Technological Gap）以科学发明、技术创新的推广过程来解释国际贸易的发生和发展。它是美国经济学家波斯纳（M. Posner）于1961年在《国际贸易和技术变化》一文中首先提出的。技术差距理论认为，新产品总是在工业发达国家最早产生，然后才进入世界市场的。这时其他国家虽然想对新产品进行模仿，但由于同先进国家之间存在着技术差距，需要经过一段时间的努力才能实现，因而先进国家可以在一段时间内垄断这一产品，在国际贸易中获得比较利益。但是随着新技术向国外转移，其他国家开始模仿生产并不断加以扩大，创新国的比较优势逐渐丧失，出口下降，以至可能从其他国家进口该产品。

波斯纳在分析这一过程时，提出了需求滞后和模仿滞后的概念。所谓需求滞后是指创新

[①] Gruber W, Mehte D, Vernon R. The R&D Factor in International Trade and Investment of United States Industries [J]. Journal of Political Economy, 1967 (2).

国出现新产品后,其他国家消费者从没有产生需求到逐步认识到新产品的价值而开始进口的时间间隔。它的长短取决于其他国消费者对新产品的认识与了解。所谓模仿滞后是指创新国从制造出新产品到模仿国能完全仿制这种产品的时间间隔。模仿滞后由反应滞后和掌握滞后所构成。反应滞后指创新国从生产到模仿国决定自行生产的时间间隔。反应滞后的长短取决于模仿国的规模经济、产品价格、收入水平、需求弹性、关税、运输成本等多种因素。掌握滞后指模仿国从开始生产到达到创新国的同一技术水平并停止进口的时间间隔。其长短取决于创新国技术转移的程度、时间、模仿国的需求强度以及对新技术的消化吸收能力等因素。如图 2-4 所示。

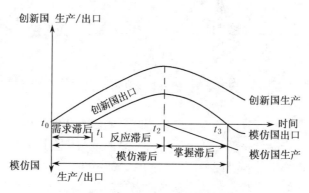

图 2-4 技术差距理论图解

图 2-4 横轴表示时间,纵轴上方表示创新国生产和出口数量,下方表示模仿国生产和出口数量。t_0 为创新国开始生产的时间,t_1 为模仿国开始进口的时间,t_2 为模仿国开始生产的时间,t_3 为模仿国开始出口的时间,t_0-t_1 为需求滞后,t_0-t_2 为反应滞后,t_2-t_3 为掌握滞后,t_0-t_3 为模仿滞后。

二、国际贸易的产品生命周期理论

所谓产品生命周期指的是产品要经历投入、成长、成熟和衰退等时期。国际贸易的产品生命周期理论是将产品周期理论与国际贸易理论相结合,从动态的角度分析国际贸易的产生和国际贸易利益转移。

美国经济学家弗农(Raymond Vernon)于 1966 年在《产品周期中的国际投资与国家贸易》一文中首次提出了产品生命周期理论,这是对技术差距理论的总结与扩展。按照这一理论,从创新国和模仿国的角度,产品生命周期可以分为 5 个阶段。如图 2-5 所示。

第一阶段(OA),即新产品阶段。这一阶段由于新产品刚刚出现,还未完全定型,仅仅在创新国(如美国)生产和消费。

第二阶段(AB),即产品成长阶段。创新国对新产品进行了改进,为满足国内外市场的不断增长的需求,产品产量迅速提高。在这一阶段,国外还不能生产这种产品,故创新国在国内和国际市场拥有完全垄断地位。而这阶段的出口,主要是面向与创新国经济发展水平相似的国家(如西欧、日本等发达国家)。

第三阶段(BC),即产品成熟阶段。新产品在创新国的生产技术基本定型,开始标准化生产,创新厂商开始授权外国厂商生产这种产品。模仿国(其他的发达国家)的厂商将逐

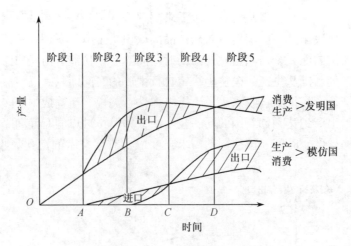

图 2-5 产品生命周期理论模型

步在本国制造该产品。这些国家既不需要承担新产品的研究开发费用,又不需要支付国际运费和缴纳关税。因此,产品价格低于从美国进口产品的价格。在这一时期,其他发达国家的厂商的新产品在本国市场上能与美国的产品相抗衡,故减少进口规模。

第四阶段（CD）,标准化阶段。其他发达国家参与新产品的出口市场竞争。其他发达国家生产新产品以后,销路逐渐打开,市场不断扩大,取得了大规模生产的经济效益,成本进一步下降。由于模仿国的劳动力成本和其他成本同创新国相比要低,故其产品在第三国（一些发展中国家）市场能够同美国产品相竞争。而创新国美国的出口全面下降。

第五阶段（D 点以后）,创新国退出阶段。美国成为该产品的进口国。由于其他发达国家的工资较低,以及大规模生产带来的成本降低的经济效益,超过了向美国出口所需的运费和关税,其产品最终进入美国市场,美国由出口国变成为进口国。这样,新产品在美国的生命周期即告结束,美国又会致力于新的技术革新以创造其他新产品。

虽然新产品的生命周期在美国结束,但其他生产这一产品的发达国家可能处于周期的第三或第四阶段。同时,发展中国家很可能在国内开始生产这种产品,并逐渐向发达国家增加出口。这种产品的生命周期,在生产国之间呈波浪式推进。当美国发明新产品并大量向欧洲出口时,正是欧洲大量进口之际；当美国出口下降时,正是欧洲开始生产以替代进口时期；当美国出口由高峰急剧下跌时,正是欧洲出口迅速增长时期；而欧洲出口明显下降时,则是发展中国家扩大出口时期。如图 2-6 所示。

图 2-6 中纵轴正方向表示出口量,负方向表示进口量；横轴 t 表示时间。t_0 为美国开始生产时间,t_1 为美国开始出口和欧洲开始进口时间,t_2 为发展中国家开始进口时间,t_3 为欧洲国家开始出口时间,t_4 为美国开始进口时间,t_5 为发展中国家开始出口时间。

产品生命周期理论是一个动态理论,其动态含义如下。

（一）生产要素的动态变化

工业制成品的生产要素随其生命周期不断变化。在新产品的生命周期的不同阶段,制造新产品所投入的要素比例是变动的。在新产品阶段,产品的设计尚需改进,工艺流程尚未定型,需要大量的科技人员和熟练工人,产品属于技术密集型。到了成熟阶段,产品已经定

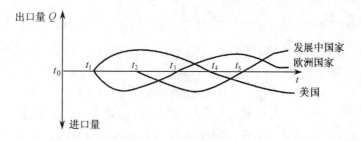

图 2-6　国际贸易中产品生命周期的动态变化

型,只需要投入资本购买机器设备,产品由技术密集型转向资本密集型。进入标准化阶段,产品和工艺流程已经标准化,劳动熟练程度不再重要,价格竞争成为能否占领市场的关键。

(二) 贸易国比较利益的动态转移

根据产品生命周期各阶段的要素密集型的特点,比较优势将发生国与国之间的转移。就不同类型的国家而言,在产品生命周期的不同阶段比较优势是不同的。美国工业先进、科技力量雄厚、国内市场广阔,在开发新产品方面具有比较优势。其他发达国家拥有较为丰富的科研力量和较强的科技实力,生产某些产品具有比较优势,这些国家一方面可以把处于生命周期早期阶段的产品出口到欠发达国家,另一方面又可以把处于后期阶段的产品出口到比他们发达的国家。发展中国家半熟练劳动资源丰富,在生产标准化产品上具有比较优势。因此,一种产品在它的生命周期的运动过程中,其比较优势是从一种类型的国家转向另一种类型的国家。

第六节　产业内贸易理论

第二次世界大战后出现的第三次科技革命,不仅促进了世界经济的发展,而且使国际贸易格局产生了深刻的变化。国际贸易的规模空前扩大,国际贸易的商品结构日益优化,各国及各个贸易集团的贸易地位发生了根本性的变化。国际贸易中一个重要变化是发达国家之间相互贸易的比重迅速上升,尤其是产业内的贸易越来越成为贸易的主要形式。产业内贸易理论揭示了产业内贸易迅速发展的原因,使国际贸易理论发展到一个新阶段。

一、产业内贸易的概念

产业内贸易(Intra-industry Trade)是指一个国家或地区,在一段时间内,同一产业部门的产品既进口又出口。比如,日本向美国出口小汽车,同时又从美国进口小汽车。产业内贸易的产品必须具备两个基本条件:一是产品中使用的生产要素相近或相似;二是消费具有相互替代性。国际贸易最初进行的是产业间专业化生产为基础的商品交换,如工业品与农产品的交换。但是,随着国际贸易的发展,产业内贸易的规模不断扩大,已逐渐成为影响整个国际贸易发展格局的重要贸易形式。

产业内贸易的发展程度可用产业内贸易指数来衡量:

$$T = 1 - \frac{|X - M|}{X + M}$$

式中，X 和 M 分别表示对一种特定产业或某一类商品的出口额和进口额。T 的取值范围为 $0\sim1$。当一个国家只有进口或只有出口（即不存在产业内贸易）时，$T=0$；当对某一商品的进口等于出口时（即产业内贸易达到最大），$T=1$。

格鲁贝尔（Grubel）和劳埃德（Lioyd）计算了 1967 年 10 个国家不同产业的 T 指数。他们发现，对于原油、润滑油产业，10 个国家的 T 值的加权平均值为 0.30，对于与之相关的化工工业为 0.66，10 个国家所有产业的混合加权平均 T 值为 0.48。这意味着在 1967 年，10 个国家的贸易额中有一半是由同一产业差别商品的交易引起的。有的学者对 1970 年、1980 年、1987 年美国、日本、德国、法国、意大利、加拿大、荷兰、比利时、英国、西班牙等国与经济合作发展组织成员产业内贸易的比例进行了考察，发现 1970 年、1980 年、1987 年这 10 个国家的平均产业内贸易的比例分别为 49%、55.5% 和 57.8%。①

但是，使用 T 指数来衡量产业内贸易程度时，必须谨慎处理。因为，如果我们将产业和商品种类的范围定义不同，就会得到不同 T 值。而某一产业的范围越大，T 值就越大。

二、产业内贸易的理论解释

产业内贸易的理论解释，主要有以下几种观点。

（一）偏好相似理论

最早试图对发达国家之间的贸易和产业内贸易现象做出理论解释的是瑞典经济学家林德（S. B. Linder）。他在 1961 年出版的《论贸易和转变》一书中提出了偏好相似理论（Preference Similarity Theory）。同以往理论不同，它从需求的角度解释国际贸易产生的原因。林德理论主要包括以下两个方面：

1. 一种工业品要成为潜在的出口产品，首先必须是一种在本国消费或投资生产的产品

林德认为，出口是国内市场扩大的结果。一种新产品首先是为满足本国的需求而生产的，只有在生产不断扩大的情况下，企业才考虑出口到国外，以获取国外利润。这是因为：

（1）企业家对国外市场的熟悉程度大大低于对国内市场的熟悉程度。随着企业规模的扩大，需要进一步拓展市场时，才会考虑出口。一旦打开国外市场，出口份额甚至会比内销大。尽管如此，出口终究是市场扩大的结果，而不是它的开端。

（2）一个国家本身的需求是技术革新和发明创造的推动力。发明创造所形成的新产品在一般情况下首先是适应本国市场消费的需要，以后才逐步满足出口的要求。

（3）一种新产品最终适应市场需求，必须根据消费者的要求不断改进产品设计。而征求本国和本地区消费者的意见最容易，成本最低，更容易形成具有比较优势的产品。

2. 需求结构是影响国际贸易规模的重要因素

林德认为，两个国家需求结构越相似，它们之间的工业品贸易的可能性越大。需求结构相似的两国的贸易量要大于需求结构有较大差别的两国的贸易量。如果两国之间的需求结构一致，就意味着两国的进出口结构也相同。林德认为，平均收入水平是影响需求结构的最主

---

① Dominick Salvatore. Tnternational Econimics 5th. Prentice-Hall, Englewood Cliffs, New Jersey 07632, 1995.

要因素。因此，有关国家的平均收入是否相近可以用来反映需求结构是否相似。林德还认为，平均收入水平的高低与消费品、资本货物的需求类型密切相关。收入水平高的国家更多地需要档次高、质量好的消费品及高技术含量的资本货物，而收入水平较低的国家，一般需要较低档次的消费品和一般性资本货物。因此，人均收入水平相近的工业发达国家，相似的高档消费品和高技术的资本货物的贸易量很大。这些国家相互出口的往往是种类相同但性能、规格、商标不同的产品，而高收入国家与低收入国家之间的工业制成品贸易取决于两国需求的重叠部分。因为高收入国家中有低收入消费者，低收入国家中也有高收入消费者，这两部分人存在共同需求，如图2-7中的阴影部分。阴影部分越大，两国贸易的可能性就越大。图中横轴为不同水平的人均收入，纵轴为不同档次的商品，与A、B两点相应的两个矩形分别表示A、B两国所需商品档次的范围，阴影部分表示两国的重合需求。

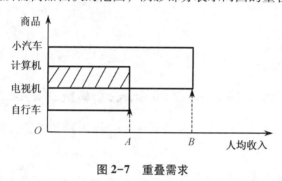

图 2-7 重叠需求

（二）产品的异质性

产品的异质性是产业内贸易形成的重要基础。产品的异质性是指同一类产品的商标、款式、包装、规格、销售服务等方面存在差异。产品的异质性可以使不同生产者的产品满足不同消费层次、消费偏好的需求，从而形成不同生产者的优势地位，在此基础上形成产业内贸易。例如，美国和日本都生产小汽车。美国车以舒适、豪华、马力大为特点，而日本车则以经济适用、节能为特点，这就产生了对两国产品的相互需求，导致了同产业内部的贸易。

（三）规模经济

规模经济分为内部规模经济与外部规模经济两类。内部规模经济是指厂商通过自身生产规模的扩大，提高劳动生产率，降低生产成本，使企业边际收益递增。外部规模经济是指同行业内企业个数的增加，使整个行业的规模扩大，单个厂商从整个行业的扩大中获得生产率的提高和成本的下降。

追求规模收益递增是产业内贸易得以发展的重要原因。随着生产规模的扩大，单位产品成本递减，而规模收益递增。由于不同企业处于生产规模的不同阶段，成本和收益不同，导致各国产业内部进行专业化生产，从而使建立在产业内专业化分工基础上的产业内贸易得以迅速发展。产量差异导致成本差异而产生的规模经济曲线如图2-8所示。

在图2-8中，甲乙两国生产某一产品的技术水平相同，其长期成本曲线相同，为LAC。甲国的产量为Q_a，其成本为C_a。而乙国的产量为Q_b，其成本为C_b。由于$C_a > C_b$，乙国商品的竞争力高于甲国，在国际贸易方面就具有出口优势，产品可以低价出口到甲国。

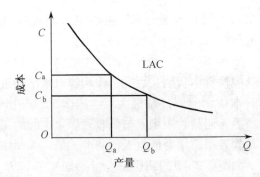

图 2-8　产量差异导致成本差异而产生的规模经济

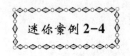

规模经济促进了加拿大汽车贸易的发展

（引自保罗·克鲁格曼和茅润斯·奥伯斯法尔．德国际经济学（第五版）．经济科学出版社，第 133～134 页）

1965 年以前，加拿大和美国的关税保护使加拿大成为一个汽车基本自给自足的国家，进口不多出口也少得可怜。加拿大的汽车被美国汽车工业的几个大厂商所控制。这些厂商发现，在加拿大大量建立分散的生产体系比支付关税更划算。因此，加拿大的汽车工业实质上是美国汽车工业的缩版，大约为其规模的 1/10。

但是，这些美国厂商在加拿大的子公司也发现小规模带来的种种不利。一部分原因是在加拿大的分厂比在美国的分厂小，但更重要的原因可能是美国的工厂更加"专一"——集中精力生产单一型号的汽车或配件。而加拿大的工厂则不得不生产各种各样的产品，以至于工厂不得不经常停产以实现从一个产品项目到另一个产品的转换，不得不保持较多的库存，不得不少采用专业化的机器设备等。这样，加拿大汽车工业的劳动生产率比美国的要低大约 30%。

为了消除这些问题，美国和加拿大政府通过努力在 1964 年同意建立一个汽车自由贸易区（附带一些限制条件）。这一举措使汽车厂商得以重组生产，这些厂商在加拿大各子公司大力削减其产品种类。例如，通用汽车削减了其在加拿大生产的汽车型号的一半，但是加拿大的总体生产及就业水平并没有改变。加拿大一方面从美国进口自己不再生产的汽车型号，另一方面向美国出口加拿大仍生产的型号。在自由贸易前的 1962 年，加拿大出口了价值 1 600 万美元的汽车产品，然而却进口了 5.19 亿美元的汽车产品，但是到 1968 年，这两个数字已分别上升为 24 亿美元和 29 亿美元。换言之，加拿大的进口和出口均大幅度增长。

贸易所得是惊人的。到 20 世纪 70 年代初，加拿大汽车工业的生产效率也可与美国同行相媲美。

第七节 国家竞争优势理论

国家竞争优势理论（The Theory of Competitive Advantage of Nations）是美国哈佛商学院教授迈克尔·波特（Michel. E. Porter）在1990年出版的《国家竞争优势》一书中提出的。波特认为，现有的国际贸易理论只能对国际贸易模式做出部分解释，但不能说明为什么一个国家能在某一行业建立和保持竞争优势。

小知识 2-1

迈克尔·波特

（引自赵春明主编. 国际贸易学. 石油工业出版社，2003，第74页）

迈克尔·波特（Michel. E. Porter，1947—）是美国著名管理学家，哈佛商学院教授，并兼任世界上许多大公司和政府机构的咨询顾问，是当今世界有关竞争策略与国际竞争力方面的权威之一。1983年，波特在里根总统设立的产业竞争力委员会任职，在美国挑起了有关竞争力问题的大辩论。他在哈佛大学首开竞争战略、竞争优势等课程。他在20世纪80年代发表了著名的三部曲《竞争战略》（1980年）、《竞争优势》（1985年）、《国家竞争优势》（1990年），系统地提出自己的竞争优势理论。波特的竞争优势理论反映了当时的需要，他的理论对20世纪90年代美国对外贸易政策产生了重大影响。波特的著作被美国《财富》杂志标列的全美500家最大企业的经理、咨询顾问及证券分析家们奉为必读"圣经"。波特的研究领域主要集中在企业战略管理和产业组织两方面。因此，在他的著作中，单个的企业和产业始终是他的研究对象。波特在《竞争战略》中提出了企业获取竞争优势的三种战略，即成本领先战略（overall cost leadership），差别化战略（differentiation），目标集聚战略（focus）。在《竞争优势》中，波特创立了价值链理论，认为企业竞争优势的关键来源是价值链的不同。在《国家竞争优势》中，波特把他的国内竞争优势理论运用到国际竞争领域，提出了著名的"钻石理论"，即我们通常所说的国家竞争优势理论。

从《竞争战略》《竞争优势》到《国家竞争优势》，波特研究的逻辑线索是：国家竞争优势取决于产业竞争优势，而产业竞争优势又决定了企业竞争战略。作者是站在产业（中观）层次，从下而上，即从企业（微观）层面向上扩展到国家（宏观）层面上。这是对国际贸易研究方法的一种拓展，因为以往国际贸易理论的立足点大多侧重于贸易活动，即从贸易研究入手，把产业研究仅作为一个附属领域，而波特的研究视角则是从产业经济入手，再去探讨它对企业乃至国家对外贸易的决定作用。

波特认为，一国兴衰的根本在于能否在国际市场中赢得优势，而取得优势的四个关键因素是：① 生产要素；② 需求条件；③ 相关与支持产业；④ 企业战略、企业结构和同业竞争。这四项关键要素形成一个"钻石体系"。[①] "钻石体系"是一个相互强化的

[①] ［美］迈克尔·波特著. 国家竞争优势 [M]. 李明轩，邱如美，译. 北京：华夏出版社，2002：68.

系统,在这个系统里,这四种因素相互作用产生互相强化的利益。此外,机会和政府也是两个不可或缺的因素,完整的"钻石体系"如图2-9所示。企业控制之外的偶然事件(即机会)会造成产业结构的调整和竞争优势的变化,具备最有利"钻石体系"的国家很可能把偶然事件转变成竞争优势。在国家竞争优势中政府的实际作用是能够正面或负面地影响每个关键要素。

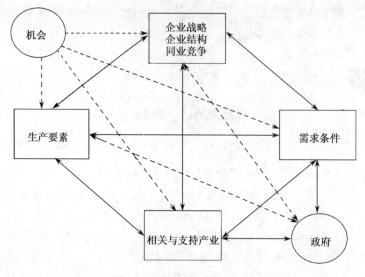

图 2-9 完整的钻石体系

一、生产要素

波特详细分析了生产要素的特征,他把要素区分为基础要素和高级要素。基础要素是指自然资源、气候、地理位置、人口等;高级要素则指通信设施、受过高等教育的人才、科研设施和技术诀窍等。高级要素对竞争优势的形成起重要作用,它是个人、企业和政府投资的结果;基础要素可以提供初始优势,而这种优势又通过对高级要素的投资得以扩展和强化。基础要素的丰裕或低成本往往会导致其低效率配置,相反,基础要素的不利可以带来压力,促使其在高级要素上进行投资,从无优势变成动态优势。例如日本自然资源匮乏,但是通过大量投资,创建了巨大的高级要素,使其在很多制造业领域获得成功。

二、需求条件

波特强调需求在提高竞争优势方面所发挥的作用。企业对于其最接近的顾客的需求最敏感,所以,国内的需求特征对于国内产品特性的形成和促进创新与提高质量方面特别重要。顾客对质量的追求导致制造业的迅速改善,对最新特色的需求导致新型产品市场的迅速饱和。如果本国购买者渴望购买其他国家产品,则会刺激本国企业从事这一产品的生产,并不断进行产品升级。国内需求的规模和方式会增强某些产业的优势。国内市场规模对某些产业,特别那些具有很高研究与开发要求、巨大经济规模和高度不确定性的产业是最重要的。一定数量独立购买者的出现比一国只有一两个顾客独占国内市场能创造更好的创新环境。国内市场的饱和迫使当地企业降低价格、引进新产品和改善产品功能,能够推动一国企业为了持续增长而进入外国市场。

三、相关与支持产业

国内是否具备具有国际竞争力的相关与支持产业，是决定一国在某一产业中竞争优势的第三大因素。相关产业或支持产业对高级生产要素的投入所产生的效益可以波及另一产业，从而帮助该产业在国际市场上确定竞争地位。20 世纪 80 年代以前，美国在半导体工业的领先地位为美国在个人电脑和其他技术先进的电子产品方面的成功提供了基础。同样，瑞士在制药业方面的成功也是与其过去染料工业的发展密切相关。

波特在研究中发现一种普遍现象，即一国在国际市场具有竞争力的成功产业一般是由很多相关产业组成的一个产业群。德国的纺织服装就是这样一个产业群，它包括高质量的棉花业、合成纤维业、纺织机针制造业和一系列纺织机械制造业。

四、企业战略、企业结构和同业竞争

不同的国家具有差异程度不同的企业战略和结构。德国企业有等级森严的组织和管理体系，高级经理通常都有技术背景，具有产业技术和工程背景是企业取得巨大成功的特征。意大利中小企业注重战略，在具有自己特色的很小的细分市场经营、生产目标顾客的特色产品，避免标准化产品的生产。美国企业持有大量的风险资本，并进行广泛的交易。德国和瑞士的银行持有大量期望升值的长期股票，但很少交易。可见各国在企业和个人寻求成功的目标上显著不同。个人工作和扩展能力的动力对于竞争优势也是很重要的，一国的成功取决于其优秀人物选择教育的类型、他们选择工作的位置及其承诺和努力。一国机构的目标、个人和企业确定的价值取向，及某些产业所重视的声望指导着资本和人力资源的流动，结果直接地影响某些产业的竞争力。

国内竞争对培养竞争优势发挥了创造性的特殊功能，激励和促进国际竞争力的提高。强大的地方竞争者的出现对于创造和保持竞争优势是一种强有力的刺激。传统观点认为国内竞争是个浪费，它导致重复劳动，阻碍企业达到规模经济。竞争的积极结果是培养一两个企业成为国家冠军，具有对抗外国竞争者的规模和力量，并在政府支持下确保它们必要的资源。可是尽管政府给予巨大资助和保护，但绝大多数国家冠军不具有竞争力，这种静态效率远不如国内竞争所引起的动态改进重要。国内竞争可以促进公司创新和发展，因为地方的竞争者相互竞争从而推动降低价格、改进质量和服务并创造新产品和工艺。地理上的集中放大了国内竞争的力量，越是地方化的竞争越是激烈。激烈的国内竞争最终迫使国内企业放眼全球市场，并增强它们的竞争力，使其在全球竞争中获得成功。尤其当有规模经济时，国内竞争者竞相寻找外国市场以获得更大效率和更高获利性。

五、机会

机会主要表现为基础科技的发明创新、传统技术发生变化、生产成本突然提高、全球金融市场或汇率的重大变化、全球或区域市场需求剧增、战争等偶然性事件。机会可以打破原本的竞争状态，提供新的竞争空间。它可以使原来处于领先地位的竞争者丧失优势，落后国家的企业可以借此获得竞争优势。

对不同国家而言，机会所造成的影响有好有坏，20 世纪的石油危机对依赖进口石油的国家造成了沉重的打击。战争对战胜国和战败国的影响也是不同的，国家如果重视引发机会

的事件,或者可以抓住机会,先发制人,赢得优势;或者可以化危机为良机,变压力为动力,产生新的优势。

六、政府的作用

政府在增强国家竞争力中起着个别企业无法起到的作用,能为企业创造有利的环境。政府政策在间接影响宏观经济格局时不应限制市场直接配置资源的作用,应鼓励企业间竞争,而不是去阻碍有利于生产力发展和企业创新的市场竞争。

为增强国家的竞争优势,政府应当:

(1) 加强高级要素培养,加大教育、科研文化以及基础设施投资。
(2) 避免干预要素和货币市场,由市场引导资源流动。
(3) 发挥产业政策的导向作用,促进产业竞争力的提高。
(4) 实施严格的产品、安全和环境标准,迫使企业改善质量、升级技术。
(5) 鼓励企业在研究开发、新设备、人员培训等方面大量而持续投资。
(6) 放松管制,限制垄断,鼓励竞争,实施反垄断法。
(7) 开放市场,鼓励内外竞争,促进企业创新。

国家竞争优势理论首次从多角度、多层次阐明了国家竞争优势的内涵。一个国家在某一产业的国际竞争优势取决于生产要素、需求条件、相关与支持产业的发展、企业战略、结构和同业竞争等四个因素的共同作用。各个国家都应出口"钻石系统"中四个组成部分都处于有利地位的产业中的产品,进口四个组成部分都处于不利地位产业的产品。

国家竞争优势理论对于所有国家尤其是发展中国家具有重要意义。一个国家要促进生产力的发展,创造竞争优势,必须高度重视科技发展和人力资本投入,重视国内需求,创造公平的竞争环境,促进企业不断创新。

思 考 题

1. 绝对优势理论的主要内容是什么?
2. 李嘉图比较优势的核心思想是什么?这一理论对各国发展对外贸易有何积极意义?
3. 要素禀赋理论的基本内容是什么?它从哪些方面发展了比较优势理论?
4. 什么是里昂惕夫之谜?西方学者对此做了哪些解释?
5. 技术差距理论的主要内容及其意义是什么?
6. 产品生命周期理论的主要内容及其意义是什么?
7. 什么是产业内贸易?其产生的原因是什么?
8. 一国竞争优势由哪些因素决定?
9. 请运用国家竞争优势理论来分析我国某一产业(如纺织业、家电业)的竞争优势。
10. 假设中国与美国生产计算机和纺织品都只用劳动,中国的总劳动为 800 小时,美国总劳动为 600 小时。现给出中国和美国生产 1 单位计算机和 1 单位纺织品所需劳动时间,见表 2-14。

表 2-14　中美两国生产 1 单位计算机和 1 单位纺织品所需劳动时间　　　小时

国家	商品	
	计算机	纺织品
中国	100	4
美国	60	3

请问：

（1）两国分别在什么产品上具有比较优势？

（2）如果两国发生贸易，其分工模式和贸易模式是什么？

（3）如果发生贸易，世界市场价格范围是什么？如果给定 1 单位计算机交换 22 单位的纺织品，中美两国分别可以从贸易中获得多少利益？

11. 请解释下列四种情况是外部规模经济情形，还是内部规模经济情形。

（1）美国印第安纳州艾克哈特的十几家工厂生产了美国大多数的管乐器；

（2）在美国销售的所有本田汽车要么是从日本进口的，要么是在俄亥俄州的马里斯维尔生产的；

（3）空中客车公司的所有飞机都在法国土鲁斯组装；

（4）康涅狄克州的哈特福特成为美国东北亚的保险中心。

12. 下述情形中，决定贸易模式的主要是资源禀赋还是规模经济？

（1）加拿大是铝的主要生产国；

（2）因特尔生产了世界上半数以上的 CPU；

（3）美国和日本相互出口复印机；

（4）东南亚国家大量出口纺织品和鞋。

第三章
国际贸易保护理论

本章学习要点
- 重商主义贸易保护理论的主要内容
- 李斯特保护幼稚产业理论的主要内容及意义
- 对外贸易乘数理论与战略性贸易政策理论基本观点
- 新贸易保护理论的主要观点
- 中心-外围理论的基本内容

第一节 重商主义贸易保护理论

重商主义形成于15世纪至17世纪欧洲资本原始积累时期，代表商业资本的经济思想。重商主义认为，财富就是金银，金银是货币的唯一形态。人们获取财富的来源是金银矿的采掘和商品的交换，其中商品的交换更具持续性。但从一国的角度看，要想使商品交换能够增加一国的财富总量，就必须开展对外贸易，因为国内的商品交换只能使金银或财富实现在不同居民手中的转移，而不能增加该国的财富总量，只有对外贸易才会让该国金银的总量增加得更多。因此，重商主义贸易政策的理论是，国际贸易是一种"零和游戏"，一方得益必定使另一方受损，要增加一国的财富总量，就必须在国际贸易中多出少进，实现贸易顺差。为此，国家需要采取的政策措施是奖励出口、限制进口，使金银或财富在本国积累起来，从而增加本国的财富总量。

根据对待金银的态度和获取金银的手段不同，重商主义可分为早期和晚期两个阶段。

早期的重商主义也称为重金主义或货币差额论，其主要代表人物是英国的斯塔福德（Stafford，1554—1612）和法国的孟克列钦（Montchretien，1575—1622）。他们认为，积累财富的主要途径就是保持对外贸易顺差，因此，在对外贸易活动中必须使每笔交易和对每个国家都保持顺差，以使金银流入本国，并将其储藏起来，不再投入对外贸易。同时，为了增强国力，应阻止本国金银货币外流，禁止金银输出。在16世纪中叶之前的大约150年时间内，欧洲主要君主国的贸易政策都带有重金主义的特征。其中最典型的做法莫过于严禁输出贵金属。比如，英国在1461—1483年爱德华四世统治期间，就将输出金银定为大罪，与叛国罪相提并论。而欧洲大陆的西班牙、葡萄牙、法兰西等国也有类似政策。对于这一时期欧洲主要国家的政策，恩格斯在《政治经济学批判大纲》中曾经这样来形象地予以描述："各国彼此对立着，就像守财奴一样，双手抱住他心爱的钱袋，用嫉妒和猜忌的目光打量着自己的邻居。"

晚期的重商主义盛行于 16 世纪下半叶之后，主要代表是英国的托马斯·孟（Thomas Mun，1571—1641）。他批评了早期的重商主义禁止货币流出，将货币储藏起来的不明智做法，主张将货币投入有利可图的对外贸易，认为货币产生贸易，贸易增多货币，只有保持贸易顺差，才可能增加货币并使国家富足。但一国追求贸易顺差的办法应是保持本国对外贸易总额的顺差，而不必使对每个国家的每笔交易都保持顺差。为了实现对外贸易顺差，托马斯·孟提出发展英国工场手工业、航运业、殖民扩张及保护贸易等政策主张。由于晚期重商主义强调贸易差额甚于货币差额，因此晚期重商主义又被称为贸易差额论。

在这重商主义流行的几个世纪中，西欧各君主国采取的贸易政策措施主要有以下几种：① 严格的关税保护政策。对进口货除原材料外，征收高额的进口关税，限制外国制成品尤其是奢侈品的进口。② 积极的出口鼓励补贴政策。对出口制成品实施财政补贴，现金奖励在国外市场上出售本国产品的商人，禁止本国熟练工人外流和工具设备的出口，为工场手工业者发放贷款等。③ 独占性的海外殖民政策与国家特许贸易体制。各国纷纷开辟海外独占殖民地，发展贸易，政府设立特许贸易公司，独占与某个地区的贸易。④ 国家武力垄断的海上运输。各国竞相颁布《航海法》，实行国家对外贸运输的特许与垄断经营。

第二节 李斯特保护幼稚产业理论

弗里德里希·李斯特（Friedrich List，1789—1846）是 19 世纪德国著名的经济学家，是德国历史学派的先驱者。其幼稚产业保护理论受启于美国经济学家 A. 汉密尔顿的思想，但较之更加系统和深刻。

亚历山大·汉密尔顿（Alexander Hemilton，1757—1804）是美国保护主义的鼻祖，是美国独立后的首任财政部部长。美国刚从英国殖民统治下获得独立时，由于殖民统治的影响，特别是受到战争的破坏，经济凋敝，工业落后，在与英国的贸易中，仍保留着出口本国农林等初级产品，进口本国所需工业制成品的格局。这种格局有利于南方种植园主的利益，而使北方工业资产阶级经营的制造业难以发展。汉密尔顿代表工业资产阶级的利益，在 1791 年向国会提交的《保护制造业的报告》中，极力主张以较高的关税保护美国的制造业。汉密尔顿提出美国的经济情况不同于欧洲先进国家，其工业基础薄弱，技术水平落后，工业生产成本高，实行自由贸易政策，将断送美国工业的地位，进而威胁美国经济和政治上的独立地位。因此，必须采取关税措施保护美国的工业特别是制造业，使之生存、发展和壮大。

李斯特吸收并进一步发挥汉密尔顿的思想，在 1841 年出版了《政治经济学的国民体系》一书，书中系统地阐述了幼稚产业保护理论。从此，国家主义、幼稚工业保护理论为后起资本主义国家所奉行。

小知识 3-1

弗里德里希·李斯特简介

（引自海闻，P. 林德特，王新奎著. 国际贸易. 上海人民出版社，2003，第 339 页）

弗里德里希·李斯特（Friedrich List，1789—1846）于 1789 年 8 月 6 日出生于德国符藤堡（Wurttemberg）的罗伊特林根（Reutlingen）。他早期的生活并不引人注目。他一开始在父亲的制革店中工作，一段时间后，他进入政府部门任职。1811 年，他在蒂宾根（Tubingende）得到一个职位，并开始不定期地旁听法律讲座，两年后放弃公职专心学习。1816 年，他开始参与出版一个改良主义杂志，撰写有关改革地方管理的文章，也参与提出在蒂宾根大学创立一个新的国家经济学院的建议。1818 年，李斯特成为蒂宾根大学管理和政治学的教授。1819 年，李斯特参加了德国贸易和商业协会的成立会议。这一协会的目的是取消国内贸易壁垒，所以其后一年中，他作为协会的代表四处旅行宣扬自由主义，并入选了符藤堡的议会。结果，他因议会活动遭到当局迫害，不仅失去了教授职位，还被驱逐出符藤堡议会，并被捕监禁 9 个月。之后，李斯特开始了流亡生活。1825 年来到美国，成为矿业主和铁路制造者，累积了一笔财富。他和宾夕法尼亚制造和机器业促进会过从甚密，亲眼见到美国实施保护主义政策对制造业发展的影响，开始转而成为保护关税的"美国制度"的支持者。李斯特于 1827 年出版了第一部真正的经济学著作《美国政治经济学大纲》。1832 年他作为驻莱比锡（Leipzig）的美国领事回到德国。为了促进德国经济发展，李斯特鼓动德国经济统一并鼓吹南部德国保护主义，甚至于 1843 年创立了《关税同盟报》，努力拥护关税同盟的形成，宣扬他的保护主义和保护幼稚工业理论。李斯特在 1841 年出版了他的代表著作《政治经济学的国民体系》（Das national System der Politischen Okonomie）。然而李斯特最终感到自己的经济政策理想在现实社会中无望实现，绝望之余，他于 1846 年自杀身亡。

  李斯特重视生产力的发展，指出："财富的生产力比之财富本身，不晓得要重要多少倍，它不但可以使已有的和已经增加的财富获得保障，而且可以使已经消失的财富获得补偿。个人如此，拿整个国家来说更是如此。"① 李斯特主张重视培养创造财富的生产能力，对于一国的经济利益，他更看重经济成长的长远利益。他认为进口廉价商品，短期内是很合适的，但本国的产业就会长期处于落后的依附地位，而如采取保护贸易的措施限制进口，开始国内厂商提供的商品价格要高一些，短期内消费者的利益会受到损害，但当本国的产业发展起来后，价格会降低，从长远看是有利于公众福利的。

  李斯特还提出了经济阶段论，阐明了经济发展与贸易政策的相互关系，以此作为保护贸易政策的基本依据。李斯特指出："从经济方面看来，国家都必须经过如下几个发展阶段：原始未开化时期、畜牧时期、农业时期、农工业时期、农工商时期。"不同的时期应该实行不同的对外贸易政策。前三个时期要求农业得到发展，应实行自由贸易政策；农工业时期追求工业的发展，必须采取保护贸易政策，确保本国工业的发展；农工商时期追求商业的扩张，应实行自由贸易政策。李斯特认为德国正处于农工业时期，必须实行保护贸易政策，借助国家的力量来促进德国生产力的发展。

  李斯特认为，实行保护贸易政策是为了促进生产力的发展，为了最终无须保护。因此，保护并不是全面保护，而是有选择的。国家应该选择那些目前处于幼稚阶段、受到竞争的强大压力，但经过一段时间的保护和发展能够被扶植起来并达到自立程度的工业。因此，如果幼稚工业没有强有力的竞争者，或经过一段时期的保护和发展不能够自立，就不应保护。李斯特认为，这里"一段时期"的最高限为 30 年，也就是说，保护是有期限的。

  李斯特认为，保护贸易政策的主要手段是关税和禁止输入。应根据不同类型的产品制定

---

① 李斯特. 政治经济学的国民体系 [M]. 北京：商务印书馆，1961：155.

不同的关税税率。对在国内生产比较方便又供普遍消费的产品,可以征收较高的关税;对在国内生产比较困难、价值高昂又容易走私的产品,税率应按程度逐级降低。为了促进本国工业的发展,在本国的专门技术和机器制造业还未获得高度发展时,应对国外输入的一切复杂机器设备免税或征收较低的税率。

李斯特的保护贸易学说对德国资本主义的发展起到了积极的作用,有利于资产阶级反对封建主义的斗争。他的理论对经济不发达国家制定对外贸易政策有积极的参考价值。他的关于保护对象是有条件的、保护是有时间限制的、保护本身不是目的而是以自由贸易为最终目的等主张是具有积极意义的。

第三节 超贸易保护理论

超保护贸易理论是20世纪30年代凯恩斯主义的贸易理论,其盛行于第一次世界大战与第二次世界大战期间。约翰·梅纳德·凯恩斯(John Maynard Keynes,1883—1946)是英国资产阶级经济学家,是凯恩斯主义的创始人,其代表作是1936年出版的《就业、利息和货币通论》(简称《通论》)。

1. 凯恩斯的新重商主义

凯恩斯在《通论》中,对古典国际贸易理论进行了重新评价。认为古典国际贸易理论只用"国际收支自动调节机制"来证明贸易顺差、逆差的最终均衡过程,但忽视了国际收支在调节过程中对一国国民收入和就业的影响。他认为,贸易顺差对一国对外贸易有利,而贸易逆差则有害。因为贸易顺差可以给一国带来黄金,扩大货币的供应量,刺激物价上涨和降低利息率,从而可以扩大投资和就业;而逆差会使黄金外流,货币供应量减少,物价下降,利息率提高,导致国内经济趋于萧条,失业人数增加,使国民收入下降。因此,凯恩斯及其追随者在一国对外贸易上赞成贸易顺差,反对贸易逆差,提倡国家干预对外贸易活动,运用各种保护措施,扩大出口,减少进口,以获得贸易顺差。

2. 凯恩斯主义的对外贸易乘数理论

为了进一步说明投资对就业和国民收入之间的影响,凯恩斯提出了著名的乘数理论。他指出,新增加投资会引起对生产资料需求的增加,从而引起从事生产资料生产的人数和工资的增加;人们收入的增加会引起对消费品需求的增加,从而又引起从事消费品生产的人数和工资的增加。其结果是国民收入的增加量将为新增加投资的若干倍,而增加倍数的多少取决于"边际消费倾向"。用公式表示为

$$K = 1/(1 - \Delta C/\Delta Y) = 1/(\Delta S/\Delta Y) = \Delta Y/\Delta S$$

式中,K为乘数;Y为国民收入;ΔY为国民收入增量;C为消费;ΔC为消费增量;S为储蓄;ΔS为储蓄增量;$\Delta C/\Delta Y$为边际消费倾向;$\Delta S/\Delta Y$为边际储蓄倾向。

如果$\Delta C/\Delta Y = 0$,则没有倍增作用;如果$\Delta C/\Delta Y = 1$,则乘数或倍增作用为无穷大;如果$0 < \Delta C/\Delta Y < 1$,则$1 < K < +\infty$。

从以上公式可以看出,乘数的大小与边际消费倾向成正比,与边际储蓄倾向成反比。

凯恩斯的追随者把乘数理论运用到对外贸易领域,建立了对外贸易乘数理论。他们认为一国的出口和国内投资一样,有增加国民收入的作用;而一国的进口与国内储蓄一样,有减少国民收入的作用。为此,只有当对外贸易顺差时,才能增加一国的就业量,提高一国国民

收入量。此时,国民收入的增加量将为贸易顺差的若干倍。用公式表示为

$$\Delta Y=[\Delta I+(\Delta X-\Delta M)]\cdot K$$

式中,ΔY 为国民收入增量;ΔI 为投资增量;ΔX 为出口增量;ΔM 为进口增量。

当 ΔI 与 K 一定时,贸易顺差增量越大,ΔY 越大;反之,如果贸易存在逆差,则 ΔY 要缩小。因此,一国贸易顺差越大,对本国经济发展作用越大。由此可见,凯恩斯及其追随者的对外贸易乘数理论为保护贸易政策提供了理论根据。

第四节 战略性贸易政策理论

一、战略性贸易政策论的主要观点

战略性贸易政策论是 20 世纪 80 年代由布兰德(J. A. Brander)、斯潘塞(B. J. Spencer)、克鲁格曼(P. R. Krugman)等人发展起来的一种新的贸易政策理论。所谓战略性贸易政策,是指由于不完全竞争的市场结构和规模经济的存在,政府运用补贴或保护国内市场的手段扶持本国战略性产业的发展。战略性贸易政策的观点主要包括两个方面:一是如果一国政府能保证本国公司而不是外国公司获得先发优势,它对本国企业的扶植就可能提高本国的收入。因此,根据战略性贸易政策的观点,政府应采取补贴的方法对具有发展前途的新兴行业给予支持。二是如果政府对本国某一行业的干预能帮助国内企业克服已获得先发优势的外国公司设置的市场进入障碍,政府则应进行干预。

二、战略性贸易政策的实例说明

新贸易理论通常用美国波音公司和欧洲空中客车公司的假想例子来说明战略性贸易政策。假定这两家公司生产技术和能力相近,都有能力生产一种大型客机。由于生产这种客机具有规模经济效应,生产越多,成本越低,生产量越小,成本越大,甚至会出现亏损。进一步假定两家公司只能做出两种选择:生产或不生产。

表 3-1 表明了两家公司在不同情况下的利润和亏损(用负数表示)。每个方框有两个数字,左下方的代表波音公司的利润或亏损,右上方的代表空中客车公司的利润或亏损。

表 3-1 波音公司和空中客车公司不同情况下的利润/亏损 %

生产情况	生 产		不 生 产	
生 产	-5	-5	100	0
不 生 产	0	100	0	0

由表 3-1 可知,如果两家公司都生产,两家公司都会亏本。如果两家公司都不生产,虽然谁也不亏本,但谁也没有利润。只有在一家生产而另一家不生产的情况下,生产的那家才会有足够的生产量而获得利润。假设波音公司能够在空中客车公司进入市场以前,先占领 500 个座位的市场,空中客车就没有了进入市场的激励。此时的结果就是表右上方的情形,即波音公司单独生产并获利。

现在假定欧洲政府希望通过积极的干预,帮助空中客车击败波音,占领全球市场。假设

欧洲政府承诺，如果空中客车公司进入市场，欧洲政府将给予25个单位的补贴。这种补贴使两家的利润/亏损情况发生了变化（见表3-2）。如果只是空中客车公司生产，总利润达到125个单位。即使两家都生产，空中客车在减去亏损后，仍有20个单位的盈利。而波音公司没有补贴，其利润与亏损没有变化。

表3-2　欧洲政府进行补贴后的利润/亏损　　　　　　　　　　　　　　　　　%

生产情况	生产		不生产	
生　产	-5	20	100	0
不生产	0	125	0	0

在政府补贴的情况下，空中客车只要生产，就能获利，而不管波音生产与否。而波音公司只剩下两种可能，要么不生产，让空中客车生产，要么两家都生产而承担5个单位的亏损。事实上，政府补贴使我们假设的波音公司先行动可能获得的优势不复存在，而空中客车却获得进入市场的优势。

从假设的例子可以看出，政府的保护政策可以使本国企业在国际竞争中获得占领市场的战略性优势并使整个国家受益。新贸易保护主义常常以此来说明保护政策在国际竞争中的重要性。

战略性贸易政策也受到了不少批评。批评者认为这种政策的实际运用所需要的信息要比可能得到的信息更多。这种政策可能引起外国的报复。由于信息的不充分性会导致政府决策的失误。假如波音公司在技术上比空中客车略高一筹，如果两家都生产，空中客车亏损20个单位，而波音则赢利5个单位。在没有补贴的情况下，波音公司面对空中客车的竞争，仍然会进行生产，而空中客车的最好选择则是不生产，结局就是表3-3右上方的情况。

如果欧洲政府没有获得这一信息，仍然根据表3-1的情况向空中客车提供25个单位的补贴，企图将波音挤出市场。但波音公司不会退出市场，而空中客车虽然得到了25个单位的补贴，却只得到5个单位的利润。表3-4左上方反映了这一结局。这时，空中客车得到的利润小于补贴。造成这一结果的原因在于，政府的补贴不能起到阻止波音公司进行生产的作用。

表3-3　波音公司和空中客车公司另一种情况下的利润/亏损　　　　　　　　%

生产情况	生产		不生产	
生　产	-5	-20	125	0
不生产	0	100	0	0

表3-4　欧洲政府进行补贴后的利润/亏损　　　　　　　　　　　　　　　　%

生产情况	生产		不生产	
生　产	5	5	125	0
不生产	0	125	0	0

第五节 其他新贸易保护理论

一、夕阳产业保护论

夕阳产业是指产值在 GDP 中的比重呈下降趋势,产品市场不断萎缩,就业人数不断减少的产业,多为传统产业。一国的某个产业丧失了国际竞争力,进入衰退阶段以后,会引起结构性的摩擦,使国际收支状况恶化,结构性失业加剧,因此,必须对现已失去比较优势的产业采用贸易壁垒措施加以保护。发达国家的夕阳产业集团常常通过"院外活动"获取政府的保护。

二、民族自尊论

民族自尊论是一种发展中国家的贸易保护理论,主张通过贸易保护政策来振兴民族工业,实现民族自尊。该理论认为,进口商品并不仅是一种与国内产品无差别的消费品,进口商品的品种、质量常常反映了别国的文化和经济发展水平,而且进口的商品上都带有"某某国制造"的标签,以示与进口国商品的区别。在消费者"崇洋赞洋"的时候,政府往往会觉得有损民族自尊心和自信心,为了增加民族自豪感,政府一方面从政治上把使用国货作为爱国主义来宣传,另一方面力图通过贸易保护政策来减少外来冲击,发展本国工业。

三、国家安全论

贸易保护主义有时还以国家安全为依据,主张限制进口,以保持经济的独立自主。国家安全论认为,自由贸易会增强本国对外国的经济依赖性。这种情况可能会危害到国家安全,一旦战争爆发或国家之间关系紧张,贸易停止,供应中断,过于依赖对外贸易的经济会出现危机,在战争中可能会不战自败。因此,有关国家安全的重要战略物资必须以自己生产为主,对进口加以限制,征收关税。当这些行业面临国际市场竞争时,政府应该予以保护。这些行业或产品包括:粮食、石油等重要的原料、燃料;铀、钍等与核武器制造有密切关系的原料的进口;一些涉及军事科技的电子技术产品及对某些不友好国家的出口进行以国家安全为由的控制,任何有可能增强敌方实力,威胁自身安全的商品通过征收关税等手段进行严格控制。

四、社会公平论

这里的社会公平主要指的是社会各阶层或各种生产要素在收入上的相对平衡。不少国家利用贸易保护来调节国内各阶层的收入水平,以减少社会矛盾和冲突,其中最典型的例子是发达国家对农产品的保护。

五、就业保护论

这个理由于 20 世纪八九十年代主要是流行在西方发达国家。该理论认为,通过限制进口,可把国内需求由国外产品转移到国内产品上,从而扩大本国的生产和就业。每当经济不景气,失业率上升时,这些国家的某些政客和工会领袖就归罪于来自外国的尤其是发展中国家的竞争，纷纷主张以限制进口来保障本国工业的生产和就业。

六、环境优先保护论

主要表现在借保护世界环境之名限制国外产品的进口，保护本国衰退的劣势产业。该理论认为，由于人类生态系统面临巨大威胁，在国际贸易中应该优先考虑保护环境，减少污染产品的生产与销售。为了保护环境，任何国家都可以设置关税和非关税壁垒来控制污染产品进出口，同时，任何产品都应将环境和资源费用计入成本，使环境和资源成本内在化。

第六节 中心-外围理论

中心-外围理论是由阿根廷著名的经济学家劳尔·普雷维什（Raúl Prebisch，1901—1986）提出来的。普雷维什是 20 世纪拉美历史上"最有影响的经济学家"，被公认为是"发展中国家的理论代表"。

1949 年 5 月，普雷维什向联合国拉丁美洲和加勒比经济委员会（简称拉美经委会）递交了一份题为《拉丁美洲的经济发展及其主要问题》的报告，系统和完整地阐述了他的"中心-外围"理论（Core and Periphery Theory）。在这份报告中，普雷维什指出："在拉丁美洲，现实正在削弱陈旧的国际分工格局，这种格局在 19 世纪获得了很大的重要性，而且作为一种理论概念，直到最近仍继续发挥着相当大的影响。在这种格局下，落到拉丁美洲这个世界经济体系外围部分的专门任务是为大的工业中心生产粮食和原材料。"也就是说，在传统的国际劳动分工下，世界经济被分成了两个部分：一个部分是"大的工业中心"；另一个部分则是"为大的工业中心生产粮食和原材料"的"外围"。在这种"中心-外围"的关系中，"工业品"与"初级产品"之间的分工并不像古典或新古典主义经济学家所说的那样是互利的，恰恰相反，由于技术进步及其传播机制在"中心"和"外围"之间的不同表现和不同影响，这两个体系之间的关系是不对称的。对此，普雷维什进一步指出："从历史上说，技术进步的传播一直是不平等的，这有助于使世界经济因为收入增长结果的不同而划分成中心和从事初级产品生产的外围。"

普雷维什认为，这种"中心-外围"体系具有 3 个基本特征：整体性、差异性和不平等性。所谓的整体性，是指无论是"中心"还是"外围"，它们都是整个资本主义世界经济体系的一部分，而不是两个不同的经济体系。维系这一体系运转的是在"19 世纪获得了很大的重要性"的国际分工。根据这种国际分工，首先技术进步的国家就成了世界经济体系的"中心"，而处于落后地位的国家则沦落为这一体系的"外围"。"中心"与"外围"的形成具有一定的历史必然性，是技术进步及其成果在资本主义世界经济体系中发生和传播的不平衡性所导致的必然结果。所谓的差异性，是指"中心"国家与"外围"国家在经济结构上的巨大差异。现代化的生产技术贯穿于"中心"国家的整个经济，那里主要生产和出口制成品；"外围"国家主要生产和出口初级产品，而对工业制成品和服务的需求大多依靠进口来满足。所谓的不平等性，是指"中心"与"外围"之间的关系是不对称的，是不平等的。制成品与初级产品进行交换的比价一般不利于发展中国家，因此，"外围"国家的贸易条件越来越恶化，"外围"国家与"中心"国家之间的差距越来越大。

基于上述分析，普雷维什认为传统的国际分工与贸易理论只适合用于中心国家之间，而不适用于中心国家与外围国家之间，外围国家只有实行保护贸易政策独立自主地发展民族经济，实现工业化，才能摆脱在国际分工与贸易中的不利地位。普雷维什主张，"外围"国家应该通过实行贸易保护政策来实现工业化。在一个相当长的时期内，贸易保护政策是发展中国家发展工业所必需的。在出口替代阶段，为了鼓励制成品出口，除了实现保护关税政策外，还要有选择地实行出口补贴措施，以增强发展中国家的制成品在世界市场上的竞争力。

普雷维什站在维护发展中国家利益的基础上提出了中心-外围理论，比较深刻地剖析了当代国际分工体系和国际贸易利益分配的本质，揭示了发达国家与发展中国家之间不平等的交换关系，为发展中国家实施贸易保护政策提供了理论上的指导意义。

思 考 题

1. 重商主义贸易保护理论的主要内容有哪些？
2. 简述李斯特保护幼稚产业理论的主要内容及意义。
3. 超贸易保护理论的主要内容有哪些？
4. 战略性贸易政策理论包括哪些基本观点？
5. 新贸易保护理论主要有哪些主要观点？
6. 简述中心-外围理论的基本内容与意义。

第四章
国际贸易政策与措施

本章学习要点
- 对外贸易政策的含义、目的及类型
- 对外贸易政策的演变
- 保护贸易政策与自由贸易政策的理论依据
- 关税定义、特点、种类与计税标准
- 关税的经济效应与有效保护率
- 非关税壁垒定义、类型与特点
- 促进出口的措施

国际贸易政策是各国在一定时期内的进出口贸易的方针和原则,是各国根据政治经济环境与国际市场的变化而采取的措施,是各国运用国际贸易理论指导国际贸易实践的具体体现。对一国或地区而言,政府从本国的国情出发,依据国内外环境变化而制定的进出口贸易政策则称为对外贸易政策。

各国的对外贸易政策是通过关税措施、非关税措施及鼓励出口等措施的具体实施体现的。这些政策在各国经济增长和经济发展中起着重要作用,对国际贸易的结构以及贸易流向产生着极为重要的影响。了解国际贸易政策的基本内容,掌握国际贸易政策的基本走势,熟悉各国对外贸易政策和措施的主要内容与具体做法,已成为企业参与国际分工,立足国际市场的关键。

第一节 对外贸易政策

一、对外贸易政策的目的及类型

对外贸易政策是一国政府对进出口贸易活动进行管理的方针与原则。它所包含的基本要素为贸易政策主体、贸易政策客体、贸易政策目标、贸易政策内容和贸易政策手段五个方面。贸易政策主体是指贸易政策的制定者和实施者,一般是一国或地区的政府;贸易政策客体是贸易政策所规划、指导和调整的贸易活动以及从事贸易活动的企业、机构或个人;贸易政策目标是指贸易政策所要达到的目的;贸易政策内容是指贸易政策的倾向、性质、种类和结构;贸易政策手段是指为了实现政策目标而采取的具体措施。对外贸易政策是一国经济政策的重要组成部分,也是一国对外政策的重要内容。

制定对外贸易政策的目的在于：保护本国市场；扩大出口市场，扩大本国对外开放的规模与范围；改善本国产业结构，促进经济发展；在维护国家主权和利益的前提下，协调与各国的经济贸易关系。对外贸易政策不仅影响着一国的对外贸易活动，而且还会通过对外贸易活动渗透到国民经济的各个部分，同时也会在一定程度上影响其贸易伙伴国的经济贸易发展。因此对外贸易政策的制定与实施总是从本民族的利益和整个国民经济的发展出发，但又要考虑国际贸易环境，甚至还要协调与贸易伙伴的对外贸易关系。

一般说来，一国对外贸易政策包括对外贸易总政策与对外贸易具体政策。对外贸易总政策是一国依据国际政治经济的基本状况和发展趋势，结合本国的资源状况、产业结构、经济发展水平和在世界经济贸易中所处的地位，从有利于本国国民经济发展出发，制定的较长时期的原则、方针、策略。对外贸易具体政策是在一国对外贸易总政策的指导下制定的涉及对外贸易某一方面内容的政策，例如进出口商品政策、国际服务贸易政策、国别或地区政策等。这些政策比较灵活，会随着不断变化的国际经济形势及本国情况进行调整与完善。

从一国对外贸易政策的内容、结果、实施情况看，各国对外贸易政策可以分为两大基本类型，即自由贸易政策与保护贸易政策。

自由贸易政策（Free Trade Policy）是指国家对进出口贸易不加干涉和限制，也不给予补贴和优惠，允许货物和服务自由输出和输入，使其在国内外市场上自由竞争。保护贸易政策（Protective Trade Policy）是指为保护本国产业和市场，国家采取各种措施限制货物和服务的进口，同时对本国出口商给予各种补贴和优惠以鼓励出口。

当然，一国实行自由贸易政策，并不意味着完全的自由。从实践上看，西方发达国家在标榜自由贸易的同时，往往或明或暗地对某些产业提供保护。同样，实行保护贸易政策也并不是完全闭关自守，不发展对外贸易，彻底排除国外的竞争，而是对某些领域的保护程度高一些，即将外部的竞争限制在本国经济实力能够承受的范围之内。即使采取保护贸易政策，也要在保护国内生产者的同时，维护同世界市场的联系。

一国实行哪一种对外贸易政策，是由其经济发展水平和在国际经济中所处的地位，以及其经济实力和产品竞争能力决定的。一国在经济发展的初期，一般采取贸易保护政策，随着本国产业竞争实力的增强，保护贸易政策让位于自由贸易政策，而当其竞争地位受到威胁时，贸易保护主义又会抬头。

二、对外贸易政策的演变

从整个世界范围来看，自资本主义生产方式出现以来，自由贸易政策和保护贸易政策始终相伴随。但在不同的发展时期，贸易政策的基调不尽相同，有时以自由贸易政策为主，有时又会掀起保护贸易的浪潮。

16世纪至18世纪中期，是资本主义生产方式的形成时期。西欧各国普遍实行保护贸易政策，通过限制货币（贵金属）的输出和扩大贸易顺差的办法积累财富。这一保护贸易政策推动了资本的原始积累，为资本主义生产方式的建立提供了财富。

18世纪至19世纪后期，是资本主义自由竞争时期。从总体上看，这一时期资本主义国家的主流对外贸易政策是以自由贸易政策为特征，特别是英国、荷兰等国实行了全面的自由贸易政策。自由贸易政策极大地促进了这些国家工业和对外贸易发展。而这一时期的美国和德国基本上实行的是保护贸易政策。由于这些国家工业起步较晚，无法与英国工业产品竞争，不得不实行保护贸易政策，扶植本国工业的发展。保护贸易政策促进了这些国家工业的迅速成长。

19世纪末20世纪初，进入垄断资本主义阶段。1929—1933年爆发的世界性经济危机，表明了市场问题的尖锐化。正是在这一背景下，超保护贸易政策应运而生。超保护贸易政策的实施极大地阻碍了社会生产力的发展和国际贸易的扩大。

第二次世界大战以后，随着生产国际化和资本国际化以及国际分工向深度、广度的发展，在世界范围内出现了贸易自由化倾向。1947年签署的《关税与贸易总协定》旨在削除贸易中的歧视待遇，促进世界贸易的增长。《关税与贸易总协定》的临时适用，极大地推动了贸易自由化。各国纷纷降低关税，减少非关税壁垒，这对迅速恢复战后经济，促进国际贸易的发展起到了积极作用。但是，战后的贸易自由化是有保留的、有选择的自由化，并不完全排除保护贸易政策。

从20世纪70年代中期起，世界又掀起一股新贸易保护主义浪潮。在1974—1975年和1980—1982年两次世界经济危机的打击下，经济严重停滞，国际市场竞争日趋激烈，导致了贸易保护主义的爆发。美国成为新贸易保护主义的重要发源地。在各国贸易政策的相互影响下，新贸易保护主义不断蔓延与扩大，对国际贸易的正常发展带来了不利影响。

20世纪80年代中后期以来，随着各国经济相互依赖的不断加强，在世界范围内，尤其是发达国家，开始推进协调管理贸易政策。政府对内通过制定一系列对外贸易法律和法规，加强管理，促进本国进出口有秩序的发展；对外通过协商谈判，签订各种对外经济贸易协定，以协调和发展与其他国家的经济贸易关系。

三、自由贸易政策的理论依据

自由贸易政策是以自由贸易理论为基础的。自由贸易理论始于法国重农主义的自由放任的主张，完成于古典政治经济学。古典政治经济学的主要代表人物是亚当·斯密、大卫·李嘉图。后来约翰·穆勒、赫克歇尔、俄林又做了进一步的阐述。自由贸易理论主要包括以下内容：

（1）自由贸易可以形成有利的国际分工。生产的社会化和分工的国际化会使世界的产出水平提高。因为实行国际分工，有利于加强各国的专业生产技能，并使生产要素实现最佳配置，从而提高世界范围的劳动生产率。而要做到这一点，各国必须实行自由贸易政策。

（2）自由贸易可以提高国民福利水平。由于实行自由贸易，各国可根据自己的比较优势参与国际分工，使劳动、资本、技术等生产要素得到最有效的运用，从而增加国民收入，同时又可以从国外进口廉价的商品以减少国民支出。因此，实行自由贸易有利于提高国民消费水平。

（3）自由贸易有利于加强竞争，打破垄断，促使企业积极进取，不断提高经济效率，进而促进国民经济的发展。

（4）自由贸易有利于提高利润率，促进资本积累。

四、保护贸易政策的理论依据

保护贸易政策是以保护贸易理论为支撑的。保护贸易理论最早开始于重商主义，以后经过汉密尔顿、李斯特、凯恩斯等人的发展，形成了一个和自由贸易理论相对立的贸易理论。

保护贸易理论主张在对外贸易中实行限制进口,以保护本国商品在国内市场免受外国商品竞争,并向本国商品提供各种优惠政策,以增强其国际竞争力。通过实施保护贸易的政策,有以下好处:

(1) 可以增加出口,减少进口,实现贸易顺差,增加国家财富。

(2) 可以保护国内幼稚产业,培育财富的生产能力,有利于一国经济成长的长远利益。

(3) 可以增加顺差,促进经济增长和扩大就业。

(4) 可以使本国企业在国际竞争中获得占领市场的战略性优势并使整个国家受益。

(5) 可以保护夕阳产业、增加民族自豪感、维护国家安全、调节国内各阶层的收入水平,还可以保护环境等。

(6) 对发展中国家而言,实施贸易保护政策,有利于改善贸易条件,实现工业化,从而保证经济的自主发展和政治上的独立性。

五、国际贸易政策的发展趋势

1. 实现贸易自由化是国际贸易政策的总趋势

在国际分工日益深化的今天,任何割裂、阻挡国际贸易的做法都是不明智的,对外开放已成为大多数国家所坚持的基本原则。因此,国际贸易政策会随着世界经济的发展深入地向贸易自由化发展,这是一个总的趋势。但是,各国从自身政治和经济的利益出发,有时也会采取较为严厉的保护贸易措施,因而这一进程时快时慢。

2. 协调管理贸易政策成为多数国家的主要贸易政策

协调管理贸易政策是指一国对内通过制定一系列的贸易政策与法规,加强对外贸易秩序的管理,对外通过签订双边、区域及多边贸易条约或协定,协调与其他贸易伙伴的经济贸易关系。这一政策的特点是:

(1) 强调公平贸易原则,即在与各国贸易往来时坚持互惠。

(2) 力求确保本国国际收支的平衡,降低失业率,保护适度的经济增长速度。

(3) 更注重主动出击,积极开拓国际市场,发挥新兴产业的竞争优势,挖掘其潜在的规模经济效益。

3. 国际协调在制定、实施国际贸易政策中的作用日趋重要

国际协调作用不断加强的原因在于:

(1) 世界贸易组织成员方的相互约束力加强。这是由于各成员一揽子接受多边贸易协议,允许交叉报复,并强化争端解决机制的作用。

(2) 各国在货物贸易、服务贸易、知识产权贸易、投资等方面的不平衡发展,使各国既有优势,又有劣势;既有竞争,又有合作。

(3) 地区经济集团的蓬勃发展,使国家之间的竞争与地区经济集团的竞争并存,地区经济集团与多边贸易体制交织在一起。

(4) 各国的国内政策和对外贸易政策正在向世界贸易组织的规则靠拢。在国际贸易政策制定和实施过程中,国际协调能否成功,取决于经济利益的创造与分配。当一国参与协调所获得的利益大于不参与协调,或一国参与协调所受到的损失小于不参与协调时,一国便会赞成、参与协调。反之则会不参加或反对这一协调。

第二节 关税措施

一、关税的概念

(一) 关税的定义

关税（Customs Duties；Tariff）是一个国家的海关对进出关境的货物和物品，向进出口商或物品所有者所征收的一种税。

海关是国家行政管理机构，它根据本国法律、法规，监管进出境的货物、行李物品、邮递物品和其他物品，征收关税，查禁走私，编制海关统计和办理其他海关业务。其中征收关税是海关的一项重要职责。海关通常设置在边境、沿海口岸或境内的水陆空国际交往的通道。

关境是执行统一海关法的领土，是海关征收关税的领域，在一般情况下，关境和国境是一致的。但当国家设置自由港、自由贸易区时，关境小于国境。有的国家缔结了关税同盟，参加关税同盟国家的领土成为统一关境时，关境大于各自的国境。

(二) 关税的性质及特点

关税是税收的一种，是国家财政收入的来源之一，因而它同其他税收一样，具有强制性、无偿性和固定性。强制性是指国家凭借政治权力和法律征收，纳税人必须依法纳税，否则将受到法律制裁。无偿性是指征收关税后，其税款成为国家财政收入，不再直接归还纳税人，也无须给予纳税人任何补偿。固定性是指国家通过有关法律事先规定征税对象和税率，海关和纳税人均不得随便变动。

关税是一种间接税，它不同于以纳税人的收入和财产作为征税对象的直接税。关税主要是由进出口商缴纳的，但作为纳税人的进出口商人可以将关税额作为成本的一部分，分摊在商品的价格上，最后转移给消费者。

关税除了具有税收的一般特点外，还是进行国际经济斗争和政治斗争的手段。关税的高低影响对方的进出口规模和生产。因此，主权国家往往可以运用关税来调整本国和其他国家的经济贸易关系，从而影响政治关系。通过关税优惠，可以促进友好贸易往来，改善国际关系；通过关税壁垒，可以限制从对方国家进口；通过差别待遇，可以在对外谈判中施加压力，迫使对方让步，开拓和扩大国外市场。

(三) 关税的作用

1. 增加财政收入

海关征收关税后即上缴国库，成为国家财政收入。在前资本主义时期和资本主义发展的初期，税源较少，各国财政收入的绝大部分来自关税。随着工商业的迅速发展，税源不断扩大，关税在财政收入中的比重和作用逐渐降低。现在一些发展中国家，仍把关税作为财政收入的一个重要来源。

2. 保护国内产业和国内市场

对进口商品征收关税，增加了进口商品的成本，提高了进口商品的价格，可以削弱其与国内产品的竞争能力，避免本国同类产品或类似产品受到外国竞争者的损害，保护本国生产的顺利进行。对出口商品征收关税，可以抑制这些商品的输出，防止本国资源的大量流失，保证本国国内市场的供应。

3. 调节国内经济

关税是一种经济杠杆。利用关税税率的高低和关税的减免，可以调节某些商品的进出口量，保持市场供求平衡，稳定国内市场价格，保持国际收支平衡。当贸易逆差过大时，通过征收进口附加税，以减少进口数量和外汇支出，缩小贸易逆差；当贸易顺差过大时，通过减免关税，以扩大进口缩小贸易顺差。

关税虽然具有以上积极作用，但如果运用不当，也会产生消极作用。如果对某些产品长期采取不适当的高保护，就会使生产这类产品的企业因缺乏国际市场竞争压力而失去改进技术、提高劳动生产率的内在动力，长期落后于世界先进水平，在国际市场上缺乏竞争能力。

二、关税的主要种类

（一）进口税（Import Duty）

进口税是进口国家的海关在外国货物和物品通过关境时，对本国进口商和物品所有者所征收的正常关税。这种进口税在外国货物直接进入一国关境或国境时征收，或者外国货物由自由港、自由贸易区提出运往进口国国内市场时，在办理海关手续时征收。

进口税是关税中最主要的税种，是执行关税保护职能的主要工具。所谓关税壁垒，是指对进口商品征收高额的关税，它形象地将关税比喻为高筑的城墙，以阻挡外国商品的进入。

进口税通常分为最惠国税和普通税两种。最惠国税适用于与该国签订有最惠国待遇原则的贸易协定的国家和地区所进口的商品。普通税适用于与该国没有签订这种贸易协定的国家或地区所进口的商品。最惠国税率比普通税税率低，两者的差幅相差往往很大。第二次世界大战后，大多数国家已成为世界贸易组织的成员方，或者签订了双边的贸易协定，相互提供最惠国待遇，适用最惠国税率。

（二）进口附加税（Import Surtaxes）

在征收正常关税后，又出于某种目的而额外征收的关税称为进口附加税。进口附加税不同于正常关税，一般是临时性措施。它通常是在一段时间内发生特定情况时征收，主要是针对个别国家或个别商品征收。

征收进口附加税的主要目的是：有效保护国内产业；应付国际收支危机；维持进出口平衡；对某个国家实行歧视或报复；抵制外国商品低价销售。

进口附加税最常见的是反倾销税和反补贴税。

1. 反倾销税（Anti-dumping Duty）

反倾销税是对实行倾销的进口货物征收的一种附加税。征收反倾销税的目的在于抵制倾销，保护国内产业和市场。

征收反倾销税必须具备三个基本要件：存在倾销，构成损害，倾销与损害之间存在因果关系。《反倾销协议》规定，倾销是指一项产品的出口价格，低于其在正常贸易中出口国供其国内消费的同类产品的可比价格，即以低于正常价值的价格进入另一国市场。损害分为三种情况：一是进口方生产同类产品的产业受到实质损害；二是进口方生产同类产品的产业受到实质损害威胁；三是进口方建立生产同类产品的产业受到实质阻碍。当倾销与损害存在因果关系时，为了抵制倾销，可以对倾销产品征收不超过这一产品倾销幅度的反倾销税。

迷你案例 4-1

中国对美国、加拿大、韩国新闻纸反倾销案

新闻纸反倾销案是中国首例反倾销调查案件。从 1995 年起，来自美国、加拿大、韩国的新闻纸大量、低价地向中国出口，使中国的新闻纸产业受到严重的冲击。1997 年 3 月 25 日《中华人民共和国反倾销和反补贴条例》生效后，代表国内新闻纸产业的吉林造纸（集团）有限公司等九大国内新闻纸生产厂家代表中国新闻纸产业向中华人民共和国对外贸易经济合作部提出申请，要求对来自美国、加拿大、韩国的新闻纸进行反倾销调查。

对外贸易经济合作部经商国家经济贸易委员会后，于 1997 年 12 月 10 日正式公告立案，开始对原产于美国、加拿大、韩国进口到中华人民共和国的新闻纸进行反倾销调查，调查期间为 1996 年 12 月 10 日至 1997 年 12 月 9 日。

1998 年 7 月 9 日，对外贸易经济合作部发布初裁公告，认为美国、韩国、加拿大对中国出口新闻纸存在倾销，国内相关产业存在实质损害，并且国内相关产业的实质损害与进口产品倾销之间存在因果关系。外经贸部决定，自 1998 年 7 月 10 日起，中华人民共和国海关对原产于美国、加拿大、韩国的进口新闻纸开始实施临时反倾销措施。进口经营者在进口原产于上述三国的新闻纸时，必须向海关提供与初裁确定的倾销幅度（17.11%~78.93%）相应的现金保证金。

初裁后，外经贸部和国家经贸委进行调查与核实。1999 年 6 月 3 日外经贸部发布 1999 年第 4 号公告做出终裁。在终裁公告中，外经贸部认定各应诉公司在调查期内向中国出口的被调查产品均存在倾销；国家经贸委认定原产于美国、加拿大、韩国向中国大量低价倾销的新闻纸对中国新闻纸产业造成了实质损害，倾销与损害之间存在直接的因果关系，决定自裁决之日起海关将对原产于上述三国的进口新闻纸（海关进口税则号列为 48010000）征收反倾销税（税率为 9%~78%）。上述措施实施期限自 1998 年 7 月 10 日起，为期 5 年。

2003 年 5 月，在实施反倾销措施即将到期时，福建南纸等 12 家企业代表中国新闻纸产业正式递交了反倾销复审调查申请，请求商务部对原产于美国、加拿大和韩国的进口新闻纸所适用的反倾销措施进行复审。同年 7 月 1 日，商务部发出 2003 年第 28 号公告，决定对上述三国新闻纸的反倾销措施进行期终复审。

2004 年 6 月 30 日，商务部公布了中华人民共和国商务部关于对原产于加拿大、韩国、美国的进口新闻纸所适用的反倾销措施的期终复审裁定。裁定认为如果终止征收反倾销税，加拿大、美国、韩国被调查产品对中国的倾销很有可能继续或再度发生，决定保留原新闻纸反倾销税，即自 2004 年 6 月 30 日起，对原产于加拿大、韩国、美国的进口新闻纸仍然按照中华人民共和国原对外贸易经济合作部 1999 年第 4 号公告公布的征税范围和税率，继续征收反倾销税，实施期限为5年。

2. 反补贴税（Countervailing Duty）

反补贴税又称抵消税或反津贴税，是对在生产、加工及运输过程中直接或间接地接受出口国政府或同业公会发给的任何奖金或补贴的进口商品所征收的一种进口附加税。征收的税额与其接受的补贴数额相等。其目的在于抵消进口产品所享受的补贴金额，使其不能在进口国市场上低价竞争，保护国内同类产业。

征收反补贴税必须具备三个条件：① 须有补贴的事实，即出口成员国对进口产品直接或间接地给予补贴的事实；② 须有损害的结果，即对进口国国内相关产业造成损害或损害威胁，或严重阻碍进口国某相关产业的建立；③ 须有因果关系，即补贴与损害之间有因果关系存在。只有同时具备上述三个条件，成员国才能实施征收反补贴税措施。

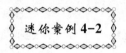

迷你案例 4-2

美国首次对华产品征收反补贴税

（摘编自杨悦，赵航，《财经》网络版，2007-10-19）

2007年10月18日，美国商务部宣布了对中国铜版纸反倾销和反补贴案的终裁结果，决定对中国铜版纸征收反倾销和反补贴税。铜版纸案由此成为23年以来美国将反补贴法案应用于非市场经济国家的首个案例，预示着中国产品出口美国面临新的挑战。印度尼西亚、韩国也在此次被调查国家之列。

根据这一决定，美国商务部将对中国铜版纸生产商和出口商征收21.12%～99.65%的反倾销税，7.40%～44.25%的反补贴税，远高于对印尼和韩国两国生产商征收的税率。对印尼和韩国征收的反倾销税率为8.63%和0.47%～31.55%，反补贴税率为22.48%和0.00%～1.46%。

此外，美国商务部将通知美国海关和边境推迟清算铜版纸的进口，以便收取保证金和反补贴与反倾销税。

这一决定预示着美国对中国出口产品政策出现重大变化。20世纪80年代，美国商务部经过详尽论述，表明在计划经济体制下，很难测量政府补贴对经济的影响。因此1984年美国商务部决定对非市场经济国家不适用反补贴法案。

中方认为，美国的决定和做法既不符合世贸组织的相关规则，也违反了美国的有关法律规定。美方一方面无视中国20多年来市场经济改革取得的巨大成就，坚持视中国为非市场经济国家；一方面又改变了美国自1984年起就确定了不对所谓非市场经济国家适用反补贴法的做法。中方认为，这是自相矛盾的做法。

（三）普惠税

普惠税是普遍优惠制下适用的进口关税。普遍优惠制简称普惠制（Generalized System of Preference，GSP），是发达国家对来自发展中国家的某些产品特别是工业制成品和半制成品给予一种普遍的关税减免制度。

普惠制的基本原则是普遍的、非歧视的、非互惠的。所谓普遍的，是指所有的发达国家应给予所有的发展中国家出口的制成品和半成品关税优惠待遇。所谓非歧视的，是指所有的发展中国家都应无歧视、无例外地享受普惠制待遇。所谓非互惠的，是指发达国家单方面给予发展中国家或地区出口产品关税优惠待遇，而不要求发展中国家提供反向优惠。普惠制的目标是扩大发展中国家对发达国家工业制成品、半制成品的出口，增加发展中国家的出口收入，促进发展中国家的工业化，提高发展中国家的经济增长率。

普惠制是由各给惠国的普惠制方案构成的。这些方案是各给惠国和国家集团单独制定的，各有特色，不尽相同，但基本内容主要包括受惠国家和地区、受惠商品范围、关税削减幅度、保护措施和原产地规则。

给惠国的保护措施是为了保护本国产业和市场。保护措施一般有以下几种：

（1）例外条款（Escape Clause）。当某种受惠商品的进口量增加到对本国同类产品或有竞争关系的商品生产者造成或即将造成损害时，给惠国保留对该产品完全或部分取消关税优惠待遇的权利。

（2）预定限额（Prior Limitation）。给惠国预先规定一定时期受惠商品优惠关税进口限额，超过这一限额，则取消普惠制待遇，按最惠国税率征税。

（3）竞争需要条款（Competitive Need Clause）。对来自受惠国的某种进口商品，如超过当年所规定的进口额度，则取消下一年度该种商品关税优惠待遇。

（4）毕业条款（Graduation Clause）。给惠国认为受惠国产品的出口竞争能力达到一定程度，符合毕业标准而取消对其所享受的普惠制待遇。毕业标准分为两种：产品毕业和国家毕业。1989年美国宣布对亚洲"四小龙"取消普惠制待遇。欧洲联盟1995年1月1日以来实施的新普惠制方案规定，如果某一国的某种产品对欧盟的出口超过普惠制项下总进口的25%，就达到产品毕业标准，需分阶段取消普惠制待遇。欧盟近年来宣布我国部分出口产品"毕业"。

原产地规则强调享受普惠制待遇的受惠产品必须原产于受惠国或在受惠国内经过实质性的加工和制作，以保证普惠制目标的实现和防止普惠制的滥用。原产地规则由原产地标准、直接运输规则和原产地书面证明文件组成。

原产地标准规定来自受惠国的受惠商品必须符合下列条件之一：一是不含任何进口成分，全部由受惠国生产、制造、加工的产品；二是含有进口成分，但经过实质性变化的产品。各国对实质性改变的标准可分为两种：

（1）加工标准（Process Criterion）。加工标准是根据受惠国出口制成品的税号和制成品的税号有无变化来确定是否发生实质性变化。一般说来，如果制成品的税则号与进口成分的税则号不同，即发生了实质性的改变，该产品可享受关税优惠待遇。欧盟、瑞士、挪威、日本等国均采用这项标准。

（2）增值标准（Value-added Criterion）。又称百分比标准，即根据进口成分或本国成分占出口商品价值的百分比来确定是否发生了实质性变化。澳大利亚、新西兰、加拿大、美国、俄罗斯等国均采用这一标准。

直接运输规则要求受惠产品必须从受惠国直接运往给惠国，其目的是保证原产于受惠国的商品在运输途中不被伪装或再加工。因地理条件的限制或运输困难，受惠商品可以通过邻国领土转运，但必须在海关监管之下。

受惠国要享受普惠制待遇还必须向给惠国提供原产地证明书（Form A），对于 Form A 要填写正确，符合要求。

我国自 1979 年开始享受普惠制待遇。目前给予我国普惠制待遇的国家有 40 个，分别为欧盟 28 国（奥地利、比利时、丹麦、芬兰、法国、德国、希腊、爱尔兰、意大利、卢森堡、荷兰、葡萄牙、西班牙、瑞典、英国、捷克、塞浦路斯、爱沙尼亚、拉脱维亚、立陶宛、匈牙利、马耳他、波兰、斯洛伐克、斯洛文尼亚、罗马尼亚、保加利亚和克罗地亚）、瑞士、挪威、日本、新西兰、澳大利亚、加拿大、俄罗斯、白俄罗斯、乌克兰、哈萨克斯坦、土耳其和列支敦士登。普惠制证书由国家市场监督管理总局负责统一管理，国家市场监督管理总局设在各地的出入境检验检疫局及其分支机构负责签发。

迷你案例 4-3

加调整普惠制　中国"毕业"了

（摘编自国际商报，2013-01-24）

加拿大财政部部长近日宣布，该国将在 2013 年 2 月 15 日前征询公众意见并发表公告，公布将特定国家或地区从加拿大普遍优惠关税受惠国或地区名单中剔除，其中中国在列，同时被"除名"的还有中国香港、中国澳门、韩国、新加坡、印度、俄罗斯、墨西哥等 72 个贸易伙伴。该公告拟从 2014 年 7 月 1 日起施行。

加拿大的"除名"依据主要有两个标准。

一个是受惠国或地区最近连续两年被世界银行列为中、高收入国家或地区。在 2012 年 2 月发布的世界银行报告《2030 年的中国：建设现代、和谐、有创造力的高收入社会》中，世界银行指出，中国过去 30 年成功发展的战略已经成就中国今天中上收入经济体的地位。该报告还预测，即使经济增速放缓，中国也有望在 2030 年前跻身高收入行列，并成为世界第一大经济体。

另一个标准是依据 WTO 统计，受惠国或地区为出口连续两年占世界出口 1% 以上者。2011 年 12 月，国务院新闻办公室发布的《中国的对外贸易》白皮书中就指出，中国已连续两年成为世界货物贸易第一出口大国和第二进口大国，出口总额占世界货物出口额比重在 10% 以上。

按照上述两个标准，加拿大将中国从普惠制受惠国或地区名单中剔除无可厚非，这一方面显示出中国经济实力增强，在国际贸易中的地位显著上升，但另一方面也将对某些商品、某些省份产品出口的竞争力和优势产生负面影响。

（四）出口税（Export Duty）

出口税是出口国家的海关在本国出口商品运出关境时，对本国出口商所征收的关税。在 18 世纪以前，出口税是最主要的一种关税，是一国财政收入的重要来源。但征收出口税，增加了本国产品在国外市场销售的价格，降低了出口商品的竞争能力，不利于出口的扩大，进而影响本国生产和经济发展。因此，目前大多数国家不征收出口税，只有少数发展中国家还征收少量出口税。其征收出口税在于：增加本国财政收入；保护本国生产和市场；控制和调节某种商品的出口流量，保持国内外市场价格稳定。

三、关税制度的基本内容

（一）征收关税的方法

1. 从量税（Specific Duty）

从量税是以货物的计量单位（如重量、数量、容量、长度、面积等）作为征税标准，按每计量单位预先制定的应税额计征关税。例如，日本 1996 年版税则规定，原油暂定税率为 315 日元/千升。从量税额的计算公式是

$$从量税额 = 商品计量单位数 \times 每单位应税额$$

征收从量税的优点是：征收手续简便，只需核对商品的名称和数量，容易计算，并能起到抑制廉价商品或故意低瞒报价商品的进口；其缺点是：对同一税目下的商品，不论质量好坏，价格高低，均按同一税率征收，因此税负不太合理。由于单位税额是固定的，不能随着价格的变动而及时调整。特别是在物价上涨时，关税相对降低，其保护作用和财政作用有所减弱。

2. 从价税（Ad Valorem Duty）

从价税是以货物的完税价格作为征税标准，按其一定比例计征关税。从价税额的计算公式是

$$从价税额 = 完税价格 \times 从价税率$$

从价税的优点是：按商品价格征税，税负合理。从价税率以百分数表示，便于各国在关税水平、关税保护程度上进行衡量、比较与谈判。从价税的缺点是：完税价格的确定比较复杂，费人费事，需要较强的专业技术。另外，当某一种进口商品的国际价格大幅度下跌时，或人为故意低瞒报价进口和低价倾销时，从价税不能有效地起到保护国内相关工业或防止逃漏税款的作用。目前世界上除个别国家，大多使用从价税或以从价税为主。

3. 混合税（Mixed Duty）

又称复合税（Compound Duty），它是指在关税税则中，对同一税则号下的商品同时制定从量税和从价税两种税率，并同时征收的一种关税。例如，美国 1982 年版税则对非针织毛制服装每磅价格不超过 4 美元的，征收每磅从量税 25 美分，另加从价税 21%；每磅价格超过 4 美元的，征收每磅从量税 37.5 美分，另加从价税 21%。混合税额的计算公式是

$$混合税额 = 从量税额 + 从价税额$$

混合税综合了从量税和从价税的优点，使税负更合理、适度。在进口商品价格变动时，既可以保证有稳定的财政收入，又可以起到一定的保护作用。但混合税中从价税与从量税的比例难以确定。

4. 选择税（Alternative Duty）

在关税税则中，对同一税号下的商品同时制定从价税和从量税两种税率，分别按从价税或从量税计算税额，可选择其中一种有利的税率征收。选择税克服了从价税或从量税各自的缺点。一般各国多选择税额较高的一种征收，也有些国家为使税负较合理则选择较低的一种征收。

（二）完税价格（Duty-paid Value；Customs Value）

完税价格又称海关价格或海关固定价格，是指经过海关审定作为计征关税所依据的价格。在世界大多数国家使用从价税或从价税为主的情况下，完税价格是决定税额的重要因素。

《海关估价协议》规定，进口成员方海关应在最大限度内以进口货物的成交价格作为完税价格。但在无法使用这种方法的情况下，可使用该协议规定的其他5种方法，即相同货物的成交价格、类似货物的成交价格、倒扣价格、计算价格、"回顾"方法来确定货物的完税价格。这6种方法应严格按顺序实施。海关不得颠倒6种估价方法的适用顺序，但进口商可以要求颠倒使用第4种倒扣价格方法和第5种计算价格方法的顺序。

（三）海关税则（Custom Tariff）

海关税则又称关税税则，是一国通过一定的立法程序制定和公布的，对进出口应税和免税商品加以系统分类的一览表。海关税则是征收关税的法律依据，它一般包括以下内容：

（1）海关税则实施细则以及使用税则的有关说明；
（2）税则归类的总原则；
（3）各类、章和税目的注释；
（4）关税税率表。税率表包括税号、商品分类目录和税率三部分。商品分类目录把种类繁多的商品加以综合，按照商品的不同生产部门，或按照商品的自然属性、功能与用途等分类，以便分别规定不同的税率。

目前，许多国家的海关税则都采用海关合作理事会制定的《协调商品名称及编码制度》(The Harmonized Commodity Description and Coding System，H.S.)。我国于1992年1月1日起采用。

海关税则按其税率栏数可分为单一税则和复式税则。单一税则是指税则中只设有一栏税率，适用来自任何国家的同种商品。如肯尼亚规定农具的进口税率为20%，工具的进口税率为10%。复式税则是指税则中设有两栏或两栏以上的税率，对来自不同国家的同种商品，根据不同情况采用不同税率，实行差别待遇。其中，普通税率（或称一般税率）是最高税率，特惠税率是最低税率。在这些税率之间，还有最惠国税率、协定税率、普惠税率等。目前大多数国家都采用2栏、3栏、4栏甚至5栏的不同的多栏税则。例如，欧盟实施5栏税则：第1栏特惠税率，实施对象是欧盟的联系国，即签订洛美协定的非洲、太平洋及加勒比地区65个国家或地区，还有根据欧盟与土耳其、摩洛哥、突尼斯等签订的协定，对于这些国家的部分产品的进口，给予特惠关税；第2栏是协定税率，实施对象是与欧盟签订了优惠贸易协定的国家，如以色列、瑞士等；第3栏是普惠税率，实施对象是77国集团及其他发展中国家；第4栏是最惠国税率，实施对象是世贸组织成员国及与欧盟签有双边最惠国待遇协定的国家；第5栏是普通税率，也就是最高税率，实施对象是上述国家以外的国家和地区。

2019年1月1日起开始实施的新版《中华人民共和国进出口税则（2019）》包括"使用说明""进口税则""出口税则"三个部分。"使用说明"主要对各种税率的适用范围、国别代码、计量单位等进行解释和说明。"进口税则"涉及8 549个税目，包括最惠国税率、协定税率、特惠税率和普通税率等；而"出口税则"涉及 102 个税目，仅设有"出口税率"一栏。

四、关税的经济效应与有效保护率

（一）关税的经济效应

关税的经济效应是一国征收关税所带来的各种经济影响。下面我们运用局部均衡模型（主要针对个别产品价格变动与供求平衡的过程）分析小国和大国征收关税产生的经济效应。

1. 小国关税的经济效应

贸易中的小国是指该国在市场中只是价格的接受者，小国对某种商品征收关税不能影响其国际市场价格。现假定：贸易小国甲商品的国内供给曲线为 S，需求曲线为 D。在该国实行自由贸易的情况下，该国以 P_w 的国际市场价格水平进口甲商品，这样，甲商品的国内需求总量为 OQ_2，其中国内供给为 OQ_1，Q_1Q_2 为进口数量。又假定该国对甲商品的进口征收关税为 $P_wP_d(t)$，国内价格由 P_w 上升到 P_d 如图 4-1 所示。

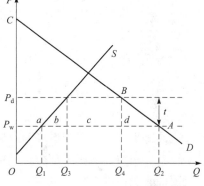

图 4-1 小国关税的经济效应

关税的经济效应主要有以下几种：

（1）生产效应（Production Effect）。由于征收关税，甲商品价格上涨，国内生产者愿意增加生产，生产由 OQ_1 增加到 OQ_3，利润也随之增加。生产者剩余的增加数量相当于图 4-1 中面积 a。

（2）消费效应（Consumption Effect）。由于征收关税，价格上涨，消费者被迫减少对甲商品的需求，并且购买同样数量的商品要比以前支付更多的货币。从图 4-1 可看出，征税前，消费者剩余为三角形 P_wAC 的面积；征税后，价格上升，消费者剩余为三角形 P_dBC 的面积，消费者剩余减少的数量相当于面积 a、b、c、d 之和。

（3）贸易效应（Trade Effect）。由于征收关税，导致进口减少。进口国减少甲商品的进口数量等于国内生产者增加生产与国内消费者减少消费的数量之和，即 Q_3Q_1 和 Q_2Q_4 之和。

（4）税收效应（Revenue Effect）。征收关税后，关税收入为 $P_wP_d×Q_3Q_4$，即图 4-1 中以 c 表示的面积。

征收关税后，生产者获得了收益 a，政府增加了税收 c。税收取之于民，用之于民，应看作收益。而消费者利益的牺牲则是损失。损益相抵，整个社会存在净损失，它是由图 4-1 中 b 和 d 两个三角形面积来表示的。b 是由国内生产者以高于国际生产成本进行生产造成的资源浪费，而 d 是国内消费者以较高的价格消费，并没有任何一方从中获益的部分。

2. 大国关税的经济效应

贸易中的大国是指在国际贸易中交易量大、市场份额较大的国家。由于是某种商品的垄断买者或接近垄断买者就具有影响某种商品国际价格的能力。当进口国对某种商品征收进口税后，引起该种商品在进口国国内市场价格上涨。这时，消费者将减少对该种商品的消费，从而导致进口减少。由于进口国是该种商品的垄断买者，其进口减少将引起该种商品国际市场价格的下跌。因征收关税进口国国内市场上该种商品价格上涨部分和国际市场上该种商品价格的下跌部分等于进口关税额。显然，价格的上涨部分是由进口国国内消费者负担，跌价部分由出口国负担。

现假定贸易大国甲商品的国内供给曲线为 S_d，需求曲线为 D_d，国际市场价格为 P_w。征收关税后的进口价格为 P_d，大国征税后的国际市场价格为 P'_w，征收进口税前的国内需求量为 OQ_2，其中 OQ_1 为国内供给，Q_1Q_2 为进口数量。征收关税后需求量降为 OQ_4，国内生产为 OQ_3，进口数量为 Q_3Q_4（图4-2）。

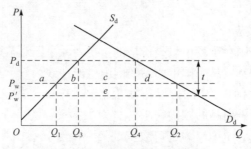

图4-2 大国关税的经济效应

该国在征收关税后消费者剩余减少部分为 $a+b+c+d$，其中 a 转变为生产者剩余，c 为关税收入，$b+d$ 为征收关税后的净损失。但由于如果大国减少进口，将会引起出口国出口市场萎缩，这使得出口国为保护市场而压低价格至 P'_w。于是国内消费者支付了 P_d，出口商得到 P'_w 而非 P_w。出口商承担了部分关税额。

大国征收关税的结果有以下三种情况：第一，如果征收关税后，贸易条件改善大于关税保护的代价，即 e 大于 $b+d$，则征收进口关税有净收益。第二，如果征收关税后，贸易条件改善等于关税保护的代价，即 e 等于 $b+d$，则征收进口关税既无收益也无损失。第三，如果征收关税后，贸易条件改善小于关税保护的代价，即 e 小于 $b+d$，则征收进口关税有净损失。

进口大国在征收关税后，能否把关税部分地转嫁给出口国，除了进口国必须是垄断的买者外，还取决于以下因素：一是进口国对该种商品的需求程度；二是进口国能否在国内找到替代品；三是出口国生产应变能力的大小；四是出口国可否找到相应的替代市场。

（二）有效保护率（Effective Rate of Protection）

在没有中间产品贸易介入的最终产品贸易条件下，关税的保护作用同关税税率的高低成正比，这种保护效果是名义的，称为名义保护率（Nominal Rate of Protection）。在国际分工日益深化的今天，原料、零部件和组装件等中间产品的国际贸易量不断增加。如果对中间产品和最终产品都征收关税，则关税的实际保护效果同名义保护效果可能是不同的。为了准确反映征收关税对一国生产的实际保护程度，西方经济学家提出了"有效保护率"的概念。

关税的有效保护率是指征收关税对某产品在其生产过程中净增值的影响，用公式表示为

$$ERP = \frac{国内加工增值 - 国外加工增值}{国外加工增值} \times 100\%$$

将下面各项因素带入上式：

设：P 为制成品国外价格（无进口关税的价格）；

n 为制成品名义保护率；

r 为投入品名义保护率；

V 为投入品在制成品中的比重。

上式可展开为

$$\text{ERP} = \frac{[P(1+n)-PV(1+r)]-(P-PV)}{P-PV} \times 100\%$$

推导简化为

$$\text{ERP} = \frac{n-Vr}{1-V} \times 100\%$$

举例说明：

（1）某国需要直接进口电冰箱，也需要进口压缩机在国内生产。电冰箱进口价格为 300 美元，压缩机进口价格为 150 美元，压缩机在电冰箱价格中所占比重为 50%。如果对电冰箱征收进口税率为 50%，而对压缩机免征进口关税，则本国电冰箱工业享有的有效保护率为

$$\text{ERP} = \frac{50\%-50\%\times 0}{1-50\%} \times 100\% = 100\%$$

（2）如果对压缩机征收进口税，但征收的进口税率低于电冰箱的进口税率，如取 30%，则本国电冰箱工业享有的有效保护率为

$$\text{ERP} = \frac{50\%-50\%\times 30\%}{1-50\%} \times 100\% = 70\%$$

（3）如果对压缩机也征收同电冰箱相同的进口税率为 50%，则本国电冰箱工业享有的有效保护率为

$$\text{ERP} = \frac{50\%-50\%\times 50\%}{1-50\%} \times 100\% = 50\%$$

（4）如果对电冰箱征收的进口税率为 50%，而对压缩机征收的进口税率为 60%，则本国电冰箱工业享有的有效保护率为

$$\text{ERP} = \frac{50\%-50\%\times 60\%}{1-50\%} \times 100\% = 40\%$$

（5）如果对电冰箱征收的进口税率降为 30%，而对压缩机征收的进口税率提高到 70%，则本国电冰箱工业受到负保护，即

$$\text{ERP} = \frac{30\%-50\%\times 70\%}{1-50\%} \times 100\% = -10\%$$

从以上例子可以看出：一是当制成品的进口税率高于所用投入品的进口税率时，有效保护率大于名义保护率；二是当制成品的进口税率等于所用投入品的进口税率时，有效保护率等于名义保护率；三是当制成品的进口税率低于所用投入品的进口税率时，有效保护率小于名义保护率；四是当制成品的进口税率低于投入品的进口税率与投入品在制成品中的比重之乘积时，有效保护率为负保护。负保护说明征收进口税扭曲了制成品和投入品的价格关系，使投入品在国内加工生产为最终产品不如直接进口制成品，国内生产者无利可图，从而丧失

了关税的保护作用。

有效关税保护理论解释了各国关税结构中关税升级的突出特点，即各国进口关税随着商品加工程度的不断提高而提高，有助于我们准确认识一国的关税保护程度。因此，我们考察一国关税结构，不仅要考察该商品的进口关税率，还必须考察其投入品的进口关税率。

第三节　非关税措施

一、非关税措施的含义及种类

非关税措施（Non-Tariff Measures）是指除关税以外限制进口的各种法规和行政措施的总称。由于除关税以外限制进口的各种法律法规措施，对进口构成极大障碍，人们把它称为非关税壁垒（Non-Tariff Barriers，NTBs）。非关税壁垒是实行贸易保护主义的重要手段。

非关税措施可以分为直接的和间接的两种。直接的是指进口国对进口商品的品种、数量或金额加以限制，或强迫出口国直接限制商品的出口；间接的是指进口国对进口商品规定各种严格的管理办法，起到限制进口的作用。

非关税措施名目繁多，主要有以下几类。

（一）实施数量控制的非关税壁垒

1. 进口配额制（Import Quota System）

进口配额制又称进口限额制，是一国政府在一定时期内（一季度、半年或一年）对某些商品的进口数量或金额加以限制。在规定的限额内允许进口，超过限额则不准进口，或虽不完全禁止进口，但要征收较高的关税或罚金。进口配额制是实行数量限制的主要手段。进口配额制可分为两种形式：

（1）绝对配额（Absolute Quota）。绝对配额是在一定时期内，一国政府对某些商品的进口数量和金额规定一个最高数额，超过这个数额，便不准进口。绝对配额在实施中又可分为全球配额和国别配额。全球配额（Global Quota）是进口国规定的某种商品的进口配额，适用于全世界范围，没有国别和地区之分；国别配额（Country Quota）是进口国在总配额内根据国别和地区进行分配。一国或地区进口数量达到分配的额度后，便不准进口。国别配额又可具体分为自主配额和协议配额。

（2）关税配额（Tariff Quota）。关税配额是一国政府对进口的数量不加限制，在规定的配额以内的商品给予减税或免税待遇，超过配额的进口商品则征收较高的关税或征收附加税或罚款。关税配额是一种配额与征收关税相结合的形式。关税配额与绝对配额的明显区别在于：绝对配额在超过配额后不准进口，而关税配额在超过配额后仍可进口，但要征收较高的关税或附加税或罚款。

2. "自愿"出口配额制（"Voluntary" Export Quota）

"自愿"出口配额制又称"自愿"限制出口，是出口国或地区在进口国的要求和压力下，单方面或经双方协商在某一时期内某些商品对该进口国规定出口限额。在限额以内，出口国自行控制出口，超过限额则禁止出口。

实行"自愿"出口配额制，出口国并非出于自愿，而是在进口国的要求或压力下被迫做出的。"自愿"出口配额制，对进口国来说，既可以保护国内产业，也可以缓和贸易摩擦，防止贸易战升级。

"自愿"出口配额制有两种：一种是出口国迫于进口国的压力，自行单方面规定某种商品的出口数量，限制商品出口；另一种是出口国和进口国经过谈判签订《自限协定》，出口国依协定配额自行限制出口。

3. 进口许可证制（Import License System）

进口许可证制是指商品的进口，事先要由进口商向本国主管部门提出申请，经过审查发给许可证方可进口，没有许可证，一律不准进口。一国政府可以通过开与不开、多开与少开、早开与晚开许可证来控制某些商品的进口。进口许可证不仅可以控制商品的数量、品种，而且可以控制进口来源地。

进口许可证可根据其对进口商品的控制程度分为公开一般许可证和特种进口许可证。属于公开一般许可证范围的商品可自由进口，对进口数量及进口来源国一般没有限制，进口商很容易取得。有些国家甚至不要求事先申请和领证，只在进口报关时填明属于公开一般许可证范围即可进口。这种许可证制的作用主要是便于政府对进口的监督和统计。特种进口许可证所适用的商品主要是烟、酒、军火武器以及某些限制进口的商品。进口商在进口前必须向政府主管当局提出申请，获准后才能进口。

在进口许可证的使用中，有的国家故意制定烦琐复杂的申领程序和手续，使得进口许可制度成为一种拖延或限制进口的措施。为了防止进口许可证被滥用而妨碍国际贸易的正常进行，"乌拉圭回合"达成了《进口许可证协议》。该协议规定，签字国必须承担简化许可证程序的义务，并保证进口许可证的实施具有透明度、公正性和平等性。

4. 外汇管制（Foreign Exchange Control）

外汇管制是一国政府为保障本国经济发展，稳定货币金融，维护对外经济的正常进行，平衡国际收支而对外汇买卖、国际结算和外汇资金流动所实施的一种限制性政策措施。在实行外汇管制的条件下，本国货币不能自由兑换外币，一切外汇业务统一由政府授权的专业机构经营管理，其他机构和个人不得经营外汇买卖。出口商必须把他们出口所得的外汇收入按官定汇率卖给政府授权的专门机构换成本国货币，进口商必须在外汇管理机构按官定汇率申请购买外汇，本国货币携出入境也受到严格限制。这样国家的有关专门机构就可以通过确定官定汇率，集中外汇收入，控制外汇支出的办法来限制进口商品的品种、数量和进口来源地。

外汇管制一般可分为两大类：

（1）数量性外汇管制。国家外汇管理机构对外汇买卖的数量直接进行限制和分配，其目的在于集中外汇收入，控制外汇支出，实行外汇分配，以限制进口商品数量、种类和国别。

（2）成本性外汇管制。国家外汇管理机构对外汇买卖实行复汇率制，复汇率（Multiple Exchange Rate）又称多种汇率，是指一国政府对本国货币与另一国货币的兑换规定一种以上的汇率。每一种汇率适用于某一种交易或商品，其目的在于鼓励出口，限制某些商品的进口。

（二）技术性贸易壁垒

技术性贸易壁垒（Technical Barriers to Trade，TBT）是指一国或区域组织以维护其安全、保障人类及动植物健康和安全、保护环境、防止欺诈行为、保证产品质量等为由制定的一些强制性和非强制性的技术性措施所形成的贸易障碍。尽管很多技术性措施是合理和必要的，但由于其规定得十分复杂，且经常变化，往往使外国产品难以适应，起到了限制或禁止其他国家商品进入的作用。随着全球关税水平的不断降低，技术性贸易壁垒越来越多地被用作贸易保护的手段，成为贸易发展的障碍。

技术性贸易壁垒有狭义和广义之分。狭义的技术性贸易壁垒主要指WTO《TBT协议》所包含的技术法规、技术标准和合格评定程序；广义的技术性贸易壁垒不仅包括《技术性贸易壁垒协议》的内容，还包括WTO《实施卫生与植物卫生措施协议》（简称SPS协议）、《知识产权协议》中的有关动植物卫生检疫规定和环境贸易壁垒等内容。在当今国际贸易中，更多涉及的是广义的技术性贸易壁垒问题。鉴于环境贸易壁垒越来越受到重视，本节将其单独作为一个问题进行介绍。

技术性贸易壁垒的主要表现形式如下。

1. 技术法规

技术法规是指必须强制执行的有关产品特性或其相关工艺和生产方法的法律和法规。当前工业发达国家颁布的技术法规种类繁多，一般涉及劳动安全、环境保护、节约能源与原材料、无线电干扰、卫生与健康以及消费者安全保护法规等方面。各国所颁布的技术法规名目繁多，如美国的《联邦危险品法》《控制放射性的健康与安全法》《公共卫生服务法》等，日本的《食品卫生法》《药品法》《蚕丝法》《消费生活用品安全法》《电器使用与材料控制法》等，欧盟的《肉类食品法》《建筑产品指令》等。

2. 技术标准

技术标准是指经公认机构批准的、非强制执行的、供通用或重复使用的产品或相关工艺和生产方法的规则、指南或特性的文件。

许多发达国家对制成品都规定了十分复杂严格的技术标准（Technical Standards），不符合其标准的不准进口。对某些商品还制定独特的技术标准，规定采用或不采用制成品的某种既定结构或某种原料生产，甚至把制成品的某种性能过分提高到高于其他国家通用的性能水平，以限制外国商品进入本国市场。原西德禁止在国内使用由车门从前向后开的汽车，而这正是意大利菲亚特500型汽车的式样。

3. 合格评定程序

合格评定程序是指任何直接或间接用以确定是否满足技术法规或标准中的相关要求的程序，包括：抽样、检验和检查；评估、验证和合格保证；注册、认可和批准以及各项的组合。合格评定程序一般由认证、认可和相互承认组成，影响较大的是第三方认证。

4. 产品检疫、检验规定

为了保护环境和生态资源，确保人类和动植物健康，许多国家，特别是发达国家制定了严格的产品检疫检验制度，检验检疫规定日趋严格。美国对进口的食品、饮料、药品及化妆品规定必须符合"联邦食品、药品及化妆品法"（FDA），如发现不符合规定的商品，海关将扣留或销毁。日本在食品中禁止使用化学品和其他食品添加剂。

5. 商品包装及标签规定

许多国家对进出口商品的包装材料、包装形式、标签,甚至包装的器皿形状、规格都有具体的规定和要求。加拿大规定食品的标签必须以英文和法文表明产品的名称、净重、国外生产者的名称、地址及食品成分。如果食品有一定的消费期限,必须注明有效期。使用期少于90天的食品标签上必须注明到期日。如不符合上述规定,海关便不准进口。

技术性贸易壁垒在国际贸易中正在扮演着越来越重要的角色,其影响和作用已经远远超出一般贸易措施。在国际贸易中,进口方构筑技术性贸易措施的动机既可能出于狭隘的贸易保护目的,又可能是为了反映本国(地区)相关消费需求的升级,即以消费者健康、提升生活质量等为目的,且这两类动机常常交织在一起,体现了技术性贸易壁垒形成原因的复杂性,因而对出口方的影响也具有双重性。技术性贸易壁垒可能妨碍货物自由流通,扭曲贸易流向,使潜在的比较利益无法获得。这种政策在短期内对出口贸易形成冲击,但在中长期内却可能由于技术性贸易壁垒的实施促使出口方奋起应对,提高出口产品的质量,从而促进出口贸易的发展,获取了更多的比较利益。因此,技术性贸易壁垒是把"双刃剑",更好地发挥其正面影响,抑制其负面影响,是十分重要的。

迷你案例 4-4

关注技术性贸易措施的新特点和新趋势

(摘编自商务部产业损害调查局,国际商报,2012-05-17)

当前,各国为了避免贸易摩擦升级,将贸易保护主义不断渗透到技术性贸易措施当中,从而进一步加剧了技术性贸易措施的制度化发展趋势,并将对我国的对外贸易产生严重而深远的影响。

一、通报量持续增长,且已远远超出传统贸易保护措施的适用频率

与传统的贸易保护形式——反倾销、反补贴和保障措施相比,技术性贸易措施的适用频率明显更高。世贸组织的统计数据显示,1995—2010年,各成员向世贸组织通报的反倾销调查共计3 853起,年均240.8起;反补贴调查共计254起,年均约为16起;保障措施调查共计216起,年均约为14起。而在技术性贸易措施方面,1995—2010年,世贸组织共有110个成员提交了12 983项技术法规、标准和合格评定程序通报(含修正),年均811.4项;在卫生与植物卫生措施(SPS)方面,2002—2010年,世贸组织成员共发布SPS通报8 740项,年均971.1项,且总体呈现上升趋势。

二、技术难度不断增加,对产品安全卫生要求日趋严格

随着科学技术发展的突飞猛进,产品种类不断更新,各国制定的技术性贸易措施的技术难度也在不断加大。例如,在技术标准中规定新的、更精确的检测方法或新的、更高的指标,特别是对于一些高新技术产业,某些项目的指标甚至比之前高出了几个数量级。

此外,对产品安全卫生的要求从食品、添加剂、与食品直接接触材料到纺织品服装的安全卫生标准日益提高。例如,欧盟对食品直接接触材料提出了更高的要求,20世纪90年代初,铅和镍的溶出量和迁移量为不超过0.8 mg/L,到90年代中期则修改为0.5 mg/L,到

2009 年铅和镍的溶出量和迁移量限制在不超过 0.3 mg/L；2010 年年底，欧盟突然宣布于 2011 年 1 月 1 日实施新的法规，规定铅和镍的溶出量和迁移量不得超过 0.1 mg/L。

三、发达国家积极将本国标准制定成国际标准，各国在高新技术领域标准化的竞争或愈演愈烈

近 20 年来，随着贸易全球化和高新技术的迅猛发展，对国际标准的需求日益增加，采用国际标准，或者说标准的国际化或标准的国际趋同，已成为全球普遍的发展趋势。

多年来，以英、法、德为主的西欧国家和美国一直将精力和时间放在国际和区域标准化活动上，企图长期控制国际标准化的技术大权，且不遗余力地将本国标准变成国际标准。按承担 TC/SC 技术秘书处数量和资助额计算，德国（DIN）在 ISO 中的贡献率为 19%，英国（BSI）为 17%，美国（ANSI）为 15%，法国（AFNOR）为 12%；德国、法国和英国在欧洲标准化机构 CEN/CENELEC/ETSI 中所占份额分别为 28%、22% 和 21%。目前，加拿大承担了 584 个 ISO 和 IEC 技术委员会和分技术委员会的工作。

四、技术性贸易措施向全产业链控制延伸，制度化特征日趋明显

从产品角度看，无论是从初级品到制成品，还是从劳动密集型产品到资本技术含量产品，进口国都有严格的技术性贸易措施；从过程上看，涉及研究开发、生产、加工、包装、运输、销售和消费整个产品的生命周期。以欧盟食品制度体系为例，自 2002 年以来，欧盟形成了以《食品安全白皮书》为核心的各种法律、法令、指令等并存的食品安全法规体系新框架。欧盟的食品法以控制"从农田到餐桌"全过程为基础，包括普通动物饲养、动物健康与保健、污染物和农药残留、新型食品、添加剂、香精、包装、辐射、饲料生产、农场主和食品生产者的责任，以及各种农田控制措施等，从食品生产的初始阶段就必须符合食品生产安全标准。

近年来，发达国家的技术性贸易措施已从个别的限量指标发展成为名目繁多的限制或禁止指标体系，制度化特征日趋明显。这种趋势在日本、欧盟和美国表现最为明显。其中，最具代表性的是日本于 2006 年 5 月实施的"食品中含有农药、兽药和饲料添加剂残留限定标准的肯定列表制度"。该制度的实施大幅抬高了中国农产品出口日本的门槛，影响到中国近 80 亿美元的出口额，涉及中国 5 000 多家对日农产品出口企业和 1 600 万农民的利益。

五、技术性法规逐渐向强制性法规为主的方向发展，国别影响和扩张效应日益明显

近年来，一些自愿性措施正在与强制性措施相结合，并出现向强制性法规方向转化的趋势，发达国家近年来发布的技术标准大部分为强制性措施，如进入美国的药品必须获得 FDA 认证，进入加拿大的大部分商品必须获得 CSA 认证，进入日本的诸多商品必须获得 SG 或 ST 标识，进入欧盟的产品要通过 CE、CS 等产品质量认证等。

此外，从管理机制上看，各国均已建立了完善的产品检验和召回、海关扣留制度，并在实践中予以大量运用。目前，中国出口产品均已成为上述国家（地区）通报和扣留的重点。

六、技术性贸易措施的差异性和歧视性呈扩大化发展，对国际贸易的影响不断加大

由于各国的生产力、技术水平不同，所实施的各项技术标准也不同，所以各国的技术性贸易措施呈现出总体和行业的巨大差异。这种差异性实际上构成了落后国家或行业产品进入先进国家销售的市场壁垒。技术性贸易措施还具有明显的歧视性，虽然进口国技术法规和技术标准的规定在表面上是内外一致的，而事实上，世界各国构筑标准的差异性就表明高技术标准的市场准入壁垒。此外，进口国技术标准和规则的设定往往是为

了回避出口国具有规模效益的产品的竞争，而且技术标准、技术措施的制定主要是由进口国政府和相关技术部门来完成的，所以进口商品在与进口国国内同类产品的竞争中处于劣势也是必然的。以 ERP 指令为例，为达到欧盟 ERP 指令有关待机方面的第一阶段 1~2 瓦的能耗要求，企业需增加约 5 元/台的成本；而要达到第二阶段 0.5~1 瓦的能耗要求，则需增加 10 元/台以上的成本。

（三）环境贸易壁垒

所谓环境贸易壁垒（Environmental Trade Barriers），又称绿色贸易壁垒，是指一国以保护环境为由制定的一系列措施而构成对进口产品的限制。由于发达国家的产品科技含量和公众的环境意识普遍较高，他们对环境标准的要求非常严格，不仅要求末端产品符合环保要求，而且规定从产品的研制、开发、生产、包装、运输、使用、循环再利用等整个过程均须符合环保要求。这无疑会给广大发展中国家产品的国际竞争力及出口带来很大的障碍。

绿色贸易壁垒的主要表现形式如下。

1. 绿色市场准入

绿色市场准入是指一国禁止进口一些污染环境和影响生态环境的商品。例如，美国食品与药品管理局规定，所有在美国出售的鱼类都必须是来自经美方证明未受污染的水域。原则上讲，任何一个国家都没有权利去规定其贸易伙伴的国内环境标准，不可以将本国的环保价值观强加于另一国。但是，在某些情况下，出口国为了维持其出口贸易关系而允许进口国可以对其国内企业的生产设备进行检查，提出较高的标准，从而保证出口产品能满足进口国的环保标准。这种检查，无疑会增加出口产品的成本。

2. 绿色技术标准

发达国家规定严格的强制性环境保护技术标准，明确规定，一切不符合该标准的产品，都有权拒绝进口。如欧盟在 1992 年就开始禁止含有 51 种化学物质棉布制造的服装，1994 年德国联邦健康委员会制定了保护消费者健康的"一揽子"计划，其中包括禁止一些可能致癌的偶氮染料加工的纺织品进入德国市场。

3. 绿色标志

绿色标志也称环境标志、生态标志，是根据有关的环境标准和规定，由政府管理部门或民间环境团体依照严格的程序和环境标准将该标志附印于产品及包装上，以向消费者表明：该产品或服务，从研制、开发到生产、使用直至回收利用的整个过程均符合环境保护的要求，对生态系统无危害或危害极小，因此这种标志又叫绿色通行证。具有环境标志的产品在进口时往往可以享有优惠。绿色环境标志作为一种标签只不过是其产品生产、销售、消费、处理过程的一种外化，其真正的奥妙之处在于有权授予标签，有权进行检查的机构是谁。如果仅限于进口国的某些机构授权贴这种标签，则由于申请成本加大，检查程序过于烦琐等原因在很大程度上制约了发展中国家的出口。自从 1987 年德国首先使用"蓝色天使"标志以来，现在已有美国、日本、加拿大、法国等 30 多个发达国家、20 多个发展中国家和地区推出绿色标志制度，标志涉及的产品范围越来越广。

4. 绿色包装制度

绿色包装是指能节约资源，减少废弃物，用后易于回收再用和再生，易于自然分解，不污染环境的包装。由于绿色包装能节约资源，减少废弃物，用后易于回收再利用或再生，易于自然分解而又不污染环境，因而绿色包装或生态包装在发达国家市场广泛流行。经济的发展使世界各国的包装废物迅速增加，对环境造成的威胁日益加大，而且包装耗费物质材料，加剧资源紧张。许多国家纷纷出台包装标准，用来限制进口产品的包装对本国环境的污染。例如，丹麦曾颁布法令，要求所有进口的啤酒、矿泉水、软饮料一律使用可再装的容器，否则拒绝进口。

5. 绿色卫生检疫制度

为了保护环境和生态资源，确保人类和动植物免受污染物、毒素、微生物、添加剂等的影响，防止超标产品进入国内市场，许多国家，特别是发达国家制定了严格的卫生检疫制度。发达国家对食品的安全卫生指标十分敏感，尤其对农药残留、放射性残留、重金属含量等的要求日趋严格。在日本，有关农药残留量方面的标准多达 6 000 多个。

（四）蓝色贸易壁垒

蓝色贸易壁垒（Blue Trade Barriers），也称为社会责任壁垒，是指以保护劳动者劳动环境和生存权利为借口而形成对进口产品的限制。蓝色贸易壁垒是一种新型的国际贸易壁垒。蓝色贸易壁垒最典型的代表是 SA8000 标准，它是由美国经济优先权委员会（简称 SAI）制定并实施。SAI 由来自 11 个国家的 20 个大型商业机构、非政府组织、工会、人权及儿童组织、学术团体、会计师事务所及认证机构组成。2001 年 12 月 12 日，经过 18 个月的公开咨询和深入研究，SAI 发表了 SA8000 标准第一个修订版。SA8000 标准一经产生，就得到了西方发达国家的支持，成为最重要的认证标准之一，并成为蓝色贸易壁垒的代名词。SA8000 标准在童工、强迫性劳动、组织工会的自由与集体谈判的权利、歧视、惩戒性措施、工作时间、工资、健康与安全、管理系统等领域制定了最低要求。

SA8000 对企业的要求是：① 不得使用或者支持使用童工；② 不得使用或支持使用强迫性劳动，也不得要求员工在受雇起始时交纳"押金"或寄存身份证件；③ 应尊重所有员工结社自由和集体谈判权；④ 反歧视原则；⑤ 不得从事或支持体罚、精神或肉体胁迫以及言语侮辱；⑥ 工作时间要严格遵守当地法律要求；⑦ 企业支付给员工的工资不应低于法律或行业的最低标准；⑧ 应具备避免各种工业与特定危害的知识，为员工提供安全健康的工作环境，采取足够的措施，降低工作中的危险因素，尽量防止意外或健康伤害的发生，为所有员工提供安全卫生的生活环境，包括干净的浴室、洁净安全的宿舍、卫生的食品存储设备等；⑨ 应制定符合社会责任与劳工条件的公司政策，并对此定期审核，委派专职的资深管理代表具体负责，同时让非管理阶层自选一名代表与其沟通；⑩ 建立适当的程序，证明所选择的供应商与分包商符合规定。

蓝色贸易壁垒有六种表现形式：对违反国际公认劳工标准的国家的产品征收附加税；限制或禁止严重违反基本劳工标准的产品出口；以劳工标准为由实施贸易制裁；跨国公司的工厂审核（客户验厂）；社会责任工厂认证；社会责任产品标志计划。

蓝色贸易壁垒强调生产过程中对人的价值的关注，强调企业的社会责任与人文关怀，具有积极意义。但从当前国际贸易的实践来看，发达国家推行蓝色贸易壁垒通常是从其自身利益出发，达到限制发展中国家劳动密集型产业的出口以保护国内市场的目的。

小知识 4-1

社会责任国际指南标准：ISO 26000

（引自百度百科 http://baike.baidu.com/view/3226546.htm）

国际标准化组织（International Standard Organization，ISO）从 2001 年开始着手进行社会责任国际标准的可行性研究和论证。2004 年 6 月，最终决定开发适用于包括政府在内的所有社会组织的"社会责任"国际标准化组织指南标准，由 54 个国家和 24 个国际组织参与制定，编号为 ISO 26000，是在 ISO 9000 和 ISO 14000 之后制定的最新标准体系，这是 ISO 的新领域，为此，ISO 成立了社会责任工作组（WGSR）负责标准的起草工作。2010 年 11 月 1 日，国际标准化组织（ISO）在瑞士日内瓦国际会议中心举办了社会责任指南标准（ISO 26000）的发布仪式，该标准正式出台。

尚处在开发过程中的 ISO 26000 由于其开发主体参与的众多性、涉及主题以及审核修订过程的复杂性，使得使该标准的开发具有以下几个特点：

1. 具有广泛适用性

正在开发的 ISO 26000 有着较强的适用性，它适用于发达国家以及发展中国家有关公共或者私人部门的所有类型的组织。该标准有三个特性：① 是指导性的文件；② 不用于第三方认证；③ 不是管理体系。该标准仅仅是针对组织履行社会责任的指南和指导方针，不是强制性要求和管理体系标准，也不像 ISO 9001 和 ISO 14001 一样用于认证。

2. 内容全面系统

未来的 ISO 26000 标准，将是一个吸纳先进实践经验，经国际协商保持一致的指南性标准。截至 2007 年 9 月，最新拟订稿就有 101 个页码，标准参照和引用了自 1948 年以来的 68 个国际公约、声明和方针，这是目前其他标准或指南所没有的。标准与联合国及其下属相关机构，特别是国际劳工组织（ILO）规定条款相辅相成、互为补充的有关社会责任的指导性文件，适用于各种类型的企事业单位，包括国有企业。

ISO 26000 框架大致分为范围、参考标准、术语和定义、组织运作的社会责任环境、社会责任的原则、社会责任的基本目标、组织履行社会责任的指导等部分，标准的核心部分覆盖了社会责任内容的九个方面，包括：组织管理、人权、劳工、环境、公平经营、消费者权益保护、社区参与、社会发展、利益相关方合作。相比其他社会责任国际指南与标准而言，ISO 26000 的内容体系更加全面，更靠近全球契约十项原则的要求。

3. 非常规的开发模式

社会责任工作组（WGSR）被分为六个任务小组，其中三个负责内容的起草，另有一个负责项目参与方基金和相关方的参与、沟通和运行过程，一个联络工作组负责草案拟定小组的协调并监控工作完成情况，还将组织一个编辑委员会负责审阅草案内容，确保其内容清晰且协调一致，最后一个主席顾问组帮助主席策划工作组的整体活动。ISO 与世界劳工组织签署了一个谅解备忘录，这给予标准制定过程一个特殊的地位。这是此项目有别于其他常规项目的一大特点。

ISO 26000 开发的另一个特点是兼顾了"平衡性"的考虑。工作组本身和其他任务小组都设有主席和副主席、秘书和副秘书，推选这些人员的原因是确保发达/发展中国家、区域成员和相关方及性别达到平衡。工作组的副主席由技术管理委员会指定，他们分别来自巴西和瑞典。这一原则需要时也适用于各专业小组。中国作为该标准的成员单位之一，也派出了6人专家组参与了标准的开发。

ISO 26000 的原则如下：

（1）强调遵守法律法规，强调组织应当愿意并完全遵守该组织及其活动所应遵守的所有法律和法规，尊重国际公认的法律文件。

（2）强调对利益相关方的关注。

（3）高度关注透明度。

（4）对可持续发展的关注。

（5）强调对人权和多样性的关注。

总体而言，ISO 26000 是国际标准化组织在广泛联合了包括联合国相关机构、GRI 等在内的国际相关权威机构的前提下，充分发挥各会员国的技术和经验优势制定开发的一个内容体系全面的国际社会责任标准。它兼顾了发达国家与发展中国家的实际情况与需要，并广泛听取和吸纳各国专家意见与建议。尽管由此也导致了其出台过程相对漫长，但可以预见，该标准的诞生将会在更大范围更高层次的意义上推动全球社会责任运动的发展，并将获得各类组织的响应与采纳。

（五）知识产权贸易壁垒

知识产权贸易壁垒，是在保护知识产权的名义下，对含有知识产权的商品如专利产品、贴有合法商标的商品以及享有著作权的书籍、唱片、计算机软件等，实行进口限制，或者凭借拥有知识产权优势超出知识产权法所授予的独占权，或有限垄断权的范围，不公平或不合理地行使知识产权，实行"不公平贸易"。

知识产权贸易壁垒主要有以下表现形式。

1. 与专利权结合的技术标准

在高新技术领域，发达国家利用其强大的技术优势，制定一系列技术标准，或凭自己的技术优势形成事实标准。而这些标准往往是以专利权为基础形成的。与专利技术相结合的技术标准比传统的技术标准更具有杀伤力，发展中国家发展高新技术产业，往往不可避免地要向权利人支付高额的使用费，极大地限制了高新技术产品的自由流通。

2. 由标识性权利构成的壁垒

国际标准化组织和一些工商业团体经常把一些标识注册成证明商标，一些国家或地区往往把是否带有证明商标作为商品进口的必备条件，就构成了由标识性权利组成的贸易壁垒。有时，某些专利技术虽已过了有效期，成为公知技术，但商品上的商标权可以不断延续。要使用这些技术代表的标识，也必须得到许可，否则就会侵犯他人的知识产权。因此，证明商标也成为一种知识产权贸易壁垒。

3. 知识产权保护边境措施和临时措施的滥用

为有效遏制侵犯知识产权的商品在市场上的流通，《与贸易有关的知识产权协议》（TRIPs）规定必须实行进口边境措施和临时措施。但有些权利人恶意申请临时措施或海关扣押或海关手续过于繁杂，都会使进口人付出高额的成本，甚至遭受重大损失。出口边境措施是 TRIPs 规定可以实行而并非必须实行的，设立出口控制，通关履行繁杂的手续，提交各种授权文书和商业票证，不仅拖延时间，而且为出口增加了交易成本和意外风险。因此，滥用对知识产权保护的边境措施和临时措施，也构成了知识产权贸易壁垒。

小知识 4-2

美国的"337 条款"

（摘引自百度百科 http://baike.baidu.com/view/817124.htm）

"337 条款"因其最早见于《1930 年美国关税法》第 337 条而得名。此后，《美国 1988 年综合关税与竞争法》对其进行了修订，以使其更易于使用，并将其约束范围扩大到半导体芯片模板权。《1995 年美国乌拉圭回合协议法》再次对其进行了修订，以使其符合世贸组织规则。"337 条款"主要是用来反对进口贸易中的不公平竞争行为，特别是保护美国知识产权人的权益不受涉嫌侵权进口产品的侵害。美国"337 条款"调查可以由厂商向美国国际贸易委员会（ITC）提起，也可以由 ITC 自行发动。遭遇 337 调查的企业一旦被裁决侵犯了申请人在美国有效的知识产权，被诉企业将面临驱逐令和制止令。

美国"337 条款"是针对进口贸易中不公平竞争行为的，主要是对知识产权侵权采取的一种措施。但越来越多的美国企业利用"337 条款"，不是为了防止侵权，而是为了阻止进口。因此，中国企业在美开展业务时，应加强对"337 条款"的认识和理解，正视"337"条款的贸易保护作用。

小知识 4-3

服务贸易壁垒

服务业的特殊性，决定了各国对其的限制只能是非关税措施。服务贸易壁垒是指一国政府对外国服务生产者（提供者）的服务提供所设置的障碍。服务贸易壁垒可以划分为以下几种。

1. 服务产品移动壁垒

服务产品移动壁垒包括数量限制、当地成分或本地要求、补贴、政府采购、歧视性技术标准和税收制度，以及落后的知识产权保护体系。如给予一定的服务进口配额；要求服务厂商在当地购买设备，使用当地销售网或只能租赁而不能购买；给本国服务厂商提供补贴，规定公共领域的服务只能在本国市场上购买；对外国厂商使用的设备型号、大小和各类专业证书的限制；对知识产权保护力度不够的外国厂商的限制等，这些都有效阻碍了外国服务产品和服务厂商的进入。

2. 资本移动壁垒

资本移动壁垒包括外汇管制、浮动汇率和投资收益汇出等方面的限制。外汇管制主要是指政府对外汇在本国境内的持有、流通和兑换，以及外汇的出入境所采取的各种措施。外汇管制、不利的汇率以及对外资投资收益汇回母国的限制，不仅增加了厂商的运营成本，削弱了消费者的购买力，而且在相当的程度上抑制了资本的移动和服务贸易的发展。

3. 人员移动壁垒

人员移动壁垒主要涉及各国移民限制的法规和出入境烦琐的手续。由于各国移民法及工作许可、专业许可的规定不同，限制的内容和方式也不同。

4. 信息移动壁垒

由于信息传递模式涉及国家主权、垄断经营和国家公用电信网、私人秘密等敏感性问题，因此各国普遍存在各种限制，如技术标准、网络进入、价格与设备的供应、数据处理及复制、储存、使用和传送、补贴、税收与外汇控制和政府产业控制政策等限制或歧视性措施。而这些措施不只阻碍信息服务贸易的发展，而且制约着金融、旅游、运输、仓储、建筑、会计、审计、法律等部门的发展，因为这些部门的发展是以信息流动作为服务者提供服务的先决条件。

5. 经营限制

这是通过对外国服务实体在本国的活动权限进行规定，以限制其经营范围、经营方式等，甚至干预其具体的经营决策。值得注意的是，随着服务贸易自由化的逐步推进，以开业权限制等为表现形式的绝对的进入壁垒，正面临着越来越大的国际压力，趋于不断削弱，而更多的是对具体经营权限的限制。这种限制既体现了适度的对外开放，又往往能有的放矢地削弱外国服务经营者在本国的竞争力和获利能力，因此，这将成为国际服务贸易的一种十分重要的壁垒形式。并且，这还是一种"可调性"较强的壁垒，各种经营限制的内容及限制的程度、方式等均可依本国社会经济及产业发展的要求和国际服务贸易自由化推进的要求而不断做出相应的变化和调整。

二、非关税措施的特点及发展趋势

非关税措施早在资本主义发展初期就已存在，但广泛盛行起来是在1929—1933年世界经济危机期间。当时各主要资本主义国家为了防止外国商品的进口，除提高关税外，还采取进口配额、进口许可证和外汇管制等非关税措施。

第二次世界大战以后，随着西方国家经济的恢复和发展，从20世纪50年代初到70年代初，发达国家除了大幅度削减关税外，还降低和取消非关税措施，扩大进口自由化度。70年代中期，资本主义国家出现了战后最严重的经济危机。为了缓和国内失业问题，维护垄断资本的利益，各国贸易保护主义逐步抬头。非关税措施日益加强和发展，已成为妨碍国际贸易正常进行的主要障碍。

非关税措施与关税措施相比，具有以下特点：

（1）非关税措施具有较大的灵活性。关税法属于国家法律的一部分，是由立法机关制定和颁布的，其税率具有稳定性，并受到双边和多边贸易条约的约束和国际机构的监督，其税率的调整必须通过法律程序。而非关税措施可以由任何行政部门随时采用，经常变动，无须经过立法程序批准。

（2）非关税措施具有严厉性。关税措施是通过征收较高的关税，增加商品成本来间接影响商品的进口，但不能直接限制和禁止某种商品的进口。而非关税措施，如进口配额制，预先规定进口商品的数量、金额，一旦配额使用完毕，外国竞争者就被拒之门外。

（3）非关税措施具有隐蔽性。关税税率一经确定，往往以法律形式公之于众，依法执行，其内容一目了然。而非关税措施或者不公开，缺乏透明度，或者内容极为复杂、烦琐、苛刻，并经常变化，使外国厂商难以适应和对付。

（4）非关税措施具有较强的针对性。由于各国的自然资源、生产力发展水平、经济结构不同，出口商品的品种、数量各有差异，各个出口国对某一国家的市场影响力大小不一，非关税措施往往是针对主要进口来源国采取的。进口国通过各种措施，限制有竞争力的外国商品进入本国市场。

由于世贸组织各成员关税水平不断降低和受到约束，关税对进口的限制作用越来越弱，加之非关税措施具有优于关税措施的特点，非关税措施日益加强，其发展趋势主要表现在：

(1) 非关税措施的种类不断增多。据统计，各国的非关税措施已从20世纪60年代末的850多种发展为70年代的900多种，90年代末已达到2 700多种。其中技术性贸易壁垒在限制商品进口方面的作用日益突出。

(2) 非关税措施的歧视性明显增长。发达国家往往根据与不同国家和地区的经济贸易关系，采取不同的非关税措施，实行不同程度的非关税壁垒限制。

(3) 受非关税措施限制的商品范围不断扩大，受害国家日益增加。受非关税措施限制的商品范围已从农产品发展到工业品，从劳动密集型产品延伸到资本密集型、技术密集型产品。而服务贸易全部是通过非关税措施来限制的。受非关税措施限制和损害的国家和地区不仅有发展中国家，而且有发达国家。

(4) 从非关税措施的显性保护转向隐性保护。显性的非关税措施如进口许可制度、"自动"出口配额制、进口配额制等受到世界贸易组织规则的约束越来越严格，隐性的非关税措施如技术性贸易壁垒、环境贸易壁垒等成为各国实行贸易保护主义的最佳选择。发达国家凭借科技优势和竞争优势及WTO协议中的某些例外条款，大肆运用各种隐性非关税措施，并由流通领域扩展到生产加工领域，还延伸到金融信息等服务领域。

非关税壁垒的实施阻碍了国际贸易的发展。为了推动贸易自由化，世界贸易组织货物贸易协定中，专门有一些协议来规范可能对贸易造成障碍的非关税措施问题。这些协议有《技术性贸易壁垒协议》《实施卫生与植物卫生措施的协议》《海关估价协议》《进出口许可证协议》《原产地规则协议》《装运前检验协议》《与贸易有关的投资措施协议》等。这些协议能否真正实施，有赖于各国政府的有效管理。

第四节 促进出口措施

一、信贷措施

(一) 出口信贷

出口信贷（Export Credit）是指出口国政府鼓励本国银行对本国出口商、外国进口商、进口方银行提供贷款，以促进本国商品的出口。出口信贷通常用于出口金额较大、占用资金较多且期限较长的出口贸易，如成套设备、船舶、飞机等。20世纪80年代后，我国逐步开始运用出口信贷支持国内企业扩大出口。

出口信贷的特点：
(1) 贷款利率低于相同条件银行普通贷款利率。
(2) 出口信贷的发放一般与国家提供的信贷保险相结合。

出口信贷的主要形式有两种：

（1）卖方信贷。卖方信贷（Supplier's Credit）是出口方银行向本国的出口商提供的贷款。为了扩大商品的出口，银行提供给出口商一笔贷款，便于出口商在将商品赊销给国外进口商时，弥补赊销商品所占用的资金，维持正常的资金周转。所以，卖方信贷实际上是银行直接资助出口商向外国进口商提供延期付款的便利，以促进和扩大出口。

（2）买方信贷。买方信贷（Buyer's Credit）是出口国银行直接向国外进口商或进口国银行提供的贷款，其附带条件是贷款必须用于购买债权国的商品，从而促进一国商品的出口。这种贷款又称约束性贷款（Tied loan）。

（二）出口信贷国家担保制

出口信贷国家担保制（Export Credit Guarantee System）是指国家为了扩大出口而设立专门机构，对本国出口商或银行提供的信贷予以担保。当外国债务人拒绝付款时，该机构即按承保的金额给予补偿。

出口信贷国家担保制承保范围通常是一般商业保险公司不承保的出口风险项目，它们主要涉及政治风险和经济风险。政治风险一般包括政变、战争、革命、暴乱以及出于政治原因而实行的禁运、限制对外支付等风险。经济风险一般包括进口商或进口国银行破产或无理拒付，或汇率异常变动所造成的损失。两种风险的赔偿率不同，政治风险赔偿率高于经济风险赔偿率，政治风险的赔偿率为合同金额的 85%~95%，个别高达 100%；经济风险赔偿率为合同金额的 70%~85%。

国家出口信贷担保机构的服务对象是本国的出口商和商业银行。出口商出口时提供给进口商的多种形式的信贷都可向该机构申请担保。商业银行提供的出口信贷均可向国家信贷担保机构申请担保。担保期限根据需要分为短期、中期和长期，短期为 6 个月左右，中、长期为 2~15 年。

二、出口信用保险

出口信用保险是各国政府以国家财政为后盾，为本国企业在出口贸易、对外工程承包和对外投资等活动中提供风险保障的一种政策性支持措施，是 WTO 补贴和反补贴协议原则上允许的手段。

出口信用保险是各国政府为支持出口通行的一种做法，它可以合理规避风险，保障企业出口收汇安全。市场经济越发达，出口信用保险越发达。目前，全球贸易额的 12%~15% 是在出口信用保险支持下实现的。

中国出口信用保险公司是国家唯一一家从事出口信用保险的政策性保险公司，主要经营短期出口信用保险、中长期出口信用保险和担保业务。凡出口公司通过银行以信用证、付款交单、承兑交单或赊账等商业信用方式结汇的出口货物均可办理出口信用保险。如果投保出口企业在出口后，由于发生买方破产、丧失偿付能力、拖欠货款等商业风险导致直接经济损失的，中国出口信用保险公司给予赔付。该公司还承保由于发生买方、开证行或保兑行所在国家和地区因战争、汇兑限制、发布延期付款令、限制进口等政治风险导致出口商的直接经济损失。可以说，出口信用保险是出口企业规避商业和政治风险的"保护伞"。

三、倾销措施

（一）商品倾销（Dumping）

商品倾销是指一国商品以低于正常价值的价格进入另一国市场，其目的是为了打击竞争对手，占领国外市场。

商品倾销按照时间的长短和目的可分为以下几种：

（1）偶然性倾销（Sporadic Dumping）。企业偶然以低于国内正常价格或低于成本的价格向国外大量销售商品，这种倾销往往由于商品一时滞销或由销售旺季转为销售淡季时需要处理剩余货物所致，这属于临时性倾销。由于时间较短，影响相对较小，进口国较少采取反倾销措施。

（2）掠夺性倾销（Predatory Dumping）。企业以低于国内价格甚至低于成本的价格，在某一国外市场上销售商品。当打败竞争对手，取得垄断地位后，再提高价格，牟取暴利。这种倾销方式具有强烈的排他性。

（3）长期性倾销（Long-run Dumping）。企业长期地、持久地以低于国内的价格，在国外市场出售商品。这种倾销或是为了维持现有生产设备的开工率，或为了实现规模经济效益。只有在企业达到一定的规模和垄断程度的条件下，或得到国家长期出口补贴和优惠政策的条件下，这种倾销才有可能进行。

企业实行商品倾销可能使利润降低甚至赔本。这些损失可以通过以下三种形式进行补偿：一是用国内市场或其他国外市场的垄断高价来弥补某个国外市场的低价；二是在国外市场上打败竞争对手后，立即提高价格，维持垄断高价；三是获得国家的补贴。由于存在第三种补偿方法，所以把商品倾销这种企业行为也列为促进出口的措施。

（二）外汇倾销（Exchange Dumping）

外汇倾销是指一国利用本国货币对外贬值来扩大出口、限制进口的措施。当一国货币对外贬值后，出口商品用外国货币表示的价格降低，而用本国货币表示的进口商品价格就会上涨，从而有利于扩大商品的出口，限制商品的进口。

外汇倾销对扩大出口的作用是暂时的，是有条件的。一般认为，只有在具备下列条件时，外汇倾销才能起到扩大出口的作用。一是本国货币对外贬值的程度大于由此引起的国内通货膨胀的程度，本国货币对外贬值必然会导致国内物价水平提高。当出口商品的国内生产价格的上升水平达到或超过本国货币对外贬值的程度时，外汇倾销扩大出口的作用消失。二是其他国家不采取相应的报复措施或报复程度低于本国货币对外贬值的程度，否则，外汇倾销对出口的促进作用就会消失。

四、特区措施

特区措施是指政府通过建立经济特区促进本国出口贸易的发展。经济特区是指一个国家或地区在其关境以外划出一定范围，在这个范围内实行各种特殊的优惠政策，发展转口贸易、加工贸易，促进本地区或邻近地区经济的发展。

(一) 经济特区的特点

(1) 政策优惠。经济特区实行各种优惠政策，允许外国商品自由进出，对绝大部分进口不征收关税，也没有配额限制和外汇管制。对外商减免企业所得税和其他赋税，外商在区内的利润、股息和投资，可随时自由汇出，区内行政手续简化。

(2) 地点便利。经济特区一般都设在交通比较便利的地方，如港口、国际机场，使进出货运畅通。

(3) 设施良好。经济特区内提供良好的基础设施、仓储设施、有关商品处理设施及商品陈列场所。

(4) 面向出口。经济特区内大部分企业都是面向出口的，外商投资企业在投资时就带来市场，这类投资主要是希望利用当地廉价的劳动力，进行来料加工、来件装配和来样加工，因此商品是面向国外市场的，这就为扩大出口提供了一条便利的途径。

(二) 经济特区的主要类型

(1) 自由港 (Free Port) 与自由贸易园区 (Free Trade Zone)。自由港划在一国关境以外，全部或绝大部分外国商品进出港口时免缴关税，只办理行政管理上的申报手续。此外，允许外国商品在港内装配、加工、储存或销售。当商品由港内转至自由港所在国国内市场时才需缴纳关税。

我国香港特别行政区是世界上最大的综合性自由港。除酒类、烟草、甲醇和某些碳氢油料外，允许商品自由进出口，并采取优惠政策，吸引外商投资。如公司所得税为17%，个人所得税为15%，在香港以外的所得和利润汇回香港时免税，外资可拥有100%的股权等。我国政府在1997年对香港恢复行使主权后，仍保持其自由港的地位，大陆与香港的经贸关系性质，确定为中国主体同其单独关税地区之间的经贸关系，两地之间的贸易仍视为进出口贸易。

自由贸易园区是指一些国家在交通便利的地方划出一特定的区域，置于关境之外，允许外国商品自由进出，不必办理报关手续，区内外国商品转至所在国国内市场上销售时必须缴纳关税。在区内商品可以自由储存、分级、重新包装、加工。

自由港和自由贸易园区在性质、特征、作用等方面基本是一样的，一般前者是指整个港口或城市，而后者只限于港口或城市的某一特定地区，它可设在内陆或远离港口的地区。

(2) 出口加工区 (Export Processing Zone)。出口加工区是一国专为制造、加工、装配出口商品而开辟的特定区域。一般是设在交通便利的地方，用优惠政策吸引外国投资者，发展出口加工业，以促进对外贸易的发展。

出口加工区是20世纪60年代在发展中国家大量出现的。出口加工区弱化了自由贸易园区的转口贸易功能，强化了出口加工功能。出口加工区有两种类型：一是综合性的出口加工区，区内可以进行各种产品的出口加工。二是专门性的出口加工区，区内只能进行某种特定产品的出口加工。

(3) 保税区 (Bonded Area)。保税区是由海关所设置的或经海关批准注册的特定地区。外国商品进入保税区内可暂时不缴纳进口税。一旦货物由保税区进入国内其他海关管辖区，则要缴纳关税。保税区建有完善的隔离设施，进入区内的商品可以储存、改装、分类、混合、展览、加工与制造。保税区主要有保税仓库和保税工厂两种。

（4）科学工业园区（Science-based Industrial Park）。科学工业园区是一种以加速新技术研制及其成果应用、服务于本国或本地区工业的现代化，开拓国际市场为目的，通过多种优惠措施和便利条件将智力、资金高度集中，专门从事高、新技术研究、中试和生产的新兴产业开发基地。科学工业园区一般以政府科研机构、高等院校和工业区为依托。如美国"斯坦福科研工业区"，以美国加州斯坦福大学为中心聚集了1 000多家生产电脑、半导体有关企业。

第五节 出 口 管 制

出口管制是指出口国政府通过各种经济的和行政的措施，限制或禁止有关商品的出口。

一、出口管制的目的及商品类别

出口管制的目的主要包括政治和经济两个方面。从政治方面而言，出口国可以通过出口管制干涉和控制进口国的政治经济局势，在外交活动中保持主动地位；遏制敌对国家的经济发展，逼其在政治上妥协或就范。从经济方面而言，可以通过出口管制，避免本国相对稀缺的资源过量流失，促进国内有关产业的发展，防止国内出现严重的通货膨胀和本国贸易条件的恶化。

出口管制的商品类别主要是：

（1）新产品、重要战略物资及先进技术和有关资料。

（2）国内生产所急需的原料、半制成品及某些国内市场上严重供不应求的商品。

（3）历史文物和艺术珍品。

（4）"自动"出口项下的商品。

（5）被出口国垄断的部分商品。

二、出口管制的方式与措施

出口管制的方式有两种：一是单方面出口管制，即一国根据本国情况，制定出口管制法规，独立地对出口商品进行管制；二是多边出口管制，即几个国家为协调彼此的出口管制政策与措施，达成共同的出口管制协议，建立国际性的多边出口管制机构，制定多边出口管制措施。已于1994年4月1日解散的巴黎统筹委员会就属于多边出口管制机构。

出口管制的措施主要有以下几种：

（1）国家专营。对于一些敏感性商品的出口实行国家专营，由政府指定专门机构直接控制和管理。

（2）数量限制。通过发放出口许可证来控制出口商品的品种和数量。

（3）商品清单与国别分组。即将商品按照技术水平、性能和用途的不同，编制清单，明确规定某类商品出口到不同国家所要求的许可证。

（4）征收出口税。

（5）封锁禁运。这是对外国实行经济制裁和出口管制最严厉的手段。

小知识 4-4

巴黎统筹委员会与《瓦森纳协定》

（引自 https://baike.so.com/doc/6741103-6955615.html 与
https://baike.so.com/doc/3934091-4128596.html，经作者整理）

巴黎统筹委员会（简称"巴统"）的正式名字是"输出管制统筹委员会"（Coordinating Committee for Multilateral Export Controls），是 1949 年 11 月在美国的提议下秘密成立的，因其总部设在巴黎，通常被称为"巴黎统筹委员会"。其是第二次世界大战后西方发达工业国家在国际贸易领域中纠集起来的一个非官方的国际机构，其宗旨是限制成员国向社会主义国家出口战略物资和高技术。列入禁运清单的有军事武器装备、尖端技术产品和稀有物资等三大类上万种产品。被巴统列为禁运对象的不仅有社会主义国家，还包括一些民族主义国家，总数共约 30 个。巴统有 17 个成员国：美国、英国、法国、德国、意大利、丹麦、挪威、荷兰、比利时、卢森堡、葡萄牙、西班牙、加拿大、希腊、土耳其、日本和澳大利亚。

巴统的组织机构有：① 咨询小组。是巴统的决策机构，由各会员国派高级官员参加。② 调整委员会。1950 年成立。是对苏联东欧国家实行禁运的执行机构。③ 中国委员会。1952 年成立。是对中国实行禁运的执行机构。

禁运货单有 4 类。① Ⅰ 号货单为绝对禁运者，如武器和原子能物质。② Ⅱ 号货单属于数量管制。③ Ⅲ 号货单属于监视项目。④ 中国禁单，即对中国贸易的特别禁单，该禁单所包括的项目比苏联和东欧国家所适用的国际禁单项目多 500 余种。

巴统的禁运政策和货单常受国际形势变化影响，有时还把禁运限制同被禁运国家的社会制度、经济体制或人权联系一起。巴统带有强烈的冷战色彩和意识形态的目的。冷战结束后，西方国家认为，世界安全的主要威胁不再来自军事集团和东方社会主义国家，该委员会的宗旨和目的也与现实国际形势不相适应，1994 年 4 月 1 日宣布正式解散。

《瓦森纳协定》，又称瓦森纳安排机制，全称为《关于常规武器和两用物品及技术出口控制的瓦森纳协定》（The Wassenaar Arrangement on Export Controls for Conventional Arms and Dual-Use Good and Technologies），是 1996 年 7 月在美国的操纵下，以西方国家为主的 33 个国家在奥地利维也纳签署的、决定从 1996 年 11 月 1 日起实施新的控制清单和信息交换规则。与"巴统"一样，"瓦协"同样包含两份控制清单：一份是军民两用商品和技术清单，涵盖了先进材料、材料处理、电子器件、计算机、电信与信息安全、传感与激光、导航与航空电子仪器、船舶与海事设备、推进系统等 9 大类；另一份是军品清单，涵盖了各类武器弹药、设备及作战平台等共 22 类。中国同样在被禁运国家之列。

"瓦森纳安排"是一种建立在自愿基础上的集团性出口控制机制。其根本目的在于通过成员国间的信息通报制度，提高常规武器和双用途物品及技术转让的透明度，以达到对常规武器和双用途物品及相关技术转让的监督和控制。"瓦森纳安排"声称不针对任何国家和国家集团，不妨碍正常的民间贸易，也不干涉通过合法方式获得自卫武器的权力，但无论从其成员国的组成还是该机制的现实运行情况看，"瓦森纳安排"具有明显的集团性质和针对发展中国家的特点。

"瓦森纳安排"现有 42 个成员国（包括原"巴统"的 17 个成员国）。2004 年 4 月，中国与"瓦森纳安排"在维也纳举行了首轮对话会，但美国及部分成员一再阻挠中国加入该协定。

思 考 题

1. 保护贸易与自由贸易政策的内容及其理论依据是什么？
2. 国际贸易政策有哪些发展趋势？
3. 现阶段中国企业出口会遇到哪些种类的关税？
4. 征收关税的方法有哪些？
5. 一国征收进口税后会产生哪些经济效应？
6. 有效保护率与名义保护率有何区别？运用有效保护率有何意义？
7. 什么是非关税措施？它具有哪些特点？
8. 技术性贸易壁垒和环境贸易壁垒的主要表现形式有哪些？它对发展中国家的出口和产业发展有何影响？
9. 征收进口关税和实施进口配额有哪些异同点？
10. 各国有哪些促进出口的措施？
11. 根据中国入世承诺，到 2006 年 7 月 1 日，小轿车、越野车和小客车等整车的进口关税降至 25%，车身、底盘、中低排量汽油发动机等汽车零部件的进口税率降至 10%。请分析这种关税结构对中国汽车工业发展的影响。

第五章

区域经济贸易集团

本章学习要点
- 区域经济贸易集团的含义
- 区域经济贸易集团的类型
- 第二次世界大战后区域经济贸易集团发展的原因
- 主要区域贸易集团的发展
- 关税同盟效应
- 区域经济贸易集团发展对国际贸易的影响

第二次世界大战后,随着科学技术的不断发展和生产力水平的迅速提高,各国经济冲破了国界的限制,朝着一体化的方向发展。经济一体化的形成与发展,区域经济贸易集团的出现,对全球贸易格局产生着广泛而深刻的影响。

第一节 区域经济一体化的概念

一、区域经济一体化的含义

区域经济一体化是指区域内两个或两个以上的国家或地区,为了维护共同的经济和政治利益,通过签订某种政府间条约或协定,制定共同的政策措施,实施共同的行动准则,消除国别之间阻碍经济贸易发展的障碍,实现区内互利互惠、协调发展和资源优化配置,最终形成一个政治、经济高度协调的统一体的过程。区域经济一体化的表现形式是各种形式的经济贸易集团的建立。

二、区域经济贸易集团的类型

区域经济贸易集团分为以下几种类型,如图 5-1 所示,最低的是优惠贸易区,向外依次是自由贸易区、关税同盟、共同市场、经济同盟,甚至政治联盟。这些类型反映了经济一体化的不同层次。

(一) 优惠贸易区 (Preference Areas)

优惠贸易区是指成员国之间通过签订优惠贸易协定,在进行贸易时,相互提供比非成员国进行贸易更低的贸易壁垒的区域。更低的贸易壁垒主要是降低全部商品或部分商品的关

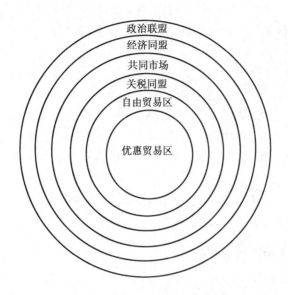

图 5-1　区域经济贸易集团的类型

税。这是区域一体化的最松散的形式。1932 年英国与其殖民地建立的大英帝国特惠制就属于这一类。

（二）自由贸易区（Free Trade Area）

自由贸易区是由两个或两个以上的国家，通过取消成员之间的贸易壁垒，允许货物在成员国间自由流动而形成的区域经济一体化组织。建立自由贸易区是通过签订自由贸易协定（Free Trade Agreement，FTA）实现的。自由贸易区最大的特点是：只将商品自由流通限制在成员国之间。各成员国仍保留各自对非成员的贸易政策，各国按照各自的关税制度和非关税的贸易限制措施，对非成员国的货物征收关税，并限制其进口。为了避免非成员国的产品从对外关税较低的成员国进入自由贸易区后，再进入关税水平较高的成员国而造成成员国对外贸易政策的失效，通常采用原产地规则。这一规则要求产品价值的一定百分比是在成员国生产的才可享受免征进口税的待遇。

世界上存在时间最长的自由贸易区是欧洲自由贸易联盟（EFTA），又称小自由贸易区。该贸易区成立于 1960 年 1 月。最初的成员国包括奥地利、英国、丹麦、芬兰、瑞典、葡萄牙、挪威、瑞士等国。前 6 个国家现已成为欧盟的成员国。目前该区只有 3 个成员国，即挪威、冰岛和瑞士。

小知识 5-1

中国自由贸易区建设

（根据中国自由贸易区服务网的信息整理，2019-07-31）

中国正在与五大洲的 30 多个国家和地区建设 29 个自由贸易区（简称自贸区）。其中，已签署《自由贸易协定》（简称《自贸协定》）16 个，涉及 24 个国家和地区，分别是中国与东盟、新加坡、巴基斯坦、新西兰、智利、秘鲁、哥斯达黎加、冰岛、马尔代夫、澳大利亚、格鲁吉亚、韩国和瑞士的自贸协定,内地与香港、澳门的更紧密经贸关系安排(CEPA)。

正在谈判的《自贸协定》13个,涉及20多个国家,分别是中国与斯里兰卡、以色列、毛里求斯、摩尔多瓦、巴拿马、巴基斯坦、海湾合作委员会(GCC)、澳大利亚和挪威的自贸谈判,以及中日韩自贸区和区域全面经济合作伙伴关系(RECP)协定谈判。GCC包括沙特、阿联酋、阿曼、科威特、卡塔尔、巴林6国。RECP包括东盟10国、澳大利亚、中国、印度、日本、韩国和新西兰16个成员国,覆盖了世界一半的人口和全球1/3的生产总值,建成后将成为全球人口最多的自贸区。

此外,中国完成了与印度的区域贸易安排(RTA)联合研究;正与哥伦比亚等开展自贸区联合可行性研究;还加入了《亚太贸易协定》。

(三) 关税同盟(Customs Union)

关税同盟是指成员国之间完全取消关税和其他贸易壁垒,并对非成员国实行统一对外关税税率和其他贸易措施而缔结的同盟。关税同盟是比自由贸易区更高一级的经济一体化的组织形式。欧盟一体化的进程是从关税同盟开始的,现已超越这一阶段。由玻利维亚、哥伦比亚、厄瓜多尔和秘鲁之间签订的安第斯条约就是一个关税同盟。安第斯条约成员国试图在成员国之间实行自由贸易,对来自外部的产品征收5%~20%的关税。

(四) 共同市场(Common Market)

共同市场是指成员国之间完全取消贸易壁垒,建立对非成员国的统一关税税率,并且允许资本和劳动力等生产要素和服务的自由流动。共同市场在商品自由流动方面,既有一致对外的统一关税,又有协调间接税制度,产品标准化制度;在资本的自由流动方面,有协调筹资制度;在劳动力自由流动方面,有学历和技术等级的相互承认制度等。共同市场下经济调节的超国家性质也比关税同盟更进一步,1993年1月1日如期启动的欧洲共同体统一大市场,就是典型的例证。

(五) 经济同盟(Economic Union)

经济同盟是区域经济一体化的高级阶段。它是指成员国之间不仅废除贸易壁垒,统一对外贸易政策,允许生产要素自由流动,而且在协调的基础上,各成员国采取统一的经济政策。经济同盟的特点是:在实现共同市场一体化的基础上,进一步协调成员国之间的经济、政治和社会政策,包括货币、财政、经济发展和社会福利政策,以及有关贸易和生产要素流动政策,并拥有一个制定这些政策的超国家的共同机构。目前的欧洲联盟就属此类。

(六) 政治联盟(Political Union)

政治联盟是区域经济一体化的最终阶段,也称为完全的经济一体化。它是指成员国在实现经济同盟目标的基础上,进一步实现经济制度、政治制度和法律制度等方面的协调乃至统一的一体化形式,欧盟已经迈向政治联盟的道路。自20世纪70年代以来,欧洲议会一直是由成员国公民直接选举的,并在欧盟中发挥着越来越重要的作用。

三、区域经济贸易集团的发展及其原因

第二次世界大战后区域经济一体化的深入发展，区域经济贸易集团不断增加已成为当代经济发展的重要特征。截至目前，区域经济一体化的发展已出现三次高潮。

第一次高潮发生在20世纪五六十年代。第二次世界大战后无论是西方发达国家，还是东欧社会主义国家以及其他刚走向独立的发展中国家，都在不同程度上，面临着发展民族经济、维护民族利益的艰巨任务。因而在这个时期，许多国家走上了联合发展的道路，涌现了一批区域性贸易集团。1951年，法国、原联邦德国、意大利、比利时、荷兰和卢森堡等西欧六国建立了煤钢共同市场。1957年，上述六国又正式成立"欧洲经济共同体"。1960年，英国、瑞典、丹麦、挪威、瑞士、奥地利和葡萄牙等七国正式成立"欧洲自由贸易联盟"。60年代，发展中国家也建立了一些区域性经济组织。其中，比较著名的有：1961年建立的中美洲共同市场、1964年建立的中部非洲关税及经济同盟、1967年建立的东南亚国家联盟、1969年建立的安第斯条约集团和1969年建立的南部非洲关税同盟等。

第二次高潮发生在20世纪70年代至80年代初期。两次石油危机之后，世界各国贸易保护主义抬头，以关贸总协定维系的多边贸易体制失灵，世界各国把自由贸易的希望再度寄托在经济集团身上，于是掀起了第二次区域贸易集团发展的高潮。这一时期，发达国家的区域经济一体化稳步发展。丹麦、爱尔兰、英国和希腊先后加入欧洲共同体，使欧共体的成员国达到10个。加上1986年葡萄牙和西班牙的加入，欧共体的成员国达到了12个。1983年，澳大利亚和新西兰两国也成立了自由贸易区。这一时期发展中国家区域经济一体化的发展尤为显著，出现了许多新的规模较大的区域经济一体化合作组织。在亚洲主要有：1981年建立的海湾合作委员会和1985年成立的中西亚经济合作组织；在拉美主要有：1973年建立的拉美自由贸易区和加勒比共同体以及1981年成立的拉美一体化协会；在非洲主要有：1973年建立的西非经济共同体、1975年建立的西非国家经济共同体、1980年召开的南部非洲发展协调会议和1981年建立的东部和南部非洲优惠贸易区等。

第三次高潮发生在20世纪80年代末至今。80年代末，在关贸总协定乌拉圭回合谈判迟迟达不成协议的背景下，世界各国更加重视区域性的贸易自由化。尤其是美国改变了长期奉行的单一多边主义原则，开始重视实行地区主义和双边主义，积极参与区域经济一体化。"乌拉圭回合"谈判结束之后，由于其结果的实施仍然需要一段时间，加之其存在的缺陷，世界许多国家仍然对多边贸易体制缺乏信心，区域经济一体化的势头仍然强劲。这一时期，欧共体由共同市场发展为1993年的欧洲联盟，美国和加拿大于1989年建立了美加自由贸易区，1992年美国、加拿大和墨西哥签署了北美自由贸易协定。这一时期发展中国家也建立了不少区域性贸易集团，并加速贸易自由化进程。例如，1991年3月26日阿根廷、巴西、乌拉圭和巴拉圭四国总统在巴拉圭首都亚松森签署"亚松森条约"，决定建立由四国参加的南方共同市场。1995年1月1日，南方共同市场（Southern Common Market）正式启动运转。又如，1967年建立的东南亚国家联盟，简称东盟（Association of South-East Asian Nations，ASEAN），于1991年1月就在2008年前建立东盟自由贸易区（AFTA）达成了协议。并于1994年9月举行的东盟经济部长第26届年会上，把建成东盟自由贸易区的时间从15年缩短至10年，决定在2003年把工业品和农产品的关税降至0.5%。

由于全球多边贸易谈判一拖再拖，迟迟达不成协议，导致世界主要国家开始把重点从签

署全球性贸易协定，转向签署地区性自贸协定。2008年美国开始与多个国家谈判跨太平洋战略经济伙伴协定（Trans-Pacific Partnership Agreement，TPP），同时，美国与欧盟也进行了自贸协定的谈判。但2017年1月特朗普就任美国新一届总统后，主动退出或终止了这两个协定的谈判。

小知识 5-2

跨太平洋战略经济伙伴协定（TPP）

（主要内容摘自百度百科，明基百科，2013.12）

跨太平洋伙伴关系协议（Trans-Pacific Partnership Agreement）是由亚太经济合作会议成员国中的新西兰、新加坡、智利和文莱等四国于2006年达成的。随后，美国、秘鲁、澳大利亚、越南和马来西亚五国相继加入。2011年11月10日，日本正式决定加入TPP谈判，2012年，墨西哥和加拿大决定加入TPP谈判，2013年9月10日，韩国宣布加入TPP谈判。

在美国的积极推动和主导下，跨太平洋伙伴关系协议将突破传统的自由贸易协定（FTA）模式，达成包括所有商品和服务在内的综合性自由贸易协议。协议的内容包括货物贸易、原产地规则、贸易救济措施、卫生和植物卫生措施、技术性贸易壁垒、服务贸易、知识产权、政府采购和竞争政策等。

美国调动一切行政、经济和外交资源全面主导TPP谈判，其主要目的：① 阻止亚洲形成统一的贸易集团，维护美国在亚太地区的战略利益；② 全面介入东亚区域一体化进程，确保其地缘政治、经济和安全利益；③ 重塑并主导亚太区域经济整合进程，稀释中、日等国的区域影响力。

2017年1月，新一届美国总统特朗普签署行政命令，正式宣布美国退出TPP。剩下11国在日本主导下于2018年3月重新签订了的《全面与进步的跨太平洋伙伴协定》（Comprehensive Progressive Trans-Pacific Partnership，CPTTP），原协定（TPP）中有关知识产权和其他内容的20项内容遭到冻结。

区域贸易集团之所以在第二次世界大战后蓬勃发展，有其深刻的经济、政治和社会历史等方面的原因。

1. 第二次世界大战后社会生产力与国际分工的发展，是区域贸易集团兴起的客观基础

第二次世界大战以后，以原子能、电子计算机和空间技术为标志的第三次科技革命的出现，大大促进了社会生产力的提高和国际分工向广度和纵深方向发展，加速了各国经济的相互依赖和经济生活的国际化趋势。国际分工引起的国际投资与国际贸易的变化，要求冲破民族和国家所设置的各种障碍，使生产要素在世界范围内自由流动、自由配置。但由于各国经济与利益的差异，不可能立即在全球范围内实现，而只能在局部地区得到体现。于是，一些地理区域接近，国际分工最为密切的国家之间建立了区域性的贸易集团。

2. 共同抗衡外部强大势力，是区域贸易集团产生与发展的直接动因

建立区域贸易集团的国家的动机之一，就是希望通过联合，壮大自身力量，抵制一些大国或集团的威胁。如第二次世界大战后初期，美国登上了世界霸主的地位，欧洲各国正在恢复经济,任何一个国家都难以单独与美国抗衡。为了加快经济发展,提高欧洲在国际竞争中的地位,欧洲各国不得不走向区域贸易集团的道路。20 世纪 80 年代后半期,美国的经济地位不断下降,并受到来自欧共体和日本的挑战。美国为了阻止其优势地位的下降,保持和加强自身势力,同加拿大、墨西哥组建了北美自由贸易区。面对西欧、北美的强大趋势,亚洲国家间也加速寻求扩大经济合作的途径。东南亚国家联盟等区域一体化组织,虽由一些中小国家组成,但联合起来的经济实力,比单个国家更有力量抵御外部势力的挑战。

3. 区域贸易集团产生的各种积极的经济效应,是区域贸易集团产生并持续发展的经济源泉

区域经济一体化给成员国带来巨大的经济利益。这些利益表现为贸易创造效应、贸易扩大效应、减少行政开支、减少走私、增强成员国集体的谈判能力、内部专业化程度加深、规模经济效益提高、要素的流动性加大、促进技术进步和经济增长等。这些经济利益成为区域贸易集团持续发展的经济源泉。

4. 世贸组织多边贸易体制本身的局限性以及近年来多边贸易谈判所遭遇的挫折和困难,是区域经济贸易集团发展的外在原因

尽管世贸组织是推动贸易自由化和经济全球化的主要力量,但自身庞大,运作程序复杂。根据世贸组织"一揽子接受"方式,其成员对各项议题的谈判只有在一致同意的基础上才能达成,这导致在短时间内所有成员达成共识和消除矛盾并非易事。2001 年 11 月,在多哈发起的首轮多边回合谈判一直举步维艰,多边贸易谈判前景的不可预测性,为双边和区域性贸易协议提供了发展空间与机遇,也为各国参与全球竞争增加了一种选择。

第二节　主要区域贸易集团的发展

一、欧洲联盟

(一)欧洲联盟的演变

欧洲联盟,简称欧盟(European Union,EU),其前身是欧洲共同体(European Community,EC)。1957 年 3 月欧洲煤钢共同体的成员国法国、原联邦德国、荷兰、比利时、意大利和卢森堡六国在意大利首都罗马签订了《欧洲经济共同体条约》和《建立欧洲原子能共同体条约》(统称《罗马条约》),1958 年 1 月 1 日正式生效。根据《罗马条约》的规定,建立欧共体是为了加强各成员国在经济上的联合,制定共同体的经济政策,消除关税壁垒,并逐步实现商品、人员、服务和资本在共同体内部的自由流动,以保证各成员国的经济和社会进步,为欧洲各国之间更为紧密的联合奠定基础。

1967 年 7 月,欧洲经济共同体、欧洲煤钢共同体与欧洲原子能共同体联合签订协议,将上述三个共同体合而为一,合并后称欧洲共同体,简称欧共体。1973 年,英国、爱尔兰和丹麦三国加入欧共体,使欧共体由最初的六国增加为九国。随后,希腊于 1981 年、葡萄牙和西班牙于 1986 年先后成为欧洲共同体的正式成员国,使成员国总数增至 12 个。1993 年 11 月欧共体发展为欧盟。1995 年 1 月 1 日,芬兰、奥地利和瑞典也加入了欧盟,至此,欧盟已扩大成为由 15 个成员国组成的区域性经济集团。

2004年5月1日，马耳他、塞浦路斯、波兰、匈牙利、捷克、斯洛伐克、斯洛文尼亚、爱沙尼亚、拉脱维亚和立陶宛十个国家正式成为欧盟成员国。2005年4月25日，保加利亚和罗马尼亚在卢森堡签署了加入欧盟的条约，并于2007年1月1日正式加入欧盟，完成了欧盟的第六次扩容。2013年7月1日，克罗地亚正式加入欧盟。至此，欧盟成为一个拥有28个成员国，人口超过5亿的大型区域一体化组织，地域范围从西欧逐步拓展到中东欧地区。

（二）欧盟实施经济一体化进程中的主要成果

1. 建立关税同盟

建立关税同盟是欧共体一体化的起点。根据《罗马条约》的规定，关税同盟的建立分三个阶段，从1958年1月1日到1969年12月31日为期12年，主要任务是共同体内部取消关税和非关税壁垒，实行自由贸易，对外统一关税并制定一致的贸易政策。在削减内部关税方面，共同体成员国从1959年起基本上每年削减10%的关税，到1968年就已全部取消了内部关税，在调整统一的对外关税方面，工业品经历了1961年、1963年和1968年三次调整，农产品也分三次，于1962年、1966年和1968年分别进行了调整。各成员国经过10年的共同努力，于1968年7月1日，提前一年半建成了关税同盟。

2. 实施共同农业政策

20世纪60年代初，欧洲经济共同体就确定了共同农业政策的基本原则。1962年通过了建立农产品统一市场的协议并逐步着手实施。共同农业政策的主要目标是提高农业生产率、稳定市场、保障供给以及保证农业收入等。至1968年7月，主要农产品已纳入各类农业共同市场组织，实现了各成员国的农产品统一价格，建立了共同农业基金。1969年欧共体内部完全取消关税，对外征收差价税，实现了主要农产品在欧共体市场内的自由流通。

3. 建立欧洲货币体系

1969年12月，原共同市场六国在荷兰海牙举行首脑会议，决定建立一个完整的经济和货币联盟。1979年欧共体宣布正式建立欧洲货币体系。它是为促进内部贸易，保证各成员国货币的相对稳定而建立的国际货币联合。这个体系包括：创建"欧洲货币单位"，扩大欧洲货币的联合浮动体系，建立"欧洲货币基金"。这是欧共体向实现货币联盟迈出的重要一步。

4. 建立统一内部大市场

1985年，欧共体明确提出要在1992年12月31日前建立欧洲统一大市场。1993年1月1日，欧洲统一大市场如期启动，"四大自由流动"中，除人员自由流动没有完全实现外，欧共体内部阻碍商品、服务、资本自由流动的非关税壁垒已基本被铲除。

5. 马斯特里赫特条约的生效

1991年12月，第46届欧共体首脑会议在荷兰的马斯特里赫特城召开。会议通过了《经济与货币联盟条约》和《政治联盟条约》（统称《欧洲联盟条约》，简称《马约》）。《马约》提出的目标是：①1999年前（分三阶段进行）建成经济货币联盟，发行单一货币，建立欧洲中央银行；②实施共同的外交和安全政策；③实行司法内政合作，建立统一的警察力量，协调反毒、移民、避难、引渡、入境管理方面的政策。《马约》从1993年11月1日起生效。从此，欧共体称为欧洲联盟，这标志着欧共体朝着国家联盟的方向迈出了实质性的步伐。

6. 欧元的启动

1999年1月1日开始发行欧元，欧盟15个成员国有11个国家参加。加入的条件包括：一是国内财政赤字不能超过GDP的3%，二是债务不能超过GDP的60%，此外还有利率和物价标准，同时强调必须参加联合浮动。欧盟的国家中，英国、瑞典、丹麦不愿意参加。希腊当年的债务太高，经过努力，2001年被批准参加了单一货币。1999年1月1日至2002年1月1日为三年过渡期，发行统一的欧洲货币——欧元，欧元作为参加国非现金交易的"货币"，以支票、信用卡、股票和债券等方式进行流通。2002年1月1日至2002年3月1日，为欧元实体货币和其他12国货币共同存在时期。2002年3月1日，欧元取代各国货币成为单一流通货币。随着欧盟的进一步扩大，斯洛文尼亚、塞浦路斯、马耳他、斯洛伐克、爱沙尼亚等五国也加入欧元区。

小知识 5-3

英国"脱欧"公投

虽然欧洲一体化取得了巨大成就，但是由于区域内外的各种原因，欧盟内部矛盾重重。2016年6月23日，英国举行了"脱欧"公投，结果超过半数（51.9%）的投票者支持"脱欧"。尽管公投已过去3年多了，但英国内部及英国与欧盟之间就"脱欧"的方式仍没有达到一致。英国"脱欧"意味着欧洲一体化的挫败和当前"反全球化思潮"的暂时胜利。

二、北美自由贸易区

北美自由贸易区（North American Free Trade Area，NAFTA）开创了经济发展水平悬殊的国家达成自由贸易区的先例，成为20世纪90年代世界区域经济一体化深入发展的一个突出标志。

（一）北美自由贸易区建立的动因

1. 从三国内部分析，NAFTA是三国经贸关系向纵深发展的客观需要

美、加、墨相互毗邻，交通运输方便，经济上具有互补性，长期以来三国间存在着极为密切的经贸往来。美、加两国互为对方的第一大贸易伙伴。而墨西哥是美国第三大贸易伙伴，美国是墨西哥的第一大贸易伙伴。但是，在没有正式订立贸易协定之前，三国之间的贸易和投资经常遇到障碍。组建NAFTA，是美、加、墨克服彼此间贸易和投资障碍，巩固和发展相互间经贸关系的必然选择。建立NAFTA对三国均有利。从美国角度看，这不仅有助于减少贸易逆差，扩大服务贸易，而且为其建立从阿拉斯加一直到火地岛的美洲经济圈的目标奠定基础；就加拿大而言，既能减少贸易壁垒，有效抑制美国日益高涨的贸易保护主义，巩固和扩大其在美国的市场，又可开发墨西哥市场；对墨西哥来说，既可更多地获得美、加的投资和新技术，较快地振兴国内经济，使其在对美、加出口的竞争中居于有利地位，又可解决长期以来债台高筑的问题。

2. 从外部分析，国际经济格局的变化，是促进NAFTA形成的极为重要因素

第二次世界大战后，西欧、日本经济得到迅速恢复和发展。美国在世界经济中的地位相对下降,自 20 世纪 70 年代起,外贸逐年逆差。尤其是 1985 年,欧洲加速筹建统一大市场,对美国造成了很大的冲击。美国为了维护自身的利益,并同欧、日相抗衡,美国积极倡导了北美自由贸易区的建立。在《美加自由贸易协定》的基础上,美国、加拿大、墨西哥三国于 1992 年 12 月 17 日签署了《北美自由贸易协定》,该协定于 1994 年 1 月 1 日正式生效。

(二) 北美自由贸易区的进展

1. 美加自由贸易区

1985 年 5 月,美国与加拿大就实行自由贸易区开始进行有关谈判。1988 年 11 月,两国政府正式签署《美加自由贸易协定》,并于 1989 年 1 月 1 日正式生效。其目标是消除商品贸易、服务贸易和投资方面的一切障碍。协定的内容涉及关税减免、非关税壁垒、原产地规则、农产品贸易、能源、倾销与补贴、政府采购、服务、金融、投资、知识产权以及纠纷的解决等。协议的核心内容是从 1989 年起到 1998 年 10 年内,逐步削减并取消双边贸易的全部关税。对从区外第三国进口的商品,双方仍适用各自现行关税;为防止第三国利用自由贸易区逃避关税,双方确认了原产地规则。

2. 北美自由贸易区

1992 年 12 月,美、加、墨三国签署《北美自由贸易协定》,随后经过数月的谈判,三方又于 1993 年 8 月就环保、劳动就业等问题达成协议,作为《北美自由贸易协定》的补充文件,并于 1994 年 1 月 1 日正式生效。北美自由贸易协定是一个内容极为广泛的三边协议,其目的是消除贸易壁垒,促进平等竞争,增加投资机会,保护知识产权,建立调节三方间贸易争端解决机制以保证贸易自由化进程的顺利进行,促进三边区域性合作和多边合作。

北美自由贸易协定主要包括以下内容:

(1) 降低与取消关税。三国将在 15 年内分阶段逐步取消 9 000 多种商品的关税和非关税壁垒,取消进口配额和进口许可证。为防止区外第三国利用自由贸易区逃避关税,三国就原产地规则达成了更加严格的规定,即只有产品全部价值的 62.5% 是在成员国内生产的,才能享受免税待遇。

(2) 开放金融保险市场。一国为其他两国进入本国的金融保险市场提供方便。为了与美、加保持同步,墨西哥将在 7 年内取消对美、加银行及保险公司的限制,在 10 年内取消对证券公司的限制。三国同意对北美地区的金融公司给予国民待遇;对他们的法律限制与本国公司相同。

(3) 放宽对外资的限制。墨西哥将改变对外资投资的许多限制,在大多数经济领域将平等对待美、加公司,到 1996 年允许外资独资经营,拥有 100% 的所有权。同时,美、加也将进一步放松对墨西哥资本的限制,允许其在大多数领域进行投资,并给予适当的优惠条件。协定还规定,墨西哥将保留对外国公司参与其石油业投资的大部分限制,但对美、加在墨西哥兴建的油田服务公司,将因有效生产石油而给予特别鼓励。协定还鼓励美、加资本在墨西哥独资办电站并允许他们对大多数石化产品进行投资。

(4) 保护知识产权。三国均同意严格遵守国际知识产权保护法的规定,对成员国登记的药品及其他专利产品至少保护 20 年。

北美自由贸易区的建立对美、加、墨三国的经济贸易都产生了重要的影响。对美国来说,与加、墨两国的自由贸易使美国产品具有一个更为广阔的市场,出口的增加不仅为国内创造了更多的就业机会，同时也使美国消费者从墨西哥进口的大量廉价的劳动密集型产品中受益。与此同时，美国对墨西哥的投资，利用了墨西哥低廉的劳动成本，增强了对欧、日的国际竞争力。区内的自由贸易也给加拿大带来了贸易的扩大和规模经济的收益。由于废除了关税，墨西哥得以取代东南亚等竞争对手成为对美、加劳动密集型产品的主要出口国。出口的增长推动了其国内经济的发展。美、加大量投资的进入一方面缓解了其经济危机后的资金短缺，另一方面也鼓励了外逃资本回流。在获利的同时，墨西哥也为贸易自由化付出了一定的代价，开放的市场使其民族工业受到强大的冲击，大量短期资本的涌入增加了其金融体系的不稳定性，并在很大程度上受到美、加经济波动的影响。

北美自由贸易区为墨西哥带来什么？

（引自经济参考报，2003-12-30，驻墨西哥城记者 叶书宏）

2004年1月1日是《北美自由贸易协定》正式生效10周年的日子。10年前由美国、加拿大和墨西哥积极倡导建立的、覆盖人口达到4亿的世界上最大的自由贸易区，究竟给墨西哥这个发展中国家带来了什么？

统计数字显示，《北美自由贸易协定》生效10年来，区域内贸易额由1993年的3 060亿美元增加到2003年的6 210亿美元。其中，墨西哥对美国的出口额由1994年的510.6亿美元扩大到2002年的1 430亿美元，增长了近两倍；墨西哥对加拿大的出口也有较大幅度增长。

此外，过去10年中墨西哥年均吸引外国直接投资高达120亿美元，是印尼的3倍；人均收入增加了24%，达到4 000美元。墨西哥总统福克斯在接受《商业周刊》采访时指出："北美自由贸易区为我们的经济发展提供了强大的推动力，墨西哥目前经济规模达到5 940亿美元，世界排名由12年前的第15位上升到现在的第9位。"

北美自由贸易区对墨西哥经济的推动作用毋庸置疑，但同时也给墨西哥经济带来了不容忽视的负面影响。首先，墨西哥农业受到相当程度的冲击。美国卡内基国际和平慈善基金会公布的报告指出，正当自由贸易倡导者为墨西哥北部出口加工区10年间创造75万个就业机会而欢呼的时候，享受高额补贴的美国农产品如潮水般涌入墨西哥，并在过去10年中导致130万墨西哥农民破产。墨西哥国立自治大学一项研究表明，自《北美自由贸易协定》生效至今，墨西哥农作物种植面积缩减了400万公顷，同期农业提供的就业机会减少了10%；1 500万农业人口，其中多数是年轻人，迁移至城市或移民美国；农民人均收入也已下降至城市最低收入的30%，而且这一状况正在随着农产品关税进一步降低而恶化。其次，大量外资工厂的涌入对墨西哥生态环境造成了严重破坏。据美国TUFTS大学一项研究显示，《北美自由贸易协定》生效后，墨西哥制造业产生的空气污染程度比协定签署前增加了两倍，而政府并没有按照原来的承诺提供足够的环保基建投资。

墨西哥还有更多的担忧。当前，越来越多的美国投资者正在将目光转向投资环境更好的中国、印度等亚洲国家。此外，墨西哥出口加工业原材料国产化比例始终没有提高，跨国企业所需的原材料 98% 依赖进口；墨西哥政府在技术转移上未对跨国公司做出更多的要求，这使得多数达成的技术转让项目只是生产商放弃多年的淘汰技术。

审视墨西哥在加入《北美自由贸易协定》以来的得失，分析家指出，该协定在促进出口、吸引外资方面无疑是非常成功的，但发展中国家在与发达国家建立自由贸易区时，存在制度、管理和技术上的劣势，再加上墨西哥政府相关的体制改革和基础设施建设未能跟上，必然出现一系列负面效应。墨西哥政府要想克服北美自由贸易协定带来的负面结果，同时又要保持其出口竞争力和投资吸引力，那么就必须加快国内体制改革，利用自由贸易带来的财富进行产业升级、追加教育、能源、环境等关系到可持续竞争力领域的再投资。

（三）北美自由贸易区的前景

北美自由贸易区积极向外扩张。1994 年 12 月 10 日，美洲 34 个国家在美国的迈阿密签订协议，同意建立"美洲自由贸易区"，并将 2005 年确定为完成谈判的最后期限。在美洲国家首脑会议《原则宣言》中宣称："美洲国家虽然在发展方面面临着不同的挑战，但是在通过开放市场、半球一体化和持续发展寻求繁荣方面都是一致的，我们决心加强并促进更紧密的合作关系。"《原则宣言》还强调："自由贸易和加强经济一体化是提高人民生活水平，改善美洲国家人民的工作条件和更好保护环境的关键因素。"会议还共同确定了实现美洲自由贸易区计划的基本目标。

美洲首脑会议与会国就创建美洲自由贸易区虽然达成了共识，但在农业补贴、降低关税、市场准入等关键问题上尚未达成实质性的协议。10 多年来，谈判一直停留在议程和框架层面上无法深入。

小知识 5-4

从北美自由贸易协定到美墨加三国协定

（引自《学习时报》，2018 年 10 月 29 日，熊洁、万容）

2018 年 9 月 30 日，美国、加拿大和墨西哥历时 13 个月的《北美自由贸易协定》谈判终于落下帷幕。三国一致同意将其重新命名为《美国—墨西哥—加拿大三国协定》(The United States - Mexico Canada Agreement，USMCA)，自此《北美自由贸易协定》(North American Free Trade Agreement，NAFTA) 成为历史。

1. 为什么重谈 NAFTA

1992 年 12 月美、加、墨三方达成《北美自由贸易协定》，1994 年 1 月 1 日协议正式生效，至今已近 25 年。NAFTA 的签订极大地推动了三国的经贸往来，北美市场一体化程度达到了前所未有的程度，北美因此一举超越西欧成为全球最大的自由贸易区。缔约三方都从该协议中获利颇多，墨西哥和加拿大对美国市场的依赖程度无须赘述，2016 年美国贸易代表办公室的数据同样显示，对加拿大和墨西哥的贸易支撑了美国 14 万家中小企业。

2017 年特朗普政府要求重谈 NAFTA 主要基于两个问题。

其一，美国与墨西哥、加拿大之间巨大的贸易逆差。美国认为旧的 NAFTA 协议让墨西哥和加拿大受益更多，美国损失巨大，比如墨西哥廉价的劳动力使得美国的制造业就业转移，造成了巨大的贸易逆差，有必要通过重谈 NAFTA 来改善本国贸易状况。

其二，NAFTA 的原有条款不能满足今天三国的经贸需要。协定签订 20 多年之后，今天经贸领域的一些变化无法在 NAFTA 中找到对应条款。事实上，重谈 NAFTA 并不是特朗普的创新。在此之前，三国都已经认识到了 NAFTA 无法满足三国今天的经贸需求，部分条款已经不合时宜，比如原协定规定加拿大 74% 的原油和 52% 的天然气需要优先供给美国。事实上，奥巴马政府时期已经派谈判代表与加、墨代表进行了三年磋商，并在开放加拿大乳品市场、推动墨西哥劳工方面陆续取得了一些进展。

2. 谈判过程

2017 年 8 月，NAFTA 重谈进程正式开启。谈判伊始"以创纪录的速度"向前推进，三方的目标是在 2017 年年底完成谈判工作，以保证在 2018 年墨西哥总统大选和美国国会中期选举之前完成相关程序。然而伴随谈判深入，争议性议题的展开，比如汽车及零部件行业的原产地原则、争端解决机制改革、劳工工资、"落日条款"等，谈判陷入僵局，举步维艰，未能如约在 2017 年内达成协定。2018 年 4 月，为打破谈判僵局，特朗普明确表示要以征收钢铁和铝关税为砝码迫使加、墨在 NAFTA 谈判中让步，加拿大回应拒绝在关税压力下让步。随后美国改变策略，决定与加、墨两国分开谈判以推进谈判进程。8 月 27 日，美国单方面与墨西哥就更新《北美自由贸易协定》达成初步原则性协议。28 日，在美国多重强压之下，加拿大重新回到三方谈判桌上。9 月 30 日，三方达成协定，历时 13 个月的谈判告一段落。

我们需要特别关注 USMCA 的谈判方式。该协定是特朗普上台后真正重启的第一个贸易谈判，很多国家都密切关注其谈判进程，美国外交学会高级研究员奥尔登认为，NAFTA 重谈将成为特朗普政府贸易谈判设定的样板，并推动美国与其他国家的贸易谈判。作为一份多边协定，USMCA 经历了多边—双边—多边的谈判过程，实质性的议题磋商都是通过双边展开的，并且过程中美国占有明显优势。当加拿大拒绝屈从于关税高压要求争取公平权益时，美国毫不犹豫地选择与墨西哥先行谈判，并对加拿大继续大棒施压。对此，特朗普毫不掩饰："坦白说，我们最简单的方式就是对加拿大汽车征收关税，这是大量的钱，也是非常简单的谈判。谈判可能一天就结束，不同意第二天我就加关税。"

3. USMCA 是 NAFTA2.0 版吗

尽管特朗普总统自豪地表示，《美国—墨西哥—加拿大三国协定》并非《北美自贸协定》的翻版，而是一个全新的协定，但是很多学者却认为 USMCA 是 NAFTA2.0 版，保留了原协议的主要框架，只是在部分章节上做了补充和调整。USMCA 协定共计 35 章，涵盖关税、农业、原产地原则、纺织品、海关与贸易便利化、投资、电信、金融服务、数字贸易、知识产权、竞争政策、国有企业、劳工、环境、中小企业、反腐等诸多内容。其调整的内容主要集中在原产地原则、市场准入、知识产权、劳工等条款中。

我们应当特别关注该协定的以下三点。

首先，汽车行业的原产地原则。USMCA 将汽车行业的原产地原则视为该协定最核心的议题之一，它将 NAFTA 现有原产地原则规定汽车行业要求区内产值含量比例不低于 62.5%，提高到 75%。2017 年中国汽车零配件出口额达到 496.6 亿美元，显然原产地原则规定对中国这样的汽车零部件出口大国而言非常不利。需要指出的是，在第六轮谈判时，加拿大对提高汽车区内零部件比重条款表示异议，美国贸易代表莱特希泽批评加方，称其实质上削减了本地区汽车产业的工作岗位，让北美生产的汽车使用更多中国生产的零部件。正如美国学者艾米丽·布兰夏德总结的，尽管新的协定可能不怎么有助于提振或损害北美大陆的整体经济增长和富裕，但它将对于重新界定产品如何生产及在哪里生产产生了强大影响。

其次，劳工条款。协议规定到2023年40%~45%的汽车零部件必须由小时工资不低于16美元的工人制造。墨西哥同意通过法律保护工会对工人的代表权、移民的劳动保护、妇女免受歧视和不公平待遇。协定还专门指出，违反劳工法将成为缔约方制裁的理由。

最后，与"非市场化经济体"签署自贸协定需要提前通告其他缔约国。根据新协议第32章"例外与一般规定"第10款，成员国如果与"非市场化经济体"签署自贸协定，不仅要提前3个月通知其他成员国，还要将缔约目标告知其他成员国，并提前至少30天将协议文本提交其他成员国审查，以确定是否会对USMCA产生影响。评论家都认为这一条款是专门为中国设置的，且不排除美国在与其他国家签订经贸协定时继续附加这一条款。

三、亚太经合组织

亚太地区，广义上指亚洲及环太平洋沿岸的国家和地区。它包括亚洲的所有国家和地区、太平洋中诸国和地区，以及北美、中美和南太平洋沿岸国家。亚太经合组织（Asia-Pacific Economic Cooperation，APEC）成立之初是一个区域性经济论坛和磋商机构，经过二十几年的发展，已逐渐演变为亚太地区重要的经济合作论坛，也成为亚太地区最高级别的政府间经济合作机制。它在推动区域贸易投资自由化、加强成员间经济技术合作等方面发挥了不可替代的作用。

1989年11月，亚太经合组织第一届部长级会议在澳大利亚首都堪培拉举行，标志着亚太经合组织的正式成立。1991年11月，亚太经合组织第三届部长级会议在韩国首都汉城（现称"首尔"）举行，会议通过的《汉城宣言》正式确立该组织的宗旨和目标为："为本地区人民的共同利益保持经济的增长与发展；促进成员间经济的相互依存；加强开放的多边贸易体制；减少区域贸易和投资壁垒。"

亚太经合组织的成员已由最初的12个发展到21个：澳大利亚、文莱、加拿大、智利、中国、中国香港、印度尼西亚、日本、韩国、马来西亚、墨西哥、新西兰、巴布亚新几内亚、秘鲁、菲律宾、俄罗斯、新加坡、中国台北、泰国、美国和越南。

亚太经合组织总人口达26亿，约占世界人口的40%；国内生产总值之和超过30多万亿美元，约占世界的一半以上；出口贸易额约占世界出口总额的近50%。这一组织在全球经济活动中具有举足轻重的地位。

（一）亚太经合组织建立的背景

第二次世界大战后，日本在美国的大力扶持下经济迅速恢复和发展，经济规模跃居世界第二位。韩国、中国台湾、中国香港和新加坡的经济取得长足发展，人均国民收入已接近发达国家的边缘，被誉为亚洲"四小龙"。20世纪60年代末到70年代初，东盟国家（除新加坡外）借鉴亚洲"四小龙"的成功经验，先后实施出口导向型发展战略，经济也取得了令人瞩目的发展。70年代末，中国内地改革开放政策更为亚太经济注入了新的活力。亚太地区在世界经济中的比重明显上升。

第二次世界大战后，亚太地区形成了由发达国家美日以及亚洲"四小龙"，东盟、中国和其他发展中国家这样三个层次的递进发展结构，垂直分工不断深化，某种程度的水平分工关系也日益发展。这一地区的各国经济既相互衔接和补充，又相互促进和渗透，这种态势增强了这一地区经济的互补性，成为其经济一体化的深厚基础。同时，区内各成员国类似的外向型发展战略为其一体化提供了良好的政策保障，进而形成经济一体化的初级形态。

（二）亚太经合组织的发展历程

APEC 成立至今，其发展可以划分为三个阶段。

（1）初创期（1989—1992 年），即起步阶段。在这一阶段，APEC 还没有自己清晰的活动目标，只是在亚太地区开展贸易投资自由化活动，推进亚太地区的市场开放进程。合作的最高规格限于部长级会议，每年在成员间轮流开会。

（2）快速发展期（1993—2001 年），这一阶段可以说是 APEC 的鼎盛期。首先是 1993 年由美国倡议召开了第一次领导人非正式会议。1994 年的领导人会议确定了"茂物目标"，即发达成员和发展中成员分别于 2010 和 2020 年实现贸易投资自由化和便利化。1995 年和 1996 年分别通过了《大阪行动议程》和《马尼拉行动计划》，具体实施亚太地区的贸易投资自由化目标。2001 年上海会议可以说是将 APEC 的发展重新推向了顶峰，带动 APEC 成员继续推行贸易投资自由化和加强经济技术合作，达成了《上海共识》。

（3）平稳期（2002 年—）。这一阶段，APEC 没有如人预期的那样带来更多的实效，发展中成员希望加强经济技术合作，却始终没有得到很好的发展，发达成员期望的市场开放目标也只是在一定程度上得到了实现。

小知识 5-5

亚太经合组织领导人非正式会议

（改编自新华网，2002-10-11）

亚太经合组织领导人非正式会议是亚太经合组织最高级别的会议。会议就有关经济问题发表见解，交换看法，会议形成的《领导人宣言》是指导亚太经合组织各项工作的重要纲领性文件。首次领导人非正式会议于 1993 年 11 月在美国西雅图召开，此后每年召开一次，在各成员间轮流举行，由各成员领导人出席（中国台北只能派出主管经济事务的代表出席）。

1992 年 4 月，澳大利亚总理基廷首次提出以亚太经合组织为基础，举行一次亚太首脑会议。1993 年，美国作为亚太经合组织会议的东道主，正式提出在亚太经合组织第五届部长级会议之后召开一次首脑会议。由于没有得到全体成员的赞同，美国建议召开的首脑会议被定名为"领导人非正式会议"。1993 年 11 月 19 日至 20 日，首次领导人非正式会议在美国西雅图的布莱克岛举行。除马来西亚外，该组织其余 14 个成员的领导人或代表出席了这次会议。会议期间，所有领导人不着西服，而穿休闲装，为的是营造一种较为轻松的气氛。领导人的讲话内容须经本人同意才能公开。会议结束后通过一项《领导人宣言》。这种形式成为以后亚太经合组织领导人非正式会议的模式。至 2013 年年底，亚太经合组织领导人非正式会议共举行了 21 次。

(三) 亚太经合组织的特点

前面已经阐述了区域贸易集团可分为六类。目前欧盟发展程度最高，速度最快，正在向最高目标迈进。尽管北美自由贸易区发展程度还不那么高，但同欧盟一样都属于封闭型的区域贸易集团。也就是它们对内相互给予优惠，对外则筑起壁垒、设置障碍，是具有歧视性和排他性的区域贸易集团。APEC 则与它们不同，它始终坚持"开放的地区主义"原则。APEC 自成立以来，有力地推动了亚太地区经济合作，并逐步形成了自身的特点。这些特点主要是：

1. 开放性

所谓开放性，是指成员间的所有优惠性措施或安排也适用于非成员国经济体。亚太经合组织从一开始就提出了"开放的地区主义"原则。亚太经合组织名人小组会议的方案以及在西雅图会议和茂物会议上业已取得的大框架协议中都体现了这一开放的原则。亚太经合组织的目标并不是要建立像欧盟和北美自由贸易协定那样的经济同盟或自由贸易区，而是实现"区内的自由贸易和投资"，或者说是"贸易和投资的自由流动"。"区内自由贸易和投资"主要是指一种结构、一种目标和一个进程。它可以建立在开放的构架之上，即不只是局限于组织内部。亚太经合组织主张在加强区内经贸合作的同时，不应对外设置贸易壁垒，不能损害该地区与区外国家的经贸联系。

2. 灵活性

灵活性即不一味追求统一性，表现为在实现贸易投资自由化规定的时间表内，允许各成员根据本国或地区的具体情况，选择其进程和速度，采取较为灵活的做法。这是因为：APEC 成员中有综合实力强大的美国，也有较小的文莱；有人均收入很高的日本，又有人均收入较低的中国；有市场经济体制的成员，也有经济转型的成员。因此，只能采取灵活做法。

3. 多层次性

亚太地区不仅地域广阔，而且各国之间社会、经济、文化上的差异性之大、情况之复杂，是世界其他地区所无法比拟的。这种广泛性、多样性和独特性，是形成亚太地区开展多层次经济合作的客观依据和条件。在亚太经合组织内，次区域经济合作组织蓬勃发展。据粗略统计，亚太地区的次区域性经济集团和组织有：曼谷协定、南亚区域合作联盟、南太平洋自由贸易区、东盟自由贸易区、北美自由贸易区以及正在酝酿中的图们江经济合作区、湄公河流域经济圈、东北亚经济圈和为数不少的被称作亚洲经济合作细胞模式的"增长三角"。

4. 渐进性

由于 APEC 成员国间存在巨大的差异，决定了其不可能在短期内形成一个类似欧盟或北美自由贸易区那样的经济一体化组织，而要经过一个先易后难、先初期后高级的、渐进的、长期的发展过程。《茂物宣言》为贸易投资自由化的完成规定了 15～20 年的时间也充分说明 APEC 贸易投资自由化进程的渐进性。在这一进程中，各成员有时间和机会逐步调整自己的经济政策和产业结构，以适应经济发展的需要。

自成立以来，亚太经合组织在推动区域和全球范围的贸易投资自由化和便利化、开展经济技术合作方面不断取得进展，为加强区域经济合作、促进亚太地区经济发展和共同繁荣做出了突出贡献。

(四) 中国参与 APEC 的基本原则和发挥的作用

1991年11月,在"一个中国"和"区别主权国家和地区经济"的原则基础上,中国以主权国家身份,中国台北和香港(1997年7月1日起改为"中国香港")以地区经济名义正式加入亚太经合组织。自加入 APEC 起,中国一直高度重视参与 APEC 合作,国家领导人每年都出席 APEC 领导人会议。在 APEC,中国倡导的"相互尊重、协商一致;循序渐进、稳定发展;相互开放、不搞排他;广泛合作、互利互惠;缩小差距、共同繁荣"的原则已经成为 APEC 合作的基本原则。特别是2001年10月,在中国上海召开了第九次亚太经合组织领导人非正式会议,会议签署了包括《上海共识》在内的重要文件、取得了一系列重要成果,也使中国与 APEC 的关系迈上了一个新台阶。

中国政府一贯认为,推动贸易投资自由化与便利化和开展经济技术合作,是 APEC 两个同等重要的任务。由于各成员的经济发展水平不同,APEC 贸易投资自由化应采取积极稳妥和循序渐进的方式,坚持自主自愿、协商一致、灵活性等基本原则和两个时间表的精神。中国认为,单边行动计划是实现贸易投资自由化与便利化的主渠道,并采取积极措施,不断改进并落实自己的单边行动计划。2007年1月1日中国的关税总水平降低至9.8%,其中农产品平均税率为15.2%,工业品平均税率为8.95%。中国的自主降税行动极大地支持了 APEC 贸易自由化进程,为亚太地区建立更加稳定和开放的贸易投资环境起到了重要的作用。

为应对国际金融危机,中国政府除及时调整宏观经济政策,果断实施扩大内需、促进经济增长等一揽子计划外,积极与包括亚太经合组织在内的国际社会携手合作。2010年,在新加坡举行的亚太经合组织第十七次领导人非正式会议上,胡锦涛主席宣布,中国政府将拨款1 000万美元设立中国亚太经合组织合作基金,用于鼓励和支持中国相关部门和企业参与亚太经合组织经济技术合作。中国通过双边、多边和地区性合作等各种渠道,为世界经济尽快走出困境做出了积极贡献。

四、东盟自由贸易区

1. 东南亚国家联盟的建立与发展

东南亚国家联盟(the Association of Southeast Asian Nations, ASEAN),简称东盟。东盟的前身是马来西亚、菲律宾和泰国于1961年7月31日在曼谷成立的东南亚联盟。1967年8月,印度尼西亚、泰国、新加坡、菲律宾四国外长和马来西亚副总理在曼谷举行会议,发表了《曼谷宣言》,正式宣告东南亚国家联盟成立。同月底,马、泰、菲三国在马来西亚首都吉隆坡举行部长级会议,决定由东南亚国家联盟取代东南亚联盟。文莱于1984年独立后加入东盟,随后,越南、缅甸、老挝和柬埔寨分别于20世纪90年代加入东盟,东盟目前有10个成员国。此外,巴布亚新几内亚是东盟的观察员国。澳大利亚、加拿大、中国、欧盟、印度、日本、新西兰、俄罗斯、韩国和美国等国家是东盟的对话伙伴国。

东盟的宗旨和目标是:以平等与协作精神共同努力,促进本地区的经济增长、社会进步和文化发展;遵循正义、国家关系准则和联合国宪章,促进本地区的和平与稳定;促进经济、社会、文化、技术和科学等问题的合作与相互支援;在教育、专业和技术及行政训练和研究设施方面互相支援;在充分利用农业和工业、扩大贸易、改善交通运输、提高人民生活水平方面进行更有效的合作;促进对东南亚问题的研究;同具有相似宗旨和目标的国际和地区组织保持紧密和互利的合作，探寻与其更紧密的合作途径。

2. 建立东盟自由贸易区

1992年1月，东盟在新加坡进行的第四届东盟首脑会议上正式提出建立东盟自由贸易区（ASEAN Free Trade Area，AFTA），其核心内容为关于共同有效关税优惠计划（CEPT），要求从1993年开始的15年内东盟各国降低关税和取消非关税壁垒，并于2008年达到0%~5%的平均关税水平。届时，东盟各国均可享受其他成员国的共同有效关税优惠，但对东盟以外国家的贸易政策仍由各国自行决定。

为了早日实现东盟内部的经济一体化，东盟自由贸易区于2002年1月1日正式启动。自由贸易区的目标是实现区域内贸易的零关税。文莱、印度尼西亚、马来西亚、菲律宾、新加坡和泰国六国已于2002年将绝大多数产品的关税降至0%~5%。越南、老挝、缅甸和柬埔寨四国将于2015年实现这一目标。

最近几年，在经济全球化浪潮的冲击下，东盟国家逐步认识到启动新的合作层次、构筑全方位合作关系的重要性，并决定开展"外向型"经济合作。10+3和10+1合作机制应运而生。1997年12月15日，首次东盟-中、日、韩领导人非正式会议（10+3）在马来西亚举行。东盟各国和中、日、韩三国领导人就21世纪东亚地区的前景、发展与合作问题坦诚、深入地交换了意见，并取得广泛共识。与10+3并行的是东盟分别与中、日、韩领导人10+1会议，即三个10+1合作机制。

3. 中国与东盟自由贸易区

东盟国家是中国友好近邻。自1996年中国成为东盟对话伙伴国以来，双方的合作尤其是在经贸领域的合作得到全面发展。2002年，中国与东盟领导人签署了《中国与东盟全面经济合作框架协议》，正式启动建立中国-东盟自由贸易区的进程。2005年7月，中国-东盟自由贸易区《货物贸易协议》开始实施，双方7 000余种商品开始全面降税；2007年1月，中国与东盟签署了自由贸易区《服务贸易协议》。2009年8月签署中国-东盟自贸区《投资协议》，标志着双方圆满完成了中国-东盟自贸区协议的谈判，中国-东盟自贸区于2010年1月如期全面建成。

中国-东盟自贸区的建成促进了双方经贸关系飞速发展。2002年，中国与东盟贸易额为547.67亿美元，2012年双边贸易额则达到创纪录的4 000.93亿美元，比2002年增长了6.3倍。2012年中国连续第四年成为东盟的第一大贸易伙伴，东盟继续成为中国第三大贸易伙伴，同时保持为中国第四大出口市场和第三大进口来源地。与此同时，双方相互投资不断扩大。截至2012年年底，中国与东盟双向投资累计已达1 007亿美元。

小知识 5-6

区域全面经济伙伴关系（RCEP）

（引自中国自由贸易服务网，经整理）

全区域面经济伙伴关系（Regional Comprehensive Economic Partnership，RCEP），即由东盟十国发起并主导的，邀请中国、日本、韩国、澳大利亚、新西兰、印度共同参加（10+6）的，通过谈判达成一个现代、全面、高质量、互惠的经济伙伴关系协定。RCEP协定框架内容包括货物贸易、原产地规则、海关程序与贸易便利化、卫生与植物卫生措施、标准、技术法规与合格评定程序、贸易救济、服务贸易、金融服务、电信服务、自然人移动、投资、竞争、知识产权、电子商务、中小企业、经济与技术合作、政府采购和争端解决等多个方面。RCEP 涵盖 47.4% 的全球人口、32.2% 的全球 GDP、29.1% 的全球贸易及 32.5% 的全球投资，是当前亚洲地区规模最大的自由贸易协定谈判，也是我国参与的成员最多、规模最大、影响最广的自贸区谈判。

自 2013 年 5 月 RCEP 在文莱举行第一轮谈判以来，至 2019 年 7 月底已举行了 27 轮谈判（地点：中国郑州市）。2019 年 8 月 2—3 日，RCEP 部长级会议首次在中国北京举行。本次会议推动谈判取得了重要进展。在市场准入方面，超过 2/3 的双边市场准入谈判已经结束，剩余谈判内容也在积极推进。在规则谈判方面，新完成金融服务、电信服务、专业服务 3 项内容，各方已就 80% 以上的协定文本达成一致，余下规则谈判也接近尾声。与会各国部长表示，RCEP 对于促进亚太地区贸易发展，维护开放、包容和基于规则的贸易体制，创造有利于贸易投资发展的区域政策环境至关重要，各方要保持积极谈判势头，务实缩小和解决剩余分歧，实现上年 RCEP 领导人会议确定的 2019 年年内结束谈判的目标。

第三节 区域贸易集团兴起的影响

一、关税同盟的效应

关税同盟是区域贸易集团的典型形式，除自由贸易区外，其他形式的贸易集团都是以关税同盟为基础逐步扩大其领域和内涵而形成的。因此，在这里先从理论上分析关税同盟对世界经贸的影响。

（一）关税同盟的静态效应

关税同盟的静态效应主要是分析关税同盟的建立对国际贸易的影响。这种影响主要表现为贸易创造效应（trade creation effect）和贸易转移效应（trade diversion effect）。贸易创造效应是指成员国之间相互取消关税和非关税壁垒，会使成员国将本来在本国生产的货物改为由生产成本较低的伙伴国进口而获得净收益，使贸易增加，这是关税同盟对促进世界贸易的积极影响。贸易转移效应是指建立关税同盟以后，使成员国将本来从世界范围内生产效率最高的第三国进口，转为同盟内生产效率最高，但不是世界上生产效率最高的国家进口。结果一方面会冲击第三方的利益，另一方面会使同盟国的福利水平下降。这是关税同盟的消极影响，下面举例加以说明。

假设甲、乙、丙三国分别生产汽车和小麦，甲国生产这两种产品的单位成本分别为 1 500 美元和 5 美元，乙国分别为 1 300 美元和 4.2 美元，丙国分别为 1 400 美元和 3.8 美元。在没有关税的情况下，甲国会从乙国进口汽车，而从丙国进口小麦。但是，甲国为了保护本国汽车和小麦的生产，对汽车和小麦分别征收 20% 和 25% 的关税。征收关税后，乙国的汽车单位成本价格加上甲国的关税为 1 560 美元，超出甲国的单位生产成本 1 500 美元，有效地阻止了甲国从乙国进口汽车；而丙国小麦的单位成本加上甲国的关税后仍比甲国的生产成本低，甲国仍会从丙国进口小麦。如果甲国与乙国建立关税同盟后，对汽车和小麦的统一关税分别为 20%和 25%。甲、乙两国建立关税同盟前后汽车与小麦的价格比较见表 5-1 和表 5-2。

表 5-1　甲、乙两国建立关税同盟前后三国汽车价格的比较　　　　　美元

项　　目	甲国	乙国	丙国
汽车的单位成本	1 500	1 300	1 400
单位成本加上甲国的关税（20%）	1 500	1 560	1 680
成本加上关税同盟的统一税率（20%）	1 500	1 300	1 680

表 5-2　甲、乙两国建立关税同盟前后三国小麦价格的比较　　　　　美元

项　　目	甲国	乙国	丙国
小麦的单位成本	5.00	4.20	3.80
单位成本加上甲国的关税（25%）	5.00	5.25	4.75
成本加上关税同盟的统一税率（25%）	5.00	4.20	4.75

甲、乙两国建立关税同盟以后，由于相互取消关税，甲国原来由国内供给的汽车改由从乙国进口，甲国从乙国进口一台汽车的净收益为 200 美元，这就是贸易创造效应。这种贸易创造效应并不损害丙国的贸易利益，因为在建立关税同盟之前，甲国也不从丙国进口汽车。

小麦则属于另一种情况。建立关税同盟后，由于关税的取消，甲国从乙国进口小麦的价格为 4.2 美元，而从丙国进口的小麦，仍需征收 25%的关税，价格为 4.75 美元，这时甲国就由原来从丙国进口改为从乙国进口。这就是贸易转移效应。这种贸易转移效应是从成本低的供给来源向成本高的供给来源转移，对第三方的贸易利益构成威胁。

关税同盟的贸易创造效应受到以下几个因素的影响：

第一，成立同盟之前，各成员国经济结构之间的竞争性大于互补性。这样，建立同盟以后，各成员国的专业化生产机会才会增多，他们之间的贸易额才能扩大。

第二，组成关税同盟规模的大小，主要是指成员国占国际贸易和世界生产的份额。如果规模越大，低成本高效率的生产者越有可能在同盟内部出现，贸易创造的效果更大。

第三，建立关税同盟以前成员国之间的关税越高，建立后产生的贸易创造效应越大。

第四，关税同盟成员国之间地理位置越接近，则运输成本越低，从而贸易创造的效应也就越大。

（二）关税同盟的动态效应

关税同盟的动态效应主要表现在对成员国经济增长产生的重要影响。具体表现在：

1. 规模经济效应

建立关税同盟以后，突破了单个国内市场的限制，市场容量迅速扩大。各成员国生产者可以通过提高专业化分工程度，组织大规模生产，降低生产成本，获取规模经济收益。

2. 竞争效应

关税同盟的建立加剧了同盟内企业的竞争。在关税同盟建立之前，许多部门已形成了国内垄断局面，建立关税同盟后，由于成员国之间开放市场，国内厂商面临同盟内同类企业的

激烈竞争，这就迫使这些企业改进技术，加强管理以提高生产效率，并在更大范围内更高水平上实现优胜劣汰，促使资源向更具有效率的厂商集中。

3. 投资效应

关税同盟的建立会促使投资的增加。一方面，随着市场的扩大将促使同盟内企业为生存和发展不断增加投资；另一方面，同盟外的企业为了绕开关税同盟贸易壁垒的限制，纷纷到同盟内进行直接投资，在当地设厂直接生产与销售。

二、区域贸易集团发展对国际贸易的影响

1. 区域贸易集团兴起与发展促进了集团内贸易的增长

由于不同类型的区域贸易集团内，通过削减关税或免除关税，取消集团内贸易数量限制，消除其他非关税措施，使集团内的贸易迅速增长，集团内贸易在成员国对外贸易总额中的所占比重明显提高。1959—1970 年，欧共体内部贸易平均每年增长 16%。而同期与非共同体国家贸易的年平均增长率仅为 9%；1985—1989 年，欧共体内部贸易从 3 370 亿美元增长到 6 780 亿美元，几乎增长了 100%。1993 年 1 月，欧洲统一大市场启动后，内部市场的贸易额已占这些国家贸易总额的 65%。

2. 区域贸易集团的兴起与发展促进了区域贸易集团内的分工与合作，加快了产业结构的调整

区域贸易集团的建立有助于集团内企业的分工与技术合作，有助于集团内产业结构的调整。自由贸易区或关税同盟或共同市场的建立，给集团内企业提供了重组和提高竞争力的机会和客观条件，通过企业间的兼并或企业间的合作，促进了企业经济效益的提高。

3. 区域贸易集团的兴起与发展对全球贸易自由化的影响

从理论上讲，区域贸易集团内消除贸易壁垒，是朝着贸易自由化迈出的一步。只要其优惠措施无损于非成员国，都将有利于全球贸易自由化的发展。但是在实践中，区域贸易集团对内减免关税，对外即使不调整关税，对非成员国也意味着关税水平相对提高，这就降低了非成员国的出口竞争力。同时由于市场规模的有限性，对集团内成员国开放市场，加大了非成员国进入集团内市场的困难。尤其是贸易转移效应，会给集团外原来处于优势地位的企业带来不利的影响。

4. 区域贸易集团的发展，对现有 WTO 体制既是补充，又是挑战

区域贸易集团与区域贸易协定的大量涌现，是全球多边贸易合作加深的必然结果。区域贸易集团与多边贸易体制在追求贸易自由化的目标上是一致的，区域经济一体化成为通向全球经济一体化的必经阶段。然而，由于在世界范围内发达国家和发展中国家、发达国家之间、发展中国家之间存在种种利益冲突，难以形成全球性贸易集团，区域经济集团的发展就成为一种次优选择。而区域贸易集团的排他性贸易保护主义倾向使 WTO 体制受到挑战。

思 考 题

1. 何为区域经济一体化？
2. 区域经济贸易集团有哪些类型？各有何特点？
3. 区域经济贸易集团的形成有哪些原因？

4. 欧盟、北美自由贸易区、亚太经济合作组织和东盟自由贸易区各有何特点？
5. 如何理解关税同盟效应？
6. 区域经济贸易集团发展对国际贸易有何影响？
7. 2010年"中国与东盟自由贸易区"的建成具有哪些意义？
8. 为什么大多数WTO的成员都积极签署区域贸易协定？
9. 区域经济贸易集团的发展对多边贸易体制产生什么影响？
10. 查阅相关资料，分析"一带一路"倡议提出的背景、意义、实施现状与存在的问题。

第六章
世界贸易组织

本章学习要点
- 关税与贸易总协定的产生
- 乌拉圭回合的成果
- 世界贸易组织的宗旨、职能和法律框架
- 世界贸易组织的基本原则
- 世界贸易组织的特点与作用
- 中国与世界贸易组织

为创造良好的国际贸易环境，需要全球多边贸易体制对各国的对外贸易政策与措施进行协调与约束，以减少贸易摩擦与冲突。1995年1月1日世界贸易组织（World Trade Organization，WTO）的建立，取代了1947年签订的关税与贸易总协定（General Agreement on Tariff and Trade，GATT），成为全球多边贸易体制的法律与组织基础。客观认识世界贸易组织的作用与职能，掌握世界贸易组织的规则，有助于我们更好地适应经济全球化的发展趋势，提高参与国际竞争的能力。

第一节 从关税与贸易总协定到世界贸易组织的建立

世界贸易组织正式运行之前，关税与贸易总协定是协调、处理缔约方关税与贸易政策的主要多边协定，也是缔约方之间进行多边谈判和解决贸易争端的场所。

一、关税与贸易总协定产生的背景

第二次世界大战期间，许多国家面临经济衰退、黄金和外汇短缺等问题。美国为了在战后扩大市场份额，增强其竞争地位，试图从金融、投资、贸易三个方面重建国际经济秩序。1944年7月在美国提议下召开了联合国货币与金融会议，分别成立了国际货币基金组织和国际复兴开发银行（又称世界银行）；同时倡议建立国际贸易组织（International Trade Organization，ITO），以便在多边基础上，降低关税，逐步消除贸易壁垒，促进国际贸易的自由发展。1946年2月，在经美国提议召开的联合国经济及社会理事会上，通过了关于召开"世界贸易及就业会议"的决议草案，决定筹建国际贸易组织，并成立了筹备委员会。1947年4月在日内瓦召开的国际贸易组织筹备委员会第二次会议上，通过了《国际贸易组织宪章》草案。1947年11月至1948年3月，在哈瓦那召开了世界贸易及就业会议，讨论成立国际贸易组织（ITO）。会议正式通过了《国际贸易组织宪章》，又称《哈瓦那宪章》。

在《国际贸易组织宪章》起草的同时，在美国的提议下，1947年4月至8月举行了由美国、英国、法国、中国等23个国家参加的关税减让谈判，达成了关税减让协议，共涉及45 000项商品。这次谈判后来被称为关税与贸易总协定第一轮多边贸易谈判。为了尽快获得关税减让的好处，在联合国贸易与就业会议期间，美国联合英国、法国、比利时、荷兰、卢森堡、澳大利亚和加拿大，于1947年签署了关税与贸易总协定《临时适用议定书》，同意从1948年1月1日起实施关税与贸易总协定的条款。1948年，又有15个国家签署该议定书，签署国达到23个。各缔约方还同意，《国际贸易组织宪章》生效后，以宪章的贸易规则部分取代关税与贸易总协定的有关条款。

关税与贸易总协定起初只是作为《国际贸易组织宪章》生效前的一种临时性条约而适用。但由于《国际贸易组织宪章》中的一些规定，限制了美国的立法主权，不符合美国的利益，因而未被美国国会批准。受其影响，只有个别国家政府批准了《国际贸易组织宪章》，建立国际贸易组织的计划因此夭折。关税与贸易总协定一直以临时适用的多边形式存在。关税与贸易总协定从1948年1月1日临时生效一直到1995年1月1日世界贸易组织成立，共存续了47年。截至1994年年底，关税与贸易总协定共有128个缔约方。

关税与贸易总协定，顾名思义只是一项协定，而不是一个组织。但事实上却在关税与贸易总协定的基础上形成了一个国际组织。它有常设秘书处，有缔约国大会和理事会，还有各种工作委员会。

二、关税与贸易总协定的主要内容

关税与贸易总协定由序言和四个部分组成。序言阐明了缔结该协定的目的。序言指出："缔结各国政府认为，在处理他们的贸易和经济事务方面，应以提高生活水平，保障充分就业，保证实际收入和有效需求的巨大持续增长，扩大世界资源充分利用以及发展商品的生产与交换为目的。为了达到此目的，必须做出互利互惠的安排，以便大幅度地削减关税及其他贸易障碍，取消国际贸易中的歧视待遇。"第一部分包括第1条和第2条，主要规定缔约国之间在关税和贸易方面相互提供无条件的最惠国待遇以及关税减让事项。第二部分包括第3~23条，主要规定取消数量限制、津贴等各种贸易障碍以及国民待遇原则。第三部分包括第24~35条，规定了关税与贸易总协定的适用范围、活动方式、参加和退出该协定的手续，以及有关程序方面的问题。第四部分包括第36~38条，这部分是1965年增加的，主要规定发展中的缔约方在贸易与发展方面的特殊要求和有关问题。

三、关税与贸易总协定的前七轮多边贸易谈判

关税与贸易总协定成立以来，从1947年到1979年先后进行了七次多边贸易谈判，通过谈判促使缔约方的进口税率不断下降，在一定程度上推动了贸易自由化。见表6-1。

表 6-1　关税与贸易总协定前七轮多边贸易谈判情况简表

届次	谈判时间	参加国和地区数	谈判议题	谈判主要成果
1	1947年4月至1947年10月	23	关税减让	达成45 000项商品的关税减让，使占进口值54%的商品平均降低关税35%
2	1949年4月至1949年10月	33	关税减让	达成近5 000项商品的关税减让，使应征关税进口值56%的商品平均降低关税35%
3	1950年9月至1951年4月	39	关税减让	达成近9 000项商品的关税减让，使占进口值11.7%的商品平均降低关税26%
4	1956年1月至1956年5月	28	关税减让	达成近3 000项商品的关税减让，使占进口值16%的商品平均降低关税15%
5	1960年9月至1962年7月	45	关税减让	达成4 400项商品的关税减让，使占进口值20%的商品平均降低关税20%
6	1964年5月至1967年6月	54	关税减让	以关税统一减让的方式就影响世界贸易额约400亿美元的商品达成关税减让，使关税税率平均水平下降35%
7	1973年9月至1979年4月	102	关税减让和消除非关税壁垒	关税水平下降33%，使发达国家制成品关税降至4.7%，达成多项非关税壁垒协议和守则，通过了给予发展中国家优惠待遇的"授权条款"

四、"乌拉圭回合"与世界贸易组织的建立

为了遏制贸易保护主义，建立一个更加开放、持久的多边贸易体制，以促进世界贸易的增长和发展。关税与贸易总协定缔约方于1986年9月在乌拉圭埃斯特角城召开了部长级会议，发表了《部长宣言》，决定发起新一轮多边贸易谈判，称为"乌拉圭回合"。

参加"乌拉圭回合"谈判的国家和地区从最初的103个，增加到1993年底谈判结束时的117个。中国全面参加了所有议题的谈判。这次谈判的内容包括传统议题和新议题。传统议题涉及关税、非关税措施、热带产品、自然资源产品、纺织品服装、农产品、保障条款、补贴和反补贴措施、争端解决等。新议题涉及服务贸易、与贸易有关的投资措施、与贸易有关的知识产权等。

"乌拉圭回合"原定进行4年，最终经过8年的谈判，取得了一系列重大成果：

1. 参加方的关税水平进一步降低

在工业制成品上，发达成员承诺总体关税削减幅度在37%左右，对工业品的关税削减幅度达40%，加权平均税率从6.3%降至3.8%。发达成员承诺关税减让的税号占其全部税号的93%，涉及约84%的贸易额。其中，承诺减让到零关税的税号占全部关税税号的比例，由"乌拉圭回合"前的21%提高到32%，涉及的贸易额从20%上升至44%；税率在15%以上的高峰税率占全部关税税号的比例由23%下降为12%，涉及贸易额约5%，主要是纺织品和鞋类等。从关税约束范围看，发达成员承诺关税约束的税号占其全部税号的比例，由78%提升到99%，涉及的贸易额由94%增加为99%。

发展中成员承诺总体关税削减幅度在24%左右。工业品的关税削减水平低于发达成员，

加权平均税率由 20.5%降至 14.4%；约束关税税号比例由 21%上升为 73%，涉及的贸易额由 13%提高到 61%。"乌拉圭回合"后，大部分发展中成员扩大了约束关税的范围，如印度、韩国、印度尼西亚、马来西亚、泰国等约束关税的比例在 90%左右。

关于削减关税的实施期，工业品从 1995 年 1 月 1 日起 5 年内结束，减让表中另有规定的除外。无论发达成员还是发展中成员，均全面约束了农产品关税，并承诺进一步减让。农产品关税削减从 1995 年 1 月 1 日开始，发达成员的实施期为 6 年，发展中成员的实施期一般为 10 年，也有部分发展中成员承诺 6 年的实施期。

2. 农产品贸易和纺织与服装贸易重新纳入全球自由贸易轨道

农产品协议为农产品贸易建立了一套新规则，明确规定在农产品上通过关税化取消全部非关税措施，对于关税化形成的新关税和其他关税进行约束。在 2002 年前应削减关税 36%，发展中国家可只削减 24%。协议规定减少使用补贴，发达国家在 1986—1988 年基期年份内国内支持的平均水平上，在 6 年内削减补贴总量的 20%。发展中国家在 10 年内削减补贴总量的 13.3%。这些规则为最终建立一个公平的以市场为导向的农产品贸易体制创造了条件。

纺织品与服装贸易协议的基本目标是实现贸易自由化。经过 10 年的努力，到 2005 年 1 月 1 日，任何成员都不能再对纺织品和服装进口实施限制（能依据保障条款说明设限的合理性除外）。协议规定，1995 年 1 月 1 日、1998 年 1 月 1 日、2002 年 1 月 1 日和 2005 年 1 月 1 日分四个阶段分别取消 16%、17%、18%和 49%的纺织品配额限制，为纺织品提供更大的市场准入机会。协议还要求双边纺织品协议中每一类产品配额确定的年增长率必须不断递增。"乌拉圭回合"在农产品和纺织品与服装方面形成的新机制框架，有助于保证关税与贸易总协定反对实行数量限制，只通过关税手段保护国内生产规则的实施。

3. 达成了《服务贸易总协定》（General Agreement on Trade in Service，GATS）

"乌拉圭回合"之前，关税与贸易总协定谈判只涉及货物贸易领域。随着服务贸易不断扩大，服务贸易在国际贸易中的重要性日益增强，但许多国家在服务贸易领域采取了不少保护措施，明显制约了国际服务贸易的发展。为推动服务贸易的自由化，在"乌拉圭回合"中，发达成员提出，将服务业市场准入问题作为谈判的重点。经过 8 年的讨价还价，最后达成了《服务贸易总协定》，并于 1995 年 1 月 1 日正式生效。

《服务贸易总协定》首次确立了有关服务贸易规则和原则的多边法律框架。在服务贸易总协定中明确了国际服务贸易的四种形式。《服务贸易总协定》包括最惠国待遇、透明度原则、发展中成员更多地参与、国际收支限制、一般例外、安全例外、市场准入、国民待遇、逐步自由化承诺等主要内容。《服务贸易总协定》还承认发达成员和发展中成员之间服务业发展水平的差距。服务贸易总协定将推动各国服务贸易的发展，并通过服务贸易的发展，促进货物贸易的发展。

4. 达成了与贸易有关的知识产权协定和投资措施协定

知识产权是一种无形资产，包括专利权、商标权、版权和商业秘密等。随着世界经济的发展，国际贸易范围的不断扩大，以及技术开发的突飞猛进，知识产权与国际经济贸易的关系日益密切，但已有的国际知识产权保护制度缺乏强制性和争端解决机制，对知识产权未能实行有效保护。在发达国家强烈要求下，关税与贸易总协定将与贸易有关的知识产权纳入了"乌拉圭回合"的谈判之中。

"乌拉圭回合"达成了《与贸易有关的知识产权协定》。该协定明确了知识产权国际法律保护的目标；扩大知识产权保护范围，即专利、商标、工业品外观设计、集成电路布图设计、未公开信息如商业秘密、地域标志包括原产地标志；加强相关的保护措施，强化了对仿冒和盗版的防止与处罚；强调限制垄断和防止不正当竞争行为，减少对国际贸易的扭曲和阻碍；做出了对发展中国家提供特殊待遇的过渡期安排；规定了与贸易有关的知识产权机构的职责，以及与其他国际知识产权组织之间的合作事宜。《与贸易有关的知识产权协定》将有助于促进创造性活动与发明，有助于控制假冒和盗版产品的生产和贸易。从中长期来看，这一协定对发展中成员科学技术的发展将产生积极的影响。

《与贸易有关的投资措施协定》规定当地成分（含量）要求、贸易（外汇）平衡、进口用汇限制、国内销售限制属于禁止使用的投资措施，并给予成员一定的过渡期来消除这些措施，从而将有利于保障和扩大国际投资。

5．"乌拉圭回合"谈判的一个非常重要的成果就是决定成立世界贸易组织（简称世贸组织）以取代关贸总协定

1994年4月15日，"乌拉圭回合"参加方在摩洛哥马拉喀什通过了《马拉喀什建立世界贸易组织协定》，简称《建立世界贸易组织协定》。该协定规定，任何国家或在处理其对外贸易关系等事项方面拥有完全自主权的单独关税区都可以加入世界贸易组织。世界贸易组织的建立，为"乌拉圭回合"各项协定的贯彻实施提供了组织上的保障，并为世界经济贸易合作开创了新纪元。

第二节　世界贸易组织的宗旨、职能与法律框架

一、世界贸易组织的宗旨与目标

根据《建立世界贸易组织协定》序言的基本内容，世界贸易组织的宗旨是：

（1）提高生活水平，保障充分就业，大幅度稳步增加实际收入与有效需求，扩大货物和服务的生产和贸易。

（2）遵循可持续发展的目标和不同经济发展水平国家各自需要，最佳利用世界资源，保护和维护环境。

（3）通过切实的努力，确保发展中国家，特别是最不发达国家在国际贸易增长中获得与其经济发展水平相适应的份额。

世界贸易组织的目标是建立一个完整的、更可行的、更持久的多边贸易体系，以包括《关贸总协定》、以往贸易自由化努力的成果和"乌拉圭回合"多边贸易谈判的所有成果。

为了有效地实现上述宗旨和目标，世贸组织规定各成员应通过互惠互利的安排，大幅度地降低关税，减少其他贸易壁垒，消除在国际贸易交往中的歧视性待遇，对发展中国家给予特殊和差别待遇，扩大市场准入程度及提高贸易政策和法规的透明度，以及实施通知与审议等原则。

二、世界贸易组织职能

根据《建立世界贸易组织协定》的规定，世界贸易组织的职能有：

（1）组织实施世贸组织负责管辖的各项贸易协定、协议，积极采取各种措施努力实现

各项协定、协议的目标。

（2）为成员提供多边谈判的场所，并为多边贸易谈判结果提供框架草案。

（3）按争端解决规则与程序解决各成员之间的贸易争端。

（4）定期对各成员的贸易政策与措施进行评议。

（5）为发展中国家提供技术援助和培训。

（6）协调与国际货币基金组织和世界银行及其附属机构的合作，以保障全球经济政策的一致性。

三、世界贸易组织的法律框架

世界贸易组织的法律框架由《建立世界贸易组织协定》及其四个附件组成。《建立世界贸易组织协定》正文包括 16 个条款，就世界贸易组织的结构、决策过程、成员资格、接受、加入和生效等程序性问题做了原则规定。有关协调多边贸易关系和解决争端以及规范国际贸易竞争规则的实质性规定，均体现在四个附件中。附件一、二、三为多边贸易协定（Multilateral Trade Agreements），是世界贸易组织协定的组成部分，并约束所有成员。

附件四诸边贸易协定（Plurilateral Trade Agreements）包括民用航空器贸易协议、政府采购协议、国际奶制品协议、国际牛肉协议。其中国际奶制品协议、国际牛肉协议已于 1997 年 12 月 31 日终止。诸边贸易协定，对于接受的成员，属于世界贸易组织协定的一部分，并对这些成员具有约束力。诸边贸易协定对于未接受的成员既不产生权利也不产生义务。

世界贸易组织法律框架如图 6-1 所示。

四、世界贸易组织机构

（一）部长会议（The Ministerial Conference）

部长会议是世界贸易组织的最高决策机构，由世界贸易组织的所有成员的代表组成，至少每两年召开一次会议。部长会议应履行世界贸易组织的职能，并可以为此采取任何必要的行动。如一成员提出请求，部长会议有权依照《建立世界贸易组织协定》和有关多边贸易协定中的关于决策的具体要求，对任何多边贸易协定项下的所有事项做出决定。

（二）总理事会（The General Council）

在部长会议休会期间，总理事会行使部长会议职能。总理事会由世界贸易组织全体成员的代表组成，负责世界贸易组织的日常事务，监督和指导下设机构的各项工作，并处理世界贸易组织的重要紧急事务。总理事会酌情召开会议，每年召开 6 次左右。总理事会还履行争端解决机构和贸易政策审议机构的职责。

（三）理事会（Council）

世界贸易组织在总理事会下设立货物贸易理事会、服务贸易理事会和与贸易有关的知识产权理事会（简称知识产权理事会），它们分别监督货物贸易、服务贸易和与贸易有关的知识产权协议的实施情况，并履行由总理事会所赋予的其他职责。各理事会的成员资格对所有成员的代表开放。每一理事会每年至少举行 8 次会议。

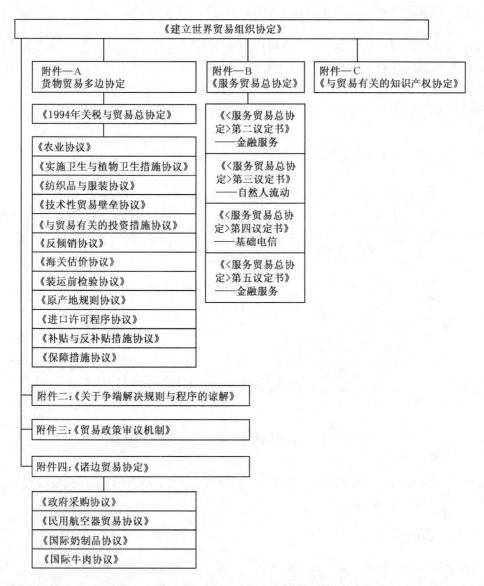

图 6-1　世界贸易组织的法律框架

（四）委员会（Committee）

部长会议下设贸易和发展委员会，国际收支限制委员会，预算、财政与行政委员会，贸易与环境委员会等专门委员会。它们执行由《建立世界贸易组织协定》及多边贸易协定赋予的职能，执行总理事会赋予的任何附加职能。上述委员会的成员资格对所有成员的代表公开。

（五）诸边贸易协定设置的机构（Bodies）

该机构履行诸边贸易协定指定的职责，并在 WTO 的组织机构内运作并定期向总理事会报告其活动。

（六）秘书处（The Secretariat）

秘书处为世界贸易组织的日常办事机构。它由部长会议任命的总干事领导。总干事的权利、职责、服务条件和任期由部长会议明确。总干事任命秘书处人员并确定其职责和服务条件。在履行职务中，总干事和秘书处工作人员不得寻求和接受世界贸易组织以外的任何政府或其他权力机关的指示。组织机构框图如图6-2所示。

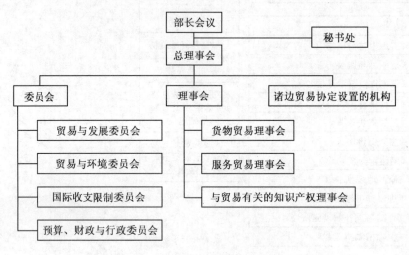

图6-2 世界贸易组织机构

第三节 世界贸易组织的基本原则

世界贸易组织的基本原则贯穿于世界贸易组织的各个协定和协议中，构成了多边贸易体制的基础。这些基本原则是：

一、非歧视原则

非歧视原则是世界贸易组织最重要的原则，是各国平等地进行贸易的重要保证，也是保证各国避免贸易歧视和贸易摩擦的重要基础。这一原则是通过最惠国待遇原则和国民待遇原则体现的。

1. 最惠国待遇原则

最惠国待遇是指世界贸易组织的一成员方将在货物贸易、服务贸易和知识产权领域给予任何其他国家（无论是否为世界贸易组织成员）的优惠待遇，应立即和无条件地给予世界贸易组织的其他各成员方。在货物贸易方面，世贸组织的《1994年关贸总协定》规定任何缔约方对于来自或运往任何其他国家任何产品的利益、优惠、特权或豁免，应立即无条件地给予来自或运往所有其他缔约方领土的同类产品。在服务贸易方面，《服务贸易总协定》第二条规定，成员国给予任何其他国家的服务和服务提供者的优惠，应立即和无条件地给予任何其他成员方的相同服务或服务提供者。在与贸易有关的知识产权方面，《与贸易有关的知识产权协定》规定，某一成员提供给其他成员国民的任何利益、优惠、特权或豁免，应立即和无条件地给予所有世贸组织其他成员的国民。

最惠国待遇原则包含四个要点：

（1）自动性。这是最惠国待遇的内在机制，体现在"立即和无条件"的要求上。当一成员给予其他国家的优惠超过其他成员享有的优惠时，其他成员便自动地享有了这种优惠。

（2）同一性。当一成员给予其他国家的某种优惠，自动转给其他成员方时，受惠标的必须相同。

（3）相互性。任何一成员既是给惠方，又是受惠方，即在承担最惠国待遇义务的同时，享受最惠国待遇权利。

（4）普遍性。指最惠国待遇适用于全部进出口产品、服务贸易的各个部门和所有种类的知识产权所有者和持有者。

2. 国民待遇原则

国民待遇原则是指，对其他成员方的产品、服务或服务提供者及知识产权所有者和持有者所提供的待遇，不低于本国同类产品、服务或服务提供者及知识产权所有者和持有者所享有的待遇。

国民待遇原则包含三个要点：

（1）国民待遇原则适用的对象是产品、服务或服务提供者及知识产权所有者和持有者。但因产品、服务和知识产权领域具体受惠对象不同，国民待遇条款的适用范围、具体规则和重要性也有所不同。

（2）国民待遇原则只涉及其他成员方的产品、服务或服务提供者及知识产权所有者和持有者，在进口成员方境内所享有的待遇。

（3）国民待遇定义中"不低于"一词的含义是指，其他成员方的产品、服务或服务提供者及知识产权所有者和持有者，应与进口成员方同类产品、相同服务或服务提供者及知识产权所有者和持有者享有同等待遇，若进口成员方给予前者更高的待遇，并不违背国民待遇原则。

迷你案例6-1

"WTO第一案"

（摘自刘力，国民待遇原则与"WTO第一案"，人民日报，2001-11-06）

1995年1月，世界贸易组织成立伊始就受理了一起非常棘手的贸易争端：委内瑞拉申诉美国。事情的起因是，1993年美国环保署根据国会1990年《清洁空气法》修正案制定的"汽油规则"，要求自1995年1月1日起在美国销售的汽油必须符合新的清洁度标准。在美国污染严重地区只允许销售法定清洁汽油（精炼汽油），在其余地区销售的常规汽油不得低于1990年所售汽油的清洁度。关于1990年清洁度标准的确定，分为两种情况：在1990年营业6个月以上的国内供应商可自行确定本企业的标准，而国外供应商和在1990年营业不足6个月的国内供应商必须执行法定标准。美国的这一政策公布后，遭到了作为美国重要的国外汽油供应商委内瑞拉的反对，认为该政策违反了世界贸易组织的规则，严重损害了委内瑞拉的经济利益。于是，委内瑞拉便把美国"告到"了世界贸易组织。随后不久，巴西也加入了对美国的申诉。这便是所谓的"WTO第一案"。

在此案中，美国显然违反了世界贸易组织的国民待遇原则。因为它在实施新汽油政策时对进口汽油的化学性能规定了比国产汽油更严格的标准，构成了对国外汽油供应商的歧视。于是，世界贸易组织的争端解决机构裁定美国的汽油政策违反了WTO的国民待遇原则，要求美国修改汽油政策，使其与世界贸易组织的规则相一致。美国接受了裁决，并应委内瑞拉的要求，自1996年5月20日起的15个月内修改其汽油政策。1997年8月19日，美国签署了新的汽油政策，"WTO第一案"也最终得到了圆满解决。

二、自由贸易原则

自由贸易原则是指通过多边贸易谈判，实质性削减关税和减少其他贸易壁垒，扩大成员方之间的货物和服务贸易。世界贸易组织倡导并致力于推动贸易自由化，要求成员方尽可能地取消不必要的贸易障碍，开放市场，为货物和服务在国际的流动提供便利。

1. 自由贸易原则的基本要点

（1）以共同规则为基础。成员方根据世界贸易组织的协议，有规则地实行贸易自由化。

（2）以多边谈判为手段。成员方通过参加多边贸易谈判，并根据在谈判中做出的承诺，逐步推进贸易自由化。货物贸易方面体现在逐步削减关税和减少非关税贸易壁垒，服务贸易方面则更多地体现在不断增加开放的服务部门，减少对服务提供方式的限制。

（3）以争端解决为保障。世界贸易组织的争端解决机制具有强制性，如某成员被诉违反承诺，并经争端解决机制裁决败诉，该成员方就应执行有关裁决，否则，世界贸易组织可以授权申诉方采取贸易报复措施。

（4）以贸易救济措施为"安全阀"。成员方可通过援用有关例外条款或采取保障措施等贸易救济措施，消除或减轻贸易自由化带来的负面影响。

（5）以过渡期方式体现差别待遇。世界贸易组织承认不同成员方之间经济发展水平的差异，通常允许发展中国家成员履行义务有更长的过渡期。

2. 自由贸易原则的主要表现

（1）削减关税。关税透明度高且易衡量，但对进出口商品价格有直接影响，特别是高关税，是制约货物在国际自由流动的重要壁垒。因此，世界贸易组织在允许成员方使用关税手段的同时，要求成员方逐渐下调关税水平并加以约束，以不断推动贸易自由化进程。"关税约束"是指成员方承诺把进口商品的关税限定在某个水平，不再提高。

（2）减少非关税贸易壁垒。随着关税水平逐步下调，非关税贸易壁垒增多，且形式不断变化，隐蔽性强，越来越成为国际贸易发展的主要障碍。世界贸易组织就一些可能限制贸易的措施制定了专门协议，以规范成员方的相关行为，减少非关税贸易壁垒，不断推动全球贸易自由化进程。如为避免成员方的进口许可程序影响贸易的正常运行，《进口许可程序协议》对成员方的进口许可程序进行了规范。又如为使原产地规则不对国际贸易构成不必要的障碍，《原产地规则协议》规范了成员方确定原产地的标准，强调应当建立公正、透明、可预见、可操作和统一的原产地规则。

（3）扩大服务贸易的市场准入。国际服务贸易的迅速发展，客观上要求各国相互开放服务领域。但各国为了保护本国服务业，对服务业的对外开放采取了诸多限制措施。限制措施包括限制服务提供者数量，限制服务交易或资产总值，限制服务业务总数或服务产出总量，限制特定服务部门或服务提供者的雇用人数，要求通过特定类型的法律实体提供服务，限制外国资本投资总额或参与比例，以及国民待遇限制等。这些限制影响服务业的公平竞争、服务质量的提高和服务领域的资源有效配置，不仅对服务贸易本身，而且对货物贸易乃至世界经济发展都造成了重大不利影响。

《服务贸易总协定》要求，成员方为其他成员方的服务产品和服务提供者提供更多的投资与经营机会，分阶段逐步开放商务、金融、电信、分销、旅游、教育、运输、医疗保健、建筑、环境、娱乐等服务领域。

三、公平竞争原则

公平竞争原则是指成员方应避免采取扭曲市场竞争的措施，纠正不公平贸易行为，在货物贸易、服务贸易和与贸易有关的知识产权领域，创造和维护公开、公平、公正的市场环境。

公平竞争原则包含三个要点：

（1）公平竞争原则体现在货物贸易领域、服务贸易领域和与贸易有关的知识产权领域。

（2）公平竞争原则既涉及成员方的政府行为，也涉及成员方的企业行为。

（3）公平竞争原则要求成员维护产品、服务或服务提供者在本国市场的公平竞争，不论他们来自本国或其他任何成员方。

世界贸易组织主张公平竞争，反对采取不公正的贸易手段进行竞争，反对倾销和出口补贴等不公平的贸易做法，允许缔约方采取措施来抵消倾销行为和出口补贴对进口国造成的损失。

四、发展中国家优惠待遇原则

世界贸易组织沿袭了关税与贸易总协定关于发展中国家和最不发达国家优惠待遇的相关协议和条款，并在世贸组织的相关协定、协议和条款中加以完善。世贸组织体制对发展中国家成员实行优惠安排，具体体现在五个方面：① 发展中国家履行较低水平的义务；② 在实行贸易自由化进程中实行更为灵活的实施时间表，即较长的过渡期安排；③ 发达国家尽最大努力对发展中国家成员开放其货物和服务市场；④ 对最不发达国家实行更优惠的待遇；⑤ 提供技术援助和培训人力资本。

五、透明度原则

透明度原则是指成员方应公布所制定和实施的贸易措施及其变化情况（如修改、增补或废除等），不公布的不得实施。同时成员方还应将这些贸易措施及其变化情况通知世界贸易组织。成员方所参加的有关影响国际贸易政策的国际协议，也在公布和通知之列。

透明度原则体现在以下两个方面。

1. 贸易措施的公布

贸易措施公布的具体内容包括：产品的海关分类和海关估价等海关事务；对产品征收的关税税率、国内税税率和其他费用；对产品进出口所设立的禁止或限制等措施；对进出口支付转账所设立的禁止或限制等措施；影响进出口产品的销售、分销、运输、保险、仓储、检验、展览、加工、与国内产品混合使用或其他用途的要求；有关服务贸易的法律、法规、政策和措施；有关知识产权的法律、法规、司法判决和行政裁定，以及与世界贸易组织成员签署的其他影响国际贸易政策的协议等。

世界贸易组织规定，成员方应迅速公布和公开有关贸易的法律、法规、政策、措施、司法判决和行政裁定，最迟应在生效之时公布或公开。

2. 贸易措施的通知

贸易措施通知的范围从货物贸易扩大到服务贸易和知识产权领域。为便于成员方履行通知义务，世界贸易组织相继制定了100多项有关通知的具体程序与规则，包括通知的项目、通知的内容、通知的期限、通知的格式等。各项协议对通知的期限做出了不同的规定，有的要求不定期通知，有的要求定期通知。不定期通知主要适用于法律、法规、政策、措施的更新。定期通知包括两种情况：一种是一次性通知，如《装运前检验协议》要求在《建立世界贸易组织协定》对有关成员生效时，一次性通知其国内有关装运前检验的法律和法规。另一种是多次通知，有的要求半年通知一次，大部分则要求每年通知一次，如《农业协议》要求成员方应每年通知对国内生产者提供的补贴总量。成员方还可进行"反向通知"，监督有关成员履行其义务。反向通知是指其他成员方可以将某成员理应通知而没有通知的措施，通知世界贸易组织。

此外，为提高成员方贸易政策的透明度，世界贸易组织要求，所有成员的贸易政策都要定期接受审议。贸易政策审议的内容，一般为世界贸易组织成员最新的贸易政策，它可从一个侧面反映出被审议成员履行世界贸易组织义务的情况。

第四节　世界贸易组织的运行机制

一、世界贸易组织的决策机制

世界贸易组织在进行决策时，主要遵循"协商一致"原则，只有在无法协商一致时，才通过投票表决决定。

（一）协商一致

世界贸易组织以1947年关税与贸易总协定所遵循的决定、程序和管理作为指导，在决策中继续沿用1947年关税与贸易总协定所遵循的"经协商一致做出决定"的惯例做法。

1947年关税与贸易总协定的惯例是，讨论一项提议或拟议中的决定时，应首先寻求协商一致，所有缔约方都表示支持，或者没有缔约方反对，即为协商一致通过。1995年世界贸易组织总理事会议定了一项有关决策规则的重要说明，强调在讨论有关义务豁免或加入请求时，总理事会应寻求以协商一致达成协议。只有在无法协商一致的情况下才进行投票表决。

（二）投票表决

在部长级会议或总理事会表决时，每一成员拥有一票。总的原则是，部长级会议和总理事会依据成员投票数的多数做出决定，除非《建立世界贸易组织协定》或有关多边贸易协定另有规定。

对多边贸易协定条款的解释，对成员提出豁免请求需获得成员四分之三多数支持才能通过。对其他修正案的表决及新成员的加入，需由成员的三分之二多数通过。

二、世界贸易组织的争端解决机制

（一）世界贸易组织争端解决机制的特点

世界贸易组织争端解决机制是保障多边贸易体系的可靠性和可预测性的重要机制。世界贸易组织争端解决机制具有以下特点。

1. 鼓励成员国通过双边磋商解决贸易争端

争端当事方的双边磋商是世界贸易组织争端解决的第一步，也是必经的程序。即使争端进入专家组程序后，当事方仍可通过双边磋商解决争端。

2. 以保证世界贸易组织规则的有效实施为首要目标

争端解决机制的目的在于保证使争端得到积极解决。争端各方可通过磋商寻求均可接受的并与世界贸易组织有关协定相一致的解决办法。在未能达成各方满意的解决办法时，争端解决机制的首要目标是保证撤销与世界贸易组织任何协定的规定不一致的有关措施。在不能立即撤销该项措施时，可采取补偿措施，但补偿只是一项临时性的措施。在规定时间内不能达成满意的补偿方案的，经争端解决机构授权，申诉方可采取报复措施。

3. 严格规定争端解决的时限

为迅速解决贸易争端，世界贸易组织对争端解决程序的各个环节规定了严格、明确的时间表。这不仅有利于及时纠正成员违反世界贸易组织协定或协议的行为，使受害方得到及时救济，而且提高了争端解决机制的有效性。

4. 实行"反向协商一致"的决策原则

"反向协商一致"的决策原则是指在争端解决机构审议专家组报告或上诉机构报告时，只要不是所有的参加方都反对，则视为通过。这就排除了败诉方单方面阻挠报告的通过。

5. 禁止未经授权的单边报复

世界贸易组织要求，争端的当事方按照《关于争端解决规则与程序的谅解》的规定妥善解决争端，禁止采取任何单边的、未经授权的报复性措施。

6. 允许交叉报复

如果成员在某一领域的措施被裁定违反世界贸易组织的协定或协议，且该成员未在合理期限内纠正，经争端解决机构授权，利益受到损害的成员可以进行报复。报复分为平行报复、跨领域报复和跨协议报复三种，应依次采用。平行报复是在被世界贸易组织裁定违反世界贸易组织协定或协议的措施的相同领域进行。跨领域报复是在同一协定协议或协议的不同领域内进行。跨协议报复是在不同协定或协议所管辖的领域内进行。

（二）世界贸易组织争端解决的基本程序

世界贸易组织争端解决的基本程序包括以下几个环节：磋商，专家组审理争端，上诉机构审理，PSB 裁决的执行及其监督。斡旋、调解和调停可以作为辅助手段，在基本程序进行中运用。

1. 磋商

磋商是世界贸易组织争端解决程序的首要强制性阶段。一成员方向另一成员方提出磋商要求后，被要求方应在接到请求后的 10 天内做出答复，如同意举行磋商，则磋商应接到请求后 30 天内开始。如果被要求方在接到请求后 10 天内没有做出反应，或在 30 天内或相互同意的其他时间内未进行磋商，则要求进行磋商的成员方可以直接向争端解决机构（Dispute Settlement Body，DSB）要求成立一个专家组。如果在接到磋商请求之日后 60 天内磋商未能解决争端，投诉一方可以请求设立专家组。在紧急情况下（如涉及易变质货物），各成员方应在接到请求之日后 10 天的时间内进行磋商。如果在接到请求之日后 20 天内磋商未能解决该争端，则投诉方可以请求成立一个专家组。此后的相关程序应最大限度地有利于争端的迅速解决。

2. 专家组审理争端

在磋商未果的情况下，或是在斡旋、调解或调停未能解决争端的情况下，投诉方可以向 DSB 提出成立专家组的请求。专家组最终应在该请求被首次列入 DSB 议程后的会议上予以设立。专家组通常由 3 人组成，由秘书处提出专家组成员人选，除非争端当事方在自设立专家组之日起 15 天内同意设立 5 人专家组。专家组的成员可以是政府官员或独立人士，这些成员均以个人身份工作，不代表任何政府或任何组织。各成员方也不得对他们做指示或施加影响。考虑到发展中国家的特别利益，当发展中国家为争端的当事一方时，相应的专家组应至少包括一名发展中成员方的成员。

专家组一旦设立，一般应在 6 个月内（紧急情况下 3 个月内）完成全部工作，并提交最终报告。如果专家组认为其不能如期提交报告，则应书面通知 DSB 其延误的原因及提交报告的预期时间。从专家组设立到向各成员方提交报告不得超过 9 个月。应投诉方请求，专家组的工作可以暂停 12 个月，但不得超过 12 个月。如超过 12 个月，专家组的授权应予终止。一般情况下，专家组会首先听取争端各方陈述并收受争端各方的答辩意见。然后，专家组将报告初稿的叙述部分（事实和理由）散发给争端各方。在专家组规定的时间内，争端各方应提交书面的意见。待收到各方的书面意见后，专家组应在调查、取证的基础上完成一份临时报告，并向争端各方散发。在听取争端各方的意见和评议的基础上，根据进一步的调查和取证完成最终报告。

为了使各成员有足够的时间审议专家组的争端解决的最终报告，只有在报告散发给各成员方 20 天后，才应由 DSB 审议通过。对专家组报告提出反对意见的成员方应提供书面理由并予以解释，以便在审议报告会议前 10 天予以散发。争端各方有权参加审议。在报告散发给各成员方 60 天内，除非争端一方正式通知 DSB 其上诉决定，或是 DSB 经磋商一致决定不通过该报告，否则该报告应在 DSB 会议上予以通过。

3. 上诉机构审理

由于"反向协商一致"原则使得专家组报告的审议比较容易通过，这样就有必要实行上诉机构审理，以避免专家组报告可能导致的消极因素和不公正结果。

上诉机构仅审理专家组报告所涉及的法律问题和专家组所做的法律解释。上诉机构可以维持、修改或推翻专家组的结论。

上诉机构的审议自争端一方提起上诉之日起到上诉机构散发其报告之日止，不得超过 60 天。如遇有紧急情况，上诉机构应尽可能缩短这一期限。上诉机构如认为不能如期提出报告，则应书面通知 DSB 其延误的原因及提交报告的预期时间，但不得超过 90 天。

对于上诉机构提交的报告，除非 DSB 在向各成员方散发上诉机构报告后 30 天内磋商一致决定不予通过，否则，该报告应予以通过并应得到争端当事方无条件接受。专家组报告或上诉机构报告一经通过，其建议和裁决即对争端当事各方有约束力，当事各方应予执行。

4. DSB 裁决的执行及其监督

在专家组或上诉机构报告通过之日后 30 天内举行的 DSB 会议上，有关成员方应通知 DSB 其履行 DSB 建议或裁决的意愿。如不能立即执行建议或裁决，该成员方应在合理时间内履行。"合理时间"的长短既可以由当事方协商确定，也可由当事方聘请仲裁员确定。

如果被诉方的措施被确认违反了相关协议的规定，且其未在合理期限内实施 DSB 的建议或裁决，则在合理期限到期后，申诉方可以要求与被诉方谈判补偿问题。所谓补偿并非指一般意义上的补偿，而是指被诉方在贸易机会、市场准入等方面给申诉方相当于其所受损失的减让。补偿只是一种临时手段，即只有在不可能立即撤销引起争端的措施时运用，或作为撤销该项措施前的一项临时办法。如果给予补偿，应与有关协议相一致。

如在合理期限到期后 20 天内未能达成双方能够接受的补偿方案，申诉方可以要求 DSB 授权报复，即中止对被诉方承担的减让或其他义务。在违法措施已被撤销、被诉方对申诉方所受的利益损害提供了解决办法、争端当事各方达成了相互满意的解决办法的情况下，应终止报复措施。

在 DSB 通过有关建议和裁决后，任何成员都可随时在 DSB 提出有关执行的问题。除非 DSB 另有规定，建议或裁决的执行问题应在前述的合理期限确定之日起 6 个月后列入 DSB 会议的议程，直到该问题解决。在 DSB 每一次会议召开前至少 10 天，有关成员应向 DSB 提交一份关于执行建议或裁决进展的书面情况报告。

三、世界贸易组织贸易政策审议机制

贸易政策审议机制是指世界贸易组织成员集体对各成员的贸易政策及其对多边贸易体制的影响，定期进行全面审议。实施贸易政策审议机制的目的，是促使成员方提高贸易政策和措施的透明度，履行所做的承诺，更好地遵守世界贸易组织的规则，从而有助于多边贸易体制的平稳运行。

（一）贸易政策的审议对象和范围

贸易政策审议对象主要是世界贸易组织各成员的全部贸易政策和措施。审议范围从货物贸易扩大到服务贸易和知识产权领域。贸易政策审议机制还要求对世界贸易环境的发展变化情况进行年度评议。贸易政策审议的结果不能作为启动争端解决程序的依据，也不能以此要求成员增加新的政策承诺。

（二）贸易政策审议的频率和程序

成员方接受贸易政策审议机构审议的频率，取决于该成员对多边贸易体制的影响程度。确定这种影响程度的主要依据，是成员在世界贸易中所占的份额。成员方在世界贸易中所占份额越大，接受审议的次数就越多。在世界贸易额中排名前 4 位的成员每两年审议一次，对排在其后的 16 个成员每 4 年审议一次。对余下的成员每 6 年审议一次，对最不发达成员的审议可以间隔更长。

真正的审议由贸易政策审议机构进行，对所有成员开放。从参与审议的成员中选取两位讨论人，以个人身份参加会议，不代表各自的政府。

第一次审议会议通常由被审议成员首先发言，然后由讨论人发言，随后与会者发表意见。在第二次审议会议上，讨论主要围绕会前确定的主题进行，被审议成员就各成员方提出的问题进一步做出答复；如有必要，被审议方也可在1个月内做出书面补充答复。审议会议在总理事会主席做出总结后结束。主席和秘书处随即向新闻界简要通报审议情况，公布秘书处报告的意见摘要及主席总结。接受审议的成员也可以举行新闻发布会。秘书处报告"政策声明"以及会议记录随后也将发表。

第五节　世界贸易组织的特点和作用

一、世界贸易组织的特点

与关税与贸易总协定相比，世界贸易组织具有以下特点。

1. 世界贸易组织是具有法律人格的国际组织

关税与贸易总协定从法律意义上讲，只是一个"临时适用"的多边协议。而世界贸易组织具有明确的法律地位。《建立世界贸易组织协定》规定WTO的地位为：

（1）WTO具有法律人格，WTO每一成员均应给予WTO履行职能所必需的法定资格。

（2）WTO每一成员均应给予WTO履行其职能所必需的特权和豁免。

（3）WTO每一成员应同样给予WTO官员和各成员代表独立履行与WTO有关的职能所必需的特权和豁免。

（4）WTO每一成员给予WTO其官员及其成员的代表的特权和豁免应与1947年11月21日联合国大会批准的《专门机构特权与豁免公约》所规定的特权和豁免相似。

2. 世界贸易组织管辖范围广泛

关贸总协定涉及的范围仅局限在货物贸易方面。而世界贸易组织所涉及的领域不仅包括货物贸易，而且涉及服务贸易、与贸易有关的知识产权和投资措施等问题，其协调与监督的范围远远大于关税与贸易总协定。

3. 世界贸易组织成员权利与义务具有统一性

关贸总协定基本上是以关税与贸易总协定为主协议，以东京回合制定的非关税领域的九个守则和多边纺织品协议为分协议的两层结构。在多边贸易谈判中，缔约方和非缔约方可以有选择地签署各种多边协定，这种"点菜式"的接受，使缔约方在关贸总协定中的义务不平衡，致使总协定的完整性与效能遭到破坏。而世界贸易组织则要求各成员必须无条件地以"一揽子"方式签署乌拉圭回合达成的全部多边协议，不能有选择性地参加某一个或某几个协议，不能对其管辖的协定、协议提出保留，从而使世界贸易组织体制具备完整的统一性。

4. 世界贸易组织成员具有广泛性

世界贸易组织成员的资格有两类，一类是该组织的创始国，一类是经过谈判按条款加入的成员。该组织的创始国必须具备三个条件：《建立世界贸易组织协定》生效时已是关贸总协定的缔约方；签署"乌拉圭回合"的最终文件；在"乌拉圭回合"中做出关税和非关税及服务贸易减让。新成员是在《建立世界贸易组织协定》生效后，一个国家或一个完全自主权的独立关税区，可按加入条件谈判，再经成员三分之二多数表决票通过。截至2013年年底，世贸组织的成员已达160个。目前，世界贸易组织成员的贸易额已占世界贸易总额的95%以上。

二、世界贸易组织的作用

世界贸易组织的建立与运行对20世纪90年代中后期以至21世纪的世界经济贸易的发展产生重要影响。

1. 为全球多边贸易体制提供了完整的法律框架

世界贸易组织扩大和拓宽了多边贸易体制的协调领域和范围，它不仅覆盖所有货物贸易，而且扩展到服务贸易、知识产权、与贸易有关的投资措施。世贸组织将货物、服务、知识产权融为一体，置于其管辖的范围之内。同时，世贸组织还努力通过加强贸易与环境保护的政策对话，强化各成员对经济发展中的环境保护和资源的合理利用。

世界贸易组具有健全的机构和组织规则，以及良好的运行机制，这对推动开放市场，拓展贸易，及时处理国际经济贸易中的重大问题，进而健全国际贸易制度提供了充分的条件和机会。

2. 通过多边贸易谈判推动贸易自由化

世界贸易组织运行后，就展开了贸易自由化的一系列谈判。1997年相继达成了《基础电信协议》《信息技术协议》和《金融服务贸易协议》。《基础电信协议》促进了60多个开放本国电信市场。《信息技术协议》的实施，使40多个国家取消了包括计算机软件硬件、通信设备、半导体及其生产设备和科学仪器等在内的200种信息技术产品的关税，约占世界信息技术产品贸易额的95%。70多个国家和地区根据《金融服务贸易协议》，对外开放银行、保险、证券和金融信息市场；允许外国在国内建立金融服务公司并按竞争原则运行；外国公司享受同国内公司同等的进入市场的权利；取消跨边界服务限制；允许外国资本在投资项目中的比例超过50%。

2001年11月9日至14日，世界贸易组织第四届部长级会议在卡塔尔首都多哈召开，会议决定启动新一轮多边贸易谈判，新一轮多边贸易谈判被命名为"多哈发展议程"（Doha Development Agenda），简称为"多哈回合"。

多哈回合谈判的宗旨是促进世贸组织成员削减贸易壁垒，通过更公平的贸易环境来促进全球特别是较贫穷国家的经济发展。谈判包括农业、非农产品市场准入、服务贸易、规则谈判、争端解决、知识产权、贸易与发展以及贸易与环境等8个主要议题。谈判的关键是农业和非农产品市场准入问题，主要包括削减农业补贴、削减农产品进口关税及降低工业品进口关税三个部分。

多哈回合原计划在2005年1月1日前结束所有谈判。但由于各成员利益诉求不同，一拖再拖。2006年7月，由于世贸组织6个主要成员美国、欧盟、日本、澳大利亚、巴西和印度未能就农业和非农产品市场准入问题达成协议，世贸组织被迫宣告中止多哈回合谈判。2008年7月以后，尽管各国领导人多次重申对多哈回合谈判的承诺，呼吁早日完成谈判，但迟迟没有实质上突破。

2013年12月7日，几经波折的WTO第九届部长级会议在印度尼西亚巴厘岛落幕，会议达成"巴厘一揽子协定",发表了《巴厘部长宣言》。这是WTO成立以来首份全球性多边贸易协定,实现了WTO成立18年来多边谈判的"零突破",也意味着多哈回合谈判12年僵局终获历史性突破。

WTO达成首份多边贸易协定

(摘自新华网,2013-12-09日)

经过艰难的彻夜磋商,世界贸易组织(WTO)第九届部长级会议于2013年12月7日中午在印度尼西亚巴厘岛落幕,与会代表达成了世贸组织成立以来首份多边贸易协定。这也意味着多哈回合谈判12年僵局终获历史性突破、迎来新的前进动力。

这份"巴厘一揽子协定"包括10份文件,内容涵盖了简化海关及口岸通关程序、允许发展中国家在粮食安全问题上具有更多选择权、协助最不发达国家发展贸易等内容。其中,在贸易便利化方面,协定决定尽快成立筹备委员会,就协定文本进行法律审查,确保相关条款在2015年7月31日前正式生效,各方在声明中同意尽力建立"单一窗口"以简化清关手续。在农业方面,协定同意为发展中国家提供一系列与农业相关的服务,并在一定条件下同意发展中国家为保障粮食安全进行公共储粮。

此外,与会成员规划了"后巴厘工作计划"框架,表示将协助世贸组织贸易谈判委员会在未来一年内就多哈发展议程遗留议题建立清晰的工作计划。这些工作首要关注农业和最不发达国家的发展问题,并以本届会议所达成协议为基础。

"巴厘一揽子协定"成为一剂"强心针",使人们重拾对多哈回合和多边贸易体制的信心。此外,对于处于脆弱复苏中的全球经济而言,这无疑也是重大利好。美国彼得森国际经济研究所预计,这一协定将为全球经济带来9 600亿美元的潜在效益,并创造2 100万个就业岗位,其中1 800万个在发展中国家。

3. 较为客观公正地解决了成员间的贸易争端,缓和了成员之间的贸易摩擦

世界贸易组织的争端解决机制,可以迅速有效地解决成员方之间的贸易争端,维护各成员自身经贸利益,为各成员遵守与执行世界组织各协定和协议提供保障。世贸组织各成员在共同遵守的规则基础上,按世贸组织的规则本身,而不是按某一成员国内贸易立法或政策措施来裁决国家间的贸易争端。未经世贸组织授权,不允许某一成员单方面地采取行动。一旦世贸组织做出裁决,则争端双方必须要执行裁决结果。

世界贸易组织运行以来,在调解和处理国际贸易争端方面发挥了重要的作用。自1995年1月1日WTO成立至2011年9月30日的近17年里,以成员方正式依据《关于争端解决规则与程序的谅解》提出磋商为准,WTO的争端解决机构(DSB)共受理了427起案件,远远超过关贸总协定47年的总和。初始专家组做出169个报告,通过的上诉机构报告以及修改过的专家组报告共102份。此外,还做出了一些仲裁裁决。

专家组和上诉机构的报告,以WTO的目标与宗旨为指导,使WTO的法律制度更为清晰、明确,更有利于成员遵守WTO的法律规则。专家组和上诉机构对一系列案件的裁决,对巩固与发展全球多边贸易体制起到了重要作用。

虽然WTO的成立与运行对世界经济与贸易的发展产生了重要影响,但是,由于当前世界经济贸易格局处于巨大变动、调整与重建之中,个别国家大搞单边主义、贸易保护主义和霸凌主义,多边贸易体制的权威性和有效性面临着前所未有的挑战。因此,多个成员呼吁对WTO进行改革。

> **小知识 6-1**
>
> ### 《中国关于世贸组织改革的建议文件》
>
> (引自:商务部网站 2019-05-14)
>
> 当前,世界经济格局深刻调整,单边主义、保护主义抬头,经济全球化遭遇波折,多边贸易体制的权威性和有效性受到严重挑战。在此背景下,中国支持对世贸组织进行必要改革,帮助世贸组织解决当前危机,回应时代发展需要,维护多边贸易体制,推动建设开放型世界经济。为此,中国于2018年11月发布《中国关于世贸组织改革的立场文件》,阐述了中国对世贸组织改革的基本原则和具体主张。以立场文件为基础,中国制定了本建议文件。
>
> **一、背景情况**
>
> (一)世贸组织在全球经济治理体系中的重要作用
>
> 国际贸易是促进全球经济增长的重要引擎,以世贸组织为核心的多边贸易体制是经济全球化和自由贸易的基石。作为全球经济治理体系的重要支柱,世贸组织成立以来,在推动全球贸易发展、保障充分就业、促进经济增长和提高生活水平等方面做出了重要贡献。世贸组织成立24年来,成员数量不断增加,目前涵盖全球98%的贸易额,充分显示了多边贸易体制的代表性和对成员的吸引力。全球货物出口从1994年的4.3万亿美元增加到2017年的17.7万亿美元,帮助全球数以亿计的民众摆脱贫困,相关国家和地区民众的生活水平得到显著提升。
>
> 在贸易自由化便利化方面,世贸组织取得多项重要成果:一是达成《贸易便利化协定》并推动协定生效,相关条款完全实施将使全球贸易成本减少14%,每年增长1万亿美元出口;二是全面取消农产品出口补贴,有助于创造更加公平的农产品贸易环境;三是取消信息技术产品关税,相关产品出口从1996年的5 490亿美元扩大到2015年的1.7万亿美元。这些成果有力地推动了全球经济的复苏与增长。
>
> 在争端解决方面,截至2018年年底,574起案件提交争端解决机制,为解决国际贸易争端、平衡成员在世贸组织协定下的权利与义务、保障多边贸易体制的可靠性和可预见性发挥了重要作用。
>
> 在贸易政策审议和监督方面,世贸组织成立以来,截至2018年年底,贸易政策审议机构进行了430多次贸易政策审议,覆盖世贸组织164个成员中的155个,极大地提高了成员贸易政策透明度,增进了对彼此贸易政策的理解。
>
> (二)世贸组织面临前所未有的生存危机
>
> 当前,单边主义和保护主义做法日益严重,多边主义和自由贸易体制受到冲击:阻挠上诉机构成员遴选程序启动的做法导致上诉机构面临2019年年底陷入瘫痪的风险,严重影响

争端解决机制的有效运行。滥用国家安全例外的措施、不符合世贸组织规则的单边措施,以及对现有贸易救济措施的误用和滥用,破坏了以规则为基础的自由、开放的国际贸易秩序,影响了世贸组织成员特别是发展中成员的利益。上述做法损害了世贸组织的权威性和有效性,导致世贸组织面临前所未有的生存危机。

同时,世贸组织并不完美,尚未完全实现《马拉喀什建立世界贸易组织协定》确定的目标:谈判功能方面,多哈回合谈判启动已逾17年,但在农业、发展和规则等议题上进展缓慢,反映21世纪国际经济贸易现实的电子商务、投资便利化等新议题没有得到及时处理;同时,全球双边和区域贸易协定在推进贸易自由化便利化上进展和成果显著。审议和监督功能方面,贸易政策透明度有待加强,世贸组织机构运行效率亟待提高。

在此背景下,部分世贸组织成员已经认识到世贸组织改革的紧迫性和必要性。2018年二十国集团(G20)布宜诺斯艾利斯峰会支持对世贸组织进行必要改革,以帮助其更好地发挥作用。

(三)中国对世贸组织改革的总体立场

中国是多边贸易体制的积极参与者、坚定维护者和重要贡献者,全面参与世贸组织各项工作,积极推进贸易投资自由化便利化,尊重和全面履行争端解决裁决,深度参与贸易政策审议,全力支持发展中成员融入多边贸易体制。中国政府于2018年6月发表《中国与世界贸易组织》白皮书,全面阐述了中方对世贸组织和多边贸易体制的立场主张,介绍中国对世界经济贸易发展的积极贡献。

中方支持对世贸组织进行必要改革,解决其面临的生存危机,增强其权威性和有效性,增加其在全球经济治理中的相关性。改革应坚持三项基本原则:第一,维护非歧视、开放等多边贸易体制的核心价值,为国际贸易创造稳定和可预见的竞争环境。第二,保障发展中成员的发展利益,纠正世贸组织规则中的"发展赤字",解决发展中成员在融入经济全球化方面的困难,帮助实现联合国2030年可持续发展目标。第三,遵循协商一致的决策机制,在相互尊重、平等对话、普遍参与的基础上,共同确定改革的具体议题、工作时间表和最终结果。

中方认为,多边进程是推动贸易投资自由化、便利化的最佳渠道。与此同时,面对新一轮科技革命和数字经济变革带来的机遇和要求,也应以开放、透明、包容、务实、灵活的方式,建立回应时代发展和业界需求、充分考虑成员发展阶段和能力水平的国际贸易投资规则。

二、行动领域

中国认为,世贸组织改革的行动领域主要包括如下四个:一是解决危及世贸组织生存的关键和紧迫性问题;二是增加世贸组织在全球经济治理中的相关性;三是提高世贸组织的运行效率;四是增强多边贸易体制的包容性。

(一)解决危及世贸组织生存的关键和紧迫性问题

1. 打破上诉机构成员遴选僵局

【问题和表现】争端解决机制是世贸组织的核心支柱,在为多边贸易体制提供可靠性和可预测性方面发挥了关键作用。当前上诉机构成员遴选持续受阻,到2019年12月将仅剩1名成员,严重威胁争端解决机制正常运行,给整个世贸组织带来迫在眉睫的体制性风险。

【目标和任务】为维护以规则为基础的多边贸易体制,保障争端解决机制的有效运行,需要尽早启动上诉机构遴选程序并填补空缺。

【做法和建议】中方已与多个世贸组织成员提交了关于争端解决上诉程序改革的联合提案，建议成员积极参与总理事会下的非正式进程，以案文为基础开展实质性讨论，以回应和解决个别成员就离任上诉机构成员过渡规则、上诉审查90天审理期限、国内法律含义、对解决争端非必要裁决、先例等问题提出的关注，并维护和加强上诉机构独立性和公正性，尽快启动上诉机构遴选程序。

2. 加严对滥用国家安全例外的措施的纪律

【问题和表现】当前，个别成员为保护国内产业，以"国家安全"为借口对钢铁、铝加征关税，并威胁对汽车及零部件加征关税；在实施出口管制时，不恰当地扩大相关措施范围，并以不透明或不公正方式实施。这些做法扰乱国际贸易和市场秩序，干扰正常技术交流和应用，损害成员利益，破坏世贸组织规则。

【目标和任务】应秉承善意和克制原则援引安全例外条款，并应在世贸组织框架下对援引国家安全例外条款予以进一步澄清和规范。

【做法和建议】有必要加强对以国家安全为由加征进口关税等做法的通报纪律，并对措施开展多边审议；同时，为利益受影响成员提供更多快速且有力救济权利，以保障其在世贸组织项下权利和义务的平衡。

3. 加严对不符合世贸组织规则的单边措施的纪律

【问题和表现】个别成员采取单边主义措施，任意提高进口关税，擅自增加贸易壁垒，在没有联合国授权或其他国际条约支持情况下对他国实施经济制裁，连带对第三国国民或公司在海外的商业活动实施"次级制裁"，严重违反国际承诺和世贸组织规则。然而，现有世贸组织规则对个别成员实施的明显违反世贸组织规则并造成严重影响的单边主义措施，并没有提供及时、有效的监督和救济方式。

【目标和任务】有必要对单边主义措施进行有效遏制，重振世贸组织的权威性和有效性，维护以规则为基础的多边贸易体制，保障世贸组织成员的合法权益。

【做法和建议】建议考虑从以下方面对单边主义做法加以约束：加强多边监督机制；增加紧急情况下受影响方快速获得临时有力救济的权利；加快争端案件诉讼程序。

(二) 增加世贸组织在全球经济治理中的相关性

1. 解决农业领域纪律的不公平问题

【问题和表现】现行农业纪律存在严重不公平、不平衡、不合理，主要体现在"综合支持量"（AMS）方面。部分发达成员享受承诺水平较高的AMS，可以提供远高于微量允许水平的黄箱补贴，对农业生产和农产品贸易造成严重扭曲。大多数发展中成员没有AMS，甚至保障粮食安全所必需的收储政策也无法有效实施。

【目标和任务】有必要解决纪律的不公平，促进农产品贸易发展，为发展中成员创造公平的市场环境，增强其保障粮食安全和生计安全的能力，使其从多边贸易体制中更多获益。

【做法和建议】应逐步削减并最终取消AMS，并达成关于粮食安全公共储备的永久解决方案。

2. 完善贸易救济领域的相关规则

【问题和表现】当前，多边贸易救济规则存在缺失和模糊之处，实践中误用和滥用规则的情况大量存在，基于国别和企业类别的歧视性做法日益增加，发展中成员、中小企业、公共利益未得到充分或适当考虑,由此使得贸易救济规则难以发挥其应有作用,严重干扰正常国际贸易秩序,无法回应多边贸易体制发展的现实需求。

【目标和任务】应当进一步澄清和完善世贸组织补贴、反补贴与反倾销相关规则,防止贸易救济措施滥用和误用,消除歧视性规则和做法,维护发展中成员、中小企业和公共利益,从而更好地落实世贸组织相关协定的基本精神和原则,维护自由贸易和公平竞争环境,适应全球和各成员可持续发展需求。

【做法和建议】第一,恢复不可诉补贴并扩大范围。第二,澄清并加严反倾销价格比较相关规则,改进日落复审规则,探索反规避统一规则。第三,澄清和改进补贴认定、补贴利益确定、可获得事实等补贴和反补贴相关规则,防止反补贴措施滥用。第四,改进反倾销反补贴调查透明度和正当程序,加强效果和合规性评估。第五,给予发展中成员、中小企业和公共利益更多考虑。

3. 完成渔业补贴议题的谈判

【问题和表现】渔业补贴议题谈判是世贸组织工作为实现2030年可持续发展目标做出贡献的重要领域,尽快完成谈判将为可持续发展做出重要贡献。

【目标和任务】应落实世贸组织第11届部长级会议达成的决定,如期完成渔业补贴谈判,禁止某些导致过剩产能和过度捕捞的渔业补贴,并取消助长非法、未报告和无管制捕捞活动的补贴。

【做法和建议】中方支持规则谈判组主席制定的2019年工作计划,将继续以积极、建设性的姿态参与各种形式的磋商。谈判应当以务实和寻求共识为导向,各种磋商进程应当确保透明度和包容性。

4. 推进电子商务议题谈判开放、包容开展

【问题和表现】电子商务为国际贸易创造了崭新机会。与此同时,与电子商务发展相关的数字鸿沟等问题仍待解决,网络安全、数据安全等问题凸显,成员特别是发展中成员在实现电子商务发展领域面临各自挑战,对电子商务国际规则的利益诉求和重点关注也有差异。经过20余年讨论,世贸组织仍未就与贸易有关的电子商务议题启动规则制定进程。

【目标和任务】需要切实回应产业发展诉求,就与贸易有关的电子商务制定面向多边的规则,以体现包容性贸易理念,重振世贸组织谈判功能,促进多边贸易体制与时俱进,帮助成员特别是发展中成员及其中小企业、妇女和青年更好地参与国际贸易提供的新机遇,使电子商务为企业、消费者和全球经济带来更大利益。

【做法和建议】中方与75个世贸组织成员发表了《关于电子商务的联合声明》,确认有意在世贸组织现有协定和框架基础上,启动与贸易有关的电子商务议题谈判。中方支持以开放、透明、包容、灵活方式开展与贸易有关的电子商务议题规则制定工作,并欢迎所有成员参加。坚持发展导向,重点关注通过互联网实现交易的跨境货物贸易及物流、支付等相关服务,在跨境电子商务便利化、电子签名、电子认证、在线消费者权益保护等领域建立规则;制定发展合作条款,加强对发展中成员特别是最不发达国家的技术援助与能力建设;尊重成员监管权力并照顾发展中成员具体关切,在技术进步、商业发展与各成员网络主权、数据安全、隐私保护等合理公共政策目标之间实现平衡,通过平等协商达成平衡、务实、各方都能接受的结果。同时,根据1998年电子商务工作计划,继续深化世贸组织各有关机构讨论。

5. 推动新议题的多边讨论

【问题和表现】当前，贸易与投资密切联系，全球价值链深入发展。投资便利化措施在改善成员营商环境、提升对跨境投资吸引力、促进贸易和可持续发展等方面作用越加突出，但企业跨境投资仍受政策不透明、行政效率不高等因素困扰。同时，中小微企业为各成员扩大就业和促进科技创新作出了重要贡献，但在融入全球价值链上面临信息渠道不畅通、贸易融资成本高等问题。

【目标和任务】需要切实回应产业发展诉求，体现包容性贸易理念，促进多边贸易体制与时俱进。

【做法和建议】继续坚持开放、透明、包容原则，推动相关议题的多边讨论进入新阶段。在投资便利化议题上，建立专门磋商机制，在尊重成员监管权力基础上，围绕加强透明度、提高行政效率、加强国际合作等要素，开展有效政策协调，探讨建立多边规则框架。同时，坚持以发展为核心，给予发展中成员技术援助和能力建设支持。在中小微企业议题上，通过增加信息获取、便利企业融资、降低贸易成本等方式，让中小微企业更好地参与国际贸易并从中受益。

（三）提高世贸组织的运行效率

1. 加强成员通报义务的履行

【问题和表现】目前，成员在履行通报义务方面距离世贸组织各项协定的要求还有差距。受制于通报能力欠缺等原因，部分成员的通报还存在滞后。同时，一些成员提交的反向通报质量有待改进。

【目标和任务】加强成员贸易政策透明度，有助于建设开放、稳定、可预见和公正透明的国际贸易环境，增加各方对多边贸易体制的信心。

【做法和建议】一是发达成员在履行通报义务上发挥示范作用，确保通报全面、及时、准确；二是成员应提高补贴反向通报质量；三是成员应增加经验交流；四是秘书处应尽快更新通报技术手册并加强培训；五是应努力改进发展中成员通报义务的履行，对于确因能力不足无法及时履行通报义务的发展中成员，特别是最不发达国家，应通过技术援助来加强其通报能力建设。

2. 改进世贸组织机构的工作

【问题和表现】世贸组织理事会和委员会日常工作的潜能和作用尚未充分发挥，例会上部分议题长期议而不决，运行效率有较大提升和改进的空间。

【目标和任务】应全面提升世贸组织在全球经济治理中的重要作用，使世贸组织下属机构及秘书处相关工作能更有效回应成员利益诉求。

【做法和建议】建议成员积极探索提升世贸组织效率的方式方法，包括但不限于：改进各机构议事程序；根据各机构实际情况增加或减少会议频率；鼓励秘书处加强对重要经贸议题的研究，加强与其他国际组织的合作，帮助发展中成员妥善应对和解决例会具体贸易关注；进一步增强秘书处的代表性，稳步增加来自发展中成员的职员占比等。

（四）增强多边贸易体制的包容性

1. 尊重发展中成员享受特殊与差别待遇的权利

【问题和表现】发展是世贸组织工作的核心，世贸组织各项协定规定了特殊与差别待遇条款，但相关条款以"最佳努力"义务为主，执行情况并不令人满意。目前，个别成员没有考虑发展中成员与发达成员之间的全方位差距，质疑发展中成员享受特殊与差别待遇的权利，甚至要求一些发展中成员承担与发达成员相同的义务。

【目标和任务】在发展仍是当前时代重要主题的背景下，世贸组织应在维护发展中成员享受特殊与差别待遇的权利的前提下，致力于改进相关条款的准确性、有效性和可操作性，减少贸易规则的发展赤字，为联合国2030年可持续发展目标的实现作出积极贡献。

【做法和建议】中方已经与多个世贸组织成员提交了关于特殊与差别待遇的联合提案，要求继续维护发展中成员享受特殊与差别待遇的权利。中方进一步建议：一是加强对世贸组织现有特殊与差别待遇条款的执行和监督力度，特别是最不发达国家关注的"免关税、免配额"待遇和服务豁免机制实施；二是增加技术援助的针对性和具体性，确保其有助于发展中成员融入多边贸易体制和全球价值链；三是根据《多哈部长宣言》要求，继续推进特殊与差别待遇条款的谈判；四是在未来贸易投资规则制定中，为发展中成员提供充分有效的特殊与差别待遇；五是鼓励发展中成员积极承担与其发展水平和经济能力相符的义务。

2. 坚持贸易和投资的公平竞争原则。

【问题和表现】国有企业和其他各类企业在进行商业竞争时，都应该是平等竞争的市场主体，但一些成员试图根据企业所有制的不同而设立不同规则，比如不加区别地将所有国有企业都认定为《补贴与反补贴措施协定》中的"公共机构"，对国有企业设立额外的透明度和纪律规则，以及在外商投资安全审查中歧视国有企业。这些做法不利于创造公平竞争的制度环境，如任由此类做法横行，未来还可能出现更多歧视性的规则。

【目标和任务】应尊重成员各自的发展模式，增加多边贸易体制的包容性，促进贸易和投资的公平竞争。

【做法和建议】世贸组织应坚持公平竞争原则，确保不同所有制企业在进行商业活动时的公平竞争环境：一是在补贴相关纪律讨论中，不能借世贸组织改革对国有企业设立特殊的、歧视性纪律；二是在外资安全审查中，实行公正监管，按照透明度和程序适当原则，对来自不同所有制类型企业的同类投资提供非歧视待遇。

* * *

中国提出关于世贸组织改革的建议文件，旨在为推动世贸组织改革进程作出中方贡献。中国愿与各方就此进一步开展深入讨论。同时，该文件不预断中国今后对文件中所涉事项的最终立场和具体建议。

第六节 中国与世界贸易组织

一、中国与关税与贸易总协定的历史渊源

中国是1947年关税与贸易总协定的23个缔约方之一。1949年10月1日，中华人民共和国成立后未能取得联合国席位，所以关税与贸易总协定的席位仍由台湾当局占据。1950年台湾当局退出关贸总协定，此后又于20世纪60年代成为关贸总协定的观察员。1971年10月联合国大会在其2758号决议中，承认中华人民共和国的代表是中国唯一合法代表。关税与贸易总协定基于在基本政治问题上，一般遵循联合国决议这一原则，驱逐了台湾的观察员。由于历史原因，中国在关税与贸易总协定中的缔约方地位长期空缺。

二、中国复关与入世的谈判

从改革开放、发展社会主义生产力、建立社会主义市场经济体制的需要出发，1986 年中国提出恢复关税与贸易总协定缔约国地位的申请，并开始了"复关"谈判，一直持续到 1995 年年底。1995 年 1 月 1 日世界贸易组织正式成立，取代了关税与贸易总协定。从 1996 年开始，中国复关谈判变成加入世界贸易组织（简称"入世"）的谈判。

中国从"复关"到"入世"的谈判可以分为三个阶段：

第一阶段（1986 年 7 月至 1992 年 10 月），提出申请，审议中国对外贸易制度阶段。

中国于 1986 年 7 月 10 日照会关税与贸易总协定总干事，要求恢复我国的关税与贸易总协定缔约国地位。关税与贸易总协定理事会于 1986 年审议了中国的这一申请。经各方长时间的磋商，于 1987 年 3 月 4 日设立了关于恢复"中国缔约方地位工作组"，邀请所有缔约方就中国外贸体制提出质询。

中国于 1987 年 2 月 13 日递交了《中国外贸制度备忘录》，缔约各方利用将近一年的时间对备忘录提出了大量的问题，中国对缔约方提出的各种问题做了详尽的解答和说明。1992 年 10 月中国工作组第 11 次会议决定，结束对中国贸易制度的审议，谈判进入第二阶段即市场准入谈判阶段。中国向各缔约国发出进行谈判的邀请。

第二阶段（1992 年 10 月至 2001 年 9 月），"复关"／"入世"议定书内容的谈判，即双边市场准入谈判。

从 1992 年年底起，中国开始与关税与贸易总协定缔约方进行市场准入的谈判。但由于主要西方国家对中国市场准入谈判的要价过高，使中国"复关"谈判陷入困境。中国未能在 1994 年年底前，即世贸组织诞生之前实现复关。

1996 年，中国从"复关"谈判变成"入世"谈判。中方根据要求，与世界贸易组织的 37 个成员继续进行双边谈判。1999 年 11 月 15 日，中美就中国加入世界贸易组织达成了双边协议，使中国加入世界贸易组织的进程取得了关键性的突破。2001 年中欧谈判达成双边协议。2001 年 9 月 13 日，中国与最后一个谈判对手墨西哥达成了协议，完成了"入世"的双边谈判。

第三阶段（2001 年 9 月至 2001 年 11 月），中国"入世"法律文件的起草、审议和批准。

在双边谈判后期，多边谈判开始，主要内容是中国"入世"法律文件的起草问题。2001 年 9 月 17 日，中国加入世界贸易组织工作组第 18 次会议通过了中国加入世界贸易组织法律文件，中国加入世界贸易组织多边谈判结束。此后，中国加入世界贸易组织工作组按照程序把加入议定书和工作报告书交给世界贸易组织总理事会。2001 年 11 月 10 日，世界贸易组织第四届部长级会议一致通过中国加入世界贸易组织的决议。中华人民共和国人民代表大会常务委员会批准了这些报告和议定书，并由中国政府代表将批准书交存了世界贸易组织总干事。2001 年 12 月 11 日，中国正式成为世界贸易组织第 143 个成员。

三、我国加入世界贸易组织的权利与义务

（一）我国加入世界贸易组织的权利

根据我国加入世界贸易组织的法律文件，我国加入世界贸易组织享受的权利主要有：

1. 全面参与多边贸易体制

加入世界贸易组织前，我国作为观察员参与多边贸易体制，只有发言权，没有表决权。正式成为世界贸易组织的成员后，我国既有发言权又有决策权。我国可以全面参与世界贸易组织各理事会和委员会的所有正式和非正式会议，维护我国在世界贸易组织中的地位与合法利益；可以全面参与新一轮多边贸易谈判和多边贸易规则的制定，充分表达和反映中国及发展中国家的意见和要求；可以全面参与贸易政策审议，对包括美国、欧盟、日本、加拿大等重要贸易伙伴的贸易政策进行质询和监督，敦促其他世界贸易组织成员履行多边义务。

2. 享受非歧视待遇

我国加入世界贸易组织后，可以充分享受多边无条件的最惠国待遇和国民待遇，即非歧视待遇；可以享受其他世贸组织成员开放市场和扩大货物、服务市场准入的利益。入世前双边贸易中受到的一些不公正的待遇被取消或将逐步取消。

3. 享受发展中成员的大多数优惠待遇或过渡期安排

我国作为发展中国家能够享受世界贸易组织各项协议中给予发展中成员的特殊和差别待遇，承担较低水平的义务、更长的过渡期，享受发达国家对发展中国家或地区提供的技术援助和人才培训。

4. 充分利用世界贸易组织争端解决机制，解决与其他成员的贸易争端

随着我国对外开放与对外贸易规模的不断扩大，与其他国家的贸易摩擦同步增长。我国已成为国际反倾销的最大受害者和主要指控对象，对我国反补贴、保障措施和特殊保障措施案件的数量有增无减，知识产权摩擦日益加深。我国加入世界贸易组织后，在与其他成员发生各种贸易摩擦时，可以在多边贸易体制下进行双边磋商，增加解决问题的渠道；可以避免某些双边贸易机制对中国的不利影响。我国充分利用世贸组织争端解决机制，有助于公平、客观、合理地解决与其他国家经贸摩擦，营造良好的经贸发展环境。

（二）我国加入世界贸易组织的义务

根据权利与义务平衡的原则，我国加入世界贸易组织履行的义务主要有：

1. 削减关税和规范非关税措施

WTO有关协定规定"各成员方在互惠互利的基础上进行谈判以大幅度降低关税"。我国入世前，发达成员方的进口税已降到3.8%左右，发展中成员方也下降到11%左右。为了适应WTO关税减让的要求，我国关税总水平已经由2000年的15.6%降至2004年的10.6%，2005年又降低到10.1%，2007年进一步降至9.8%。其中，农产品平均税率为15.2%，工业品平均税率为8.95%。一些重要的工业品比如汽车整车，加入世贸组织前关税为80%至100%，加入世贸后第一年降至43.8%，2006年7月1日降低到25%。我国还以实施税率为基础，100%约束了所有关税税目。

入世后，我国按照WTO的要求削减进出口配额、进出口许可证等非关税壁垒。到2005年，全部取消400种进口配额，并根据加入承诺对关税配额体制进行了完善。

2. 开放服务贸易市场

随着各国经济的发展，服务业在整个国民经济中的地位不断提高，国际服务贸易日益增加。为促进贸易自由化，扩大服务贸易市场的开放已成为WTO成员的义务。加入WTO后，我国逐步地、不同程度地开放了服务业，包括银行、保险、分销、电信、法律、会计等在内的10余个服务部门，100个分部门的对外开放都已经达到了入世承诺的水平。服务业的对外开放，极大地提高了服务业的质量，增强了我国服务业的竞争力。

3. 强化对知识产权的保护

乌拉圭回合将与贸易有关的知识产权列入多边贸易谈判议题，并达成了《与贸易有关的知识产权协定》。该协定要求所有成员必须达到知识产权保护的最低标准。《与贸易有关的知识产权协定》为各国发展对外贸易提供了较好的保障，也对各国知识产权国内法的制定与实施产生重大影响。根据入世承诺，我国修订了《商标法》《专利法》和《著作权法》等法律与法规，扩大了知识产权保护的范围，如增加了保护化工产品、药品、计算机软件、驰名商标、地理标志等方面的内容，加大了打击任何有损于国家和企业名誉的侵权行为和保护知识产权的力度。如我国采取了一系列打击盗版软件的措施，颁布并全面实施了计算机预装正版操作系统的相关规定。

4. 放宽外资进入我国市场的限制

WTO实施的《与贸易有关的投资措施协定》要求各成员便利国内外投资，防止某些投资措施可能产生的贸易限制和扭曲。我国认真履行入世时的承诺，全面遵守该协定，取消了外汇平衡要求、贸易平衡要求、本地成分含量要求和出口实际要求等与贸易有关的投资措施。

5. 增加贸易政策的透明度，接受贸易政策审议

透明度原则是世界贸易组织的基本原则之一，它要求各成员方的各项贸易措施（包括有关法律、法规、政策及司法判决和行政裁决等）要保持透明。为提高成员方贸易政策的透明度，世界贸易组织要求所有成员的贸易政策都要定期接受审议。根据世贸组织规则，贸易额排名世界前四名的成员方每两年被审议一次，其次的16个最大的成员方每四年一次。2006年4月世贸组织首次对我国贸易政策进行了审议。此后，世贸组织对我国商贸易政策审议为每两年进行一次。

6. 接受争端解决机构裁决

在享有与世贸组织成员方磋商解决贸易摩擦，通过争端解决机制解决贸易纠纷的权利的同时，我国也有接受世贸组织其他成员方磋商解决贸易摩擦的要求及履行世贸组织争端解决机构裁决的义务。

7. 缴纳会费

小知识6-2

中国加入世贸组织后对世界作出重要贡献

（选自《中国与世界贸易组织》白皮书，
中华人民共和国国务院新闻办公室，2018年6月）

中国坚定不移奉行互利共赢的对外开放战略，遵循世贸组织自由贸易理念，在对外开放中展现大国担当。从加入世贸组织到共建"一带一路"，中国开放胸襟、拥抱世界，为促进世界经济贸易发展、增加全球民众福祉作出了重大贡献，成为世界经济的主要稳定器和动力源。

（一）拉动世界经济复苏和增长

加入世贸组织后，中国改革开放和经济发展进入加速期，中国的发展有力促进了世界经济发展。

2016年，按照汇率法计算，中国国内生产总值占世界的比重达到14.8%，较2001年提高10.7个百分点。自2002年以来，中国对世界经济增长的平均贡献率接近30%，是拉动世界经济复苏和增长的重要引擎。

中国新型工业化、信息化、城镇化、农业现代化快速推进，形成巨大的消费和投资空间，为全球创造了更多就业。根据国际劳工组织发布的首份《中国与拉美和加勒比地区经贸关系报告》，1990—2016年，中国为拉美和加勒比地区创造了180万个就业岗位。

中国的快速发展为全球减贫事业作出了巨大贡献。改革开放40年来，中国人民生活从短缺走向充裕、从贫困走向小康，现行联合国标准下的7亿多贫困人口成功脱贫，占同期全球减贫人口总数70%以上，为世界提供了最高的减贫贡献率。

（二）对外贸易发展惠及全球

加入世贸组织以来，中国对外贸易持续发展，惠及13亿多中国人民，也惠及世界各国人民。

面对国际金融危机等前所未有的困难和挑战，中国采取有效措施积极应对，努力促进对外贸易回稳向好。世贸组织数据显示，2017年，中国在全球货物贸易进口和出口总额中所占比重分别达到10.2%和12.8%，是120多个国家和地区的主要贸易伙伴。中国货物贸易出口为全球企业和民众提供了物美价廉的商品；2001—2017年，中国货物贸易进口额年均增长13.5%，高出全球平均水平6.9个百分点，已成为全球第二大进口国。自2009年以来，中国一直是最不发达国家第一大出口市场，吸收了最不发达国家五分之一的出口。

2001—2017年，中国服务贸易进口从393亿美元增至4 676亿美元，年均增长16.7%，占全球服务贸易进口总额的比重接近10%。自2013年起，中国成为全球第二大服务贸易进口国，为带动出口国当地消费、增加就业、促进经济增长作出了重要贡献。以旅游服务为例，中国连续多年保持世界第一大出境旅游客源国地位。2017年，中国公民出境旅游突破1.3亿人次，境外旅游消费达1 152.9亿美元。

中国贸易模式的创新也为世界贸易的增长带来了新的动力。跨境电商等对外贸易新业态新模式快速发展，为贸易伙伴提供了更加广阔的市场。2017年中国海关验放的跨境电子商务进出口商品总额为902.4亿元人民币，同比增长80.6%，其中进口为565.9亿元人民币，同比增长高达120%。

（三）双向投资造福世界各国

中国推动构建公正、合理、透明的国际经贸投资规则体系，促进生产要素有序流动、资源高效配置、市场深度融合。

中国积极吸引外国机构和个人来华投资兴业，外商直接投资规模从1992年起连续26年居发展中国家首位。加入世贸组织后，外商直接投资规模从2001年的468.8亿美元增加到2017年的1 363.2亿美元，年均增长6.9%。外商投资企业在提升中国经济增长质量和效益的同时，分享中国经济发展红利。中国美国商会《2018中国商务环境调查报告》显示，约60%的受访企业将中国列为全球三大投资目的地之一，74%的会员企业计划于2018年扩大在华投资，这一比例为近年来最高，其中1/3的受访企业计划增加在华投资10%以上。中国欧盟商会《商业信心调查2018》报告显示，超过一半的会员企业计划扩大在华运营规模。2017年全国新设立外商投资企业35 652家，同比增长27.8%。

中国对外投资合作持续健康规范发展，对外直接投资年度流量全球排名从加入世贸组织之初的第26位上升至2017年的第3位。中国对外投资合作加快了东道国当地技术进步步伐，促进其经济发展和民生改善，创造了大量就业机会。

（四）为全球提供公共产品

中国的发展得益于国际社会，也愿为国际社会提供更多公共产品。中国致力于打造开放型合作平台，维护和发展开放型世界经济，与其他国家共同构建广泛的利益共同体。

提出共建"一带一路"倡议。面对世界经济发展困境，中国提出共建"一带一路"倡议。"一带一路"倡议源于中国，但机会和成果属于世界，对于促进各个国家和地区之间深化合作和共同发展，维护和发展开放型世界经济，推动开放、包容、普惠、平衡、共赢的经济全球化，推动构建人类命运共同体发挥着重要作用。

共建"一带一路"倡议提出以来，已有80多个国家和国际组织同中国签署了合作协议。中国与相关国家深化务实合作，取得了丰硕成果。2013—2017年，中国同沿线国家贸易总额超过5万亿美元，中国企业在这些国家累计投资超过700亿美元。截至2017年年底，中国企业在有关国家建设75个境外经贸合作区，上缴东道国税费超过16亿美元，为当地创造了22万个就业岗位。自2018年起，中国将在3年内向参与"一带一路"建设的发展中国家和国际组织提供600亿元人民币援助，建设更多民生项目。

举办中国国际进口博览会。中国国际进口博览会是中国发起的、多个国际组织和100多个国家参与的国际博览会，是推动全球包容互惠发展的国际公共产品。首届中国国际进口博览会将于2018年11月举行。举办进口博览会是中国推进新一轮高水平对外开放的重大决策，是中国主动向世界开放市场的重大举措，是中国支持经济全球化和贸易自由化的实际行动。未来15年，中国预计将进口24万亿美元商品。中国国际进口博览会将为各国出口提供新机遇，为各国共享中国发展红利搭建新平台，为世界经济增长注入新动力。

思 考 题

1. 何为世界贸易组织？其宗旨和职能是什么？
2. 世界贸易组织具有哪些特点？
3. 世界贸易组织的基本原则有哪些？
4. WTO争端解决机制具有哪些特征？
5. 中国加入WTO有哪些权利与义务？
6. 中国加入世界贸易组织后，对我国经济贸易带来哪些机遇与挑战？

下篇　国际贸易实务

第七章
国际贸易术语

本章学习要点
- 国际贸易术语的含义及作用
- 国际贸易惯例的性质以及有关贸易术语的三个国际惯例
- 国际商会的《2010年国际贸易术语解释通则》中的贸易术语
- 国际贸易术语的选用

第一节 国际贸易术语的含义及作用

一、国际贸易术语的含义

无论是国际贸易还是国内贸易，买卖双方在洽谈交易时，都非常关心成交价格。然而，在国际贸易中，商品的价格构成远比国内贸易复杂，这是因为国际贸易具有线长、面广、环节多和风险大等特点。买卖双方相隔距离遥远，进出口货物由卖方转移到买方的全过程中，需要经过跨国的长距离运输，在出口国和进口国还要办理货物的进出口手续并支付有关费用等。交易双方在洽商交易、订立合同时，至少要涉及以下几个重要问题：

（1）卖方的交货地点、交货方式问题。由于买卖双方相距甚远，不便于进行现金现货交易。那么卖方在什么地方，以什么方式办理交货？

（2）责任的承担问题。在交易中，是由买方还是由卖方来负责办理货物的运输、货运保险、申请进口或出口许可证、报关等工作？

（3）费用的负担问题。办理上述事项时所需要的费用由谁来负担？

（4）风险的划分问题。在货物交接过程中发生的损坏或灭失的风险何时何地由卖方转移给买方？

（5）交接的单据问题。买卖双方需要交接哪些单据？

所有上述问题，在国际贸易的每笔交易中都必须明确下来。贸易术语就是为了解决这些问题，在实践中产生和发展起来的。

例如，出口运动衫的报价："运动衫每打80美元CIF纽约"，其中的贸易术语CIF表示了以下有关信息：

（1）每打80美元的价格构成中包含了运至纽约的运费及货运保险费。

（2）由卖方自负风险和费用办理货物的运输、保险以及货物的出口手续。

（3）卖方承担在装运港货物装上船之前的一切风险和费用。

（4）买卖双方是凭单交货、凭单付款。

从上述例子中可以看出，贸易术语是在长期的国际贸易实践中产生的，用一个简短的概念或三个字母的英文缩写来表示商品的价格构成，并说明在货物的交接过程中，有关交货地点、风险、责任、费用划分等问题的专门术语。

不同的贸易术语有其特定的含义，表示特定的交易条件。通常来讲，如果买卖双方选用的贸易术语要求卖方承担的责任越大，支付的费用越多，则出口报价越高；反之，报价就越低。一旦买卖双方在合同中选定采用某种贸易术语成交，则合同中的条款内容就应与其相适应，并根据有关惯例的规定来确定买卖双方的权利和义务。

二、国际贸易术语的作用

国际贸易术语在国际贸易中起着积极的作用，主要表现在：

1. 有利于买卖双方洽商交易和订立合同

因为每个贸易术语都有其特定的含义，并且一些国际组织对每个贸易术语做了统一的解释与规定，这些解释与规定在国际上已被广泛接受，并成为惯常奉行的做法或行为模式。因此买卖双方在洽商交易时只要商定按哪个贸易术语成交，即可明确彼此在货物交易过程中应承担的责任、费用和风险，这就简化了交易手续、缩短了洽商的时间，从而有利于买卖双方迅速达成交易。

2. 有利于买卖双方核算成交价格和交易成本

由于贸易术语表示了商品的价格构成因素，所以，买卖双方在确定成交价格时，必然会考虑所采用的贸易术语中包括的有关费用，从而有利于买卖双方进行比价和成本核算。

3. 有利于解决双方在履约中的争议

买卖双方在履约中产生的争议，如果不能依据合同的规定解决，在此情况下，可援引有关贸易术语的一般解释来处理。因为贸易术语的一般解释已成为国际惯例，被国际贸易界从业人员和法律界人士所接受，成为国际贸易中公认的一种类似行为规范的准则。

贸易术语是在长期的国际贸易实践中产生和发展起来的，又因为它以简略的文字说明了商品的价格构成和交货条件，对于简化交货手续、节约时间和费用，都具有重要的作用。所以贸易术语的出现又促进了国际贸易的发展。

第二节 有关贸易术语的国际贸易惯例

一、国际贸易惯例的性质

国际贸易术语在国际贸易中的运用可以追溯到二百多年前。例如，装运港船上交货的贸易术语 FOB 出现在 18 世纪末与 19 世纪初之际，CIF 的广泛应用是在 19 世纪中叶。但是在相当长的时间内，在国际上没有形成对国际贸易术语的统一解释。各个国家和地区在使用贸易术语时，出现了各种不同的解释和做法。这种差异，不利于国际贸易的发展。为了解决存在的分歧，国际商会（International Chamber of Commerce，ICC）、国际法协会等国际组织及美国的一些著名商业团体经过长期的努力，分别制定了解释国际贸易术语的规则，这些规则在国际上被广为接受，从而形成一般国际贸易惯例。国际贸易惯例是指国际贸易中经反复实践形成的,并经国际组织加以编纂与解释的习惯性做法。

国际贸易惯例本身不是法律,它对交易双方不具强制约束力,因而,买卖双方有权在合同中做出与某项惯例不符的规定。只要合同有效成立,双方均要遵照合同的规定履行。国际贸易惯例的运用是以当事人的"意识自治"为基础的。例如,按照国际商会《2010年国际贸易术语解释通则》(以下简称《2010通则》)的规定,FOB条件下卖方承担的风险是在装运港货物装上船之后就转移给买方。然而,我国一家国有大型贸易公司在按FOB条件从国外进口机械设备时,为了促使卖方在装运港装货时注意安全操作,以免货物在装载时受损,特在进口合同中加订"货物越过船舷、进入船舱、脱离吊钩并安全卸抵舱底、风险才转移"的条款。按照"合同优先于惯例"的原则,履约时,仍以买卖合同的规定为准。但是,如果买卖双方都同意采用某种惯例来约束该项交易,并在合同中明确规定,那么这项约定的惯例就具有强制性。

此外,国际贸易惯例对国际贸易实践具有重要的指导作用,这体现在:如果买卖双方在合同中没有明确规定采用某种惯例,当双方就某个贸易问题产生争议时,受理该争议案的仲裁机构或法庭往往会引用某些常用的影响较大的惯例作为评判的依据。因此,我国在对外贸易中,适当地采用这些惯例,有利于外贸业务的开展,避免或减少贸易争端。

二、有关贸易术语的国际贸易惯例

有关贸易术语的国际惯例主要有以下三种。

(一)《1932年华沙-牛津规则》(Warsaw-Oxford Rules 1932,简称 W. O. Rules 1932)

1928年国际法协会在华沙开会制定了有关CIF买卖合同的规则,共22条。后经1930年纽约会议、1931年巴黎会议和1932年的牛津会议修订为21条,并更名为《1932年华沙-牛津规则》,一直沿用至今。该规则比较详细地解释了CIF合同的性质、买卖双方所承担的责任、风险和费用的划分以及货物所有权转移的方式等问题。该惯例只解释CIF这一个术语。该惯例在其总则中说明,这一规则供交易双方自愿采用,凡明示采用该规则者,合同当事人的权利和义务应该援引本规则的规定办理。经双方当事人明示协议,可以对本规则的任何一条进行变更、修改或添加。如本规则与合同发生矛盾,应以合同为准。凡合同中没有规定的事项,应按本规则的规定办理。

(二)《1941年美国对外贸易定义修订本》(Revised American Foreign Trade Definition 1941)

1919年美国9个商业团体首次制定了《美国出口报价及其缩写条例》(The U. S. Export Quotations and Abbreviation)。后来在1941年的美国第27届全国对外贸易会议上对该条例进行了修订,故称为《1941年美国对外贸易定义修订本》(简称《1941年修订本》)。这一修订本经美国商会、美国进出口协会和全国对外贸易协会所组成的联合委员会通过,由全国对外贸易学会给予公布。

《1941年修订本》中所解释的贸易术语共有六种,分别为:

(1) Ex Point of Origin,即产地交货。此产地是指"工厂交货""矿山交货""农场交货"等。

(2) Free on Board，即在运输工具上交货。《1941 年修订本》对 FOB 术语的解释具体又分为六种：

1) F.O.B（named inland carrier at named inland point of departure），即在指定的发货地点的指定的内陆运输工具上交货。

2) F.O.B（named inland carrier at named inland point of departure）Freight prepaid to（named point of exportation），即在指定的内陆发货地点的指定的内陆运输工具上交货，运费预付到指定的出口地点。

3) F.O.B（named inland carrier at named inland point of departure）freight allowed to（named point），即在指定的内陆发货地点的指定的内陆运输工具上交货，减除至指定地点的运费。

4) F.O.B（named inland carrier at named point of exportation），即在指定的出口地点的指定的内陆运输工具上交货。

5) F.O.B Vessel（named port of shipment），即在指定装运港船上交货。

6) F.O.B（named inland point in country of importation），即在指定进口国内陆地点交货。

(3) Free Along Side，即在运输工具旁边交货。

(4) Cost & Freight，即成本加运费。

(5) Cost, Insurance and Freight，即成本加保险和运费。

(6) Ex Dock，即在目的港码头交货。

《1941 年美国对外贸易定义修订本》规定：此修订本并无法律效力，除非由专门的立法规定或为法院判决所认可。因此，为使其对各有关当事人产生法律上的约束力，建议卖方或买方接受定义作为买卖合同的一个组成部分。

《1941 年修订本》在美洲国家采用较多。由于它对贸易术语的解释，特别是对第（2）种（FOB）和第（3）种（FAS）术语的解释与国际商会的 INCOTERMS 有明显的差异，所以，在同美洲国家进行交易时应加以注意，以减少双方之间的争端。

（三）《2010 年国际贸易术语解释通则》（INCOTERMS 2010）

《国际贸易术语解释通则》（以下简称为《通则》），原文为 International Rules for the Interpretation of Trade Terms，定名为 INCOTERMS（来源于 International Commercial Terms 三个词），它是国际商会（ICC）为了统一对各种贸易术语的解释而制定的。最早的《通则》产生于 1936 年，后来为了适应国际贸易业务发展的需要，国际商会分别于 1953 年、1967 年、1976 年、1980 年和 1990 年对《INCOTERMS》进行了五次补充和修订。1999 年 7 月，国际商会又正式出版了它的第六次修订本——INCOTERMS 2000，即《2000 通则》，并于 2000 年 1 月 1 日起生效。《2010 通则》则是 2010 年 9 月公布，2011 年 1 月 1 日开始全球实施。《2000 通则》自动作废。

小知识 7-1

国际商会（ICC）

国际商会（International Chamber of Commerce，ICC）是国际性民间商业组织，成立于 1919 年，总部设在法国的巴黎，下设有商业管理委员会、银行委员会、仲裁院等专业委员会和专门机构,有140多个国家和地区是它的会员。因此,国际商会在世界范围内具有非常重要的影响。国际商会是联合国的一个高级咨询机构,设立的目的是在经济和法律领域里,以有效的行动促进国际贸易和投资的发展。1994年11月,国际商会正式授予中国国际商会(China Chamber of International Commerce,CCOIC)会员地位,并同意中国建立国际商会中国国家委员会。1995年1月1日,国际商会中国国家委员会正式成立。

(1)《2000通则》简介

国际商会在《2000通则》的引言中指出,在进行国际贸易时,每笔交易除了订立买卖合同外,还要涉及运输合同、保险合同和融资合同等,而INCOTERMS只涉及其中一项合同,即买卖合同。并强调INCOTERMS涵盖的范围只限于买卖合同双方关于交货、收货等权利义务的规定,只涉及卖方按照合同交付货物、交付单据两项基本义务。其中货物是指"有形的"货物,不包括"无形的"货物,如电脑软件。国际商会在《2000通则》的引言中还指出,希望使用《2000通则》的商人,应在合同中明确规定该合同受《2000通则》的约束。

《2000通则》相对于《1990通则》而言,改动不大。带有实质性内容的变动主要涉及三种术语,即FCA、FAS和DEQ。另外,在规定每种术语下买卖双方承担的义务时,在文字上做了一些修改,使其含义更加明确。

《2000通则》保留了《1990通则》中包含的13种术语,并仍将这13种术语按不同类别分为E、F、C、D四个组。

E组为启运(Departure)术语。只包括EXW一种术语,指卖方的交货义务是在其货物所在地将货物提供给买方。

F组为主运费未付(Main Carriage Unpaid)术语。它包括有FCA、FAS和FOB三种术语。这组术语的特点是,由买方自费签订运输合同,即成交价格中不包含有运费。

C组为主运费已付(Main Carriage Paid)术语。它包括有CFR、CIF、CPT和CIP四种术语。在C组术语条件下,卖方需要自费订立运输合同,即成交价格中都含有主要运费。此外,CIF和CIP术语还要求卖方办理货物运输保险并支付保险费。但卖方不承担从装运地启运后所发生的货物损坏或灭失的风险及增加的额外费用。

D组为到达(Arrival)术语。它包括DAF、DES、DEQ、DDU和DDP五种术语。按D组术语签订的合同,卖方必须在规定的交货期内将货物运送到指定的目的港或目的地,并承担货物交到指定目的港或目的地为止的一切风险、责任和费用。根据上述分类列表7-1。

表7-1 《2000通则》中13种贸易术语按不同类别的分组情况

E组(启运)	EXW(Ex Works)	工厂交货
F组(主运费未付)	FCA(Free Carrier) FAS(Free Alongside Ship) FOB(Free on Board)	货交承运人 装运港船边交货 装运港船上交货
C组(主运费已付)	CFR(Cost and Freight) CIF(Cost,Insurance and Freight) CPT(Carriage Paid To) CIP(Carriage and Insurance Paid To)	成本加运费 成本加保险费、运费 运费付至 运费、保险付至

续表

E 组（启运）	EXW（Ex Works）	工厂交货
D 组（到达）	DAF（Delivered At Frontier） DES（Delivered Ex Ship） DEQ（Delivered Ex Quay） DDU（Delivered Duty Unpaid） DDP（Delivered Duty Paid）	边境交货 目的港船上交货 目的港码头交货 未完税交货 完税后交货

《2000 通则》将每种贸易术语项下卖方和买方各自应承担的义务相互对比（表 7-2），纵向排列。而在《1990 通则》中，则是横向排列着卖方义务和买方义务的同一条。此外，《2000 通则》在买方义务的第三条的标题上加了保险合同一项。《2010 通则》仍然使用这种方式来陈述买卖双方应承担的义务。具体各项标题见表 7-3。

表 7-2　《2000 通则》中 13 种贸易术语的列表对比

贸易术语	交货地点	风险转移界限	出口海关手续的责任、费用	进口海关手续的责任、费用	适用的运输方式
EXW	商品产地、所在地	货交买方	买方	买方	任何运输方式
FCA	出口国内地、港口	货交承运人	卖方	买方	任何运输方式
FAS	装运港口	货交船边后	卖方	买方	海运或内河航运
FOB	装运港口	货越船舷后	卖方	买方	海运或内河航运
CFR	装运港口	货越船舷后	卖方	买方	海运或内河航运
CIF	装运港口	货越船舷后	卖方	买方	海运或内河航运
CPT	出口国内地、港口	货交承运人	卖方	买方	任何运输方式
CIP	出口国内地、港口	货交承运人	卖方	买方	任何运输方式
DAF	边境指定地点	货交买方	卖方	买方	任何运输方式
DES	目的港口	目的港船上	卖方	买方	海运或内河航运
DEQ	目的港口	目的港码头	卖方	买方	海运或内河航运
DDU	进口国内	货交买方	卖方	买方	任何运输方式
DDP	进口国内	货交买方	卖方	卖方	任何运输方式

表 7-3　《2010 通则》中卖方和买方各承担的义务对比

A1. 提供符合合同规定的货物
B1. 支付货款
A2. 许可证、其他许可和手续
B2. 许可证、其他许可和手续
A3. 运输合同与保险合同
B3. 运输合同与保险合同
A4. 交货

续表

B4. 受领货物	
A5. 风险转移	
B5. 风险转移	
A6. 费用划分	
B6. 费用划分	
A7. 通知买方	
B7. 通知卖方	
A8. 交货凭证、运输单据或有同等作用的电子信息	
B8. 交货凭证、运输单据或相应的电子信息	
A9. 查核、包装、标记	
B9. 货物检验	
A10. 其他义务	
B10. 其他义务	
注：A 代表卖方义务（The Sell's Obligations）； 　　B 代表买方义务（The Buyer's Obligations）。	

在上述三种有关贸易术语的国际贸易惯例中，《2010 通则》包括的内容最多，使用范围最广，在国际上影响最大。《2010 通则》是本章的主要学习内容。

小知识 7-2

EDI的概念

（引自汪涛等. EDI：国际贸易新手段. 中国经济出版社，1997）

EDI（电子数据交换）是英文 Electronic Data Interchange 的缩写。联合国欧洲经济委员会贸易程序简化工作组（UN/ECE/WP.4）于 1994 年 9 月 23 日在日内瓦举行的第 40 届会议上通过了 EDI 的技术定义。国际标准化组织（ISO）联席会议同年接受了这一定义：电子数据交换（EDI）是使用一种商定的标准来处理所涉及的交易或信息数据的结构，商业或行政交易事项，从计算机到计算机的电子传递。

联合国国际贸易法委员会 EDI 工作组（UNCITRAL/WG.4）于 1994 年 10 月 14 日在维也纳举行的第 28 届会议上通过的法律定义是：电子数据交换（EDI）是将数据和信息规范化和格式化，并通过计算机网络进行交换和处理。因此，EDI 包括三方面的内容：一是用统一的标准来编制资料；二是利用电子方式传输信息；三是计算机应用程序之间的连接。

在 1993 年之前，国际上常用的统一标准有两个：一个是美国的 ANSI X 12，一个是联合国 EDIFACT。从 1993 年 4 月起，ANSI X 12 开始向 EDIFACT 靠拢，这样全世界统一的标准就只有 EDIFACT。

我国是在1990年引进EDI概念的，原国家经贸部于1990年5月和1991年5月分别召开了中文EDI标准研讨会和国际无纸贸易战略与技术研讨会，并把EDI列入国家"八五"重点应用项目，成立了"促进EDI应用协调小组"。1993年5月在北京召开了"EDI国际研讨会"。

EDI可以为国际贸易带来巨大的效益，这主要是来自EDI的高速、精确、节约、省时。据香港专家统计，实施EDI的直接效益为：商业文件传递速度提高81%；文件成本降低44%，由差错造成的商业损失减少40%，文件处理成本降低38%。除了直接效益外，还可以为用户带来间接效益和战略效益。

(2)《2010通则》简介

国际商会的《2010通则》中共有11种国际贸易术语。这11种国际贸易术语可以被分为两类：适合任何运输方式的术语和适合水上运输方式的术语。

适合任何运输方式的术语有：EXW（工厂交货）；FCA（货交承运人）；CPT（运费付至……）；CIP（运费和保险费付至……）；DAT（目的地或目的港的集散站交货）；DAP（目的地交货）；DDP（完税后交货）。

适合水上运输方式的术语：FAS（船边交货）；FOB（装运港船上交货）；CFR（成本加运费）；CIF（成本加保险费和运费）。

《2010通则》较《2000通则》更准确标明各方承担货物运输风险和费用的责任条款，令船舶管理公司更易理解货物买卖双方支付各种收费时的角色，有助于避免现时经常出现的码头处理费（THC）纠纷。此外，新通则也增加大量指导性贸易解释和图示，以及电子交易程序的适用方式。

虽然《2010通则》于2011年1月1日正式生效，但并非《2000通则》就自动作废。当事人在订立贸易合同时仍然可以选择适用《2000通则》甚至《1990通则》，因为惯例的适用是以当事人的自愿为原则的。

相对《2000通则》，《2010通则》主要有以下变化：

一是13种贸易术语变为11种；贸易术语分类由四组（E组、F组、C组、D组）变为两类（适合水上运输方式和适合任何运输方式）；删除《2000通则》D组中的四个贸易术语，即DDU（Delivered Duty Unpaid）、DAF（Delivered At Frontier）、DES（Delivered Ex Ship）、DEQ（Delivered Ex Quay），只保留了《2000通则》D组中的DDP（Delivered Duty Paid），新增加两种贸易术语，即DAT（Delivered At Terminal）与DAP（Delivered At Place）。E组、F组、C组的贸易术语不变。

二是使用范围扩大至国内贸易合同。

三是电子通信方式被《2010通则》赋予完全等同的功效。

第三节 《2010通则》中主要国际贸易术语

国际贸易中使用的贸易术语有10多种，但迄今为止采用最多的仍是装运港交货的三种贸易术语：FOB、CIF和CFR。此外，随着集装箱多式联运业务的普及，FCA、CPT和CIP贸易术语必将成为国际贸易中的常用贸易术语。掌握这六种主要贸易术语的含义、买卖双方承担的义务以及在使用中要注意的问题，十分重要。本节重点学习这六种常用的贸易术语。

一、FOB 术语

（一）FOB 术语的含义

FOB Free on Board（…named port of shipment），即船上交货（……指定装运港），习惯上称之为装运港船上交货。

FOB 术语是指卖方在约定的装运港按合同规定的装运时间将货物交到买方指派的船上。按照《2010 通则》规定，此术语只适用于海运和内河运输。但是，在海运和内河航运中，如果要求卖方在船舶到达装运港之前就要将货物交到港口货站，则改用 FCA 术语更为适宜。

采用 FOB 术语时，买卖双方各自承担的基本义务概括起来，可做如下划分。

1. 卖方义务

（1）在约定的装运期间内和指定的装运港，将合同规定的货物交到买方指派的船上，并及时通知买方。

（2）承担货物在装运港装上船之前的一切费用和风险。

（3）自负风险和费用，取得出口许可证或其他官方批准证件，并办理货物出口所需要的一切海关手续。

（4）提交商业发票和自费提供证明自己按规定交货的清关单据，或具有同等作用的电子信息。

2. 买方义务

（1）自费签订从指定装运港装运货物的运输合同，并将船名、装货地点和装货日期及时通知卖方。

（2）承担货物在装运港装上船之后发生的各种费用以及货物灭失或损坏的一切风险。

（3）根据买卖合同规定受领货物并支付货款。

（4）自负风险和费用，取得进口许可证或其他官方证件，并负责办理货物进口和必要时从他国过境所需的一切海关手续。

（二）在具体业务中，使用 FOB 术语时应注意的问题

1. "船上为界"的确切含义

以"船上为界"表明货物在装上船之前的一切风险，如在装船时货物跌落码头或海中所造成的损失，均由卖方承担。货物装上船之后，在起航前和在运输过程中所发生的损坏或灭失，则均由买方承担。这种划分风险的规则，其界限分明，易于理解和接受。装船作业是一个连续过程，在卖方承担装船责任的情况下，他必须完成这一全过程，卖方必须支付与货物有关的一切费用，直至货物在指定装运港已装上船时为止。这实际上是指，在一般情况下，卖方要承担装船的主要费用，但不包括平舱费和理舱费。但在实际业务中，买卖双方可根据实际需要进行协商，做出不同的规定。

以装运港船上作为风险划分的界限也是最常用的 FOB、CFR、CIF 三种贸易术语同其他贸易术语的重要区别之一。

小讨论 7-1

FOB、CFR、CIF条件下卖方风险的转移

我国某贸易公司按FOB条件与韩国商人签订了一笔化工原料的进口合同，装船前检验时，货物品质良好，符合合同的规定。货物运抵目的港，我方提货后检验发现部分货物结块，品质发生变化。经调查确认原因是货物包装不良，在运输途中吸收空气中水分导致原颗粒状的原料结成硬块。于是，我方向韩国商人提起索赔，但韩国商人指出，货物装船前品质是合格的，品质的变化是在运输途中发生的，也就是货物装上船之后才发生的，按国际惯例，其后果应由我方承担，因此，韩国商人拒绝赔偿。韩国商人的做法符合国际惯例吗？说明理由。

提示：货物变质是由包装不良造成的，所以致损的原因在装船前就已经存在。属于卖方在履约中过失，应构成违约。国际惯例对FOB、CFR、CIF的风险转移的解释，如果运输途中由于突然发生的自然灾害和意外事件导致货物的损失由买方承担。

2. 船货衔接问题

在FOB术语成交的合同中，卖方的一项基本义务是按约定的时间和地点完成装运。然而，由于在FOB条件下，是由买方负责安排运输，所以就存在一个船货衔接问题。根据有关法律和惯例，如买方未能按时派船，包括未经卖方同意提前派船或延迟派船，卖方都有权拒绝交货，而且由此产生的各种损失，如空舱（Dead Freight）、滞期费（Demurrage）及卖方增加的仓储费等，均由买方负担。如果买方所派船只按时到达装运港，而卖方没能按时备妥货物，那么，由此产生的各种费用则要由卖方负担。有时买卖双方按FOB价格成交，而买方又委托卖方办理租船订舱，卖方也可酌情接受。但这属于代办性质，由此产生的风险和费用仍由买方承担。

3. 个别国家对FOB术语的不同解释

以上有关对FOB术语的解释都是按照国际商会的《通则》做出的。然而，不同的国家和不同的惯例对FOB术语的解释并不完全统一。它们之间的差异在有关交货地点、风险划分界限以及卖方承担的责任义务等方面的规定都可以体现出来。例如在北美洲的一些国家采用的《1941年美国对外贸易定义修订本》中将FOB概括为六种，其中前三种是在出口国内指定地点的内陆运输工具上交货，第四种是在出口地点的内陆运输工具上交货，第五种是在装运港船上交货，第六种是在进口国指定内陆地点交货。上述第四种和第五种在使用时应加以注意，因为这两种术语在交货地点上可能相同。比如，都是在旧金山（San. Francisco）交货，如果买方要求在装运港口的船上交货，则应在FOB和港口之间加上Vessel（船）字样，变成"FOB Vessel San. Francisco"，否则，卖方有可能按第四种——在旧金山市的内陆运输工具上交货。

另外关于办理出口手续问题存在分歧。按照《2010通则》解释，FOB条件下，卖方应"自担风险及费用，取得任何出口许可证或其他官方证件，并在需要办理海关手续时，负责办理出口货物所需的一切海关手续"。但是，按照美国的《定义》解释，卖方只是"在买方请求并由其负担费用的情况下，协助买方取得由原产地及/或装运地国家签发的、为货物出口或在目的地进口所需的各种证件"，即买方要承担一切出口捐税及各种费用。

鉴于上述情况，在我国对美国、加拿大等北美洲国家的业务中，采用 FOB 术语成交时，应对有关问题做出明确规定，以免发生误会。

小讨论 7-2

中美贸易中以 FOB 术语成交而引起的争议

（选自王万义等．进出口贸易实务．对外经济贸易大学出版社，2001）

在 1991 年，我国某贸易公司从美国进口特种异型钢材 200 公吨①，双方的成交价格为每公吨 900 美元 FOB Vessel New York。合同规定支付方式为信用证。我贸易公司在合同规定的付款时间内，通过中国银行向美国商人开出了一张金额为 18 万美元的信用证。美国商人收到信用证后来电称："信用证已收到。但是，金额不足，应增加 1 万美元备用。否则，有关出口的税捐以及各种签证费由你方另行电汇。"我贸易公司接到来电后认为美方的要求是无理的，并立即向美方回电指出："按 FOB Vessel 贸易条件成交，应该由卖方负担货物的出口税捐和签证费用，这在《通则》中有明确的规定。"美商人回电称："双方在合同中并没有明确规定按《通则》办理。根据我们的商业习惯及《1941 年美国对外贸易定义修订本》的规定，出口税捐及费用应由进口商承担。"此时，正赶上国际市场的钢材价格不断上涨，我方又急需这批钢材，只好按美方的要求通过银行将信用证的金额增加到 19 万美元。本案例中，我方有没有失误？我方应争取在合同中做哪些规定就可以不负担上述出口税费？

二、CIF 术语

（一）CIF 术语的含义

CIF Cost, Insurance and Freight（…named port of destination），即成本加保险费、运费（……指定目的港）。

CIF 也是在装运港交货的贸易术语，只适用于海运和内河运输。采用 CIF 术语成交时，卖方的基本义务是自负费用办理货物的运输及海运保险，并在规定的装运期及指定的装运港将货物装船。因此成交价格的构成因素中包括运费和保险费。在业务上，有人误认为 CIF 为"到岸价"，这是一种误解。按 CIF 条件成交时，卖方是在装运港完成交货义务，卖方承担的风险仍是在装运港货物装上船之前的风险。在货物装船后，自装运港到目的港的正常运费和保险费以外的费用也由买方负担。卖方只需提交约定的单据，并不保证货物将按时到达指定目的港。

采用 CIF 术语时，买卖双方各自承担的基本义务如下：

1. 卖方义务

（1）自付费用签订运输合同，按合同规定的装运期在指定装运港将合同要求的货物装船，并及时通知买方。

（2）承担货物在装运港装上船之前的一切风险和费用。

---

① 1 公吨＝1 吨。

(3) 按照合同的约定，自负费用办理货物运输保险。
(4) 自负风险和费用，取得出口许可证或其他官方证件，并办理货物的出口手续。
(5) 提交商业发票和在目的港提货所需的运输单据，或具有同等作用的电子信息，并向买方提供保险单据。

2. 买方义务

(1) 接受卖方提供的有关单据，受领货物，并按合同规定支付货款。
(2) 承担货物在装运港装上船之后的一切风险和费用。
(3) 自负风险和费用，办理货物进口和必要时从他国过境所需的一切海关手续。
(4) 负担除正常运费和保险费以外的货物在海运过程中直至目的港为止所产生的额外费用。

（二）使用 CIF 术语应注意的问题

1. 保险的险别问题

CIF 术语的价格构成中包含保险费，卖方有义务办理货运保险。投保不同的险别，保险人承保的责任范围不同，收取的保险费率也不同。那么，按 CIF 术语成交，卖方应该投保什么险别呢？一般的做法是，在双方签约时，在合同中明确规定保险的险别、保险金额等内容，卖方在投保时按合同的约定办理即可。但是，如果买卖双方在合同中没有明确的规定，则按有关惯例来处理。按照《2010 通则》对 CIF 的解释，卖方只需投保最低险别，但在买方的要求下，并由买方付费时，可加保战争、罢工、暴乱和民变险。

按照《1941 年美国对外贸易定义修订本》的解释，双方应明确投保水渍险（WPA）或平安险，以及属于特定行业应保的其他险别，或是买方需要获得单独保障的险别。而《1932 年华沙-牛津规则》规定，需要按照不同行业惯例或在规定航线上应投保的一切风险进行投保，但不包括投保战争险。

2. 租船订舱问题

根据《2010 通则》规定："卖方必须自付费用，按照通常条件订立运输合同，经由惯常航线，将货物用通常可供运输合同所指货物类型的海轮（或依情况适合内河运输的船只）装运至指定的目的港。"《1941 年美国对外贸易定义修订本》中只是笼统地规定卖方"负责安排货物至指定目的地的运输事宜，并支付其费用"。《1932 年华沙-牛津规则》中有规定："如买卖合同未规定装运船只的种类，或者合同内使用'船只'这样笼统名词，除依照特定行业惯例外，卖方有权使用通常在此航线上装运类似货物的船只来装运。"因此，除非合同另有规定外，如果买方提出关于船籍、船型、船龄、船级以及指定船公司的船只等额外要求时，卖方有权拒绝接受，也可根据实际情况给予通融。

3. 卸货费用负担问题

CIF 是指卖方应将货物运往合同规定的目的港，并支付正常的费用。但货物运至目的港后的卸货费由谁承担也是一个需要考虑并明确规定的问题。由于各国做法不尽相同，通常采用 CIF 变形的形式来做出具体规定。CIF 变形后的形式主要有：

(1) CIF Liner Terms（CIF 班轮条件）。这一变形是指卸货费由谁负担，按照班轮的做法来办，即由支付运费的卖方来负担卸货费。
(2) CIF Landed（CIF 卸至岸上）。这一变形是指由卖方负担将货物卸至岸上的费用，包括可能支付的驳船费和码头费在内。

（3）CIF Ex Ship's Hold（CIF 舱底交货）。这一变形是指货物由目的港船舱底起吊至卸到码头的卸货费用均由买方负担。

（4）CIF Under Ship's Tackle（CIF 船舶吊钩下交货）。这一变形是指卖方负担的费用中包含了将货物从船舱吊起卸到船舶吊钩所及之处（码头上或驳船上）的费用。

CIF 的变形只说明卸货费用的划分，并不改变 CIF 的交货地点和风险划分的界限。

4. 象征性交货问题

CIF 合同的特点在于，它是一种典型的象征性交货（Symbolic Delivery），即是卖方凭单据交货，买方凭单据付款，只要卖方所交单据齐全与合格，不管货物是否能完好地到达目的港，卖方就算完成了交货义务，卖方无须保证到货。在此情况下，买方都必须履行付款义务。反之，如果卖方提交的单据不符合要求，即使货物完好无损地到达目的地，买方仍有权拒付货款。

CIF 术语的象征性交货性质，要求卖方必须保证所提交的单据完全符合合同的要求。否则，将无法顺利地收回货款。但是，必须指出，按 CIF 术语成交，卖方履行其交货义务只是得到买方付款的前提条件。除此之外，卖方还要履行交货义务。如果所交货物与合同规定不符，只要买方能证明货物的缺陷在装船前就已经存在，而且这种缺陷在正常检验中很难发现，买方即使已经付款，只要未超过索赔期，仍然可以根据合同的规定向卖方提出索赔。

小讨论 7-3

CIF 条件下买卖双方的风险责任

（选自《全国经贸知识培训与大奖赛试题答案汇编》．对外贸易教育出版社，1992）

我贸易公司按 CIF 条件向英国某一商人出售一批草编制品，向中国人民保险公司投保了一切险，并在合同中规定用信用证方式支付。我贸易公司在合同规定的装运期、在指定的装运港将货物装船完毕。第二天，我贸易公司接到英国进口商的来电称：装货的海轮在海上失火，草编制品全部烧毁。进口商要求我贸易公司出面向中国人民保险公司提出索赔。否则，要求我贸易公司退回全部货款。

试问：该批交易是按 CIF 伦敦条件成交，对英国商人的要求，我贸易公司应该如何处理？为什么？

三、CFR 术语

（一）CFR 术语的含义

CFR 的全称是 Cost and Freight（…named port of destination），即成本加运费（……指定目的港），在《2000 通则》之前曾用 "C&F" 来表示。

CFR 术语也是国际贸易中常用的术语之一，只适用于海运和内河运输，交货地点仍在装运港。与 FOB 术语相比，卖方承担的义务中多了一项租船订舱，即卖方要自负费用订立运输合同。具体来讲，买卖双方各自承担的基本义务如下：

1. 卖方义务

（1）自负费用签订运输合同，在合同规定的装运期内，在指定的装运港将合同要求的货物装船，并及时通知买方。

（2）承担货物在装运港装上船之前的一切风险和费用。

（3）自负风险和费用，取得出口许可证或其他官方许可证件，并办理货物的出口和必要时从他国过境所需的一切海关手续。

（4）提交商业发票和在目的港提货所需的运输单据或相应的电子信息。

2. 买方义务

（1）接受卖方提供的有关单据，受领货物，并按合同规定支付货款。

（2）承担货物在装运港装上船之后的一切风险和费用。

（3）自负风险和费用，办理货物的进口手续。

（二）使用 CFR 术语时应注意的问题

1. 卖方的装运义务

采用 CFR 贸易术语成交时，卖方负责在装运港按规定的期限把货物装上运往目的港的船上。除了不负责投保和支付货物保险费之外，其他义务均与 CIF 相同，包括在解决卸货费负担问题而产生的变形形式方面。

2. 卖方要及时发出装船通知

按惯例，不论是 FOB 还是 CFR 合同，卖方在货物装船后，都必须立即向买方发出装船通知。但是，对于 CFR 合同来说，这一点尤为重要，因为这将直接影响到买方是否能及时地办理货物运输保险。如果由于卖方没有及时发出装船通知，使买方未能及时办理货物运输保险，货物在海运途中的风险将由卖方承担。因此，在 CFR 条件下的装船通知具有更为重要的意义。

综上所述，FOB、CIF 和 CFR 三种术语都是只适用于水上运输的贸易术语；卖方的交货地点均在装运港；买卖双方承担的风险划分界限均是在装运港货物装上船后由卖方转移给买方。它们之间的区别是卖方承担的责任和费用有所不同。CFR 与 FOB 相比，卖方的责任增加了货物运输的办理，价格构成上相应增加了一笔正常的货物运输费用；而 CIF 与 CFR 相比，卖方的责任增加了货运保险的办理，价格构成上也相应增加了一笔保险费。

小知识 7-3

FOB、CFR、CIF 三种术语的异同

相同点：

（1）买卖双方承担的风险划分：都是以装运港船上为界。在货物装上船之前由卖方承担，而货物装上船之后，则由买方承担。因此，就卖方承担的风险而言，有：CIF = CFR = FOB。

（2）交货地点：都是在装运港完成交货。

（3）适用的运输方式：都是只适用于水上运输方式。

（4）货物进出口手续办理的规定：都规定货物的出口手续由卖方办理，而货物的进口

手续则由买方办理。

不同点：

买卖双方承担的责任以及费用不同：CIF 术语要求卖方既要负责办理货物运输并支付运费，也要办理货物的运输保险并支付保险费；而 CFR 术语只要求卖方办理货物的运输并支付运费；FOB 术语只要求卖方在装运港交货，不负责货物的运输和保险。因此，就卖方承担的责任和费用而言，则有：CIF>CFR>FOB。

四、FCA 术语

（一）FCA 术语的含义

FCA 全称是 Free Carrier（…named place），即货交承运人（……指定地点）。

FCA 术语适用于任何形式的运输，包括多式联运。FCA 意指卖方在指定地点将已办完出口清关手续的货物交与买方指定的承运人控制之下即完成交货义务。卖方承担的风险在货交承运人时转移。风险转移之后，与运输、保险相关的责任和费用也相应转移。

采用 FCA 术语时，买卖双方各自承担的基本义务如下。

1. 卖方义务

（1）在合同规定的时间内，在指定的地点，将合同规定的货物交于买方指定的承运人控制之下，并及时通知买方。

（2）承担将货物交于买方指定的承运人控制之前的一切风险和费用。

（3）承担风险和自负费用，取得出口许可证或其他官方证件，并办理货物出口清关手续。

（4）承担风险和自付费用向买方提交商业发票，交货凭证，或有同等效力的电子信息。

2. 买方义务

（1）自负费用签订运输合同，并将承运人名称及有关情况及时通知卖方。

（2）按合同规定受领货物并支付货款。

（3）承担货物置于承运人控制之后的一切风险和费用。

（4）承担风险和自负费用，取得进口许可证或其他官方证件，并办理货物的进口和必要时从他国过境所需的一切海关手续。

（二）使用 FCA 术语应注意的问题

1. 关于承运人和交货地点

在 FCA 条件下，通常是由买方安排承运人。为了方便使用 FCA 术语，《2010 通则》对承运人的含义做了明确解释。承运人是指在运输合同中，承诺通过铁路、公路、空运、海运、内河运输或上述运输的联合运输方式承担履行运输或承担办理运输业务的任何人。这表明承运人可以是拥有运输工具的实际承运人，也可以是运输代理人或其他人。按照《2010 通则》的规定，交货地点的选择直接影响到装卸货物的责任划分问题。若卖方在其所在地交货，则卖方应负责把货物装上承运人所提供的运输工具上。若卖方在任何其他地点交货，卖方在自己所提供的运输工具上完成交货义务，不负责卸货。如果仅指定了交货地但并未约定具体的交货地点，且有几个具体交货地点可供选择时，卖方可以从中选择最适合完成交货的交货点。

2. FCA 条件下的风险转移问题

在采用 FCA 术语成交时，不论采用的是海运、陆运、空运等任何运输方式，买卖双方的风险划分均是以货交承运人为界。但是，如果买方未能及时向卖方通知承运人名称及有关事项，致使卖方不能如约将货物交给承运人，那么，根据《2010 通则》规定，自规定的交货日期或期限届满之日起，将由买方承担货物灭失或损坏的一切风险，但以货物已被划归本合同项下为前提条件。这说明如果是由于买方的原因造成卖方无法按时交货，只要货物已被特定化，那么风险转移的时间可以前移。

3. 关于运输

按《2010 通则》规定，本术语适用于任何运输方式，包括多式联运。FCA 术语由买方负责订立运输合同和指定承运人。但是，《2010 通则》同时又规定，如果卖方被要求协助与承运人订立运输合同，只要买方承担风险和费用，卖方可以办理，也可以拒绝。如果卖方拒绝，应及时通知买方。

五、CPT 术语

（一）CPT 术语的含义

CPT 的全称是 Carriage Paid to（…named place of destination），即运费付至（……指定目的地）。

CPT 是指卖方向其指定的承运人交货，还必须支付将货物运至目的地的运费。但是，货物在交给指定的承运人后发生的一切风险和其他费用，要由买方负担。该术语与 FCA 术语一样，适用于任何运输方式，包括多式联运。

采用 CPT 术语时，买卖双方各自承担的基本义务如下。

1. 卖方义务

（1）自负费用签订运输合同，在合同规定的时间及地点，将合同规定的货物交于承运人控制之下，并及时通知买方。

（2）承担货物交给承运人控制之前的一切风险。

（3）自负风险和费用，取得出口许可证或其他官方证件，并办理货物的出口清关手续。

（4）提交商业发票和在指定目的地提货所需要的运输单据，或有同等作用的电子信息。

2. 买方义务

（1）接受卖方提供的有关单据，受领货物，并按合同规定支付货款。

（2）承担自货物交给承运人控制之后的一切风险。

（3）自费风险和费用，取得进口许可证或其他官方证件，并办理货物的进口和必要时从他国过境所需的一切海关手续。

（二）使用 CPT 术语需要注意的问题

1. 风险划分的界限问题

根据《2010 通则》的规定，卖方只承担货物交给承运人控制之前的风险。在多式联运方式下，卖方只承担货物交给第一承运人控制之前的风险，货物自交货地至目的地的运输途中的风险由买方承担。

2. 责任和费用的划分问题

由卖方负责订立运输合同，并负担从交货地点到指定目的地的正常运费。正常运费之外的其他有关费用，一般由买方负担。货物的装卸费用可以包括在运费中，由卖方负担，也可由买卖双方在合同中另行约定。

3. 装运通知

CPT 术语实际上是 CFR 术语在适用的运输方式上的扩展。CFR 术语只适用于水上运输方式，而 CPT 术语适用于任何运输方式。在买卖双方义务划分原则上是完全相同的。卖方只负责货物的运输而不负货物的运输保险。因此，卖方在交货后及时通知买方，以便买方投保。

六、CIP 术语

（一）CIP 术语的含义

CIP 的全称是 Carriage and Insurance paid to（…named place of destination），即运费保险费付至（……指定的目的地）。

CIP 是指卖方向其指定的承运人交货，办理货物运输并支付将货物运至目的地的运费。此外，卖方还要订立保险合同并支付保险费用，但买方要承担卖方交货后的一切风险和额外费用。

采用 CIP 术语时，买卖双方各自承担的基本义务如下。

1. 卖方义务

（1）自负费用签订运输合同，在合同规定的时间及地点，将合同规定的货物交于承运人控制之下，并及时通知买方。

（2）按照买卖合同的约定，自负费用投保货物运输险。

（3）承担货物交给承运人控制之前的一切风险。

（4）自负风险和费用，取得出口许可证或其他官方证件，并办理货物的出口清关手续。

（5）提交商业发票和在指定目的地提货所需要的运输单据，或有同等作用的电子信息。

2. 买方义务

（1）接受卖方提供的有关单据，受领货物，并按合同规定支付货款。

（2）承担自货物交给承运人控制之后的一切风险。

（3）自费风险和费用，取得进口许可证或其他官方证件，并办理货物的进口和必要时从他国过境所需的一切海关手续。

在 CIP 条件下，卖方的交货地点、买卖双方风险划分的界限、适用的运输方式以及出口手续、进口手续的办理等方面的规定均与 CPT 相同。CIP 与 CPT 的唯一差别，是卖方增加了办理货物运输保险、支付保险费和提交保险单的责任。在价格构成因素中，比 CPT 增加了一项保险费。

（二）使用 CIP 术语应注意的问题

1. 正确理解风险和保险问题

按 CIP 术语成交的合同，由卖方负责办理货物运输保险，并支付保险费。但是，货物从交货地点运往目的地途中的风险则由买方承担。所以,卖方的投保仍属于代办性质。根据《2010通则》的规定,与CIF术语相同,如果买卖双方没有在合同中约定具体的投保险别,则由卖方按惯例投保最低的险别即可;如买卖双方有约定,则按双方约定的险别投保。保险金额一般在合同价格的基础上加成10%。

2. 应合理地确定价格

与FCA术语相比,CIP条件下卖方要承担较多的责任和费用。CIP的价格构成中包括了通常的运费和约定的保险费。所以,卖方在对外报价时,要认真核算运费和保险费,并考虑运价和保险费的变动趋势。

本节介绍了六种常用的贸易术语,均属于在出口国交货的术语。其中FOB、CFR和CIF三种术语都是在装运港交货,都是在装运港以"货物装上船"来划分买卖双方承担的风险,都只适用于海运或内河运输。而FCA、CPT和CIP三种术语实际上是在前三种术语的基础上发展而成的,是将其适用的运输方式范围由水运而扩大到任何运输方式。它们的对应关系是:在FOB的基础上发展而成FCA;在CFR的基础上发展而成CPT;在CIF的基础上发展而成CIP。所以,FCA、CPT、CIP与FOB、CFR、CIF不同的是:它们适用于任何运输方式,如铁路、公路、空运等,也包括海运或内河运输;风险划分则以"货交承运人"为界限。

从FCA、CPT、CIP术语与FOB、CFR、CIF术语的比较来看,如果出口地是远离港口的内陆地区或如果用集装箱运输,采用FCA、CPT、CIP术语成交对卖方有以下好处:一是卖方可以任意选用合适的运输方式,不一定用海运;二是风险提前转移,只要将货物交给承运人风险就转移给了买方;三是承担的费用降低,卖方不用承担将货物运至装运港的费用;四是收汇的时间提前,卖方只要将货物交给承运人后,就可以到当地指定银行交单结汇,而不必等到货物装船后取得海运提单。这样可以缩短结汇时间。

另外,在比较FOB与FCA的异同点、CFR与CPT的异同点、CIF与CIP的异同点时,包括比较任意两种或多种术语的异同点时,都可以从以下五个方面来比较:① 交货地点;② 风险转移的界限;③ 有关买卖双方责任的划分(指办理运输、保险、货物进出口的海关手续等);④ 有关费用的划分(指运费、保险费、货物的出口和进口在办理海关手续时支付的税费及其他费用);⑤ 适用的运输方式。可以通过以上五个方面来认识不同术语之间的共性和区别,从而更好地掌握每种术语。

在本节中,C字母开头的四种术语(CFR、CIF、CPT、CIP)已一一介绍了。C字母开头术语的销售合同属于装运合同。C字母开头四种术语的主要特点之一,是风险划分界限与费用划分界限相分离。C字母开头四个术语的价格构成中均包括主要运费,但风险划分的界线是在装运港船上或"货交承运人"。也就是说,卖方虽然承担从交货地至目的地的运输责任,并负担运费,但是,卖方并不承担从交货地至目的地的运输过程中货物发生损坏、灭失及延误的风险。这里还需要强调的是,在C字母开头四种术语中,指定的目的港或目的地不是指卖方的交货地点,而是表示卖方承担的主要运费付至该目的港或目的地。所以C字母开头的四种术语都是"主要运费已付"的术语。

第四节　其他贸易术语

除了第三节介绍的六种常用贸易术语外,《2010 通则》还包括其他五种贸易术语：EXW、FAS、DAT、DAP、DDP。交易双方可根据具体业务的需要，灵活选用。

一、EXW 术语

（一）EXW 术语的含义

EXW 的全称是 Ex Works（…named place），即工厂交货（……指定地点）。

EXW 是《2010 通则》中 E 开头唯一的一种术语。它代表了在商品的工厂或所在地（工场、仓库等）将备妥的货物交给买方的交货条件。按这种贸易术语成交，卖方承担的责任、风险及其费用类同于国内贸易，仅限于出口国内的交货地点。

按照 EXW 术语成交，买卖双方各自承担的义务如下。

1. 卖方义务

（1）在合同规定的时间、地点，将合同要求的货物置于买方的处置之下。

（2）承担将货物交给买方处置之前的一切风险和费用。

（3）提交商业发票或有同等作用的电子信息。

2. 买方义务

（1）在合同规定的时间、地点，受领卖方提交的货物，并按合同规定支付货款。

（2）承担受领货物之后的一切风险和费用。

（3）自负风险和费用，取得出口许可证和进口许可证或其他官方证件，并负责办理货物的出口和进口所需的一切海关手续。

（二）使用 EXW 术语应注意的问题

1. 货物的出口清关手续问题

EXW 术语，是在《2010 通则》中卖方承担的责任、风险和费用最小的一种贸易术语。因此，成交时价格最低，因而对买方具有一定的吸引力。但是，它的一个特殊之处，就是由买方负责办理货物的出口手续，因此，在成交之前，买方应了解出口国政府的有关规定。当买方无法做到直接或间接办理货物出口手续时，则不宜采用这一术语成交。在这种情况下，最好选用 FCA 术语。

2. 关于货物的装运问题

按照《2010 通则》的解释，由买方自备运输工具到交货地点接运货物，一般情况下，卖方不承担将货物装上买方安排的运输工具的责任及费用。但是，如果买卖双方在合同中有约定，由卖方负责将货物装上买方安排的运输工具并承担相关的费用，则应在签约时对上述问题做出明确规定。

二、FAS 术语

(一) FAS 术语的含义

FAS 术语全称是 Free Alongside Ship (…named port of shipment),即船边交货(……指定装运港)。

FAS 术语常称为装运港船边交货。根据《2010 通则》的解释,按照这一术语成交,卖方要在约定的时间内将合同规定的货物交到指定的装运港买方所指派的船只的船边,在船边完成交货义务。当买方所派船只不能靠岸时,要求卖方负责用驳船把货物运至船边,仍在船边交货。装船的责任和费用由买方承担。买卖双方负担的风险和费用均以船边为界。

采用 FAS 术语时,买卖双方各自承担的义务如下。

1. 卖方义务

(1) 在合同规定的时间和装运港口,将合同规定的货物交到买方所派的船只旁边,并及时通知买方。

(2) 承担货物交至装运港船边的一切风险和费用。

(3) 自负风险和费用,取得出口许可证或其他官方证件,并办理货物的出口清关手续。

(4) 提交商业发票或有同等作用的电子信息,并且自负费用提供通常的交货凭证。

2. 买方义务

(1) 自负费用订立从指定装运港口运输货物的合同,并将船名、装货地点和要求交货的时间及时通知卖方。

(2) 在合同规定的时间、指定的装运港船边受领货物,并按合同规定支付货款。

(3) 承担受领货物之后所发生的一切风险和费用。

(4) 自负风险和费用,取得进口许可证或其他官方证件,办理货物的进口和必要时从他国过境时所需的一切海关手续。

(二) 使用 FAS 术语应注意的问题

1. 对 FAS 的不同解释

根据《2010 通则》的解释,FAS 术语只适合于海运或内河运输,交货地点是指定的装运港。但是,按照《1941 年美国对外贸易定义修订本》的解释,FAS 是 Free Alongside 的缩写,是指在交货工具旁交货。因此,为了避免误解,在同美洲国家的商人进行贸易时,如果要在装运港交货,则应在 FAS 后面加上"Vessel"字样,以明确表示是在装运港"船边交货"。

2. 办理货物的出口手续问题

按照国际商会《1990 通则》的规定,在 FAS 条件下,是由买方自负风险和费用办理货物的进口和出口结关手续。在买方的要求下,并由买方承担风险和费用的前提下,卖方才协助买方办理货物的出口清关手续。但是,这种规定在实际操作中会带来不便。国际商会在《2000 通则》中对这一问题进行了修改,改为由卖方来承担办理货物出口报关的风险、责任和费用。经过这种修改,FAS 术语与 FOB 术语就比较相似。

3. 要注意船货的衔接

由于在 FAS 条件下，是由买方负责安排货物的运输，买方要及时将船名和要求装货的具体时间、地点通知卖方，使卖方能按时做好交货准备，所以就存在一个船货衔接问题。根据有关法律和惯例，如买方指派的船只未按时到港接受货物，或者比规定的时间提前停止装货，或者买方未能及时发出派船通知，只要货物已被清楚地划出，或以其他方式确定为本合同项下的货物，由此产生的风险和费用均由买方承担。

到此，F 字母开头的三种贸易术语 FOB、FCA、FAS 都出现了。他们在交货地点、风险划分界限以及适用的运输方式等方面并不完全相同。然而，这三种术语也有共同点，其共同点是按这些术语成交时，卖方要负责将货物按规定的时间运到双方约定的交货地点，并按约定的方式完成交货。从交货地点到目的地的运输事项由买方来安排。在 F 字母开头术语中，买卖双方承担的风险和费用的划分界限是在同一点。

三、DAT 术语

（一）DAT 术语的含义

DAT 的全称是 Delivered at Terminal（…named terminal at port or place of destination），是指目的地或目的港的集散站交货。DAT 是指卖方在规定的交货期内、在指定的目的港或目的地的指定终点站卸货后，将货物交给买方处置即完成交货。交货地点包括码头、仓库、集装箱堆场或公路、铁路或空运货站。卖方承担将货物运至指定目的地和卸货所产生的一切风险和费用。

DAT 术语要求卖方办理货物出口清关手续。但是，卖方没有义务办理货物进口清关手续和支付任何进口税。货物的进口清关手续由买方办理。DAT（目的地或目的港集散站交货）是《2010 通则》新添加的术语，取代了《2000 通则》中的 DEQ（目的港码头交货）。本术语适用于任何运输方式。

此外，若买方希望卖方承担从终点站到另一地点的运输及管理货物所产生的风险和费用，那么应该选用 DAP（目的地交货）或 DDP（完税后交货）术语。

采用 DAT 术语时，买卖双方各自承担的基本义务如下：

1. 卖方义务

（1）在合同规定的交货期，在目的港或目的地指定的终点站，将符合合同规定的货物从运输工具上卸下，并交给买方处置完成交货。

（2）自负风险和费用签订运输合同，将货物运至指定目的港或目的地的指定终点站。

（3）承担在目的地或目的港指定终点站将货物交给买方处置之前的一切风险和费用。

（4）自负风险和费用取得货物出口所需要的许可证或其他官方证件，办理货物出口的一切海关手续。

（5）提交商业发票以及合同要求的其他单证，或具有同等效力的电子单证。

2. 买方义务

（1）接受卖方提供的有关单据或电子单据，并在目的地或目的港指定地点受领货物，按合同规定支付货款。

（2）承担在目的地或目的港指定终点站受领货物之后的一切风险和费用。

（3）自负风险和费用，取得进口许可证或其他官方证件，并办理货物的进口清关手续，支付关税及有关费用。

（二）使用 DAT 术语应注意的问题

若买方希望卖方承担从终点站到另一地点的运输及管理货物所产生的风险和费用，那么，则应当选用术语 DAP（目的地交货）或 DDP（完税后交货）。

四、DAP 术语

DAP 的全称是 Delivered at Place（…named place of destination），意思是目的地交货。DAP 是指卖方在规定的交货期内、在指定的交货地点，将仍处于运输工具上尚未卸下的货物交给买方处置，即完成交货。卖方承担将货物运至目的地指定地点所产生的一切风险和费用。

DAP 术语是《2010 通则》新添加的术语，取代《2000 通则》中的 DAF（边境交货）、DES（目的港船上交货）、DDU（未完税交货）三种术语。

DAP 术语要求卖方办理货物出口清关手续。但是，卖方没有义务办理货物进口清关手续和支付任何进口税。货物的进口清关手续由买方办理。

采用 DAP 术语时，买卖双方各自承担的基本义务如下：

1. 卖方义务

（1）在合同规定的交货期，在指定目的地，将符合合同规定的货物（仍在运输工具上）交给买方处置完成交货。

（2）自负风险和费用签订运输合同，将货物运至指定目的地。

（3）承担在指定目的地将货物交给买方处置之前的一切风险和费用。

（4）自负风险和费用取得货物出口所需要的许可证或其他官方证件，办理货物出口的一切海关手续。

（5）提交商业发票以及合同要求的其他单证，或具有同等效力的电子单证。

2. 买方义务

（1）接受卖方提供的有关单据或电子单据，并在指定目的地受领货物，按合同规定支付货款。

（2）承担在指定目的地受领货物之后的一切风险和费用。

（3）自负风险和费用，取得进口许可证或其他官方证件，并办理货物的进口清关手续，支付关税及有关费用。

五、DDP 术语

DDP 的全称为 Delivered Duty Paid（…named place of destination），即完税后交货（……指定目的地）。

DDP 术语是指卖方要负责在合同规定的交货期内，将合同规定的货物送到双方约定的进口国指定地点，把货物实际交给买方。卖方要承担交货前的一切风险、责任和费用。采用 DDP 术语时，货物的进口清关手续由卖方负责办理，即货物的进口、出口手续均由卖方负责办理。DDP 术语是《2010 通则》的 11 种贸易术语中卖方承担的风险、责任和费用最大的一种术语。因此，这一术语较为少用。

采用 DDP 术语成交时，买卖双方各自承担的基本义务如下。

1. 卖方义务

（1）订立将货物运到进口国内约定目的地的运输合同，并支付运费。

（2）在合同中规定的交货期内，在双方约定的进口国内交货地点，将合同规定的货物置于买方处置之下。

（3）承担在指定目的地约定地点将货物置于买方处置之前的风险和费用。

（4）自负风险和费用取得货物出口和进口许可证或其他官方证件，办理货物的出口和进口所需的一切海关手续，支付关税及其他有关费用。

（5）提交商业发票和在目的地提取货物所需要的运输单据，或有相同作用的电子信息。

2. 买方义务

（1）接受卖方提供的有关单据或电子单据，并在目的地约定地点受领货物，按合同规定支付货款。

（2）承担在目的地约定地点受领货物之后的一切风险和费用。

（3）根据卖方的请求，并由卖方承担风险和费用的情况下，给予卖方一切协助，使其取得货物进口所需要的进口许可证或其他官方证件。

第五节　贸易术语的选用

我们在第三节和第四节详细地学习了在全球影响最广泛、在我国普遍使用的国际商会的《2010 通则》。《2010 通则》对每种贸易术语条件下买卖双方承担的基本义务都做出了明确的规定。但是，在实际进出口业务中，如何从这些术语中选出适合我方交易的一种贸易术语也不是一件容易的选择。选择何种贸易术语，要根据具体的交易情况来进行分析，既要有利于双方交易的达成，也要避免使我方承担过大的风险。

一、选用贸易术语应考虑的主要因素

买卖双方在签订贸易合同时，双方所选用的贸易术语不仅决定了交易价格的构成，也决定了合同的性质。合同的性质不同，买卖双方的责任划分就不同。影响选择贸易术语的主要因素如下。

（一）考虑货源的情况

在国际贸易中，进行交易的商品品种不计其数，不同类别的商品具有不同的特性。商品的特性会影响着交易双方对贸易术语的选择。因为，不同的贸易术语交货地点不同、适用的运输方式不同、货物在运输过程中的时间和费用也不同。在进行交易的商品中，有些品种的商品便于存储、不易变质，对运输条件和运输时间没有严格的要求；而有些品种的商品则容易变质，或是危险商品，它们对存储条件和运输条件都有较高的要求。有些商品本身价值高，成交量少，在安排运输时会有特殊要求；有些商品价值低、成交量大，在安排运输时要考虑运费对价格的影响以及运载工具的承载能力。在有些情况下，一些商品是季节性商品，买方必须保证商品按时投入市场，因此，在双方交易时，买方会根据自己的情况对贸易术语

进行选择。另外，卖方货源所在地的情况也影响着术语的选用。如果是在内陆地区，选择适用于任何运输方式的术语比较合适；如果是沿海地区，则选用适合于水上运输的术语比较便利。所以，在选择贸易术语时一定要考虑货源的情况。

（二）考虑运输条件情况

货物的运输是贸易中的重要一环。买卖双方采用何种贸易术语成交，必须要考虑要用何种运输方式来运送货物。而选用运输方式时，要考虑该运输方式的运输能力、运输速度、运价的高低、运输安排的难易程度等。在我国常用的贸易术语是 FOB、CFR、CIF 以及 FCA、CPT、CIP。前三种是适合水上运输方式，在国际贸易中主要是海运。海运的特点就是运载量大、运费低，在经济上比较合算；但是，海运的速度慢、风险大，如果是季节性商品就不一定适合海运，此时，运输的速度就可能成为选择运输方式的重要因素。如果选用航空运输，我们用后三种术语就比较合适。另外，运费也是货价的主要构成因素之一，在选择贸易术语时，还要考虑运价的变动情况。一般来讲，如果运价看涨，为了避免由于运价上涨而带来的风险和经济损失，卖方在报价时应选择不含运费的贸易术语，如按 F 字母开头的术语与买方成交，这样就由买方来安排运输并支付运费；对于买方，此时按 C 字母开头的术语与卖方成交则比较有利。在运价上涨的情况下，如果因为某种原因不得不采用由自己安排运输的贸易术语成交时，则应将运价上涨的风险考虑到报价中去，避免遭受运价变动的损失。

（三）考虑运输途中的风险

在国际贸易中，通常货物运输的距离都比较长，货物在运输过程中可能遇到各种风险，如海啸、地震、台风等自然灾害以及船只相撞、船舶搁浅等意外事故，特别是遇到战争或规模大、持续时间长的大罢工，运输途中的风险就更大。因此，买卖双方在洽谈交易时，必须根据不同时期、不同的运输地区和运输路线、不同的运输方式的风险情况来选择适用的贸易术语。

（四）考虑当事人自身的条件

无论是卖方还是买方，在选择贸易术语时都必须考虑自身的具体情况。因为有许多当事人的人力、财力以及专业人才有限，对国际货物运输及保险的了解有限，在交易中不愿意承担较多的责任和风险。在这种情况下，选择 F 字母开头的术语成交就比较适合自身的情况。如果自己有实力、有能力，愿意承担运输和保险的责任及费用，则选择 C 字母开头的术语，特别是 CIF 或 CIP 术语。另外，有两个比较特殊的贸易术语：EXW 和 DDP。EXW 术语要求买方办理货物的出口和进口结关，如果买方不能办理货物的出口结关手续，则不适合选用 EXW。而 DDP 术语规定由卖方负责办理货物的出口以及进口的结关手续，如果卖方不能办理货物的进口结关手续，应避免选用 DDP 术语。

二、贸易术语与合同性质的关系

不同的贸易术语，卖方交货的地点、承担的责任和费用也不同。贸易术语是确定进出口合同性质的一个非常重要的因素。通常来讲，如果买卖双方选用了某种贸易术语成交，并且双方按照惯例的规定来划分双方的责任、风险和费用，则该买卖合同的性质也就相应的确定下来。在这种情况下,贸易术语的性质与买卖合同的性质是相吻合的。例如,如果买卖双方选用了 F 字母开头的术语成交,比如选用了 FOB,卖方只要在规定的装运期,在指定的装运港将货物装上买方指派的船上就算完成交货义务。按 F 字母开头的其他术语以及 C 字母开头的术语成交,卖方的交货地点也都是在启运地的装运港或装运地。因此,按这两组术语签订的进出口合同,其性质都属于装运合同。但是,如果是按 D 字母开头的术语成交的进出口合同,卖方就必须承担货物在到达目的地或目的港之前的一切风险和费用,交货地点也是在目的地或目的港。因此,按 D 字母开头的术语成交的合同其性质就属于到达合同或到货合同。

虽然贸易术语是确定进出口合同性质的重要因素,但是,它并不是唯一的决定因素。因为有关贸易术语的国际贸易惯例的适用,都是以当事人的"意思自治"为原则,并不具有强制性。买卖双方可以在进出口合同中酌情做出某些与国际惯例不一致的具体约定。例如,买卖双方是按 CIF 术语签订了进出口合同,但是,双方又在合同中明确规定:"以货物到达目的港作为支付货款的前提条件。"此时,卖方的交货地点已不再是装运港,而是目的港。该合同也不再是装运合同,而是到达合同。如果货物在运输途中遇到风险而致使货物灭失,买方在目的港收不到合同规定的货物,买方是有权拒绝支付货款的。

尽管国际贸易惯例的适用是以买卖双方自愿为前提的,不具有强制性。然而,国际贸易惯例对贸易实践具有重要的指导意义。它为买卖双方进行交易制定了共同规则,便于买卖双方的磋商和交易的顺利达成。在有关国际贸易术语的国际惯例中,每一种贸易术语都有其明确和特定的含义。买卖双方为了避免在履约中引起不必要争议,则应注意在合同中不要约定与该术语相矛盾的内容。

思 考 题

1. 简述贸易术语的含义、性质和作用。
2. 试比较 FCA、CPT 与 CIP 的异同。
3. 试述将 CIF 术语称作到岸价不妥的原因。
4. 试比较 FCA 与 FOB 术语、CIF 与 CIP 术语的异同点。
5. 简述 CIF、CFR 变形的原因,它们的变形各有哪几种形式?
6. 《2010 通则》的 11 种贸易术语中,哪几个只适用于海运或内河航运?
7. 有关国际贸易术语的国际贸易惯例有哪三个?只解释一种 CIF 术语的是哪个惯例?
8. 我国的某贸易公司与外商按《2010 通则》中的 CIF 术语成交一批出口货物。货物在合同规定的装运期和指定的装运港装上船只,受载船只在航行中触礁沉没。当我贸易公司凭海运提单、保险单和发票等单据要求国外进口商支付货款时,进口商以货物已全部灭失,不能收到货物为由,拒绝接受我贸易公司提交的单据和支付货款。试分析进口商有无权利拒绝接受出口商提交的单据和拒绝支付货款,为什么?假如买卖双方在合同中明确地规定了"货物到达目的港时付款",情况又会怎样?买卖双方是按惯例规定还是按合同规定来处理此事?
9. 1997 年,我国某贸易公司与法国的一个商人按 CFR 术语达成一项交易,向法国商人出口一批抽纱台布,合同金额为 8 万美元,结算方式为即期付款交单(D/P at sight)。货物于 1 月 8 日上午装船完毕，我方业务人员由于当天工作较忙而忘记了及时向法国商人发出装船通知，11 日上班时才想起没有发装船通知，赶紧向法国商人补发了装船通知。法国商人收到我方的装船通知后向当地保险公司投保，但是，该保险公司已获悉装载该批货物的轮船已于 9 日凌晨在海上遇难，因此拒绝承保。法国商人立即来电称："由于你方没有按时发出装船通知，以至我方无法及时投保，因而由于货轮遇难所造成的货物损失应由你方承担，同时，你方还应赔偿我方利润及费用损失 8 000 美元。"不久我方通过托收银行寄去的全套货运单据被退回。试分析，法商的要求合理吗？我方该不该承担货物的损失以及向法商进行赔偿？

10. 2000 年 5 月，美国某贸易公司与我国江西某贸易公司签订一份进口合同，从我国购买一批日用瓷具，价格条件为 CIF 旧金山，支付条件为不可撤销的跟单信用证，要求出口方提供已装船提单等有效单证作为付款条件。我方出口商随后与宁波某运输公司（即承运人）签订了运输合同。8 月初出口商将货物备妥，装上承运人派来的货车。在将货物运往装运港的途中，由于驾驶员的过失发生了车祸，耽误了时间，错过了信用证规定的装船日期。得到发生车祸的通知后，我出口商立即与美国进口商联系，洽商要求将信用证的有效期和装运期延展半个月，并本着诚信原则告知美国进口商有两箱瓷具可能受损。美国进口商回电声称同意延期，但要求货价降低 5%。我出口商回电据理力争，同意将受到震荡的两箱瓷具降价 1%，但认为其余货物并未损坏，不能降价。但美国进口商坚持要求全部降价。最终我出口商还是做出了让步，受震荡的两箱降价 2.5%，其余降价 1.5%，为此受到货价、利息等有关损失共达 15 万美元。后经与承运人交涉，承运人赔偿损失计 5.5 万美元。我出口商实际损失 9.5 万美元。试分析：

造成巨额损失虽然是承运人的过错引起的，但我出口商有无值得吸取的教训？怎样可以避免此类损失的发生？

11. 我某贸易公司以 FOB 条件出口某商品一批。合同签订后接到买方来电，声称租船较为困难，委托我方代为租船，有关费用由买方负担。为了方便合同履行，我方接受了对方的请求。但是，时至装运期我方在规定的装运港无法租到合适的船，而且买方又不同意改变装运港。因此，到装运期期满时货仍未装船，买方因销售季节即将结束便来函以我方未按期租船履行交货义务为由撤销合同。试问：我方应如何处理？

12. 买卖双方按 CIF 条件签订了一笔初级商品的交易合同。在合同规定的装运期内，卖方备妥了货物，安排好了从装运港到目的港的运输事项。在装船时，卖方考虑到从装运港到目的港距离较近，且风平浪静，不会发生什么意外，因此，没有办理海运货物保险。实际上，货物也安全及时抵达目的港，但是，卖方所提交的单据中缺少了保险单，买方因市场行情发生了对自己不利的变化，就以卖方所交的单据不全为由，要求拒收货物，拒付货款。请问，买方的要求是否合理？此案应如何处理？

13. 我国某贸易公司与英国商人签订了一份出口合同，按 CFR 利物浦条件成交。在装运前两伊战争爆发了，由于两伊战争爆发使苏伊士运河不能通航，船必须绕道南非好望角。由于绕航多付的运费由谁承担？

第八章
商品的品质、数量和包装

本章学习要点
- 表示商品品质的方法
- 规定商品品质条款的注意事项
- 商品重量的计量方法
- 运输包装的标志
- 销售包装的标示与说明

商品是国际货物买卖的物质基础,在国际市场上,买卖双方洽商交易时,必须就商品的品质、数量与包装等主要交易条件进行磋商,并在合同中具体订明。

第一节 商品的品质

商品的品质即商品的质量(Quality of Goods)是指商品的内在素质和外观形态的综合,是商品适合一定用途,满足用户需要的各种特性。商品内在素质是指商品的气味、滋味、成分、性能、组织结构等,直接表现出商品的物理性能、机械性能、化学成分和生物学特征等自然属性;外观形态则包括商品的外形、颜色、光泽、花色、款式和透明度等外在因素。在进出口商品实际交易中,买卖双方还要考虑商品的实际使用效能,以及在使用过程中的技术性指导、零部件的供应、质量的维修等服务和质量保证。可见对商品品质的要求是综合性的,既要求商品品质的一般质量特征,也要求商品的实际使用价值。一般说来,商品品质是决定商品价格高低的重要因素之一。

商品品质条款不仅是国际货物买卖的主要交易条件,而且也是买卖双方进行交易磋商的首要条件。因为商品品质的优劣不但关系到商品的使用效能和售价高低,还决定商品畅销与否,涉及有关企业乃至国家的声誉。在国际市场竞争愈激烈的情况下,提高出口商品的品质,是加强对外竞争的主要手段。只有切实加强对出口货物质量管理,根据国际市场的需要和变化,不断提高出口商品的品质,增加花色品种和改进款式,做好质量服务和保证,才能适销对路,开拓和巩固国际市场,做到以质取胜。ISO 9000 系列标准是国际标准化组织(International Organization for Standardization)为适应国际贸易发展的需要而制定的品质管理和品质保证标准,具有国际通行证的作用。当前,许多国家都把 ISO 9000 质量体系认证作为参加国际市场竞争的手段。在进口贸易中,严格把好进口商品的质量关,使进口商品适应国内生产建设、科学研究和人民生活上的需要,是维护国家和人民利益并确保提高企业经济效益的重要问题。

> **小知识 8-1**
>
>
>
> **什么是 ISO 9000**
>
> （引自 http://www.zhongzhilian.com/index 9000-3.htm）
>
>
>
> ISO 通过它的 2 856 个技术机构开展技术活动。其中技术委员会（简称 TC）共 185 个，分技术委员会（简称 SC）共 611 个，工作组（WG）2 022 个，特别工作组 38 个。
>
> ISO 的 2 856 个技术机构技术活动的成果（产品）是"国际标准"。ISO 现已制定出国际标准共 10 300 多个，主要涉及各行各业各种产品（包括服务产品、知识产品等）的技术规范。
>
> ISO 制定出来的国际标准除了有规范的名称之外，还有编号，编号的格式是：ISO+标准号+［杠+分标准号］+冒号+发布年号（方括号中的内容可有可无），例如，ISO 8402：1987，ISO 9000-1：1994 等，分别是某一个标准的编号。
>
> 但是，"ISO 9000"不是指一个标准，而是一族标准的统称。根据 ISO 9000-1：1994 的定义："'ISO 9000 族'是由 ISO/TC176 制定的所有国际标准。"
>
> 什么叫 TC176 呢？TC176 即 ISO 中第 176 个技术委员会，它成立于 1980 年，全称是"品质保证技术委员会"，1987 年又更名为"品质管理和品质保证技术委员会"。TC176 专门负责制定品质管理和品质保证技术的标准。
>
> TC176 最早制定的一个标准是 ISO 8402：1986，名为《品质-术语》，于 1986 年 6 月 15 日正式发布。1987 年 3 月，ISO 又正式发布了 ISO 9000：1987，ISO 9001：1987，ISO 9002：1987，ISO 9003：1987，ISO 9004：1987 共 5 个国际标准，与 ISO 8402：1986 一起统称为"ISO 9000 系列标准"。
>
> 此后，TC176 又于 1990 年发布了一个标准，1991 年发布了三个标准，1992 年发布了一个标准，1993 年发布了五个标准；1994 年没有另外发布标准，但是对前述"ISO 9000 系列标准"统一做了修改，分别改为 ISO 8402：1994，ISO 9000-1：1994，ISO 9001：1994，ISO 9002：1994，ISO 9003：1994，ISO 9004-1：1994，并把 TC176 制定的标准定义为"ISO 9000 族"。1995 年，TC176 又发布了一个标准，编号是 ISO 10013：1995。到 1999 年年底，已陆续发布了 22 项标准和 2 项技术报告。
>
> 为了提高标准使用者的竞争力，促进组织内部工作的持续改进，并使标准适合于各种规模（尤其是中小企业）和类型（包括服务业和软件）组织的需要，以适应科学技术和社会经济的发展，2000 年 12 月 15 日，ISO/TC 176 正式发布了新版本的 ISO 9000 族标准，统称为 2000 版 ISO 9000 族标准。
>
> 在 2000 版 ISO 9000 族标准中，包括 4 项核心标准：
>
> ISO 9000：2000《质量管理体系基础和术语》
>
> ISO 9001：2000《质量管理体系要求》
>
> ISO 9004：2000《质量管理体系业绩改进指南》
>
> ISO 19011：2000《质量和（或）环境管理体系审核指南》

一、表示品质的方法

国际贸易中的商品种类繁多，表示各种交易物品质的方法也不相同，归纳起来，可分为以实物表示和凭说明约定两大类。

（一）以实物表示商品品质

以实物表示商品品质通常包括凭成交商品的实际品质（Actual Quality）和凭样品（Sample）两种表示方法。前者为看货买卖，后者为凭样品买卖。

1. 看货买卖

这种交易方式一般是在卖方或买方所在地进行。先由买方或其代理人验看全体货物，达成交易后，卖方即应按验看过的商品交付货物。只要卖方交付的是验看过的商品，买方就不得对其品质提出异议。这种做法，多用于拍卖、寄售和展卖业务中。

2. 凭样品买卖

样品通常是指从一批商品中抽出来或由生产和使用部门设计加工出来的，能够代表商品品质的少量实物。它包括参考样品（Reference Sample）和标准样品（Standard Sample）两种形式。凡是买卖双方约定以样品表示商品品质并以之作为交货依据的，称为凭样品买卖（Sale by Sample）。凭样品买卖要求卖方所交货物的品质必须与样品完全一致。

在国际贸易中，按样品提供者的不同，凭样品买卖可分为下列三种：

（1）凭卖方样品买卖（Sale by Seller's Sample）。由卖方提供的样品称为"卖方样品"。凡凭卖方样品作为交货品质的依据者，称为"凭卖方样品买卖"。在此情况下，在买卖合同中应订明："商品品质以卖方样品为准"（Quality as per seller's Sample）。日后，卖方所交货物的品质，必须与其提供的样品相同。

（2）凭买方样品买卖（Sale by Buyer's Sample）。买方为了使其订购的商品符合自身的要求，有时他提供样品交由卖方依样承制，如果卖方同意按买方提供的样品成交，则称为"凭买方样品买卖"。此时，应在合同中订明："商品品质以买方样品为准"（Quality as per buyer's Sample），日后，卖方所交货物的品质，必须与买方样品相符。

（3）凭对等样品买卖（Sale by Counter Sample）。卖方根据买方提供的样品，加工复制出一个类似的样品提交买方确认，经确认以后的样品，称为"对等样品"，也称之为"回样"（Return Sample）或"确认样品"（Confirming Sample）。当对等样品被买方确认后，则日后卖方所交货物的品质，必须以对等样品为准。

凭样品买卖适用于一些很难用科学方法来表示其品质的商品。目前在我国出口商品中仍采用凭样成交的，主要是一部分工艺品、服装、轻工业品和土特产品等。

（二）以说明（Description）表示商品品质

在国际贸易中，大部分都是采用凭说明的方法即以文字、图表、相片等方式来说明买卖货物的品质，具体包括以下几种。

1. 凭规格买卖（Sale by Specification）

商品的规格是指反映商品品质的主要指标，如成分、纯度、含量、性能、容量、长短、大小、质量、尺寸、合格率等。买卖双方在进行磋商交易时，可以通过规格来说明交易商品的基本品质状况。凭规格买卖比较方便、准确,在国际贸易中应用较广。如东北大豆出口规格是:水分最高15%,含油量不低于16%,杂质最高1%,不完整粒最高7%。

2. 凭等级买卖(Sale by Grade)

商品的等级(Grade of Goods)是指把同一类或同一种商品,根据生产、经营和贸易实践,按其品质或规格上的差异,分为若干不同的等级,例如一、二、三;甲、乙、丙;A,B,C等。每一个等级都规定有相对固定的规格与要求。例如,我国出口的钨砂按其含三氧化钨、锡、砷、硫等成分的不同划分为特级、一级、二级三种。凭等级买卖时,一般只表明货物的等级即可,无须详细地列明各级品质的具体规格。

3. 凭标准买卖(Sale by Standard)

商品的标准是指将商品的规格、等级等统一化并以一定的文件表示出来,它一般是由国家机关或工商团体制定、确认并公布实施的。统一化的规格、等级所代表的品质指标即为一定规格、一定等级的指标准则。"凭标准买卖"必须说明其标准系什么组织制定和标准的编号、版本及年份,因为在国际贸易中商品品质标准有的是由国家政府组织规定,有的是由同业工会、交易所或国际性的工商组织规定。这些标准中,有的具有品质管制的性质,不符合标准的商品不准进口或出口,有的则没有约束性,只供买卖双方选择使用。由于各国的生产技术先进程度不同,同一商品品质标准也可能存在差异,并处于经常性的修改和变动之中,因此,不同国家或组织制定的不同年份版本的品质标准,其内容也不尽相同,例如,在凭药典确定品质时,应明确规定以哪国的药典为依据,并同时注明该药典的出版年份。

在国际市场上买卖农副产品时,由于长期形成的习惯或产品本身的品质变化较大而难以规定统一标准,往往采用"良好平均品质"(Fair Average Quality,FAQ)这一术语来表示其品质。所谓"良好平均品质"是指一定时期内某地出口货物的平均品质水平,一般指中等货。目前,国际上对"良好平均品质"有以下两种说法:一是农副产品的每个生产年度的中等货;二是指某一季度或某一装船月份在装运地发运的同一种商品的"平均品质"。我国出口的农副产品中,也有用"FAQ"来说明品质的,但它是指和"精选货"(Selected)相对而言的"大路货",而且在合同中除了标明"大路货"之外,还要订明具体规格。例如:中国花生仁,大路货,水分不超过13%,不完善粒最高5%,含油量最低44%。

4. 凭说明书和图样买卖(Sale by Descriptions and Illustrations)

凭说明书和图样买卖是指有些商品如机电产品及成套设备,由于其结构和性能复杂,安装、使用与维修都有一定的操作规程,不能以几项简单的指标表示其品质全貌,因此,这类技术密集型的产品必须以说明书,并附以图样、照片、设计、图纸、分析表及各种数据来说明其具体性能和结构特点。按此方式进行交易,称为凭说明书和图样买卖。

凭说明书和图样买卖时,除了要求所交的货物必须符合说明书所规定的各项指标外,在合同中还订有品质保证条款和技术服务条款,明确规定在一定的保证期限内,如发现货物品质与说明书不符,买方有权提出索赔或退货。

5. 凭商标或品牌买卖(Sale by Trademark or Brand)

商标(Trademark)是商品的标记,是指生产者或商号用来识别其所生产或出售商品的一种标志。它可由一个或几个具有特色的单词、字母、数字、图形或图片等组成。品牌(Brand Name,牌名、牌号)是指工商企业给其制造或销售的商品所冠以的名称,以便与其他企业的同类产品区别开来。一个牌号可以用于一种产品也可用于一个企业的所有产品。

在国际市场上,一些名牌商品的品质比较稳定,并且在国际市场上已树立了良好的信誉,买卖双方在交易时,就采用这些商品的商标或品牌来表示其品质。

一种名牌商品必然代表其品质优良稳定,具有某种特色且能显示出消费者的社会地位,故其售价远远高出其他同类商品。一般在发达国家市场上,非名牌商品是很难扩大销路的。因而名牌的经销商或制造者为了维护其商标的信誉,保证其利润,对其产品都规定了严格的品质控制和一定的高标准。因此商标与品牌本身就是一种品质象征。

6. 凭产地名称买卖(Sale by the Name of Origin)

有些商品,特别是农副土特产品,由于受产地自然条件和传统的生产技术影响,其质地独特,因此受到消费者欢迎而声誉卓著。所以其产地名称便成为代表该项产品的品质和特色。例如,天津的红小豆、龙口的粉丝、四川的榨菜等。

二、品质公差与品质的机动幅度

在国际货物买卖中,卖方交付的货物品质必须与合同规定相符乃是卖方主要责任之一。但是,在实践中,由于商品特性、生产加工特点、运输条件和气候等因素的影响,卖方要做到这一点并非易事。因此,为了避免交货品质与合同稍有不符而造成违约,保证交易的顺利进行,可以在合同中加列品质公差条款或品质机动幅度条款,允许交付货物品质在一定范围内高于或低于合同规定。

(一)品质公差(Quality Tolerance)

品质公差是国际上公认的产品品质的误差。在工业产品的生产过程中,因科技水平、生产加工能力所限,产品的质量指标出现一定的误差有时是难以避免的(如手表每天出现若干秒的误差)。这种误差,即使合同没有规定,只要卖方交货品质在公差范围内,也不能视为违约,买方不得拒收货物或要求调整价格。

(二)品质机动幅度(Quality Latitude)

品质机动幅度是指买方允许卖方所交商品品质指标可以在一定的幅度内机动,其规定的办法主要有三种:

(1)规定一定的范围。例如:漂布,幅宽 35/36 英寸①。
(2)规定一定的极限。例如:大豆水分最高 14%,含油量最低 18%。
(3)规定上下差异。例如:羽绒的含量为 16%±1%。

在品质机动幅度内,一般不另行计算增减价,即按照合同价格计收价款。但有些商品交易中,为了体现按质论价,在使用品质机动幅度时,可订立所谓的品质增减价条款,即在机动幅度内,买方无权拒收,但可以根据合同规定调整价格。例如,大豆中水分含量每增减 1%(±1%),价格就减增 1%(∓1%)。

三、规定品质条款的注意事项

在品质条款中,一般要写明商品的名称和具体品质。规定品质条款,需要注意下列

---

① 1 英寸=2.54 厘米。

事项。

（1）应根据不同的商品特点，确定表示商品品质的方法。一般来说，凡能用科学的指标说明其质量的商品，则适于凭规格、等级或标准买卖；某些质量好，并具有一定特色的名优产品，适于凭商标或品牌买卖；某些性能复杂的机器、电器和仪表，则适于凭说明书和图样买卖；凡具有地方风味和特色的产品，则可凭产地名称买卖。上述这些表示品质的方法，不能随意滥用，而应当合理选择。此外，凡能用一种方法表示品质的，一般就不宜用两种或两种以上的方法来表示，否则可能给日后履行合同带来困难。

（2）要从产销实际出发，防止品质条件偏高或偏低。确定品质条款时，既要考虑国外客户的具体要求，又要考虑我国的生产实际情况，恰如其分地确定商品的品质。如把品质定得过高，超过国内的实际生产水平，势必给生产和履约造成困难；如果定得过低，则将影响销售价格及商品的声誉。

（3）要注意条款内容和文字科学性及灵活性。对一些轻工业品、矿产品、农副产品的品质要求，既要有科学性，也不能过细造成交货困难。还要避免使用笼统含糊的字句，如"基本上符合市场要求""在合理误差内"等，更忌用词绝对化，如猎取的沙鸡"彻底放血""棉布无疵点"等。

（4）凡能采用品质机动幅度或品质公差的商品，应定明幅度的上下限或公差的允许值。如所交货物的品质低于合同所规定的幅度或公差，买方有权拒收货物或提出索赔。常用的公差指标有最高或最低、最大或最小、最多或最少。

小讨论 8-1

以黑色车顶替墨绿色车行吗？

中方某公司对美成交自行车 3 000 辆。合同规定黑色、墨绿色、湖蓝色各 1 000 辆，不得分批装运。我到发货时始知墨绿色的库存仅有 950 辆，因短缺之数比例不大，于是便以黑色车 50 辆顶替墨绿色的。问这样做有无问题？

第二节　商品的数量

所谓商品的数量，是指用一定度量衡表示商品的重量、个数、长度、面积、体积、容积的一种数量。商品数量条款是国际货物买卖合同中不可缺少的主要条件之一。《联合国国际货物销售合同公约》规定，按约定的数量交付货物是卖方的一项基本义务。如卖方交货数量大于约定的数量，买方可以拒收多交的部分，也可以收取多交部分的一部分或全部。如卖方交货的数量少于约定的数量，卖方应在规定的交货期届满前补齐，但不得使买方遭受不合理的不便或承担不合理的开支，即使如此，买方也有保留要求损害赔偿的权利。

由于买卖双方约定的数量是交接货物的依据，因此正确掌握成交数量和订好合同中数量条款，具有十分重要的意义。买卖合同中的成交数量的确定，不仅关系到进出口任务的完成，而且还涉及对外政策和经营意图的贯彻。正确掌握成交数量，对促进交易的达成和争取有利的价格，也具有一定的作用。

一、商品的计量单位

在国际贸易中，由于商品的种类繁多、特性各异，加之各国采用的度量衡制度不一，因此商品的计量方法和计量单位及其表示的实际数量也不一样。

多年来，在国际贸易中较为常用的度量衡制度有公制（The Metric System）、英制（The British System）和美制（The U. S. System）。在用同一方法计量的时候往往用的单位名称不同，表示的商品实际数量也有很大差别。例如，就表示重量的吨而言，实行公制的国家一般采用公吨，每公吨为1 000公斤[①]；实行英制的国家一般采用长吨，每长吨为1 016公斤；实行美制的国家一般采用短吨，每短吨为907公斤。这种情况给国际贸易带来很大的不便，客观上要求应有一个统一的计量制度。因此，国际标准计量组织在各国广为通用的公制的基础上采用国际单位制（The International System of Units，SI）。目前，这一单位制（SI）正在被越来越多的国家所采用。

商品计量单位的采用，应视商品的性质而定，同时也要取决于交易双方的意愿，在国际贸易中，通常采用下列不同的计量单位。

（1）重量（Weight）单位。按重量计量是当今国际贸易中广为使用的一种，按重量计量的单位有公吨（Metric ton）、长吨（Long ton）、短吨（Short ton）、千克（Kilogram）、克（gram）、磅[②]、英担[③]、美担[④]、盎司[⑤]（Ounce）、克拉[⑥]（Carat）等。

（2）数量（Number）单位。许多工业制成品及一部分土地特产品，均习惯按数量进行买卖。在业务中常使用的计量单位有件（piece）、双（pair）、套（set）、打（dozen）、卷（roll）、令（ream）、箩（gross）、袋（bag）、桶（drum）、包（bale）等。

（3）长度（Length）单位。在金属绳索、丝绸、布匹等类商品的交易中，通常采用米（meter）、英尺[⑦]（foot）、码[⑧]（yard）等长度单位来计量。

（4）面积（Area）单位。有些商品如玻璃板、地毯、皮革、纺织品、金属网等一般习惯于以面积作为计量单位，常见的有平方米（Square meter）、平方英尺（Square foot）、平方码（Square yard）等。

（5）体积（Volume）单位。在木材、天然气和化学气体等少数商品的交易中，常用立方米（Cubic meter）、立方尺（Cubic foot）、立方码（Cubic yard）等作为计量单位。

（6）容积（Capacity）单位。谷物类和流体货物往往按容积计量，其计量常包括公升

---

① 1公斤=1千克。
② 1磅=0.453 592千克；
③ 1英担=50.802 35千克；
④ 1美担=45.359 237千克；
⑤ 1盎司=28.349 52克；
⑥ 1克拉=200毫克；
⑦ 1英尺=0.304 8米；
⑧ 1码=0.914 4米；

（litre）、加仑①（gallon）、蒲式耳②（bushel）等。

"吨"的差别

某出口公司在某次交易会上与外商当面谈妥出口大米 10 000 公吨，每公吨 USD275FOB 中国口岸。但我方在签约时，合同上只笼统地写了 10 000 吨（ton），我方当事人主观上认为合同上的吨就是指公吨（Metric ton）。后来，外商来证要求按长吨（Long ton）供货。如果我方照证办理则要多交大米 160.5 公吨，折合 44 137.5 美元。

二、商品重量的计量方法

在国际贸易中，按重量计量的商品很多。根据一般商业习惯，通常计算重量的方法有下列几种。

1. 毛重（Gross）

毛重是指商品本身的重量加上包装物的重量即皮重。这种计重办法一般适用于单位价值不高或低值商品。

2. 净重（Net Weight）

净重是指商品本身的实际重量即由毛重减去皮重所得的重量。净重是国际贸易中最常见的计重办法。不过有些价值较低的农产品或其他产品有时也采用"以毛作净"（Gross for Net）即俗称"连皮滚"的办法计重，实际上也就是将毛重当作净重计价。例如，蚕豆 100 公斤，单层麻袋包装以毛作净。

在采用净重计重时，需要计算出包装重量，即皮重。国际上主要有以下四种计算皮重的方法。

（1）按实际皮重（Actual Tare 或 Real Tare）计算。即按包装的实际重量计算，它是指包装逐件衡量后所得的总和。

（2）按平均皮重（Average Tare）计算。即对包装材料及规格较为一致的整批货物，从中抽出一定的件数，称其皮重，然后求出其平均重量，再乘以该批货物的总件数，即可求得总皮重。这种做法已日益普遍，有人把它称为"标准皮重"（Standard Tare）。

（3）按习惯皮重（Customary Tare）计算。即对规格化的包装，按市场上公认的包装重量计算。计算时，无须对包装逐件过秤，按习惯上公认的皮重乘以总件数即可。

（4）按约定皮重（Computed Tare）计算。即以买卖双方事先约定的包装重量作为计算的基础。

国际上计算皮重的方法有多种，究竟采用哪一种方法求的净重，交易双方当事人事先约

---

① 1 加仑 = $\begin{cases} 1 \text{ 加仑（英）} = 4.546\ 092 \text{ 升} \\ 1 \text{ 加仑（美）} = 3.785\ 412 \text{ 升} \end{cases}$；

② 1 蒲式耳 = $\begin{cases} 1 \text{ 蒲式耳（英）} = 36.368 \text{ 升} \\ 1 \text{ 蒲式耳（美）} = 35.238 \text{ 升} \end{cases}$。

定并列入合同,以免事后引起争议。

3. 公定重量(简称为公量,Conditional Weight)

公定重量是指用科学方法抽掉商品中的水分后,再加上标准含水量所求得的重量。这种计重方法适用于吸湿性较强,所含水分受客观环境影响大,重量很不稳定的商品,如棉花、羊毛、生丝等。公量是以货物的国际公定回潮率计算出来的,其公式有二:

(1) 公量=商品干净重×(1+公定回潮率) = 干量+标准含水量

(2) 公量=实际重量×$\dfrac{1+公定回潮率}{1+实际回潮率}$

例如:出口 10 公吨羊毛,公定回潮率为 11%,求该批货物的公量。

取 10 公斤的羊毛,用科学的方法去掉水分,干量为 8 公斤,则该批货物的实际回潮率为 2÷8×100% = 25%。因此,该批羊毛的公量为 10×(1+11%)÷(1+25%) = 8.889(公吨)。

4. 理论重量(Theoretical Weight)

理论重量是指某些按固定规格形状和尺寸所生产和买卖的商品,如马口铁、钢板等,只要其规格相同,尺寸大小一致,则每件商品的重量大致相同,根据其件数即可推算出它的重量,这种重量只能作为计重时的参考。

5. 法定重量(Legal Weight) 和实物净重(Net Weight)

按照一些国家海关法的规定,在征收从量税时商品的重量是以法定重量计算的。所谓法定重量是商品重量加上直接接触商品的包装物料,如销售包装等重量。而除去这部分重量所表示出来的纯商品重量,则称为实物净重。

三、数量的机动幅度

在磋商交易和签订合同时,一般应明确规定具体的买卖数量。但有些商品由于计量不易精确,或受包装和运输条件的限制,实际交货数量往往不易符合合同规定的某一具体数量。为了避免日后发生争议,买卖双方应事先谈妥并在合同中订明交货数量的机动幅度(Quantity Allowance),即双方在合同的数量条款中规定卖方实际交货数量可在一定幅度内多于或少于合同所规定的数量,该条款一般称为数量增减条款或溢短装条款(More or Less Clause)。

(一)规定机动幅度的方法

在合同中规定机动幅度可以采取各种不同的形式,常见的有:

(1) 对合同数冠以大约、约、近似、左右(About, Circa, Approximate)等伸缩性的字眼,来说明合同的数量只有一个约量,从而使卖方交货的数量可以有一定范围的灵活性。需要注意的是,各国和各行业对大约、近似、左右等词语的解释不一,有的理解为 2% 的伸缩,有的却解释为 5%,甚至 10%,众说不一,容易引起争议,所以在我国很少采用。按《跟单信用证统一惯例》规定,约数可以解释为交货数量有不超过 10% 的增减幅度。

(2) 具体规定增减幅度,就是在合同中具体规定允许数量有一定范围的机动。它可以有两种订法:

1) 只简单地规定机动幅度,例如"数量 1 000 公吨,可溢装或短装 2%"(Quantity 1 000/M/T With 2% more or less)。

2)在规定溢短幅度的同时,还约定由谁行使这种选择权、在什么情况下行使这种选择权以及溢短装部分如何计价等。例如"数量 1 000 公吨,为适应舱容需要,卖方有权多装或少装 5%,超过或不足部分按合同价格计算"(The Seller has the option to load 5% more or less than the quantity contracted if it is necessary for the purpose to meet the shipping space and each difference shall be settled at the contract price)。这种规定方法一般适用于大宗交易。

(二)机动幅度的确定

在采用机动幅度条款时,买卖双方一般根据商品性质、行业或交易习惯、运输方式等因素就具体机动幅度做出明确规定,常用合同数量的百分比表示,一般在 3%~5% 范围之内。凡是做出这类规定的合同,卖方的交货数量只要在增减幅度范围内,就算是按合同规定交货,买方不得以交货数量不符合合同为理由拒收或索取损失赔偿。

在国际贸易中,对于成交数量大,又允许分批交货的交易,既可以只对合同数量规定一个百分比的机动幅度,而对每批分运的具体幅度不做规定,又可以同时规定合同数量总的机动幅度与每批分运数量的机动幅度。在后一种情况下,卖方总的交货量就得受总的机动幅度的约束,而不能只按每批分运数量的机动幅度交货,这就要求卖方应根据过去累计的交货量,计算出最后一批应交的数量。此外,有的买卖合同,除规定一个具体的机动幅度(如 3%)外,还规定一个追加的机动幅度(如 2%),在此情况下,总的机动幅度应理解为 5%。

在规定有溢短装条款的条件下,如果交货数量略为超过机动幅度的高限,而卖方因超出部分为数甚微并未要求增加货款,那么按照某些国家的法律,并不构成违约。但如果合同规定只限一定数量,如限 1 000 公吨(1 000 M/T only)或是以件计数者,那么在多数情况下,尤其是在信用证付款情况下,细微的超过或不足,都可能引起买方的拒收。

(三)机动幅度的选择权

在合同规定有机动幅度的条件下,由谁来行使这种多交或少交的选择权呢?一般来说,是由履行交货的一方即卖方选择。但是如果是涉及海洋运输,交货量多少与承载货物的船只的舱容关系非常密切,在租用船只时就得跟船方商定,所以在这种情况下,交货机动幅度一般是由负责安排船只的一方选择,或者是干脆由船长根据舱容和装载情况做出选择。总之,机动幅度的选择权可以根据不同情况,由买方行使,也可由卖方行使,或者船方行使。因此,为了明确起见,最好在合同中做出明确规定。

(四)溢、短装数量的计价方法

目前,对在机动幅度范围内超出或低于合同数量的多装或少装部分,一般是按合同价格结算,这是比较常见的做法。但是,数量上的溢短装在一定条件下关系到买卖双方的利益。在按合同价格计价的条件下,交货时市价下跌,多装对卖方有利;但如市价上升,多装却对买方有利。因此,为了防止有权选择多装或少装的一方当事人利用行市的变化,有意多装或少装以获取额外的好处,也可在合同中规定,多装或少装的部分不按合同价格计价,而按装船日或到货日的市价计算,以体现公平合理的原则。如双方未能就装船日或到货日,或是市价达成协议,则可交由仲裁机构解决。

第三节　商品的包装

商品包装是实现商品价值和使用价值的重要手段之一,是商品生产和消费之间的桥梁。绝大多数商品只有通过适当的包装,才算是了完成商品的生产,才能进入流通领域和进行销售,以实现其使用价值和商品价值。甚至有些商品本身与其包装成为一个不可分割的统一体,例如照相胶卷与其包装黑纸,气体、液体商品和流质食品与其盛装的容器等。

包装在一定程度上反映一个国家经济、技术和科学文化等方面的综合水平。在国际市场上,包装的好坏,关系商品销售价格的高低、销路的畅通,也关系到一个国家及其产品的声誉。在国际货物买卖中,包装还是货物说明的组成部分。因此,包装也是主要交易条件之一,并应在合同中加以明确规定。

一、包装的种类

广义的包装按其不同的包装方式可分为散装、裸装和包装三种。

(1) 散装(In Bulk)。散装是指不加任何包装物或只附加极少的包装物的方式。这种方式适合于不易包装或不值得包装的货物,如煤炭、矿砂、粮食以及油类等液体货物。采用散装方式进行运输,可节省运输费用,加快装卸速度,从而降低成本,但是散装运输需要必要的运输工具、港口装卸设备和仓库等,否则容易引起货损、货差。

(2) 裸装(Nude Packed)。裸装是指将货物略加捆扎或以商品自身进行捆扎的方式。适于裸装方式的往往是品质比较稳定,受外界环境影响不大的商品。这类商品无须包装或很难包装,如钢材、木材、橡胶、车辆等。

(3) 包装(Packed)。包装是指按一定技术方法,采用一定的包装容器、材料及辅助包裹货物的方式。国际贸易中的绝大多数商品都是采用这种方式进行包装的。根据包装在流通过程中所起作用的不同,可以分为运输包装(即外包装)和销售包装(即内包装)两种类型。

二、运输包装(Shipping Package)

运输包装又称"外包装"(Outer Packing)或"大包装",是指在出口商品储运过程中,为了保护商品,防止损伤、失散所设计的包装。它的主要作用在于保护商品,方便运输,减少运费,便于储存,节省仓容,便于计数、清点、检验等。

(一) 运输包装的分类

运输包装的方式和造型多种多样,包装用料和质地各不相同,包装程度也有差异,这就导致运输包装的多样性。一般地说,运输包装可以从下列各种不同的角度分类。

(1) 按包装方式,可分为单件运输包装和集合运输包装。

1) 单件运输包装。单件运输包装是指货物在运输过程中单独作为一个计件单位的包装。包括箱(Case)装、包(Bale)装、桶(Drum)装、袋(Bag)装等。

2) 集合运输包装。集合运输包装是指若干单件运输包装组合成一件大包装或装入一个大的包装容器内以便更有效地保护商品,提高装卸效率和节省运输费用。在国际贸易中,常见的集合运输包装有集装箱、托盘和集装袋三种形式。

① 集装箱（Container）。它是一种有一定规格的金属箱，作为运输货物的容器。它既是货物的运输包装，又是运输工具的组成部分，一般由船运公司提供周转使用。根据1970年国际标准化组织104委员会（ISO/TC104）对集装箱定义做出的规定，认为具有以下五个条件的运输容器方可称为集装箱：i）能够长期反复使用，具有足够强度；ii）运输途中转运不动容器中的货物，可以直接换装；iii）在一种或多种运输方式中，便于快速搬运；iv）便于货物的装满与卸空；v）具有1米^3（即35.3147英尺^3）以上的内容积。

目前，国际上最通用的集装箱规格有20英尺（8英尺×8英尺×20英尺）和40英尺（8英尺×8英尺×40英尺）两种，其中前者的容积为31~35米^3，最高载重可达18公吨。一般计算集装箱的流通量时，均折算为20英尺为一个单位，通称为"TEU"（Twenty-foot Equivalent Unit），也称标准单位。

集装箱按其使用目的，有干货（Dry）、冷冻（Reefer）、开顶（Open top）、框架（Flat Rack）、罐式（Tank）、吊挂（Hanging）等之分。按其托运方式可分为整箱货（Full Container Load，FCL）和拼箱货（Less than Container Load，LCL）。前者是在同一目的港运交同一收货人的集装箱；后者是指不同的目的港或不同收发货人，需经集装箱站拼装或开箱分发的集装箱。

② 托盘（Pallet）。它是按一定规格制成的单层或双层平板载货工具，在平板上集装一定数量的单件货物，并按要求捆扎加固，组成一个运输单位，便于运输过程中使用机械进行装卸、搬运和堆放。按其制作材料不同分为木托、金属托、纸托和合成托等。

③ 集装袋或集装包（Flexible Container）。它是一种用合成纤维或材料纺织成的圆形大口袋或方形大包。其容量因使用的材料的生产工艺不同而有所区别，一般1~4吨，最高可达13吨左右。它适用于装载粉粒状货物，如化肥、矿砂、面粉、食糖、水泥等散装货物。

（2）按包装造型不同，可分为箱、袋、包、桶和捆等不同形状的包装。

（3）按包装材料不同，可分为纸制包装、金属包装、木制包装、塑料包装、麻制品包装、竹草柳制品包装、玻璃制品包装、陶瓷包装等。

（4）按包装程度不同，可分为全部包装（Full Packed）和局部包装（Part Packed）两种。前者是指对整个商品全面予以包装，绝大多数商品都需要全部包装；后者是指对商品需要保护的部位加以包装，而不受外界影响的部分，则不予包装。

在国际贸易中，买卖双方究竟采用何种运输包装，应根据商品特性、形状、贸易习惯、货物运输路线的自然条件、运输方式和各种费用开支大小等因素，在洽商交易时谈妥，并在合同中具体订明。

（二）运输包装的标志

运输包装的标志是指在商品的外包装上用文字、图形、数字制作的特定记号和说明事项，它是某些装运单证上不可缺少的内容。其主要作用在于：便于识别货物；方便运输装卸、仓储、检验和海关查验；便于收货人核对单证收货，使单货相符，避免错误。运输包装上的标志，按其用途可分为运输标志（Shipping Mark）、指示性标志（Indicative Mark）和警告性标志（Warning Mark）三种。

1. 运输标志（Shipping Mark）

运输标志习惯上称为"唛头"，它通常是由一个简单的几何图形和一些字母数字及简单的文字组成。其主要作用是货物在运输过程中，使有关运输部门便于识别货物，防止错发、错运。运输标志的组成部分包括：① 收货人及/或发货人的代号、代用简字和简单的几何图形；② 目的港名称或加上中转的地名港口；③ 合同号码，有时根据买方要求列入信用证号码或进口许可证号码等；④ 件号，包括顺序件号和总件数；⑤ 原产地，即制造国；⑥ 体积和重量标志等。运输标志实例如图 8-1 所示。

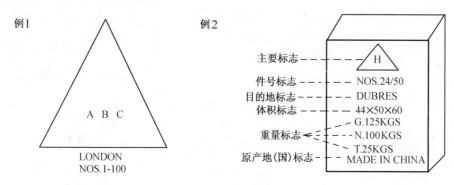

图 8-1　运输标志实例

为了规范运输标志，开展多式联运及电子计算机在运输和单证制作、流转方面的应用，在国际标准化组织和国际货物装卸协调协会的支持下，联合国欧洲经济委员会简化国际贸易程序工作组，制定了一套标准运输标志向各国推荐使用，如图 8-2 所示。

```
ABC － － － － － 收货人代号
1234 － － － － － 参考号
NEWYORK － － － － － 目的地
1/125 － － － － － 件数代号
```

图 8-2　标准化运输标志

该标准化运输标志包括：① 收货人或买方名称的英文缩写字母或简称；② 参考号，如运单号、订单号或发标号；③ 目的地；④ 件号。每项内容不得超过 17 个字母（包括数字和符号），不采用几何图形，因几何图形不易用打字机一次作成。目前该标准化运输标志正处于推广阶段。

2. 指示性标志（Indication Mark）

此标志是指针对一些易碎、易损、易变质商品的性质，用醒目的图形和简单的文字提醒有关人员在装卸、搬运和储存时应注意的事项，例如"小心轻放""易碎""防湿""防热""防冻""由此开启""温度极限""禁止翻滚"等。也有人称其为"注意标志"。根据我国国家技术监督局发布的《包装储运图示标志》规定，指示性标志共包括 12 种，图 8-3 选取了其中的 4 种。

在运输包装上标打上述哪种标志，应根据商品性质正确选用，在文字使用上，最好采用出口国和进口国的文字，但一般使用英文的居多，例如，This end up（此端向上），Handle with care（小心搬运），Use no hooks（请勿用钩）等。

3. 警告性标志（Warning Mark）

此标志又称为危险货物包装标志或危险品标志。它指对一些易燃品、爆炸品、有毒品、腐蚀性物品、放射性物品等危险品在其包装上清楚而明显地刷制的标志，以示警告，使装卸、运输和保管人员按货物特性采取相应的防护措施，以保护物资和人身的安全。它一般是由简单的几何图形、文字说明和特定图案以及规定的颜色所组成。对此，各国一般都有规定。根据我国国家技术监督局发布的《危险货物包装标志》规定，在运输包装上标打的警告性标志共包括21种，图8-4所示是其中的9种。

图8-3　指标性标志

图8-4　警告性标志

此外，联合国政府间海事协商组织也规定了一套《国际海运危险品标志》，这套规定在国际上已被许多国家采用。有的国家进口危险品时，要求在运输包装上标打该组织规定的危险品标志，否则，不准靠岸卸货。因此，在我国出口危险货物的运输包装上，要标打我国和国际海运所规定的两套危险品标志。

三、销售包装

销售包装又称内包装（Inner Packing）或小包装，它是直接接触商品并随商品进入零售网点和消费者直接见面的包装。这类包装除必须具有保护商品的功能外，更加强调具备美化商品、宣传商品，并便于消费者识别、选购、携带和使用，以促进销售的作用。因此在国际贸易中不仅要求销售包装具备适于商品销售的各种条件，而且在包装的用料和造型结构、装潢设计和文字说明上都有较高的要求。

（一）销售包装的分类

目前，在国际市场上根据销售包装的特点和要求，按照不同商品的性质、形态、数量和销售意图，设计和制造了千万种新颖、美观、适用的销售包装。按其形式和作用来分类，主要有：便于运输、储存的套装式、组合式包装；便于陈列展销的堆叠式、挂式和展开式包装；便于消费者使用携带式包装、易开包装、喷雾包装、礼品包装、配套包装和一次性包装，此外还有便于保存的真空包装等。

（二）销售包装的标示和说明

在销售包装上，一般都附有装潢画面、各种标签和文字说明，有的还印有条形码的标志。近年来，越来越多的进出口商品包装上印制有环境标志（Green Label）。在设计和制作销售包装时，应一并做好这几个方面的工作。

1. 包装的装潢画面

销售包装的装潢画面要求美观大方，富有艺术上的吸引力，并突出商品特点，其图案和色彩应适应有关国家的民族习惯和爱好，例如，菊花是日本皇室的专用花卉，人们对它极为尊重。但菊花在意大利和拉丁美洲各国被认为是"妖花"，只能用于墓地和灵前；在法国，黄色的花朵被视为不忠诚的表示等。

2. 标签与文字说明

在销售包装上应有标签和必要的文字说明，如商标、牌名、品名、产地、数量规格、成分、用途和使用方法等，文字说明或标签同装潢画面紧密结合，互相衬托，彼此补充，以达到宣传和促销的目的。使用的文字必须简明扼要，并能让销售市场的顾客看懂，必要时也可以中外文并用，同时在销售包装上使用文字说明或制作标签时，还应注意有关国家的标签管理条例的规定。例如日本政府规定，凡销往该国的药品，除必须说明成分和服用方法外，还要说明其功能，否则，就不准进口。美国进口药品，也有类似的规定。我国产品质量法中也有类似的规定。

> **小知识 8-2**
>
> ### 部分国家和地区的不同喜爱和禁忌
>
> （选自张光忠等主编．外贸企业管理学．中国经济出版社，第332~333页）
>
> 1. 数字的忌讳
>
> 西方人普遍认为"13"这个数字是凶险的，应当尽量避开它。他们认为"星期五"也

不吉利。在非洲，大多数国家认为奇数带有消极色彩；而在日本奇数则被看作是吉祥如意的数字，对偶数不感兴趣。在日本要尽量避免"4"和"9"，因为日语中"4"与"死"同音，而"9"与"苦"相近。

2. 一些国家和地区在商品颜色上的禁忌

欧美多喜欢色彩鲜明，中国香港、中国澳门和东南亚欣赏浓妆艳抹；而日本人则爱好淡雅，讨厌绿色；巴西人以棕色为凶丧气，以绛紫为大忌；比利时人视蓝色为不祥；埃塞俄比亚把黄色当作丧色；土耳其人则将黄色当作凶兆；在法国，黄色表示不忠诚，对黄色反感；而在德国，黄色的包装则比较好销；在美国，认为黑色不吉祥，在商业上，红色也不受欢迎。

3. 出口商品动物造型图案的禁忌

出口商品的造型、包装和商标图案，很多都与飞禽走兽有关。因此，应该注意同一种动物在一些国家是宠物而在另一些国家却可能受贬，甚至被划入禁忌之列。

大象　斯里兰卡视大象为庄严的象征，印度把大象选为新德里亚运会的吉祥物。但在欧洲人的词汇里，大象却是笨拙的同义词。在英国，甚至忌用大象的图案。

狗　狗在西方被视为神圣的动物和忠诚的伴侣，受到法律的保护。但对东方人来讲，狗肉却是美味佳肴。非洲北部的一些国家忌用狗的图案。

猫　猫是西方人的宠物。欧洲人认为纯黑色的猫会带来好运。美国人却认为纯白色的猫才能带来好运气。

公鸡　作为黎明的使者，公鸡素来为我国人民所喜爱。在法国，它也受到偏爱。但是，在美国俚语里，公鸡，特别是我国出口商品喜用的商标"金鸡"，却含有诲淫的意思。

孔雀　孔雀是印度的国鸟，在我国和其他东南亚国家都是美丽的象征。但是，在欧洲国家孔雀却被贬为淫鸟、祸鸟。

蝙蝠　在西方，蝙蝠是恐怖、死亡和不吉祥的象征，连三岁的孩童也知道蝙蝠是可怕的"吸血鬼"。

4. 一些国家在商品上禁用的标志和图案

阿拉伯国家进出口商品的包装上，禁止使用六角星图案，因为六角星与以色列国旗上的图案相似；德国禁用类似纳粹和纳粹军团的符号标记以及锤子、镰刀图案；意大利禁忌菊花图案，因为菊花盛开之时正是他们扫墓的时节；英国忌用人像作商品包装、装潢图案。大象（代表蠢笨无用、沉重的包袱）和山羊（比作不正派男人）也被禁用；法国人、比利时人忌讳用孔雀、核桃、菊花作商标图案；美国禁忌蝙蝠图案，认为它代表凶神恶煞，是恐怖和死亡的象征，也忌用人物肖像、珍贵动物的头部作商标图案，不喜欢用大象和一般所不熟悉的古代神话人物作图案；新加坡商业上反对使用如来佛像，禁用带宗教色彩词句和符号的标志；日本忌用荷花（丧花）、狐狸（贪婪）、獾（狡诈）等图案；澳大利亚禁忌兔子图案，因为兔子吃牧草，是澳洲一大公害；北非大多数国家忌用狗作商标图案。

国际上确定三角形为警告性标记，所以，各国皆忌用三角形作商标图案。捷克人还把红色三角形视为有毒的标志。土耳其人把绿色三角形的标记看作是免费商品。

5. 进口商品使用文字禁忌

韩国规定，进口食品包装上所附标签的文字说明必须用韩文书写、印刷，并在标签上注明产品名称、生产厂家名称、地址、生产日期等内容。

澳大利亚规定，进口产品的包装标签，必须用英文标明。文字应明显易认，色彩与背景色具有反差。

加拿大的联邦消费包装及标签法规定，在加拿大任何地方销售的所有预先包装产品标签，须用英语及法语表示。

阿拉伯地区的国家规定，食品、饮料包装的标签，必须用英文和阿拉伯文，并注明生产日期和有效期。

美国《食品药物和化妆品法》规定，标贴说明必须用英文，并置于显著地位，以便这种说明让一般人在购买或使用时能够看懂。该法还要求所有标贴凡是必须用外国文的，也要附有英文说明。

我国香港规定，食品标签必须用中文或英文。但食品名称及成分，须同时用中英文注明。

巴西规定，食品要附加葡萄牙文译文。

3. 环境标志

环境标志又称为生态标志或绿色标志（Green Label）。它是一种印在产品及其包装上的图形，用于表明该产品的生产、使用及处理过程符合特定的环境保护要求，对生态环境无害或危害性极小。自1978年德国率先使用"蓝色天使"标志迄今，已有50多个国家的政府制定出自己的环境标志制度。例如，日本有"生态标志制度"、加拿大实施了"环境选择方案"（ECP）、法国有"NF环境"、澳大利亚推行了"环境选择制度"、新加坡有"绿色标志制度"等。环境标志制度的推行，一方面，使得绿色产品和绿色包装成为国际市场营销的主要促销手段，越来越多的消费者更愿意购买优质的"环境标志产品"；另一方面，形成了一种新的非关税壁垒——绿色壁垒，一些发达国家颁布了实施环境标志的法律和文件，规定凡是没有环境标志的进口产品，应受到数量上和价格上的限制，甚至不允许进口。

为了适应上述形势，1994年5月，我国正式成立了"中国环境标志产品认证委员会"，并公布了由青山、绿水、太阳和十个环组成的中国环境标志图形。迄今为止，虽然已经公布了多项环境标志产品技术要求，并有多个厂家的几百种产品通过了环境标志的认证。但是同工业化国家相比，我国的环境标志制度仍处于刚刚起步阶段，产品种类较少，远远不能满足对外贸易的需要。今后必须加强对出口产品进行环境标志的认证工作，强化出口产品的绿色包装意识，改进出口包装技术和装潢设计，努力研制出新的环保型包装材料，加快我国环境标志制度与国际标准接轨，对已经实施ISO 9000标准认证的出口企业和产品，要促其及早进行ISO 14000标准的认证。

小知识 8-3

关于ISO 14000

（引自 http://www.sqcc.net/service/project/iso14000.htm）

ISO 14000是国际标准化组织（ISO）第207技术委员会（TC207）从1993年开始制定的系列环境管理国际标准的总称，它同以往各国自定的环境排放标准和产品的技术标准等不同，是一个国际性标准，对全世界工业、商业、政府等所有组织改善环境管理行为具有统一标准的功能。它由环境管理体系（EMS）环境行为评价（EPE）、生命周期评估（LCA）、环境管理（EM）、产品标准中的环境因素（EAPS）等7个部分组成。其标准号从14001至14100，共100个。

我国于1997年4月1日由原国家技术监督局将已公布的五项国际标准ISO 14001、ISO 14004、ISO 14010、ISO 14011、ISO 14012等同于国家标准GB/T 24001、GB/T 24004、GB/T 24010、GB/T 24011和GB/T 24012正式发布。这五个标准及其简介如下：

1. ISO 14001（GB/T 24001—1996）环境管理体系——规范及使用指南规范

该标准规定了对环境管理体系的要求，描述了对一个组织的环境管理体系进行认证/注册和（或）自我声明可以进行客观审核的要求。通过实施这个标准，使相关确信组织已建立了完善的环境管理体系。

2. ISO 14004（GB/T 24004—1996）环境管理体系——原理、体系和支撑技术通用指南

该标准对环境管理体系要素进行阐述，向组织提供了建立、改进或保持有效环境管理体系的建议，是指导企业建立和完善环境管理体系的工具和教科书。

3. ISO 14010（GB/T 24010—1996）环境审核指南——通用原则

该标准规定了环境审核的通用原则，包括了有关环境审核及相关的术语和定义。任何组织、审核员和委托方为验证与帮助改进环境绩效而进行的环境审核活动都应满足本指南推荐的做法。

4. ISO 14011（GB/T 24011—1996）环境审核指南——审核程序

该标准规定了策划和实施环境管理体系审核的程序，以判定是否符合环境管理体系的审核准则，包括环境管理体系审核的目的、作用和职责，审核的步骤及审核报告的编制等内容。

5. ISO 14012（GB/T 24012—1996）环境管理审核指南——环境管理审核员的资格要求

该标准提出了对环境审核员的审核组长的资格要求，适用于内部和外部审核员，包括对他们的教育、工作经历、培训、素质和能力，以及如何保持能力和道德规范都做了规定。这一系列标准是以ISO 14001为核心，针对组织的产品、服务活动逐渐展开，形成全面、完整的评价方法。可以说，这一系列标准向各国及组织的环境管理部门提供了一整套实现科学管理体系，体现了市场条件下环境管理的思想和方法。

4. 条形码

商品包装上的条形码是由一组带有数字的粗细间隔不等的平行条纹所组成，它是利用光电扫描阅读设备为计算机输入数据的特殊的代码语言。只要将商品包装上的条形码对准光电扫描器，计算机就能自动地识别条形码的信息，确定品名、品种、数量、生产日期、制造厂商、产地等，并据此在数据库中查询其价格，进行货款高速、准确结算，同时打出购货清单。目前，许多国家的超级市场都使用了条形码技术进行自动扫描结算，如商品包装上没有条形码，即使是名优商品，也不能进入超级市场，而只能当作低档商品进入廉价商店。甚至有些国家对某些包装上无条形码标志的商品不予进口。

在国际上通用的包装上的条形码有两种：一种是由美国、加拿大组织的统一编码委员会（UCC）编制的UPC码；另一种是由欧盟成立的欧洲物品编码协会（后改名为国际物品编码协会，International Article Number Association）编制，其使用的物品标识符号为EAN码（European Article Number）。我国于1991年4月正式加入国际物品编码协会，该会分配给我

国的国别号为"690~699",凡商品条形码以它们为前缀码者,即表示在中国大陆地区生产的商品。

四、中性包装和定牌

采用中性包装(Neutral Packing)和定牌生产,是国际贸易中的通常做法。我国在出口业务中,有时也可以应客户的要求,采用这些做法。

(一)中性包装

中性包装是指在商品上和内外包装上不标明生产国家、地名和厂商名称的包装。它包括无牌中性包装和定牌中性包装两种。前者是指包装上既无生产地名和厂商名称,又无商标、牌号,俗称"白牌";后者是指包装上仅有买方指定的商标或品牌,但无生产地名出口厂商的名称。

采用中性包装,是为了打破某些进口国家与地区的关税和非关税壁垒以及适应交易的特殊需要(如转口销售等),它是出口国家厂商加强对外竞销和扩大出口的一种手段。对于配额限制商品和普惠制产品等不得使用中性包装。使用定牌中性包装时应注意不要违反工业产权的有关法律和国际惯例。

(二)定牌生产

卖方根据买方的要求,在其生产或出售的商品或包装上标明买方指定的商标或品牌,这种做法称为定牌生产,也称为授权贴牌生产。当前,世界许多国家的超级市场、大百货公司和专业商店,对其经营出售的商品,都要在商品上或包装上标有本店使用的商标或品牌,以扩大本店的知名度和显示该商品的身价。许多国家的出口厂商,为了利用买主的经营能力及其商业信誉和品牌声誉,以提高商品售价和扩大销路,也愿意接受定牌生产。

在我国出口贸易中,如成交数量大,且需求较稳定等情况下,为了适应买方销售的需要和有利于扩大出口,我们也可以接受定牌生产,具体有以下三种做法:

(1)采用定牌中性包装的做法,即在商品和/或包装上只用外商所指定的商标或品牌,而不标明生产国别和出口厂商名称。

(2)在商品和/或包装上,同时标明我国的商标或品牌和国外商号名称或表示其商号的标记。

(3)在商品和/或包装上,采用买方所指定的商标或品牌的同时,在其商标或品牌下标示"中国制造"字样。

五、包装条款

包装条款(Packing Clause)也称包装条件,它一般包括包装材料、包装方式、包装规格、包装标志和包装费用的负担等内容。按照国际惯例和有关国家的法律规定,包装条件是主要的交易条件之一,是货物说明的组成部分。如果货物的包装与合同的规定或行业惯例不符时,买方有权索赔损失,甚至拒收货物。因此买卖双方洽商交易时必须就包装条件谈妥,并在合同中具体订明。在商定包装条款时,需要注意下列事项。

(一) 要考虑商品特点和不同运输方式的要求

商品的不同特性、形状和使用不同的运输方式,对包装的要求也不相同。因此,在制定包装条款时,必须从商品在储运和销售过程中的实际需要出发,使约定的包装科学、经济、牢固美观,并达到安全、适用和适销的要求。

(二) 对包装的规定要明确具体

约定包装时,应明确具体,不宜笼统规定。例如,一般不宜采用"海运包装"(Seaworthy Packing)和"习惯包装"(Customary Packing)之类的术语。因为此类术语含义模糊,无统一解释,容易引起争议。

(三) 明确包装费用由何方负担

包装由谁供应,通常有下列三种做法:
(1) 由卖方供应包装,包装连同商品一块交付买方。
(2) 由卖主供应包装,但交货后,卖方原包装收回。关于原包装返回给卖方的运费由何方负担,应做具体规定。
(3) 买方供应包装或包装物料,采用此种做法时,应明确规定买方提供包装或包装物料的时间,以及由于包装或包装物料未能及时提供而影响发运时买卖双方所负的责任。

关于包装费用,一般包装在货价之内,不另计收。但也有不计在货价之内,而规定由买方另行支付。究竟由何方负担,应在包装条款中订明。

(四) 避免发生工业产权争议和侵权行为

我国在出口业务中接受定牌中性包装时,首先应审查外商提供的图案、文字内容有无不妥之处,如若与我社会主义精神文明标准相悖,则不应接受;同时应向外商指出,如若我方采用买方指定的商标、品牌后,在国外市场上发生工业产权的争议或侵权行为,则一切责任应由买方负责。

思 考 题

1. 什么是商品的品质?表示商品品质的方法有哪些?
2. 什么是样品?凭样品买卖可分为几种类型?
3. 试述品质机动幅度与品质公差的含义及其作用。
4. 在按重量买卖时,有哪些计量方法?
5. 如何计量商品包装重量(即皮重)?
6. 如何规定溢、短装条款?
7. 试述环境标志与条形码的含义及其作用。
8. 什么是运输标志?试述标准化运输标志的模式。
9. 订立包装条款应注意哪些事项?
10. 中方某公司与国外成交红枣一批,合同与开来信用证上均写的是三级品。但到发货装船时发现三级红枣库存告罄，于是改以二级品交货，并在发票上加注："二级红枣仍按三级计价。"问这种以好顶次原价不变的做法妥当吗？

11. 某外商欲购我"华生"牌电扇，但要求改用"钻石"牌商标，并在包装上不得注明"Made in China"字样，问我方是否可以接受？并且应注意什么问题？

第九章
国际货物运输与保险

本章学习要点
- 各种货物运输方式的特点
- 班轮基本运费的计收方法
- 装运条款的主要内容及注意事项
- 海运提单的分类
- 各类运输单据的性质与作用
- 海上货运保险的保障范围
- ICC（A）、ICC（B）、ICC（C）三险承保风险与除外责任
- 保险费的计算

第一节 货物运输

国际货物运输是对外贸易的重要环节之一。在运输过程中，往往要经由不同的国家，通过多次装卸搬运，使用各种工具，并变换不同的运输方式，故其涉及面广，中间环节多，情况变化大，远比国内运输复杂。从事国际贸易的人员必须熟悉和掌握有关国际货物运输的基本知识，才能在磋商交易和签订合同时充分考虑运输方面的问题，使合同的装运条款完整、明确、合理和可行，从而保证进出口货物的顺利交接。

国际货物运输业务涉及运输方式的选择、各项装运条款的制定和装运单据的运用等项内容，现分别予以介绍和说明。

一、运输方式

运输方式主要包括海洋运输、铁路运输、航空运输、河流运输、邮政运输、公路运输、管道运输、大陆桥运输以及多式联运等。由于它们各有不同特点，故在对外贸易业务中必须合理地选择运输方式。

（一）海洋运输

海洋运输（Ocean Transport），简称"海运"。在国际货物运输中，海运量占国际货运总量的80%左右，我国绝大部分进出口货物通过海运。海洋运输之所以如此被广泛采用，是因为同其他运输方式相比，它具有线路投资少、通过能力强、运载量大、运输成本低、劳动生产率高等优点。当然，它也存在送达速度慢、风险大、航期不易准确、易受自然条件特别

是气候条件影响的不利之处。

按照海洋运输船舶经营方式的不同,可将海运分为班轮运输(Liner Transport)和租船运输(Shipping by Chartering)。

1. 班轮运输

班轮运输是指按照固定的船期表、沿着固定的航线和港口来往运输,并按相对固定的运费率收取运费。它最适用于装运零星杂货。

(1) 班轮运价表。班轮运费表是发货方支付运费、班轮公司收取运费的计算依据。目前,国际航运业务中,班轮运价表种类很多,分法也不尽一致,有班轮公会运价表、班轮公司运价表、双边运价表、货方运价表等。等级运价表是将全部商品(主要是杂货)分为若干个等级,每一等级有一个基本运费率,商品被规定为几级,就按相应等级的运费率计算运费。一般将货物划分为20个等级,属于第一级的商品的运费率最低,第二十级的运费率最高。在实际业务中,大多采用等级费率表。单项费率运价表将每项商品及其基本费率都分别列出,每个商品有各自的费率。

(2) 班轮运费。班轮运费包括基本运费(Basic Rate)和附加费(Freight Surcharge)两个部分。前者是指货物从装运港运到卸货港所应收取的运费;后者是在基本运费的基础上,根据各种不同的具体情况而加收的费用。

1) 班轮基本运费的计收方法。根据不同的标准、不同的货物,基本运费的计收方法共有7种(表9-1)。

表9-1 班轮基本运费的计收方法

计收方法	含 义	表示方法	适用货物范围
重量法	按货物的实际重量计收,故称"重量吨"(Weight Ton)	W	重金属、建材、矿产品等
体积法	按货物的尺码或体积计收,故称"尺码吨"(Measurement Ton)	M	轻泡货物,如纺织品、日用百货等
从价法	按商品的价格(FOB价)计收,也称"从价运费"	Ad Valorem 或 Ad. Val 或 A. V.	贵重物品,如精致工艺品、金、银、钻石等
选择法	按重量、体积;或按重量、体积、价值,选择其中一种收费较高者计收	W/M;W/M 或 Ad. Val.	一批商品中包括多种品质的商品
按件法	按货物的件数计收	Per Unit	包装固定、体积不变的货物
议定法	按承、托双方临时议定的价格计收,称为"临时议定价"(Open Rate)	Open	量大低值的谷物、豆类、矿石等
综合法	除按重量或体积外,还要加收从价运费	W & Ad. Val. M & Ad. Val.	某些特殊商品

此外，在同一包装、同一票货物和同一提单内出现混装情况时，班轮公司的收费按照就高不就低的原则收取。

2）班轮附加费的种类和计算方法。目前，主要班轮附加费有下列几种：超重附加费（Extra Charges on Heavy Lifts）、超长附加费（Extra Charges on Over Lengths）、选卸附加费（Additional on Optional Discharging Port）、直航附加费（Additional on Direct）、转船附加费（Transshipment Additional）、港口附加费（Port Additional）、洗船费（Cleaning Charge）、港口拥挤费（Port Congestion Surcharge）等。

尽管班轮附加费名目繁多，但计算方法基本有两种：一种是按基本费率的一定百分比计算；另一种是用绝对数字表示，即每运费吨（Freight Ton）加收若干金额。

（3）班轮运费计算步骤：

1）选择相关的运价表（有航运工会运价表、班轮工会运价表、货方运价表和双边运价表等，其中包含了货物分级表和等级费率表等内容）；

2）根据货物名称，在货物分级表中查到运费计算标准（BASIS）和等级（CLASS）；

3）在等级费率表的基本费率部分，找到相应的航线、启运港、目的港，按等级查到基本运价；

4）从附加费部分查出所有附加费项目和数额（或百分比）及货币种类；

5）根据基本运价和附加费算出实际运价；

6）计算总运费，总运费＝运价×运费吨。

班轮运费计算方法举例如下：

上海某公司出口一批全棉细坯布（COTTON PIECE GOODS），共 350 件，每件体积为 0.43 立方米，毛重为 462.73 千克，进口要求用散装运往 OSAKA/KARACHI，试计算出口运费。

计算过程如下：

第 1 步：依据《货物分级表》(表 9-2)，查出棉布及棉织品（COTTON GOODS & PIECE GOODS）的运费计算为标准 M，等级为 10；

第 2 步：依据《航线费率表》（表 9-3）（中国—波斯湾），得知到日本的基本港，10 等级的商品对应的基本运费为 US ＄52.00 PER F/T；到 KARACHI，10 级货物对应的基本运费为 US ＄61.00 PER F/T。

表 9-2 货物分级表
SCALE OF COMMODITY CLASSIFICATIONS

COMMODITY	BASIS	CLASS
COAL	M	2
COPPER PIPES	W/M	12
COTTON GOODS & PIECE GOODS	M	10
CHEMICALS, NON-HAZARDOUS	W/M	12
CHEMICALS, SEMI-HAZARDOUS	W/M	17
CHEMICALS, HAZARDOUS	W/M	20
MACHINES CALCULATING & TYPEWRITERS	M	12
TAPE RECORDER & MAGNETIC TAPE	M	12

COMMODITY	BASIS	CLASS
TEA	M	8
TILES, PROCELAIN	W	7
TILES, MOSAIC	W	7
TOILET SHAMPOO	M	11
TOOTH BRUSH	M	9
TOOTH PASTE	M	11
TOYS, ELECTRICALLY OPERATED	M	10
TOYS, WOODEN, METAL, PLUSH	M	8
TRICYCLES, CHILDREN VEHICLES	M	9
TYRES & TUBES	M	7

表 9-3 件杂货（散货）航线费率表

SCALE OF RATES FOR BREAKBULK CARGO IN US $ (F/T)

CLASS	SHANGHAI – HONGKONG, JAPAN, SINGAPORE, BANGKOK, KARACHI, PERSIAN GULF					
	HONGKONG	JAPAN	SINGAPORE	BANGKOK	KARACHI	PERSIAN GULF
7	20.00	50.00	31.50	31.00	58.00	69.00
8	20.50	50.50	32.00	31.50	59.00	71.00
9	21.00	51.50	33.00	32.00	60.00	73.00
10	22.00	52.00	34.00	33.00	61.00	75.00
11	22.50	53.00	35.00	34.00	62.00	77.00
12	23.50	54.00	35.50	35.00	63.00	79.00
13	25.00	54.50	36.50	35.50	66.50	83.00
14	26.00	55.50	37.50	36.00	70.00	86.00
15	27.00	56.00	38.50	37.00	73.00	90.00
16	28.00	57.00	39.00	38.00	76.00	94.00
17	29.50	57.50	40.00	38.50	80.00	98.00
18	30.50	58.50	41.00	39.00	82.00	102.00
19	31.50	59.00	42.00	40.00	87.00	106.00
20	32.50	60.00	43.00	41.00	92.00	111.00
AD VAL	1%	1%	1.5%	1.5%	2%	2%

REMARK：

BANGKOK：PORT CONGESTION SURCHARGE 10%；QUAY SURCHARGE US $2.00/FT

KARACHI：PORT SURCHARGE FOR HAZARDOUS US $11.00/FT；CURRENCY ADJUSTMENT FACTOR 30%

DAMMAN：TRANSHIPMENT SURCHARGE US $25.00/FT（W/T AT DUBAI）

KUWAIT：TRANSHIPMENT SURCHARGE US $65.00/FT（W/TAT DUBAI）

ALL BASIC PORTS：BUNKER ADJUSTMENT FACTOR 30%

第3步：依据《航线费率表》的备注栏目查出商品 COTTON GOODS & PIECE GOODS 到日本的基本港所应交纳的附加费有 30%的燃油附加费；到 KARACHI 应交纳的附加费有 30%的货币贬值附加费和 30%的燃油附加费。

列式计算为：

350 件货物的体积吨为 0.43×350＝151（立方米）＝151 运费吨（按 M 计算）

货物运往 OSAKA 所应交纳的基本运费为 52.00×151＝7 852（美元）

燃油附加费为 7 852×30%＝2 356（美元）

货物运往 OSAKS 所应交纳的运费为 7 852+2 356＝10 208（美元）

货物运往 KARACHI 所应交纳的基本运费为 61.00×151＝9 211（美元）

燃油附加费为 9 211×30%＝2 763（美元）

基本运费的货币贬值费为 9 211×30%＝2 763（美元）

燃油附加费的货币贬值费为 2 763×30%＝829（美元）

货物运往 KARACHI 所应交纳的运费为 9 211+2 763+2 763+829＝15 566（美元）

2. 租船运输

租船运输又称为不定期船（Tramp）运输。它与班轮运输的营运方式不同，既无预定的船期表，又无固定的航线和停靠港口。有关船舶的航线和停靠港口、运输货物的种类及航行时间等，都按承租人的要求，由船舶所有人确认而定，运费或租金也由双方根据租船市场在租船合同中加以约定。一些大宗货物，如粮食、矿砂、煤炭、石油等，都适合租船运输。

（1）租船运输的经营方式包括：

1）程租（Voyage Charter），又称为定程租船或航次租船，是以船舶的航程为基础单位作为租船合同的标的。完成了约定的航程，租船合同即告终止。一般是由船舶所有人负责提供船舶，在指定港口之间进行一个航次或数个航次，承运指定货物的租船运输。

程租船的运费计算特点是以船舶的承运能力为基准计算的，也可以船舶的实际承载货物量计算，前者一般称为"包干运费"。程租方式是租船市场上最活跃、最为普遍的一种租船方式。

2）期租（Time Charter），又称为定期租船。它是船舶所有人将船舶出租给承租人，供其使用一定时期的租船运输。承租人也可将此期租船充作班轮或程租使用。期租船的运费或租金一般是按租期每月每吨若干金额计算的。租金一经议定，就不再受租船市场的价格影响，一般按月支付，与程次和实际载货量多少无关。

（2）租船合同（Charter Party）。租船合同是承租人与船舶所有人之间订立的载明双方权利与义务的文件，是海上运输合同的一种。租船合同按租船方式可分为期租船合同和程租船合同两大类，其内容涉及范围广，包含条款多，其中大部分与进出口贸易合同直接相关。因此，从事进出口贸易业务的人员必须了解租船合同的基本内容，以便正确地制定进出口贸易合同的装运条款，顺利地完成进出口货物的交换任务。

（二）陆上运输

陆上运输包括铁路、公路和内陆水运三种运输方式。

1. 铁路运输

铁路运输（Rail Transport）是指利用铁路进行进出口货物运输的一种方式，它具有运输量大、速度快、安全可靠、运输成本低、运输准确性和连续性强、受气候影响小的优点。在国际货物运输中，铁路运输是一种仅次于海洋运输的主要运输方式，特别是在内陆接壤国家间的贸易，起着更为重要的作用。即使是以海洋方式运输的进出口货物，大多数也是靠铁路进行货物的集中与分散的。

铁路运输可分为国际铁路货物联运和国内铁路货物运输两种。

（1）国际铁路货物联运。在货物需要经过两个或两个以上国家铁路的运输过程中，使用一份运输票据，发货人发货后，由承运人负责货物的全程运输任务，这种运输就叫国际铁路货物联运。利用这种运输方式，在由一国铁路向另一国铁路移交货物时，无须发货人和收货人参加。采用国际铁路货物联运，有关当事国事先必须要有书面约定。目前我国所参加的国际铁路联运指我国同蒙古、朝鲜、越南和苏联东欧国家共同签订的《国际铁路货物联运协定》，简称《国际货协》。此外，欧洲国家也制定了《国际铁路货物运输公约》，简称《国际货约》。这些协议的签订，为亚欧大陆间铁路联运提供了极为便利的条件。

（2）国内铁路运输。我国出口货物经铁路运至港口装船，以及进口货物卸船后经过铁路运往各地，均属于国内铁路运输的范畴。而对香港、澳门的铁路联运，是中国各地对外贸易运输公司的分支机构承担全程运输的一种特殊的联运方式。它要求发货人首先把货物托运至深圳北站，交由设在深圳北站的外贸机构（中国外运集团深圳分公司）接货（不卸车），然后由外贸机构通过原车转轨的办法再转港段铁路运交买方；或者，先将出口货物运至广州南站再转船运至澳门。发货人凭外贸运输机构签发的货运承运收据（Cargo Receipt）办理结算货款。

2. 公路运输

公路运输（Road Transportation）又称汽车运输，是一种现代化的"门到门"的运输方式。它不仅可以直接运进或运出对外贸易货物，而且也是车站、港口和机场集散进出口货物的重要手段，具有灵活、简便快捷、直达的特点。其缺点是运量不大，费用偏高。我国与毗邻国家如俄罗斯、朝鲜、缅甸等均有公路相通，与这些国家的贸易可采用公路运输方式。此外，通过深圳文锦渡去香港的公路，将内陆公路运输与香港海、空运联系起来，便于内陆物资外运。

3. 内陆水运

内陆水运（Inland Waterway）主要指内河运输。它是连接内陆腹地与沿海地区的纽带，在运输和集散进出口货物中起着重要的作用。

我国拥有四通八达的内河航运网，长江、珠江等主要河流中的一些港口已对外开放，它们在我国进出口货物的运输和集散过程中起着越来越重要的作用。

（三）航空运输

航空运输（Air Transportation）是一种现代化的运输方式，具有运输速度快、货运质量高、航行便利、不受地面条件限制等优点，最适宜运送急需物资、鲜活商品、精密仪器和贵重物品。国际航空运输的方式主要有：

（1）班机运输（Scheduled Airline）。具有固定航线、航班、始发站、途经站、目的站。可以确切掌握起运和到达时间，但运量小、运费高。

（2）包机运输（Chartered Carrier）。其货运量、费率可由双方约定，运费较班机低廉。

(3) 集中托运（Consolidation）。由航空货运代理公司将若干单独发运的货物集中起来向航空公司托运。这样运价较低，也是航空运输中较为普遍的做法。

（四）邮包运输

邮包运输（Parcel post Transport）是一种较简便的运输方式。各国邮政部门之间订有协定和公约，通过这些协定和公约，各国的邮件包裹可以互相传递，从而形成国际邮包运输网。由于国际邮包运输具有国际多式联运和"门到门"运输的性质，加之手续简便，费用也不高，故其成为国际贸易中普遍采用的运输方式之一。

（五）集装箱运输和国际多式联运

1. 集装箱运输（Container Transport）

集装箱是指具有一定规格强度的专为周转使用的金属货箱。以集装箱作为运输单位进行货物运输的方式，称为集装箱运输。它是一种现代化先进的运输方式，可用于海洋运输、铁路运输和多式联运等。目前海上集装箱运输已经成为国际贸易货物运输的一种主要方式。

集装箱海运发展之所以如此迅速，是因为其具有以下优点：装卸效率高，船舶周转快；运输质量高，货损货差少；货运成本低，货运手续简便；把传统单一运输串联成连贯的成组运输，从而促进了国际多式联运的发展。

集装箱海运运费是由船舶运费和一些有关的杂费组成的，计费方法有二：一是按件杂货基本费率加附加费，即以每运费吨为计算单位，再加收一定的附加费；二是按包箱费率，即以每个集装箱为计费单位。

小知识 9-1

有关集装箱的一些术语

（摘自 http://www.easipass.com/ytsce/ys/ytsce_hmsy_09.htm）

集装箱（Container）：具有一定强度、刚度和规格，专供周转使用的大型装货容器。使用集装箱转运货物，可直接在发货人的仓库装货，运到收货人的仓库卸货，中途更换车、船时，无须将货物从箱内取出换装。按所装货物种类分，有杂货集装箱、散货集装箱、液体货集装箱、冷藏箱集装箱等；按制造材料分，有木集装箱、钢集装箱、铝合金集装箱、玻璃钢集装箱、不锈钢集装箱等；按结构分，有折叠式集装箱、固定式集装箱等，固定式集装箱还可分密闭集装箱、开顶集装箱、板架集装箱等；按总重分，有30吨集装箱、20吨集装箱、10吨集装箱、5吨集装箱、2.5吨集装箱等。

集装箱计算单位（Twenty-feet Equivalent Units，TEU）：又称20英尺换算单位，是计算集装箱箱数的换算单位。目前各国大部分集装箱运输都采用20英尺长和40英尺长的两种集装箱。为使集装箱箱数计算统一化，把20英尺集装箱作为一个计算单位（又称标准单位），40尺集装箱作为两个计算单位，以利于统一计算集装箱的营运量。

整箱货（Full Container Load，FCL）：由发货人负责装箱、计数、积载并加铅封的货运。整箱货的拆箱，一般由收货人办理。但也可以委托承运人在货运站拆箱。可是承运人不负责箱内的货损、货差。除非货方举证确属承运人责任事故的损害，承运人才负责赔偿。承运人对整箱货，以箱为交接单位。只要集装箱外表与收箱时相似、铅封完整，承运人就完成了承运责任。整箱货运提单上，要加上"委托人装箱、计数并加铅封"的条款。

拼箱货（Less than Container Load, LCL）：整箱货的相对用语。装不满一整箱的小票货物。这种货物，通常是由承运人分别揽货并在集装箱货运站或内陆站集中，而后将两票或两票以上的货物拼装在一个集装箱内，同样要在目的地的集装箱货运站或内陆站拆箱分别交货。对于这种货物，承运人要负担装箱与拆箱作业，装拆箱费用仍向货方收取。承运人对拼箱货的责任，基本上与传统杂货运输相同。

2. 国际多式联运（International Multimodal Transportation）

国际多式联运是在集装箱运输的基础上产生和发展起来的一种综合性的连贯运输方式，它一般是以集装箱为媒介，把海、陆、空各种传统的单一运输方式有机地结合起来，组成一种国际的连贯运输。构成国际多式联运应具备四个方面的条件：① 有一个多式联运合同，统负全程运输；② 必须是国际的至少两种不同运输方式的连贯运输；③ 使用一份包括全程的多式联运单据，并由多式联运经营人对全程运输负总的责任；④ 必须是全程单一运费费率，其中包括全程各段运费的总和、经营管理费用和合理利润。

国际多式联运具有手续简便、安全准确、运送迅速、节约费用和提早收汇等优点，深受欢迎，有良好的发展前景。

二、货物的装运条款

国际贸易的绝大部分货物都是通过海运，并且海运进出口合同中的装运条款比较复杂，因此，以下仅以海上装运条款加以说明。它主要包括装运时间、装运港和目的港、是否允许分批装运与转船、装卸率、滞期费和速遣费等内容的具体规定。

（一）装运时间

装运时间（Time of Shipment），又称装运期，是买卖合同的主要条件。如卖方违反这一条件，不能按期装运或交货，则买方有权撤销合同，并要求赔偿其损失。

装运时间的规定方法，通常有下列几种：

（1）规定具体装运期限，如限某年某月内或某年某月某日以前装运。这种方法把装运时间确定在一段时间内，而非某一具体日期上。

（2）收到信用证后若干天装运，如收到信用证后 45 天内装运。这种方法可以促使买方早日开证或按期开证。

（3）即期装运，如规定即刻装运（Prompt Shipment）、尽速装运（Shipment as soon as possible）等。这种约定方法容易引起争议，应慎重采用。

（4）收到信汇、电汇或票汇后若干天装运。这种方法表明，在装运前买方即需预付货款，对买方不利。

规定装运期的注意事项：

（1）应考虑货源和船源的实际情况。根据货源情况确定装运期，才不致使装运期落空。在按 CIF 或 CFR 条件出口时，还应考虑船源情况，防止盲目成交。

（2）装运期的规定要明确。为了便于履行合同和避免发生争议，装运期的规定要明确，不宜使用"立即装运"之类的词语。

(3) 装运期的长短要适度。装运期的规定过短,可能给船货安排带来困难;规定过长,则往往造成资金压占和资金浪费。

(4) 以信用证方式结算时,装运期与开证日期应互相衔接起来。

(二) 装运港和目的港

装运港 (Port of Shipment) 是指货物起始装运的港口。目的港 (Port of Destination) 是指最终卸货的港口。

1. 装运港和目的港的规定方法

在买卖合同中,装运港和目的港的规定方法有以下几种:

(1) 在一般情况下,只规定一个装运港和一个目的港。

(2) 在大宗交易情况下,根据需要规定两个或两个以上的装运港或目的港。

(3) 在磋商交易时,如明确规定一个或几个装卸港有困难,可以采用选择港 (Optional Ports) 的办法。规定选择港的方式有两种:一种是在两个或两个以上港口中任选一个,如 CIF 伦敦,选择港口汉堡或鹿特丹,或者 CIF 伦敦/汉堡/鹿特丹;另一种是笼统规定某一航区为装运港或目的港,如地中海主要港口或西欧主要港口。

2. 规定国内、外装卸港注意事项

(1) 规定国外装卸港应注意的问题:

1) 不能接受我国政策不允许往来的港口为装卸港。

2) 装卸港的规定要明确具体,不要过于笼统。

3) 不能接受以国名或内陆城市作为装卸港的条件。

4) 要考虑港口装卸等具体条件。

5) 要注意港口有无重名的问题。

(2) 规定国内装卸港应注意的问题:

1) 要考虑货物的流向和集散货物的方便,如选择接近货源地的口岸为装运港,接近用货部门或消费地区的口岸为卸货港。

2) 要考虑港口的设施和具体条件。

(三) 分批装运与转船

分批装运 (Partial Shipment) 是指一笔成交的货物分若干批装运。这里的"批"指的是同一船只,同一航次。在大宗货物交易中,买卖双方可根据交货数量、运输条件和市场销售需要、货源情况,在合同中规定"分批装运"条款。国际上对分批装运的解释和运用有所不同。根据《跟单信用证统一惯例》规定:"运输单据表面上注明货物是使用同一运输工具装运并经同一路线运输的,即使每套运输单据注明的装运日期不同及/或装运港、接受监管地不同,只要运输单据注明的目的地相同,也不视为分批装运。"

如合同和信用证明确规定了分批数量,例如"3~6月分4批每月平均装运"(Shipment during March to June in four equal monthly lots),以及类似的限批、限时、限量条款,则买方应严格履行约定的分批装运条款,只要其中任何一批没有按时、按量装运,就可作为违反合同论处。如货物没有直达船或一时无合适的船舶运输,而需通过中途港转运的,称为转船或转运（Transhipment），买卖双方可以在合同中商订"允许转船"或"允许转运"（Transhipment to be allowed）的条款。

小讨论 9-1

这样做，是否是分批装运？

北京某公司出口 2 000 公吨大豆，国外来信用证规定：不允许分批装运（Partial Shipments not Allowed）。结果该公司在规定的期限内分别在大连、上海各把1 000公吨装于同一航次的同一船只上，提单上注明了不同的装货港和不同的装船日期。问这是否违约？银行能否议付？

（四）装卸时间、装卸率和滞期、速遣费

装卸时间（Lay Time）是指允许完成装卸任务所约定的时间，它一般以天数或小时数来表示。装卸时间的规定有各种不同的方法，我国各进出口公司一般都采用按连续 24 小时晴天工作日计算。采用此计算方法时，只要港口气候条件适于进行正常装卸作业，则昼夜 24 小时都应算作装卸时间。

装卸率是指每日装卸货物的数量，它一般应按港口习惯的正常速度来确定。因此，规定装卸率时，应从港口实际出发，掌握实事求是的原则。

滞期、速遣费同装卸时间和装卸率有着密切的联系。如果未按规定的装卸时间和装卸率完成装卸任务，延误了船期，则应向船方支付一定金额的罚款，此项罚款称为滞期费，它相当于船舶因滞期而发生的损失和费用。反之，如果按规定的装卸时间和装卸率提前完成装卸任务，使船方节省了船舶在港的费用开支，船方将其获取的利益的一部分给租船人作为奖励，此项奖励称为速遣费。按惯例，速遣费一般为滞期费的一半。因此，负责租船的买方或卖方，为了约束对方按时完成装卸任务，在买卖合同中常常预先订立滞期、速遣费条款。

三、装运单据

装运单据是承运人收到承运货物后签发给托运人的证明文件。它是交接货物、处理索赔与理赔及向银行结算货款或议付的重要单据。装运单据的种类很多，其中主要的有海运提单、铁路运单、航空运单、邮运包裹单等。在签订买卖合同时，必须对装运单据的种类和份数做出具体规定。现将主要装运单据简要加以说明。

（一）海运提单

海运提单（Bill of Lading，B/L）是船方或其代理人在收到其承运的货物时签发给托运人的货物收据，也是承运人与托运人之间的运输契约的证明，在法律上它具有物权证书的效用，收货人在目的港提取货物时，必须提交正本提单。

海运提单的格式很多，每个船公司都有自己的提单格式，但基本内容大致相同，一般包括提单正面的记载事项和提单背面印就的作为确定承运人与托运人之间以及承运人与收货人及提单持有人之间权利和义务的运输条款。正面记载的事项通常有：提单有关的当事人，如

托运人（Shipper）、收货人（Consignee）、被通知人（Notify Party）等；货物运输事项，如装运港、卸货港、船名及航次、唛头等；运输货物的说明，如货物名称、数量、重量、体积等；费用项目，如运费预付或运费到付；提单本身的说明，如提单号、正本提单份数、承运的签章、提单签发的日期、地点等。这些内容由承运人和托运人分别填写。

承运人签发提单时，为了明确责任和维护自身的利益，对交运货物的外表状况不良或发现残损短少等情况，可在提单上加注批语。凡加注不良批语的提单，叫作不清洁提单（Unclean B/L）。一般情况下，银行只接受"表面状况良好"，未加注任何不良批注的清洁提单（Clean B/L），而拒绝接受不清洁提单。

在提单的收货人栏内，如填明特定收货人名称，叫记名提单（Straight B/L）；没有指明任何收货人，谁持有提单，谁就可以提货，承运人交货只凭单不凭人的，就叫不记名提单或空名提单（Bearer B/L）；如只填写"凭指定"(To order)或"凭某人指定"(To order of…)字样的，叫指示提单（Order B/L），这种提单可以背书转让，因而在国际贸易中广为使用。

此外，提单还可以从不同角度分类。如按货物是否装船，可分为已装船提单（On board B/L；Shipped B/L）和备运提单（Received for shipment B/L）；按运输方式，可分为直达提单（Direct B/L）、转船提单（Transshipment B/L）和联运提单（Through B/L）；按提单使用有效性，可分为正本提单（Original B/L）和副本提单（Copy B/L），前者指提单上有承运人、船长或其代理人签字盖章，并注明签发日期和标明"正本"（Original）字样的提单，后者是指提单上没有承运人、船长或其代理人签字盖章，并标明"Copy"或"Non negotiable"（不作流通转让）字样的提单，它只供工作上参考之用；按提单内容的繁简，可分为全式提单（Long form B/L）和略式或简式提单（Short form B/L）；等等。

在通常情况下，承运人签发的正本提单为一式2~3份，凭其中一份完成交货责任后，其余的自动失效。

（二）铁路运输单据

铁路运输单据（Railway B/L）是铁路承运人收到货物后所签发的铁路运输单据，是收、发货人与铁路部门之间的运输契约。我国对外贸易铁路运输分为国际铁路联运和国内铁路运输两种，因此使用两种铁路运单，前者使用国际铁路货物联运运单，后者使用承运货物收据。

1. 国际铁路货物联运运单

该运单从始发站随同货物附送至终点并交给收货人，它不仅是铁路承运货物出具的凭证，也是铁路同货主交接货物、核收运杂费用和处理索赔与理赔的依据。当国际铁路联运的货物为快运货物时，则在运单及其副本的正反两面的上、下边加印有红线；当所运载货物为慢运货物时，则使用不加印红线的运单和运单副本。运单副本在铁路加盖承运日期戳记后发还给发货人，凭此向银行结算货款。

2. 承运货物收据（Cargo Receipt）

作为在特定运输方式下使用的一种运输单据，承运货物收据既是承运人出具的货物收据，也是承运人与托运人签订的运输契约。我国内地通过铁路运往港、澳地区的出口货物，一般多委托中国对外贸易运输公司承办。当出口货物装车发运后，对外贸易运输公司即签发一份承运货物收据给托运人，以作为对外办理结汇的凭证。

承运货物收据的格式及内容和海运提单基本相同，主要区别是它只有第一联为正本，并且它还适用于公路、航空、河运等其他运输方式。

（三）航空运单

航空运单（Air Waybill）是承运人与托运人之间签订的运输契约，也是承运人或其代理人签发的货物收据。航空运单还可作为承运人核收运费的依据和海关查验放行的基本单据。但航空运单不是代表货物所有权的凭证，也不能通过背书转让。收货人提货不是凭航空运单，而是凭航空公司的提货通知单。在航空运单的收货人栏内，必须详细填写收货人的全称和地址，而不能做成指示性抬头。

航空运单共有正本一式三份，分别交与托运人、航空公司、收货人，其副本则由航空公司按规定和需要进行分发。

（四）邮包收据

邮包收据（Parcel Post Receipt）是邮包运输的主要单据，它既是邮局收到寄件人的邮包后所签发的凭证，也是收件人凭以提取邮件的凭证，当邮包发生损失或灭失时，它还可以作为索赔和理赔的依据。但邮包收据不是物权凭证。

（五）多式联运单据

多式联运单据（Combined Transport Documents，CTD）是在多种运输情况下所使用的一种运输单据。这种单据虽与海运中联运提单（Through B/L）有相似之处，但其性质都与联运提单有别。

第二节　货物的运输保险

在国际贸易中，每笔成交的货物，从卖方交至买方手中，一般都要经过长途运输。在此过程中，由于自然灾害、意外事故及其他外来原因，货物有可能遭受各种损失。为了保障货物遭到损失后能及时得到经济上的补偿，买方或卖方需要办理货物的运输保险。

国际货物运输保险属于财产保险的范畴。当保险人（保险公司）承保货物运输险并收取约定的保险费后，即对被保险货物遭遇承保责任范围内的风险而发生的损失负赔偿责任。

国际货物运输保险的种类很多，其中包括海上货物运输保险、陆上货物运输保险、航空货物运输保险和邮包运输保险。尽管这些货物运输保险的具体责任有所不同，但它们的基本原则（如最大诚信原则、可保利益原则、利益转让原则、补偿原则、重复保险的分摊原则等）和保险公司保障的范围等基本一致。因此，本节以介绍海上货物运输保险为主，对其他货物运输保险仅作简要说明。

一、海上货物运输保险

（一）海上货物运输保险的保障范围

海上货物运输保险保障的范围，包括保障的风险、保障的损失与保障的费用。正确理解海上货物运输保险的保障范围，具有十分重要的意义。

1. 保障的风险

保险人所承保的风险分为海上风险和外来风险两种。

(1) 海上风险（Perils of the Sea）。海上风险是保险业上的专门术语，它包括海上发生的自然灾害和意外事故，但并不包括海上的一切危险。

1) 自然灾害。所谓自然灾害，是指不以人们的意志为转移的自然力量所引起的灾害，但在海上保险业务中，它并不是泛指一切由于自然力量所造成的灾害，而是仅指恶劣天气（Heavy Weather）、雷电（Lightening）、海啸（Tsunami）、地震（Earthquake）或火山爆发（Volcanic Eruption）等人力不可抗拒的灾害。

2) 意外事故（Accidents）。海上意外事故一般是指由于偶然的非意料中的原因所造成的船舶的搁浅（Grounding）、触礁（Stranding）、沉没（Sunk）、船舶与流冰或其他物体碰撞（Collision）、失踪（Missing）、失火（Fire）和爆炸（Explosion）等事故。

(2) 外来风险（Extraneous Risks）。外来风险一般是指海上风险以外的其他外来原因所造成的风险。外来风险可分为一般外来风险和特殊外来风险。

1) 一般外来风险。一般外来风险是指被保险货物在运输途中由于偷窃（Theft, Pilferage）、短量（Shortage in Weight）、沾污（Contamination）、泄漏（Leakage）、破碎（Breakage）、受热受潮（Sweating and/or Heating）、串味（Taint of Odour）、生锈（Rusting）、钩损（Hook Damage）、淡水雨淋（Fresh and/or Rain Water Damage）、短少和提货不着（Short-delivery and Non-delivery）、破损（Clashing）等外来原因所造成的风险。

2) 特殊外来风险。特殊外来风险是指由于军事、政治、国家政策法令及行政措施等特殊外来原因所造成的风险与损失。例如，战争、罢工、因船舶中途被扣而导致交货不到，以及货物被有关当局拒绝进口或没收而导致的损失等。

2. 保障的损失

被保险货物在海洋运输中，因遭受海上风险而引起的损失与灭失即为海上损失（Average），简称海损。按照海运保险业务的一般习惯，海上损失还包括与海运相连的陆上或内河运输中所发生的损失与费用。

按照海上损失程度的不同，海上损失可分为全部损失（Total Loss）和部分损失（Partial Loss）。在部分损失中，按其损失的性质，又可分为共同海损（General Average，GA）和单独海损（Particular Average，PA）。

(1) 全部损失。简称全损，是指被保险货物遭受全部损失。按其损失情况的不同，全损又可分为实际全损（Actual Total Loss）和推定全损（Constructive Total Loss）两种。实际全损，又称为绝对全损，是指被保险货物完全灭失或完全变质，或者货物实际上已不可能归还原货主。推定全损，又称为商业全损，是指保险货物发生事故后，认为实际全损已经不可避免，或者为避免发生实际全损所需支付的费用与继续将货物运抵目的地的费用之和超过保险价值或该货物的实际完好状态时的价值。

(2) 部分损失。部分损失是指被保险货物的损失没有达到全部损失的程度，它包括共同海损和单独海损两种。

共同海损是指载货的船舶在海上遇到灾害、事故，威胁到船、货等各方的共同安全，为了解除这种威胁、维护船货安全，或者使航程得以继续完成，由船方有意识地、合理地采取措施，所做出的某些特殊牺牲或支出某些额外费用，这些损失和费用即为共同海损。共同海损是采取救难措施引起的，其构成必须具备以下条件：

1）共同海损的危险必须是实际存在的或不可避免的，而不是主观臆测的。可以预测的常见事故所造成的损失不能构成共同海损。

2）共同海损必须是自动地、有意识地采取的合理措施。

3）共同海损必须是为船、货共同安全而采取的措施。如果只是为了船舶或货物单方面的利益而造成的损失，则不能作为共同海损。

4）必须是属于非正常性质的损失，其费用必须是额外的。

在船舶发生共同海损后，凡属于共同海损范围内的牺牲及特殊费用，均可通过共同海损的理算，由有关获救利益方，即船方、货方和运费方，按最后获救价值的比例分摊，这种分摊叫共同海损的分摊（Contribution）。

单独海损是指除共同海损以外的意外损失，即由于承保范围内的风险所直接导致的船舶或货物的部分损失。单独海损纯粹是偶然的意外事故，并无人为的因素在内，它所遭受的损失仅仅牵涉到受损船舶或货物所有人的自身利益，并不关系到船、货，甚至运费各方面的利益，也不是由多方面的关系人共同分摊，而仅由受损方面单独负责，这是单独海损与共同海损的主要区别方面。

小讨论 9-2

从性质来看，下列损失哪些属单独海损？哪些属共同海损？

某货轮从天津新港驶往新加坡，在航行途中船舶货舱起火，大火蔓延到机舱，船长为了船、货的共同安全，决定采取紧急措施，往舱中灌水灭火。火虽被扑灭，但由于主机受损，无法继续航行，于是船长决定雇用拖轮将货船拖回新港修理，检修后重新驶往新加坡。事后调查，这次事件造成的损失有：① 1 000 箱货被火烧毁；② 600 箱货由于灌水灭火受到损失；③ 主机和部分甲板被烧坏；④ 拖轮费用；⑤ 额外增加的燃料和船长、船员工资。

3. 保障的费用

保障的费用是指保险人即保险公司承保的费用，它主要包括施救费用（Sue and Labour Expenses）、救助费用（Salvage Charge）和特殊费用（Special Charge）三种。施救费用是指当保险标的遭遇保险责任范围内的灾害事故时，被保险人或者其代理人、雇佣人员和受让人等，为防止损失的扩大而采取抢救措施所支出的费用。保险人对这种施救费用负责赔偿。救助费用是指保险标的遭遇保险责任范围内的灾害事故时，由保险人和被保险人以外的第三者采取施救行动，而向其支付的费用。特殊费用包括运输工具遭受海难后在避难港卸货所引起的损失，以及由于卸货、存仓货运送货物所产生的费用等。

（二）我国海洋货物运输保险险别

保险险别（种）是保险人对风险和损失的承保责任范围，它是保险人与被保险人履行权利和义务的基础，也是保险人承保责任大小和被保险人缴付保险费多少的依据。海运货物保险的险别很多，概括起来分为基本险别和附加险别两大类，前者又称为主险。

1. 基本险别

根据我国现行的《海洋货物运输保险条款》的规定，在基本险别中包括平安险（Free from Particular Average，FPA）、水渍险（With Particular Average，WPA 或 WA）和一切险（All Risks，AR）三种。

（1）平安险（FPA）。英文的含义是"单独海损不负责赔偿"，这里的单独海损指的是部分损失。"平安险"一词是我国保险业的习惯叫法，沿用已久。我国平安险具体承保下述 8 项风险责任。

1）在运输过程中，由于自然灾害和运输工具发生意外事故，造成被保险货物的实际全损或推定全损。

2）由于运输工具遭遇搁浅、触礁、沉没、互撞、与流冰或其他物体碰撞及失火、爆炸等意外事故造成被保险货物的全部或部分损失。

3）只要运输工具曾经发生搁浅、触礁、沉没、焚毁等意外事故，不论这意外事故发生之前或者以后曾在海上遭遇恶劣气候、雷电、海啸等自然灾害造成的被保险货的部分损失。

4）在装卸转船过程中，被保险货物一件或数件落海所造成的全部损失或部分损失。

5）被保险人对遭受承保责任内危险的货物采取抢救，防止或减少货损措施支付的合理费用，但以不超过该批被救货物的保险货物的保险金额为限。

6）运输工具遭遇自然灾害或者意外事故，需要在中途的港口或者在避难港口停靠，因而引起的卸货、装货、存包及运送货物所产生的特别费用。

7）发生共同海损所引起的牺牲：分摊费和救助费用。

8）运输契约订有"船舶互撞条款"，按该条款规定应由货方偿还船方的损失。

（2）水渍险（WPA 或 WA）。英文的含义是"单独海损包括在内"，其责任范围，除包括上列"平安险"的各项责任外，还负责被保险货物由于恶劣气候、雷电、海啸、地震、洪水等自然灾害所造成的部分损失。

（3）一切险（AR）。其责任范围除包括"平安险"和"水渍险"的所有责任外，还包括货物在运输过程中，因一般外来原因所造成的被保险货物的全损或部分损失。

上述三种基本险别，被保险人可以从中选择一种投保。

根据中国人民保险公司海洋运输货物条款的规定，平安险、水渍险和一切险三种基本险别承保责任的起讫期限，均采用国际保险业务中惯用的"仓至仓条款"（Warehouse to Warehouse Clause，W/W）规定的办法，即保险责任自被保险货物运离保险单所载明的起讫地发货人的仓库开始生效，包括正常运输过程中的海上运输和陆上运输，直至该项货物到达保险单所载明的目的地收货人的仓库为止。货物一进入收货人仓库，保险责任即行终止。但是，当货物从目的港卸离海轮时起算 60 天，不论保险货物有没有进入收货人的仓库，保险责任均告终止。如果被保险的货物在保险期内需转运到非保险单所载明的目的地，则保险责任以该项货物开始转运时终止。另外，还有被保险货物在运至保险单所载明的目的港或目的地以前的某一仓库而发生分配、分派的情况，则该仓库就作为被保险人的最后仓库，保险责任也从货物运抵该仓库时终止。

不论是平安险、水渍险还是一切险，根据我国海洋货物运输保险条款的规定，保险人对下列各项损失和费用不负赔偿责任：被保险人的故意行为或过失所造成的损失；属于发货人所引起的损失；在保险责任开始前，被保险货物已存在的品质不良或数量短差所造成的损失;被保险货物的自然损耗、本质缺陷、特性及市价跌落、运输延迟所引起的损失或费用;海洋运输货物战争险条款和罢工险条款规定的责任范围和除外责任。由于上述除外责任均是基于被保险人的主观过错、商品本身的潜在缺陷及运输途中必然发生的消耗所造成的损失,所以保险人将这些风险排除在承保范围之外。

小讨论 9-3

保险公司该负责赔偿吗?

我国某公司按CIF条件向南美某国出口花生酥糖,投保一切险。由于货轮陈旧,航速太慢且沿线到处揽货,结果航行4个月才到达目的港。花生酥糖因受热时间过长而全部软化,难以销售。问这种货损保险公司是否负责赔偿?为什么?

2. 附加险别

海洋运输货物保险的附加险种类繁多,归纳起来,可分为一般附加险和特殊附加险两类。

(1)一般附加险(General Additional Risk)。一般附加险主要承保由一般外来原因引起的一般风险所造成的损失,它包括偷窃提货不着险(Theft, Pilferage and Non-delivery, T. P. N. D.)、淡水雨淋险(Fresh Water Rain Damage, F. W. R. D.)、短量险(Risk of Shortage)、混杂沾污险(Risk of Intermixture & Contamination)、渗漏险(Risk of Leakage)、碰损破碎险(Risk of Clash & Breakage)、串味险(Risk of Odour)、受热受潮险(Damage Caused by Heating & Sweating)、钩损险(Hook Damage)、包装破裂险(Loss or Damage Caused by Breakage of Packing)、锈损险(Risks of Rust)等11种。

上述11种附加险不能独立投保,它必须附属于基本险别下。也就是说,只有在投保平安险或水渍险以后,才允许投保附加险。但若投保"一切险",则上述险别均已包括在内。

(2)特殊附加险(Special Accessory Risks)。特殊附加险是指承保由于军事、政治、国家政策法令及行政措施等特殊外来原因所引起的风险与损失的险别。中国人民保险公司承保的特别附加险,除包括战争险(War Risk)和罢工险(Strike Risk)以外,还有交货不到险(Failure to Delivery Risks)、进口关税险(Import Duty Risk)、舱面险(On Deck Risk)、拒收险(Rejection Risk)、黄曲霉素险(Aflatoxin Risk)和出口货物到香港(包括九龙在内)或澳门存储仓火险责任扩展条款(Fire risk extension clause for storage of cargo at destination Hong Kong, including Kowloon or Macao)。

1)战争险(War Risk)。战争险是承保战争或类似战争行为等引起保险货物的直接损失,不能单独投保,只能在投保一种基本险的基础上加保。其承保责任范围包括:由于战争、类似战争行为和敌对行为、武装冲突或海盗行为及由此而引起的捕获、拘留、禁止、扣押所造成的损失,或者由于各种常规武器(包括水雷、鱼雷、炸弹)所造成的损失,由于上述原因所引起的共同海损的牺牲、分摊和救助费。但对核武器所造成的损失不负赔偿责任。

战争险的责任起讫与基本险有所不同,它不采用"仓至仓"条款,战争险的责任期限仅限于水上危险或运输工具上的危险。例如,海运战争险规定自保险单所载明的装运港装上海轮或驳船时开始，直到保险单所载明的目的港卸离海轮或驳船时为止。如果货物不卸离海轮或驳船，则保险责任最长延至货物到目的港的当日午夜起算15天为止。如在中途转船，则不论货物在当地卸载与否，保险责任以海轮到达该港或卸货地点的当日午夜起算满15天为止，待再装上续运的海轮时，保险人仍继续负责。

2）罢工险（Strike Risk）。罢工险是承保人承保因罢工者、被迫停工工人、参加工潮、暴动和民众战争的人员采取行动所造成的承保货物的直接损失。对任何人的恶意行为造成的损失，保险公司也予以赔偿。

二、伦敦保险协会海洋运输货物保险条款

前面介绍了我国通常采用的海运货物保险条款的主要内容。但是在国际保险市场上，对世界各国影响最大、应用最广泛的海运货物保险条款为英国伦敦保险协会（ILU）所制定的"协会货物条款"（Institute Cargo Clauses, ICC）。

"协会货物条款"最早制定于1912年，目前所施行的是1993年4月1日所修订的条款，主要有以下六种：① 协会货物（A）险条款（Institute Cargo Clauses A, ICC (A)）；② 协会货物（B）险条款（Institute Cargo Clauses B, ICC (B)）；③ 协会货物（C）险条款（Institute Cargo Clauses C, ICC (C)）；④ 协会战争条款（货物）（Institute War Clauses）；⑤ 协会罢工险条款（货物）（Institute Strikes Clauses）；⑥ 恶意损害险条款（Malicious Damage Clauses）。这六种险别中，除了恶意损害险之外，其他五种险别在条款的结构和内容上都相似，基本包括了承保范围（Risks Covered）、除外责任（Exclusions）、保险期限（Duration）、索赔（Claims）、保险利益（Benefit of Insurance）、减少损失（Minimizing of Losses）、防止延迟（Avoidance of Delay）、法律与惯例（Law and Practice）等八项内容。

在这六种险别中，前三种即ICC（A）、ICC（B）、ICC（C）是主险，后三种为附加险，并且前五种可以单独投保，第六种不能单独投保。

（一）承保风险与除外责任

1. ICC（A）险的承保风险和除外责任

（1）承保风险。ICC（A）险承保范围较广，采用"一切风险减除外责任"的办法，其承保风险是：

1）承保除"除外责任"各条款规定以外的一切风险所造成保险标地的损失。

2）承保共同海损和救助费用。

3）根据运输契约订有"船舶互撞责任"条款应由货方偿还船方的损失。

（2）除外责任。所谓的除外责任，是指保险公司明确规定不予承保的损失或费用。包括四类：

1）一般除外责任。如被保险人故意不法行为造成的损失或费用；自然泄漏、自然损耗、自然磨损、包装不足或不当所造成的损失或费用；保险标的的内在缺陷或特性所造成的损失或费用；直接由于延迟所引起的损失或费用；由于船舶所有人、租船人经营破产或不履行债务所造成的损失或费用；由于使用任何原子或核武器所造成的损失或费用。

2）不适航、不适货除外责任。所谓不适航、不适货除外责任，是指保险标的在装船时，被保险人或其受雇人已知船舶不适航，以及船舶、装运工具、集装箱等不适货，保险人

不负赔偿责任。

3)战争除外责任。如由于战争、内战、敌对行为等造成的损失或费用;由于捕获、拘留、扣留等(海盗除外)所造成的损失或费用;由于漂流水雷、鱼雷等造成的损失或费用。

4)罢工除外责任。罢工者、被迫停工工人造成的损失或费用,以及由于罢工、被迫停工所造成的损失或费用。

2. ICC(B)险的承保风险和除外责任

根据伦敦保险协会对ICC(B)险和ICC(C)险规定,其承保风险的做法是采用"列明风险"的方法,即在条款的首部开宗明义地把保险人所承保的风险一一列出。因此ICC(B)险的承保风险是下列任何之一者所造成的灭失或损失:① 火灾、爆炸;② 船舶或驳船触礁、搁浅、沉没或倾覆;③ 陆上运输工具倾覆或出轨;④ 船舶、驳船或运输工具同水以外的外界物体碰撞;⑤ 在避难港卸货;⑥ 地震、火山爆发、雷电;⑦ 共同海损牺牲;⑧ 抛货或浪击落海;⑨ 海水、湖水或河水进入船舶、驳船、运输工具、集装箱、大型海运箱或贮存处所;⑩ 货物在装卸时落海或摔落造成整件的全损。

ICC(B)险的除外责任包括ICC(A)险的除外责任,以及ICC(A)险承保的"海盗行为"与"恶意损害险"。

3. ICC(C)险的承保风险和除外责任

ICC(C)险的承保风险比ICC(A)险和ICC(B)险的要小得多。它只承保"重大意外事故",而不承保"自然灾害及非重大意外事故"。其具体承保风险包括:① 火灾、爆炸;② 船舶或驳船触礁、搁浅、沉没或倾覆;③ 陆上运输工具倾覆或出轨;④ 在避难港卸货;⑤ 共同海损牺牲;⑥ 抛货等。

ICC(C)险的除外责任与ICC(B)险的完全相同。

综上所述,ICC(A)、ICC(B)、ICC(C)险条款的承保风险分别类似于我国的"一切险""水渍险"和"平安险"。

(二)协会货物保险主要险别的保险期限

保险期限(Period of Insurance)也称保险有效期,是指保险人承担保险责任的起止期限。英国伦敦保险协会海运货物条款ICC(A)、ICC(B)、ICC(C)险与前面所介绍的我国海运货物保险期限的规定大体相同,也是采用"仓至仓"(W/W)条款,但比我国条款的规定更为详细。

三、其他运输方式下的货运保险

在国际贸易中,不仅海洋运输的货物需办理保险,陆上运输、航空运输和邮包运输的货物也都需要办理保险。保险公司对不同方式运输的货物都制定有相应的专门条款。现将中国人民保险公司对其他各种运输方式的货运保险分别作一简单介绍。

(一)陆上运输货物保险

根据中国人民保险公司现行的"陆上运输货物保险条款"的规定,它的基本险分为陆运险(Overland Transportation Risks)和陆运一切险(Overland Transportation All Risks)两种。陆运险的责任范围是:被保险货物在运输途中遭受暴风、雷电、地震、洪水等自然灾害;

或由于陆上运输工具火车或汽车遭受碰撞、倾覆或出轨；或在驳运过程中，因驳运工具遭受碰撞、搁浅、触礁、沉没；或由于遭受隧道坍塌、崖崩或火灾、爆炸等意外事故所造成的全部损失或部分损失。陆运一切险的责任范围，除包括上述陆运险的责任外，保险公司对被保险货物在运输途中由于一般外来原因造成的短少、短量、偷窃、渗漏、碰损、破碎、钩损、雨淋、生锈、受潮、受热、发霉、串味、沾污等全部或部分损失，也负赔偿责任。

陆上运输货物战争险（Overland Transportation Cargo War Risks-By Train）是陆上运输货物险的一种附加险，在投保陆运险或陆运一切险的基础上经过投保人与保险公司协商方可投保。

陆上运输货物基本险别的责任起讫期限与海洋运输货物保险的仓至仓条款基本相同，是从被保险货物运离保险单所载明的启运地发货人的仓库或储存处所开始运输时生效。包括正常陆运和有关水上驳运在内，直到该项货物运交保险单所载明的目的地收货人仓库或储存处所，或被保险人用作分配、分派或非正常运输的其他储存处所为止。但如未运抵上述仓库或储存处所，则以被保险货物到达最后卸载的车站满60天为止。

（二）航空运输货物保险

中国人民保险公司制定的《航空运输货物保险条款》中规定，它所承保的航空运输货物保险的基本险别为航空运输险（Air Transportation Risks）和航空运输一切险（Air Transportation All Risks）两种。其中航空运输险的承保责任范围与海运水渍险的大体相同，航空运输一切险除了包括航空运输险的责任外，对被保险货物在运输中由于一般外来原因所造成的包括被偷窃、短少等全部或部分损失也负责赔偿。航空运输货物战争险作为附加险也可以在基本险基础上协商加保。

航空运输货物保险的责任起讫从被保险货物运离保险单所载明的起运仓库或储存处所开始运输生效。在正常运输过程中继续有效，直到该项货物抵运保险单所载明的目的地交到收货人仓库储存处所，或被保险人用作分配、分派或非正常运输的其他储存处所为止。如被保险货物未到达上述库房或储存处所，则以被保险货物在最后卸货地卸离飞机满30天为止。

（三）邮运包裹保险

邮运包裹保险的基本险别包括邮包险（Parcel Post Risks）和邮包一切险（Parcel Post All Risks）两种。邮包险负责赔偿：被保险货物在运输途中由于遭受暴风、雷电、流冰、海啸、地震、洪水等自然灾害，运输工具搁浅、触礁、沉没、碰撞、出轨、倾覆、坠落或失踪，或由于失火和爆炸等意外事故造成的全部或部分损失，以及由于上述事故引起的共同海损的牺牲、分摊和补助费用。邮包一切险除包括上述邮包险的责任外，还对被保险货物在运输途中由于外来原因，包括被偷窃、短少在内造成的全部或部分损失，也负赔偿之责。

邮运包裹基本险别的期限是自被保险货物经邮局收讫并签发邮包收据时起开始生效，直至该项货物运达保险单所载明的目的地邮局送交收件人为止。以自邮局发出通知书给收件人当日午夜起算15天为限。

四、买卖合同中的保险条款和我国进出口货物保险的做法

(一) 合同中的保险条款

在前面的章节中,已经介绍过采用不同的贸易术语时,办理投保的责任方就不相同。如在《2010 通则》下,以 CIP 条件成交的合同,应由卖方负责办理投保。

例如,在合同保险条款中订明:

由卖方按发票金额的××%投保,××险(险别)按照中国人民保险公司 1981 年 1 月 1 日的有关海洋运输货物保险条款为准。

Insurance: To be covered by the Sellers for ××% of total Invoice value against…, subject to the relevant Ocean Marine Cargo Clause of the People's Insurance Company of China dated 1/1, 1981

上述条款表明,买卖合同中订立保险条款时,通常列明下列内容:

(1) 投保金额,或称保险金额。它是保险人所应承担的最高赔偿金,也是核算保险费的基础。按照国际保险市场习惯,保险金额通常按 CIF 或 CIP 总值加 10% 计算。所加的百分率称为保险加成率,作为被保险人的经营管理费用和预期利润加保。在实际业务中,如果买方要求以较高加成率计算保险金额投保,在保险公司同意承保条件下,卖方也可接受。

(2) 险别。应根据货物的性质、特点、运输途中可能遭受的风险和损失、运输方式及路线和国际政治局势等选择险别。

(3) 以哪一个保险公司的保险条款为准。我国通常以中国人民保险公司 1981 年 1 月 1 日生效的货物运输保险条款为依据,但有时国外客户要求按照英国伦敦保险业协会货物保险条款(ICC Clause)为准,我方也可以通融接受。

(二) 保险的做法

1. 出口货物保险的做法

凡按 CIF 和 CIP 条件成交的出口货物,由出口企业向当地保险公司办理投保手续。在办理时,应根据出口合同或信用证规定,在备妥货物并确定装运日期和运输工具后,按规定格式逐笔填制保险单,具体列明被保险人名称、保险货物项目、数量、包装及标志、保险金额、起止地点、运输工具名称、起止日期和投保险别,送保险公司投保,缴纳保险费,并向保险公司领取保险单证。

保险公司向出口企业收取保险费是按下列方法计算的:

$$保险费 = 保险金额 \times 保险费率$$

其中,保险金额 = CIF 货价 × (1+投保加成率),保险费率则是按照不同货物、不同目的地、不同运输工具和投保险别,由保险公司根据货物损失率和赔付率,并在此基础上,参照国际保险费水平,结合我国国情而定的。

小知识 9-2

出口货运（海运）保险普通货物费率表（按每百元计算）

（见表 9-4）

（引自 http://www.shippingchina.com/）

表 9-4 出口货运保险普通货物费率表

洲别	目的地	平安险	水渍险	一切险
亚洲	中国香港、中国澳门、中国台湾、日本、韩国	0.08	0.12	0.25
亚洲	约旦、黎巴嫩、巴林、阿拉伯联合酋长国、菲律宾	0.15	0.20	1.00
亚洲	尼泊尔、阿富汗、也门	0.15	0.20	1.50
亚洲	泰国、新加坡等其他国家	0.15	0.20	0.60
欧洲、美国、加拿大、大洋洲		0.15	0.20	0.50
中、南美洲		0.15	0.25	1.50
阿尔巴尼亚、罗马尼亚、南斯拉夫、波兰、保加利亚、匈牙利、捷克、斯洛伐克、独联体国家		0.15	0.25	1.50
非洲	埃塞俄比亚、坦桑尼亚、赞比亚、毛里求斯、布隆迪、象牙海岸、贝宁、刚果、安哥拉、佛得角群岛、卢旺达	0.20	0.30	2.50
非洲	加那利群岛、毛里塔尼亚、冈比亚、塞内加尔、尼日利亚、利比里亚、几内亚、乌干达	0.20	0.30	3.50
非洲	其他	0.20	0.30	1.00

2. 进口货物保险的做法

按 FOB、CFR、FCA 和 CPT 条件成交的进口货物，均由买方办理保险。为了简化投保手续和防止出现漏保或来不及办理投保等情况，我国进口货物一般采用预约保险的做法，即被保险人（投保人）和保险人就保险标的物的范围、险别、责任、费率及赔款处理等条款签订长期性的保险合同。各外贸公司同中国人民保险公司签订海运、空运、邮运、陆运等不同运输方式的进口预约保险合同。按照预约保险合同的规定，各外贸公司对每批进口货物无须填制投保单，而仅以国外的装运通知代替投保，作为办理了投保手续，保险公司则对该批货物自动负承保责任。

未与保险公司签订预约保险合同的进口企业则采用逐笔投保的方式，在接到国外出口方的装船通知或发货通知后，应立即填写"装货通知"或投保单，注明有关保险标的物的内容、装运情况、保险金额和险别等，交保险公司，保险公司接受投保后签发保险单。

3. 保险单证

保险单证是保险公司和投保人之间订立的保险合同，也是保险公司出具的承保证明，它是被保险人向保险公司索赔和保险公司理赔的主要依据，同时，它也是向银行办理结汇的重要单据之一。在国际贸易中，运输货物保险单证可以在不经保险人同意的情况下，由被保险人背书后，随货权的转让而转让。常用的保险单证有：

（1）保险单（Insurance Policy）。又称大保单，它是一种正规的保险合同。除载明上述投保单上所述各项内容外，还列有保险公司的责任范围及保险公司与被保险人双方各自的权利、义务等方面的详细条款。前者列在保险单正面，后者列在保险单背面。

（2）保险凭证（Insurance Certificate）。又称小保单，它是一种简化的保险合同。除在其凭证上不印详细的保险条款外，其余内容与保险单相同。保险凭证也具有与保险单同样的法律效力。

（3）联合凭证（Combined Certificate）。这是一种更为简化的保险单据，即在出口货物的发票上由保险公司加注承保险别、保险金额和保险编号。一般较少使用，只有中国港澳地区、东南亚地区少数华裔可以接受。

此外，在我国办理 FOB 和 CFR 条件进口货物的预约保险业务时，使用预约保险单（Open Policy），其上载明的项目有保险货物的保险范围、险别、保险金额、保险费率等。其他的保险单证还有保险通知书（Insurance Declaration）、批单（Endorsement）等。

思 考 题

1. 国际货物运输方式主要有几种？各有什么特点？
2. 班轮运输有何特点？其运费采取哪些计收标准？
3. 在买卖合同中，装运期、装卸港口应如何规定？
4. 海运提单主要包括哪些种类？
5. 海上货物运输保险的保障范围包括哪些？
6. 什么是共同海损？其构成条件有哪些？它与单独海损的主要区别是什么？
7. 我国海洋运输保险险别有哪些？
8. ICC（A）险的除外责任有哪些？与 ICC（B）险、ICC（C）险的除外责任有何不同？
9. 试述"仓至仓"条款的含义。
10. 我国某公司向美国出口茶叶 600 箱。合同与信用证上均规定："Each month shipment 200/s Commence from January." 问如果于 1 月装 200 箱，2 月不装，3 月装 200 箱，4 月装 200 箱，是否可行？
11. 有一货轮在航行中与流冰相撞。船身一侧裂口，舱内部分乙方货物遭浸泡。船长不得不将船就近驶入浅滩，进行排水，修补裂口。事后得知：船体撞裂引起乙方部分货物遭受浸泡损失了 3 万美元，将船舶驶上浅滩及产生的一连串损失共为 8 万美元，那么如何分摊损失？

（该船舶价值为 100 万美元，船上载有甲、乙、丙三家的货物，分别为 50 万美元、33 万美元、8 万美元，待收运费为 2 万美元。）

12. 中方贸易公司与荷兰进口商签订一份皮手套合同，价格条件为 CIF 鹿特丹，向中国人民保险公司投保一切险。生产厂家在生产的最后一道工序将手套的湿度降低到了最低程度，然后用牛皮纸包好装入双层楞纸箱，再装入 20 英尺集装箱。货物到达鹿特丹后，检验结果表明，全部货物湿、霉、沾污、变色，损失价值达 10 万美元。据分析，该批货物的出口地不异常热,进口地鹿特丹不异常冷,运输途中无异常,运输完全属于正常运输。试问:(1)保险公司对该批货损是否负责赔偿?(2)进口商对受损货物是否支付货款?(3)出口商应如何处理此事?

13. 大连运往某外国商品(门锁)计100箱,每箱体积为20厘米×30厘米×40厘米,毛重为25公斤。当时燃油附加费为30%,蒙巴萨港口拥挤附加费为10%。门锁属于小五金类,计收标准是W,等级为10级,基本运费为每运费吨为443.00港元,试计算应付运费多少?

14. 某外贸公司以每公吨10 000英镑CIF伦敦,按加10%投保一切险,保险费率为1%,向英商报盘出售一批轻工业产品,该外商拟自行投保,要求改报CFR价,问出口人应从CIF价中扣除多少保险费?

第十章
商品的价格

本章学习要点
- 进出口业务中商品的作价办法
- 主要贸易术语条件下的价格换算
- 出口交易的经济核算
- 佣金与折扣的运用
- 合同中的价格条款

在国际货物买卖中，如何确定进出口商品价格和规定合同中的价格条款，是交易双方最为关心的一个重要问题。这是因为成交价格的高低直接关系到交易双方的经济利益。卖方一般希望能高价出售商品，而买方则希望能廉价购进商品。所以，讨价还价往往成为买卖双方交易磋商的焦点，价格条款便成为买卖合同中的核心条款。在进出口业务中，有些交易洽谈失败，也往往是由于在价格问题上买卖双方难以达成共识，例如，在定价办法方面的分歧及在计价货币选择方面的分歧等，因为这些都涉及双方所承担的风险问题。加之，价格条款与贸易术语和合同中的其他交易条件密切相关，有着不可分割的内在联系。因此，买卖双方在磋商成交价格时，往往会涉及合同中的其他交易条件，即价格条款的内容会对其他条款产生影响。反过来，买卖双方在其他条款上的利害与得失，一般又会在商品价格上反映出来。这就表明，价格条款在买卖合同中占有十分重要的地位，是合同中的核心条款。

在国际贸易的实际业务中，正确掌握进出口商品的价格，选择合理的作价办法和合适的计价货币，适当地应用佣金和折扣，可以避免交易风险，促进对外贸易的发展，保证和提高对外贸易的经济效益。

第一节 进出口商品价格概述

如何对进出口的商品进行定价是一项非常复杂的工作。以出口商品的定价为例，如果将价格定高了，会影响到我国出口商品在国际市场上的竞争力，同时，还会刺激其他国家发展生产，或增加代用品来同我们的产品进行竞争，对我国出口产生不利影响；反之，如果我们不计成本低价销售，不仅会影响到我方出口的经济效益，还会破坏我国商品的出口秩序，甚至还会使一些国家以此为借口对我国的出口产品采取限制措施，例如，进口国进行反倾销起诉。因此，为了做好进出口商品的定价，必须正确地贯彻我国进出口商品的作价原则，切实掌握国际市场同类商品价格的变动趋势，充分考虑影响价格高低的各种因素，认真核算交易的各项成本，在此基础上确定适当的成交价格。

一、我国进出口商品的作价原则

我国进出口商品的作价原则是：在贯彻平等互利的原则下，根据国际市场价格水平，并考虑到我们的购销意图来确定适当的进出口价格。

商品的国际市场价格是商品国际价值的表现，是在国际市场竞争中形成的，它是容易被买卖双方所接受的价格，也是我们确定进出口商品价格的根本依据。如果其他条件没有差异，而想以高于国际市场价格出口或以低于国际市场价格进口，就会很困难或不容易实现。所以，国际市场价格是我们制定成交价格的客观依据和参照标准。同时，还要结合我们的营销策略，合理地确定进出口商品的成交价格。企业开展国际贸易不应该是一种单纯地做一笔算一笔的进出口交易，而应该有长期的经营发展规划。因此，企业的每一笔具体交易都应贯彻既定的经营战略，而成交价格也是贯彻经营战略的一个重要方面。例如，出口企业有时为了在销售市场上击败竞争对手、扩大市场占有率，往往会用低价策略。如果为了树立商品的高品质或高档次形象，往往会用到高价策略。

二、影响成交价格的各种因素

国际贸易中商品价格的确定是受多种因素影响的，例如，交货条件、支付方式、成交量的大小、商品质量的高低等。在进出口业务中，除了要遵循我国的基本作价原则外，还要考虑这些影响价格的各种具体因素。

1. 商品的质量和档次

商品质量和档次的高低对成交的价格有一定的影响。通常是商品的质量和档次高，成交的价格也高，而劣质商品的成交价格自然就低。高质量和高档次的商品的附加值高、技术含量高、式样新、商标和品牌的知名度高，在国际市场上受客户的青睐，成交的价格必然较高。

2. 运输状况

在国际货物买卖中，成交的货物都要经过长途运输才能完成空间位置上的转移，实现货物的跨国交易。运输距离的远近、运输方式的不同都会影响到运费和保险费的高低，从而影响到买卖双方的成交价格。特别是当卖方以 C 字母开头和 D 字母开头与买方达成交易时，运费的多少对双方的成交价格产生重要的影响，运费是成交价格的主要组成部分。

3. 成交数量情况

按照通常的贸易习惯，成交量大时，卖方会在价格上给予买方适当的优惠，即将成交价格下调，薄利多销；如果成交量过少，则会适当地将成交价格上调。针对不同的成交量对价格进行适当的调整，可以促进成交量的增加，保证一定的收益。

4. 买卖双方所选用的贸易术语

买卖双方在交易中选用的贸易术语不同，双方达成交易的价格也不同，买卖双方承担的风险、费用、责任划分及货物的交接地点都不相同，这些因素都会影响双方的成交价格。例如，在 CIF 条件下和 DAP 条件下，卖方的报价中都考虑了货物的运费和保险费，但是，由于这两种术语在交货地点、风险划分的界限、交货的方式等方面是完全不同的，因而按这两种术语成交时，价格应该是不同的，DAP 条件下的成交价格应高于 CIF。

5. 季节性需求的变化

在国际市场上，季节的变化会影响到许多商品供求平衡的变化。特别是一些供应特定节日的专用商品和一些针对特定季节的商品，如果赶在节日前到货或在特定季节中投放到市场中，往往就可以以较高的价格达成交易；但是，一旦错过了时机，商品的价格会明显下跌。因此，我们应注意抓住最有利的交易时机，争取使成交的价格对我方有利，以获得更多的经济效益。

6. 支付条件

在国际贸易中，买卖双方对货款的结算所选用的货币种类不同、结算方式不同，双方承担的风险也不相同。如果双方选择"硬币"作为结算货币，则对卖方有利；如果双方选择"软币"，则对买方有利，在此情况下，卖方为了避免汇率变动带来的风险，往往会适当地提高价格，以达到对货款的保值效果。货款结算方式的不同也会引起成交价格的变化，如果选择收汇时间短、收汇比较安全的结算方式，卖方往往会考虑给买方更优惠的价格成交；反之，卖方会适当地提高售价。

三、合同中计价货币的选择

在国际贸易中，买卖双方在合同中选择哪种货币作为成交价格中的货币，其结果会直接影响到交易双方的经济利益。因此，交易双方都倾向于选择对自己有利的货币作为成交价格中的货币。

计价货币（Money of Account）是指买卖双方在合同中规定用来计算商品价格的某种货币。如果在合同中没有规定用另一种货币来结算货款，则合同中的计价货币也是双方用来结算货款的支付货币（Money of Payment）；如果在合同中除了规定了计价货币（如美元），还规定了另一种货币（如欧元）用来结算货款，则欧元就是支付货币。在一般的国际货物买卖合同中，通常只规定一种货币，即计价货币和支付货币用同一种货币。

在国际贸易中，对于现汇交易，买卖双方在选择计价货币时通常选用可兑换货币，即所选择的货币要能自由地兑换成其他货币。目前，在进出口业务中使用的主要可兑换货币有美元、欧元（自2002年1月1日起，原欧盟15国中除了英国、瑞典和丹麦三国外，其他12国货币被统一货币欧元取代，欧元正式进入流通领域）、日元、英镑等。在我国进出口业务中，大多使用美元作为计价货币。可兑换货币的价值会因汇率的变动而变动，故而买卖双方均应密切注意各种可兑换货币汇率的升降趋势，选择合适的货币，以减少由于汇率波动而带来的风险。

通常，买卖双方愿意选择汇率稳定的货币作为计价货币。但在汇率不稳定的情况下，卖方倾向于选择"硬币"，即币值坚挺，汇率看涨的货币；而进口商则倾向于选择"软币"，即币值疲软，汇率看跌的货币。合同中采用何种货币要由买卖双方协商决定。若采用的货币对其中一方不利，这一方应采取合适的措施，把所承担的汇率风险考虑到货价中去，比如相应地调整成交价格，或在合同中订立保值条款，也可以进行外汇保值业务。

在买卖合同中，如果计价货币和支付货币不是同一种货币，这两种货币按什么时候的汇率进行结算，也是关系到买卖双方利益得失的一个重要问题。第一种情况是，货款的结算是按付款时的汇率计算。对卖方来说，如果计价货币是硬币，支付货币是软币，卖方基本上不会受到损失，可起到保值的作用；如果计价货币是软币而支付货币是硬币，则卖方收入的硬币就会减少，对卖方不利，而对买方有利。第二种情况是，按买卖双方签约时约定的汇率计算。如果计价货币是硬币，支付货币是软币，卖方在结算时收入的软币往往会减少，对卖方不利，而对买方有利。反之，如果计价货币是软币而支付货币是硬币，则对卖方有利，对买方不利。

另外，需要注意的是，如果交易双方的国家之间签订有贸易协定和支付协定，而双方的交易又属于协定适用的范围，在此情况下，双方在签约时就必须使用协定中指定的货币。

小知识 10-1

进出口业务中汇率的风险

（选载董瑾主编．国际贸易实务．高等教育出版社，2001，第 302 页）

外汇的汇率风险是进出口业务中必须考虑的一项风险。汇率风险是由于汇率的变动而给企业的进出口经营活动所造成的额外损失或带来的额外机会。一般来讲，汇率风险按其作用对象（即会计报表、交易结算和业务经营）可以分为三大类：交易风险、会计风险和经营风险。

交易风险是指在进出口业务中，从合同签订到货款结算这段时期内由于汇率变化而造成的损益。国际货物买卖所涉及的环节多，流通渠道长，因此，从买卖双方签约到最后结算货款，这之间的时间较长，一般要经过几个月甚至更长的时间，在这段时期内，汇率可能会发生变化，这样会使以本币计算的成交价与结算价不一致，产生这一差异的可能即是交易风险。

会计风险是指在海外有分公司的企业在编制合并会计报表时，由于汇率变化而造成海外分公司资产负债值在母公司会计报表上的损益变化。会计风险与交易风险的根本区别是它不引起实际的资金流动变化，所造成的只是一种会计报表上的账面损益，海外分公司的实际资产、负债值并没有发生变化，只有当将海外分公司转手时，会计损益才转变为实际上的资金损益。

经营风险是指汇率变动对企业经营、创利能力的影响。与交易风险和会计风险不同，对经营风险的衡量不能像对交易风险和会计风险那样精确测算，经营风险是对企业在没有汇率变化情况下的未来经营状态和有汇率变化情况下经营状态两者之间企业价值的差距的一种大概估计。对于企业价值，从财会分析的角度就是企业所拥有的各种有形资产和无形资产的市场价值总和。如果从经济分析的角度看，企业的价值就是该企业未来创利能力的总和的折现值，很显然，企业今后是否能创利以及创利多少都会受到汇率水平和走向被动的影响。

第二节　价格制定和价格计算

在国际贸易中，商品种类成千上万，不同的商品各有自己的特性，在国际市场上行情的变化也各不相同。有的商品价格比较稳定，而有的商品价格却变化剧烈。因此，可以根据交易商品的不同，分别采取不同的作价办法，采用不同的价格术语。掌握不同作价办法的具体运作以及不同价格术语之间的换算关系，对于定好合同的价格条款具有重要意义。

一、作价方法

进出口商品的作价方法主要有以下几种。

（一）固定价格

我国的进出口合同，绝大多数是在买卖双方协商一致的基础上，在合同中明确地规定具体价格，这也是国际上常见的做法。按照各国法律的规定，合同价格一经确定，就必须严格执行，即使市场价格有了很大的变化，合同的价格也不能变动。除非合同另有约定，或经买卖双方当事人一致同意，任何一方都不得擅自更改。

在合同中规定固定价格是一种常规做法，按此作价办法签订的合同，也称为"死价"合同。固定价格具有明确、具体、肯定和便于核算的特点。不过，由于国际商品市场行情的多变性，商品的价格涨落不定。因此，在国际货物买卖合同中规定固定价格，就意味着买卖双方要承担从订约到交货付款以至转售时价格变动带来的风险。况且，如果行市变动过于剧烈，这种做法还可能影响合同的顺利执行。一些资信较差的商人很可能为逃避由于国际市场上该商品价格的变动所带来的巨额损失，而寻找各种借口撕毁合同。为了减少因价格变动带来的风险，在采用固定价格时，首先，必须对影响商品供需的各种因素进行认真的研究，并在此基础上对成交商品价格的前景作出判断，以此作为决定合同价格的依据；其次，对客户的资信情况进行认真的了解和研究，慎重选择订约的对象。但是，国际商品市场的变化往往受各种临时性因素的影响，变化莫测。特别是从20世纪60年代末以来，由于各种货币汇价波动不定，商品市场价格变动频繁，剧涨暴跌的现象时有发生。在此情况下，固定价格给买卖双方带来的风险比过去更大，尤其是在价格前景捉摸不定的情况下，更容易使客户裹足不前。因此，为了减少风险，促成交易，提高合同的履约率，在合同价格的规定方面，也日益采取一些变通的做法。

固定价格法比较适合客户的资信好、成交的商品行情较稳定、交货期较短的交易合同。

（二）非固定价格

非固定价格，即一般业务上所说的"活价"，适用于行情频繁变动、价格涨落不定且成交量较大、交货期较长的合同。在进出口业务中，非固定价格大体上可分为下述几种。

1. 具体价格待定

这种定价方法又可分为：

（1）在买卖合同中对成交价格不做明确、具体的规定，只在价格条款中明确规定定价时间和定价方法。例如，"在装船月份前45天，参照当地及国际市场价格水平，协商议定正式价格（Within 45 days before shipment, both parties should negotiate and finalize price according to local and international market price）"；或"按提单日期的国际市场价格计算（The price should be set according to international market price in the day that bill of lading is issued）"。

（2）只规定作价时间。如"由双方在××年×月×日协商确定价格"。这种方式由于未就作价方式做出规定，容易给合同带来较大的不稳定性，双方可能因缺乏明确的作价标准，而在商定价格时各执己见，相持不下，导致合同无法执行。因此，这种方式一般只应用于双方有长期交往，已形成比较固定的交易习惯的合同。

2. 暂定价格

在合同中先订立一个初步价格，作为开立信用证和初步付款的依据，待双方确定最后价格后再进行最后清算，多退少补。例如，"单价暂定为每公吨 1 000 美元 CIF 纽约，作价方法：以××交易所 3 个月期货，按照装船月份月平均价加 8 美元计算，买方按本合同规定的暂定价开立信用证"。

3. 部分固定价格，部分非固定价格

为了照顾到买卖双方的利益，解决双方在采用固定价格或非固定价格方面的分歧，也可以采用部分固定价格，部分非固定价格的做法；或是采用分批作价的办法，对近期交货的商品，其价格在订约时可以固定下来，对交货期较远的商品，其价格在交货前一定期限内作价。

非固定价格是一种变通做法，在行情变动剧烈或双方未能就价格取得一致意见时，采用这种做法有一定的好处。表现在：

（1）有助于暂时解决双方在价格方面的分歧，先就其他条款达成协议，早日签约。

（2）解除客户对价格风险的顾虑，使之敢于签订交货期长的合同。数量、交货期的早日确定，不但有利于巩固和扩大出口市场，也有利于生产、收购和出口计划的安排。

（3）对进出口双方，虽不能完全排除价格风险，但对出口方来说，可以不失时机地做成生意；对进口人来说，可以保证一定的转售利润。

非固定价格的做法，是先订约后作价。这种作价方法有上述几条优点，但是它也有不足之处。因为合同的关键条款价格是在订约之后由双方按一定的方式来确定的，这就不可避免地给合同带来较大的不稳定性，存在着双方在作价时不能取得一致意见，而使合同无法执行的可能；或由于合同作价条款规定不当，而使合同失去法律效力的危险。

采用非固定价格订立合同时应注意：一是明确规定作价标准。如有些在商品期货交易所买卖的商品，应选择有代表性的期货交易所公布的期货价格作为定价的标准。二是要慎重选择作价时间。对于大宗商品的出口，为了避免价格波动风险，一般应采用装船前或装船时的市价，不宜采用装船后作价的办法。此外，还应充分考虑采用非固定价格对合同成立的影响。由于各国对价格确定的标准不统一，因此，虽然许多国家法律规定具体价格可以不确定，只规定作价原则或办法即可，这样还是容易引起争议。所以，应对个别商品采用国际市场通行的非固定价格的做法。

小讨论 10-1

西屋公司案

（选自李权著. 国际贸易实务. 北京大学出版社，2002，第24页）

20世纪70年代，美国西屋公司为了推销其生产的核反应堆，向客户保证：1975—1988年，以每磅8~10美元的价格提供 60 000 公吨以上铀（核反应堆燃料）。西屋公司有 6 000~7 000 公吨存货，签订了 14 000 公吨的远期合同。1975 年 1 月，铀的市场价上升为每磅30美元，要履行合同，西屋公司要承担近20亿美元的损失，会导致公司破产。西屋公司拒绝履行合同，其客户向法院起诉。后该案经双方协商获庭外解决。

试问：从上述案例中，可以总结出哪些经验教训？

（三）价格调整条款

价格调整条款，又称为滑动价格。在国际货物贸易中，有些货物的买卖合同除规定具体的成交价格外，还规定有各种不同的价格调整条款。例如，"如卖方对其他客户的成交价高于或低于合同价格5%，对本合同未执行的数量，双方协商调整价格。"这种做法的目的是把价格变动的风险规定在一定范围之内，以提高客户经营的信心。

值得注意的是，在国际上，随着一些国家通货膨胀的加剧，这些国家的一些商品买卖合同，特别是加工周期较长的机器设备合同及大宗初级产品交易合同，从合同签订到合同履行完毕需要较长时间，可能因原材料、工资等变动而影响生产成本，导致价格的波动幅度较大。为避免承担过大的价格风险，保证合同的顺利履行，都普遍采用所谓价格调整条款（Price Adjustment（Revision）Clause），即在订约时只约定初步价格（Initial Price），同时规定，如日后原材料价格、工资指数发生变化，双方再据此相应地调整价格。在价格调整条款中，通常使用下列公式来调整价格，即

$$P = P_0 \left(A + B \frac{M}{M_0} + C \frac{W}{W_0} \right)$$

式中，P——price，商品交货时的最后价格；

P_0——签订合同时约定的初步价格，也称基础价格；

M——matorial，计算最后价格时用的有关原材料的平均价格或指数；

M_0——签订合同时引用的有关原材料的价格或指数；

W——wage，计算最后价格时引用的有关工资的平均数或指数；

W_0——签订合同时引用的工资平均数或指数；

A——经营管理费用和利润在价格中所占的比重；

B——原料在价格中所占的比重；

C——工资在价格中所占的比重。

A，B，C 所分别代表的比例在签合同时一旦确定，便固定不变，并有 $A+B+C=1$。

如果买卖双方在合同中规定，按上述公式计算出来的最后价格与约定的初步价格相比，其差额不超过约定的范围（如百分之若干），初步价格可以不予调整，合同原定的价格对双方当事人仍有约束力，双方必须严格执行。

上述"价格调整条款"的基本内容，是按原材料价格和工资的变动来计算合同的最后价格。在存在通货膨胀的条件下，它实质上是出口厂商转嫁国内通货膨胀、确保利润的一种手段。但值得注意的是，这种做法已被联合国欧洲经济委员会纳入其制定的一些"标准合同"之中，并且其应用范围已从原来的机械设备交易扩展到一些初级产品交易，因而具有一定的普遍性。

合同中的价格调整条款规定方法如下：以上基础价格按合同中的调整公式根据××（机构）公布的200×年××月的工资指数和物价指数予以调整（The above basic price will be adjusted according to the formula in this contract based on the wage and price index published by the ××

(organization) as of ×× (month), 200×.).

由于这类条款是以工资和原料价格的变动作为调整价格的依据,因此,在使用这类条款时,就必须注意工资指数和原材料价格指数的选择,并在合同中予以明确。

此外,在国际贸易中,人们有时也应用物价指数作为调整价格的依据。如合同期间的物价指数发生的变动超出一定的范围,价格即做相应调整。

总之,在使用价格调整条款时,合同价格的调整是有条件的,用来调整价格的各个因素在合同期间所发生的变化,如约定这种变化必须超过一定的范围才予以调整,未超过限度的,则不予调整。

[例 10-1] 价格调整条款的使用。

在一份成套机械设备的进出口合同中,买卖双方商定整套设备的初步价格为 200 万美元。双方同意按双方认可的某机构公布的工资指数和物价指数在交货时对基础价格进行调整,买方按调整后的价格支付货款。双方在合同中约定:原材料在价格中的比重为 50%,工资在价格中的比重为 30%,管理费和利润在价格中的比重为 20%。签订合同时约定的基期物价及工资指数均为 100,交货时物价指数上升到 110,工资指数上升到 112。试问:该笔交易调整后的价格应为多少?

解答:根据题中给定条件,可知:

$P_0 = 200$ 万美元,$M_0 = W_0 = 100$,$M = 110$,$W = 112$,

$A = 20\%$,$B = 50\%$,$C = 30\%$

代入公式　$P = P_0(A + B \times M/M_0 + C \times W/W_0)$

$= 200 \times (20\% + 50\% \times 110/100 + 30\% \times 112/100)$

$= 217.2$(万美元)

所以,该笔交易调整后的价格为 217.2 万美元,比签约时所定价格增加了 17.2 万美元。

二、价格换算方法

在国际贸易中,不同的贸易术语表示其价格构成因素不同,即包括不同的从属费用。例如,FOB 术语中不包括从装运港至目的港的运费和保险费;CFR 术语中则包括从装运港至目的港的通常运费;CIF 术语中除包括从装运港至目的港的通常运费外,还包括保险费。在对外洽商交易过程中,有时一方按某种贸易术语报价,希望以此报价来达成交易,对方则可能要求改报其他贸易术语所表示的价格。例如,一方按 FOB 条件报价,对方要求改按 CIF 或 CFR 条件报价,这就涉及价格的换算问题。了解贸易术语的价格构成及其换算方法,是从事国际贸易业务人员所必须掌握的基本知识和技能。

(一)最常用的 FOB、CFR 和 CIF 三种贸易术语的价格构成

FOB = 进货成本(或生产费用) + 国内费用 + 净利润

CFR = 进货成本(或生产费用) + 国内费用 + 国外运费 + 净利润

CIF = 进货成本(或生产费用) + 国内费用 + 国外运费 + 国外保险费 + 净利润

另外三种贸易术语 FCA、CPT、CIP 的价格构成与以上三种术语类似,只是因采用的运输方式不同,所包含的费用也有所不同。

（二）主要贸易术语的价格换算方法及公式

1. FOB 价换算为其他价

（1） CFR 价＝FOB 价＋运费

（2） CIF 价＝（FOB＋运费）/（1－保险费费率×投保加成）

2. CFR 价换算为其他价

（1） FOB 价＝CFR 价－运费

（2） CIF 价＝CFR 价/（1－投保加成×保险费费率）

3. CIF 价换算为其他价

（1） FOB 价＝CIF 价×（1－投保加成×保险费费率）－运费

（2） CFR 价＝CIF 价×（1－投保加成×保险费费率）

其中，投保加成＝1＋投保加成率。

在国际保险市场上，按惯例做法，国际货物运输保险的投保金额通常是按 CIF 或 CIP 价值的 110% 来计算，即在 CIF 或 CIP 金额上再加一成（即 110%）投保，这 10% 就被称为"保险加成率"，主要作为买方的预期利润。而公式中所谓的投保加成就是 110%。

FCA、CPT、CIP 三种术语之间的价格换算公式与以上公式类似，这里不再一一列出。

［例 10-2］价格换算方法。

我国某贸易公司向英国商人出售某商品一批，报价是每件 235 英镑 CIF 伦敦，货物运输保险是按发票金额加一成投保一切险和战争险，两者的保险费费率合计为 0.7%。但是，英国商人要求改报 CFR 伦敦价，试问，在不影响收汇额的前提下，正确的 CFR 价应报多少？

解答：根据计算公式：CFR 价＝CIF 价×（1－投保加成×保险费费率）

将已知数据代入公式，有：

$$CFR 价 = 235 \times (1 - 110\% \times 0.7\%)$$
$$= 233.19（英镑）$$

所以改报的价格为每件 233.19 英镑 CFR 伦敦。

三、出口商品盈亏核算

在我国现行的外贸体制下，外贸企业是独立的经济实体，其特点是自主经营、独立核算和自负盈亏。因此，为了实现企业的经济效益，避免单纯追求成交数量而不计盈亏的倾向，在确定进出口的商品价格时，要注意加强盈亏核算。盈亏核算的指标主要有出口商品盈亏率、出口商品换汇成本和出口创汇率。

（一）盈亏核算涉及的基本概念

（1）出口总成本：是指外贸企业为出口商品支付的国内总成本，包括进货成本和国内费用两部分，它不涉及任何国外费用。

$$出口总成本 = 进货成本（含增值税） + 国内费用 - 出口退税收入$$
$$出口退税收入 = [进货成本（含增值税） \div (1 + 增值税率)] \times 退税率$$

进货成本是指从商品生产厂家购买出口商品时的费用，其中包含增值税。如果是企业自营出口，则进货成本改为生产费用。

国内费用主要包括有：加工整理，包装费，管理费（包括仓租、火险等），国内运输费用（仓至码头、车站、空港、集装箱货运站、集装箱堆场），装船费（装船、起吊费和驳船费等）和拼箱费，证件费（包括商品检验费、公证费、领事签证费、产地证费、许可证费、报关单费等），预计的损耗（耗损、短损、漏损、破损、变质等），邮电费（电报、电传、电话、邮件等费用），银行费用（贴现利息、手续费等）等。

为了便于核算，国内费用通常由出口企业按进货成本的5%~10%的定额费率来核定。定额费用＝进货成本×费用定额率。

（2）增值税：是以商品生产流通和劳务服务各个环节的增值额为课税对象征收的一种流转税。

（3）出口销售外汇净收入：是指出口外汇总收入中扣除运费、保险费、佣金等非贸易外汇后的外汇收入。出口商在出口商品时无论是按FOB、CFR或CIF中哪种术语成交，出口销售外汇净收入都是指将实际报价换算到FOB价所对应的外汇收入部分。

（4）出口销售人民币净收入：是出口销售外汇净收入按当时的外汇牌价中外汇的买入价折成人民币的数额。

小知识 10-2

出口核销及退税

（选自周树玲主编．外贸单证实务．对外经济贸易大学出版社，2001，第160页）

出口核销及退税是外销工作的一部分。出口核销制度是由国家在1991年1月1日建立的，对企业出口、报关、收汇整个过程实行跟踪的监督管理制度。进行出口收汇核销时，以出口核销单为依据。核销单是由外汇管理局制发的有统一编号及使用期限的重要凭证。出口单位凭出口核销单向海关办理报关、向指定银行办理出口收汇、向外汇管理局办理核销、向税务机关等部门办理出口退税。

出口退税是将国内所缴纳的税收退还给货物的出口企业或者给予免税的一种制度。出口货物准予退税的税种包括已征收的增值税和消费税。流程如图10-1所示。

说明：

（1）出口企业凭规定的材料向外汇管理局申领出口核销单。

（2）办妥相关手续后，外汇管理局发放空白出口收汇核销单，核销单有统一编号。出口企业当场填妥出口单位名称并加盖出口单位公章。

（3）出口单位凭报关单及核销单等有关文件向海关办理报关手续。

（4）海关放行后，在核销单及出口报关单上盖放行章，并退给出口企业。

（5）出口企业在报关后60天内，将出口报关单、出口收汇核销单及发票交外汇管理局备案。

（6）出口企业向银行办理交单结汇，并在所提交的汇票和发票上注明核销单编号。

（7）收汇后，银行在出口收汇核销结汇水单/收账通知（出口收汇核销专用联）上填写核销单号并交给出口企业。

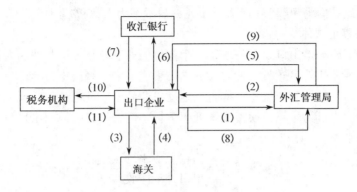

图 10-1　出口退税业务流程图

(8) 出口企业持注有核销单号的出口收汇核销专用联到外汇管理局办理销案核销手续。

(9) 外汇管理局核销后，在核销单上盖"已核销"章，并将核销单和报关单的出口退税专用联退给出口企业。

(10) 出口企业向税务机构申请办理退税手续。

(11) 税务机构核实后向出口企业退税。

（二）盈亏核算

1. 出口商品盈亏率

出口所得人民币净收入扣除出口所花费的总成本，即为出口盈亏额。出口盈亏率是出口盈亏额与出口总成本的比值，用百分比表示。它是衡量出口盈亏程度的重要指标，计算公式如下：

$$出口商品盈亏率 = \frac{出口销售人民币净收入 - 出口总成本}{出口总成本} \times 100\%$$

公式中的分子部分是盈亏额。如正数为盈余额，负数为亏损额。

[例 10-3] 出口业务的盈亏率计算。

我国某贸易公司向美国商人出口某商品一批，共 15 000 件，按 FOB 条件成交，出口外汇收入为 82 500 美元。商品的购进成本是 615 000 人民币元（含增值税 17%），费用定额率为 6%，出口退税率为 9%，当时银行汇价的美元买入价为 8.3 人民币元。计算该笔业务的出口盈亏率。

解答：出口商品盈亏额 = 出口销售人民币净收入 - 出口总成本

$$= 82\ 500 \times 8.3 - [615\ 000 \times (1+6\%) - 615\ 000 \div (1+17\%) \times 9\%]$$

$$= 684\ 750 - 605\ 492.31 = 79\ 257.69 （人民币元）$$

$$出口商品盈亏率 = \frac{出口销售人民币净收入 - 出口总成本}{出口总成本} \times 100\%$$

$$= \frac{79\ 257.69}{605\ 492.31} \times 100\% = 13.09\%$$

该笔业务的盈亏额为 79 257.69 人民币元，盈亏率为 13.09%。所以该笔业务是盈利的。

2. 出口商品换汇成本

出口商品换汇成本是出口商品每取得一个单位的外汇净收入所花费的人民币成本。在我国通常用换取一美元的外汇净收入所需要的人民币成本来计算。出口换汇成本是衡量外贸企业盈亏的重要指标，与外汇牌价相比能直接地反映商品出口是否盈利。换汇成本如高于银行的外汇牌价，说明出口为亏损；换汇成本低于银行外汇牌价，则说明出口有盈利。计算公式如下：

$$出口换汇成本 = \frac{出口总成本（人民币元）}{出口外汇净收入（美元）}$$

[例 10-4] 出口商品换汇成本的计算。

（选自王万义等主编．进出口贸易业务．对外经济贸易大学出版社，第 47 页）

我国某贸易公司向美国商人出口商品 1 000 件，成交价格为每件 17.30 美元 CIF 纽约，合同总值为 17 300 美元，其中运费 2 160 美元，保险费 112 美元。出口商采购商品的价格为每件人民币 117 元，进货成本共计人民币 117 000 元（含增值税 17%），费用定额率为 10%，出口退税率 9%。当时银行的美元买入价为 8.28 元。计算该笔业务的出口换汇成本。

解答： 出口总成本 = 进货成本（含增值税）+ 国内费用 - 出口退税收入

$\qquad$ = 117 000 + 117 000 × 10% - 117 000 ÷ （1 + 17%）× 9%

$\qquad$ = 119 700（人民币元）

出口外汇净收入 = CIF 价 - 运费 - 保险费

$\qquad$ = 173 000 - 2 160 - 112 = 15 028（美元）

$$出口商品换汇成本 = \frac{出口总成本（人民币元）}{出口外汇净收入（美元）}$$

$$= \frac{119\ 700}{15\ 028} = 7.965（人民币元/美元）$$

该笔业务的换汇成本低于当时我国银行外汇牌价，所以是盈利的。

另外，出口商品盈亏率可以与出口商品换汇成本进行换算，它们之间的关系可以用下面的公式表示：

$$出口商品盈亏率 = （银行外汇买入价 / 出口商品换汇成本 - 1）× 100\%$$

由上面的公式表明，当出口商品换汇成本高于银行外汇买入价时，盈亏率就是负值，出口亏损；当换汇成本低于银行外汇买入价时，出口会有盈利。

3. 出口创汇率

也称外汇增值率，是用来衡量加工贸易中进料加工业务经济效益的重要指标，用加工后的成品出口所取得的外汇净收入与进口的原材料所支出的外汇成本的比率来表示。如果原材料是国产的，则原材料的外汇成本可按该原料的 FOB 出口价计算；如果原材料是进口的，则按该原材料的 CIF 进口价计算外汇成本。通过计算这一指标，可以看出成品出口的创汇情况，也反映出从原材料的进口到加工成成品出口这一整个加工过程中的增值情况。计算公式如下：

$$出口创汇率 = \frac{成品出口外汇净收入 - 原料外汇成本}{原料外汇成本} × 100\%$$

[例 10-5] 出口创汇率的计算。

（选自杨森林主编．国际经贸应试习题大全．立信会计出版社，第 99 页）

我国某外贸公司要做一笔进料加工业务，按 CIF 条件成交，需要支出原材料进口成本 60 万美元，预计可加工成品出口 16 万件，出口价为每件 5.15 美元 CIF 西雅图，应支付海运运费 7 200 美元，保险费 6 800 美元。试问：该笔业务的出口创汇率如何？

解答：进口原材料支出的成本：600 000 美元

出口成品的外汇净收入 = 成品出口外汇收入 - 运费 - 保险费

$$= 5.15 \times 160\ 000 - 7\ 200 - 6\ 800$$
$$= 810\ 000（美元）$$

$$出口创汇率 = \frac{810\ 000 - 600\ 000}{600\ 000} \times 100\%$$
$$= 35\%$$

该笔进料加工业务的出口创汇率或外汇增值率为 35%。

第三节　佣金与折扣的运用

在进出口合同的价格条款中，有时会涉及佣金（Commission）和折扣（Discount, Allowance）。价格条款中所规定的价格，可分为包含有佣金或折扣的价格和不包含这类因素的净价（Net Price）。包含有佣金的价格，在业务中通常称为"含佣价"。

一、佣金（Commission）

（一）佣金的含义

在国际贸易中，有些交易的达成是通过中间代理商的帮助而实现的。中间代理商通过提供介绍生意或代买代卖服务而向服务的接受方收取一定的酬金，此项酬金就叫佣金。佣金直接关系到商品的成交价格，货价中是否包括佣金和佣金比例的大小，都影响商品的价格。显然，如果成交价格是含佣价的，它一定比不含佣金的净价要高。正确运用佣金，有利于调动中间商推销和经营商品的积极性，增强商品的市场竞争力，从而扩大交易。

（二）佣金的种类

凡在合同的价格条款中明确规定佣金率百分比的，叫作"明佣"；如不标明佣金百分比，甚至连"佣金"字样也不标示出来，有关佣金的问题，由双方当事人另行约定，这种暗中约定佣金的做法，叫作"暗佣"。我国的一些专业外贸公司在代理国内企业进出口业务时，通常由双方签订协议规定代理佣金比率，而外贸公司在对外报价时，佣金率不直接明示在进出口合同中，这种就属于暗佣。在国外，还有一些中间代理商采用暗佣有时是为了达到逃汇或逃税的目的。第三种是中间代理商分别从买方和卖方两处都获得佣金，这种叫作"双头佣"。

（三）佣金的规定办法

（1）当合同成交价格中包括佣金时，通常可以用百分数来表示。例如，"每公吨1 000美元CIF旧金山，包括2%佣金"（US $ 1 000 per M/T CIF San Francisco including 2% commission）。

（2）在合同价格条款的贸易术语部分加注佣金的缩写英文字母"C"和佣金的百分比来表示。例如，"每公吨200美元CIFC2%旧金山"（US $ 200 per M/T CIF San Francisco including 2% commission）。有些进出口合同中还将佣金的百分号省略，更简单地表示成"每公吨200美元CIFC2旧金山"。

（3）商品价格中所包含的佣金除用百分比和字母表示外，也可以用绝对数来表示。例如，"每公吨支付佣金25美元"（The commission is US $ 25 per M/T）。

在进出口业务中，用百分数来表示佣金的做法比较常用。给予中间代理商佣金会提高其与我方成交的积极性，有利于扩大销路。但是，支付佣金也意味着交易费用的增加。因此，佣金的规定应合理，其比率一般掌握在1%~5%，不宜偏高。

（四）佣金的计算与支付方法

1. 佣金的计算

在国际贸易中，计算佣金的方法各不一致。有的按成交金额约定的百分比计算，也有的按成交商品的数量来计算，即按每一单位数量收取若干佣金计算。在我国进出口业务中，计算方法也不一致，按成交金额和成交商品的数量计算的都有，主要取决于买卖双方在合同中的规定。在按成交金额计算时，有的以发票总金额作为计算佣金的基数，有的则以FOB总值为基数来计算佣金。如按CIF成交，而以FOB值为基数计算佣金时，则应从CIF价中减去运费和保险费，求出FOB值，然后以FOB值乘佣金率，即得出佣金额。按实际成交金额计算比较方便，操作上比较简便，实际中使用较多。

关于计算佣金的公式如下：

$$单位货物佣金额 = 含佣价 \times 佣金率$$

$$净价 = 含佣价 - 单位货物佣金额$$

上述公式也可写成：

$$净价 = 含佣价 \times (1 - 佣金率)$$

假如已知净价，则含佣价的计算公式应为：

$$含佣价 = 净价 / (1 - 佣金率)$$

在这里，值得注意的是，如在洽商交易时，我方报价为10 000美元，对方要求3%的佣金，在此情况下，我方改报含佣价，按上述公式算出应为10 309.3美元，这样才能保证我方实收10 000美元。

[例10-6] 佣金计算的应用。

我国某贸易公司向美国商人出口商品一批，出口报价是每件100美元CFRC3%旧金山。现在美国商人要求改报CIFC5%价，美国商人要求按发票金额110%投保一切险和战争险，保险费率二者合计为0.5%，问：在不影响我方外汇净收入的前提下，所报CIFC5%价应是多少？

解答： 已知　CFRC3% = 100美元

则　CFR价 = CFC3%×(1−C) = 100×(1−3%) = 97(美元)

　　CIF价 = CFR÷(1−110%×0.5%) = 97÷(1−110%×0.5%)
　　　　 = 97.54(美元)

　　CIFC5% = CIF÷(1−5%) = 97.54÷(1−5%) = 102.7(美元)

所以，在不影响我方外汇净收入的前提下，所改报的价格应该是每件102.7美元CIFC5%旧金山。

2. 佣金的支付

佣金的支付要根据中间商提供服务的性质和内容来定，一般有三种做法：

第一种是出口商收清货款之后，再按事先约定的期限和佣金比率，将佣金另行付给中间代理商。这种做法有利于合同的履行，因为合同顺利履行是中间商获得佣金的前提条件，中间代理商为了取得佣金，会尽力促成交易，督促买卖双方认真履行合同。在我国出口业务中，常用的佣金支付方式就是这种，即收到全部货款后再另行支付。可以在合同履行后支付，也可以按月、按季、按半年或一年汇总支付。

第二种是由中间代理商在支付货款时直接从货价中扣除佣金。在这种情况下，出口企业收到的货款是除去佣金后的部分，所以应注意防止重复支付佣金。

第三种是有的中间商要求出口企业在交易达成后就支付佣金。

为了避免与中间商发生争议，甚至影响合同的履行，出口商应与中间商事先商定佣金的支付方法，并按约定的方法按时支付佣金，同时要防止错付、漏付和重复支付等事故发生。

按照一般惯例，在独家代理情况下，如委托人同约定地区的其他客户达成交易，即使未经独家代理过手，也得按约定的比率付给其佣金。

小讨论 10−2

佣金的支付

（选自彭福永编著．国际贸易实务教程．上海财经大学出版社，2000，第200页）

我国某进出口公司拟出口化妆品到中东某国。正好该国的一位中间商主动来函与我贸易公司联系，表示愿意为我方在当地推销化妆品提供服务，并要求按每笔交易的成交金额给予3%的佣金。不久，经该中间商的介绍，我贸易公司与当地的进口商达成交易，成交条件为CIFC3%，成交总金额为15万美元，装运期为签约后两个月内从中国港口装运。合同签订后，该中间商即来电要求我贸易公司立即支付佣金4 500美元。我贸易公司复电称：佣金需要待货物装运并收到全部货款后才能支付。于是，双方发生了争议。试分析这起争议发生的原因是什么？我贸易公司应接受的教训是什么？

二、折扣（Discount, Rebate）

（一）折扣的含义

折扣是指卖方按原价给予买方一定百分比的减让，即在价格上给予适当的优惠。国际贸易中使用的折扣名目很多，除一般折扣外，还有为扩大销售而使用的数量折扣（Quantity discount），为实现某种特殊目的而给予的特别折扣（Special discount）及年终回扣（Turnover bonus）等。在我国对外贸易中，使用折扣主要是为了照顾老客户或大客户，达到确保销售渠道、扩大对外销售等目的。在实际使用中应根据具体情况，针对不同客户，灵活运用各种折扣。

（二）折扣的种类

（1）凡在价格条款中明确规定折扣率的，叫作"明扣"。
（2）凡是交易双方就折扣问题已达成协议，而在价格条款中都不明示折扣率的，叫作"暗扣"。

折扣直接关系到商品的价格，货价中是否包括折扣和折扣率的大小，都影响商品价格，折扣率越高，则价格越低。折扣如同佣金一样，都是市场经济的必然产物，正确运用折扣，有利于调动采购商的积极性和扩大销路，在国际贸易中，它是加强对外竞销的一种手段。

（三）折扣的表示办法

在国际贸易中，折扣通常在合同价格条款中用文字明确表示出来。折扣可以采用以下几种方法：

（1）在合同的价格条款中用文字明确表示出来。例如，"每公吨200美元CIF伦敦，折扣3%"（US$200 per metric ton CIF London including 3% discount）。此例也可这样表示："每公吨200美元CIF伦敦，减3%折扣"（US$200 per metric ton CIF London less 3% discount）。

（2）折扣也可以用绝对数来表示。例如，"每公吨折扣8美元"（US$8 per metric ton for Discount）。

在实际业务中，也有用"CIFD"或"CIFR"来表示CIF价格中包含的折扣的。这里的"D"和"R"是"Discount"和"Rebate"的缩写。鉴于在贸易术语中加注的"D"或"R"含义不清，可能引起误解，故最好不使用此缩写语。

当交易双方采取"暗扣"的做法时，则在合同价格条款中不予规定，有关折扣的问题，按交易双方暗中达成的协议处理。这种做法属于不公平竞争。公职人员或资方雇用人员拿"暗扣"，应属贪污受贿行为。

（四）折扣的计算与支付方法

折扣通常是以成交额或发票金额为基础计算出来的。例如，CIF伦敦，每公吨2 000美元，折扣4%，卖方的实际收入为每公吨1 920美元。其计算方法如下：

单位货物折扣额 = 原价（或打折之前的价格）× 折扣率

卖方的实际收入 = 原价 − 单位货物折扣额

从理论上讲，按照实际成交金额计算折扣时，存在着以何种贸易术语的成交金额作为计算折扣基数的问题。因为，如果买卖双方按 CIF 条件成交，卖方在计算折扣额时直接以 CIF 价作为计算折扣的基数，则意味着卖方还要对运费和保险费部分向买方进行折扣，这是不合理的。应该说，以 FOB 价作为计算折扣的基数是比较合理的，但是，这样在计算时比较麻烦。在实务中通常以实际成交额或发票金额为计算折扣的基数。为了避免争议，买卖双方最好在合同中将计算折扣的基数加以明确规定。

折扣一般是在买方支付货款时预先予以扣除。也有的折扣金额不直接从货价中扣除，而按暗中达成的协议另行支付给买方，这种做法通常在给"暗扣"或"回扣"时采用。

第四节 合同中的价格条款

一、价格条款的内容

合同中的价格条款，一般包括商品的单价和总值两项基本内容，至于确定单价的作价方法和与单价有关的佣金与折扣的运用，也属价格条款的内容。商品的单价通常由四个部分组成，即计量单位（如公吨）、单位价格金额（如 200）、计价货币（如美元）和贸易术语（如 CIF 伦敦）。在价格条款中可以规定："每公吨 200 美元 CIF 伦敦"（US ＄200 per M/T CIF London）。总值是指单价与成交商品数量的乘积，即一笔交易的货款总金额。例如：

Unit Price：at USD 16 Per box FOB Shanghai

Total Value：USD 14850（Say US Dollars Fourteen Thousand Eight Hundred And Fifty Only）

二、规定价格条款的注意事项

为了使价格条款的规定明确合理，必须注意下列事项：

（1）合理确定商品的单价，防止作价偏高或偏低。

（2）根据我方的经济意图和实际情况，在权衡利弊的基础上选用适当的贸易术语。

（3）争取选择有利的计价货币，以免承担币值变动带来的汇率风险，如采用不利的计价货币时，应当加订保值条款。

（4）灵活运用各种不同的作价办法，以避免价格变动的风险。

（5）参照国际贸易的习惯做法，注意佣金及折扣的合理运用。

（6）如交货品质和数量约定有一定的机动幅度，则对机动部分的作价也应一并规定。

（7）如包装材料和包装费另行计价，对其计价办法也应一并规定。

（8）单价中涉及的计量单位、计价货币、装卸地名称，必须正确、清楚，以利于合同的履行。

思 考 题

1. 简述进出口商品的作价原则及作价办法。
2. 如何计算出口商品盈亏率、出口商品换汇成本和出口创汇率？
3. 何为佣金？如何计算佣金？

4. 简述常用的贸易术语 FOB、CFR、CIF 的价格构成及换算。

5. 规定价格条款时应注意哪些问题？

6. 我国某贸易公司向美国商人出口某商品一批，共计 1 000 公吨，出口价格为每公吨 2 000 美元 CIF 纽约，现在美国客户要求将价格改报为 FOB 上海。已知该种货物的运费为每公吨 150 美元，货物的运输保险是按 CIF 价的 110% 投保，投保险别为一切险，保险费率为 1%。试问：应报的 FOB 上海价为多少？

7. 我国某贸易公司出口健身椅 1 000 把，出口价格为每把 1 657 美元 CIF 纽约，总金额为 16 570 美元，其中运费 2 160 美元，保险费 112 美元，健身椅的进价为每把人民币 117 元，进货成本共计人民币 117 000 元（含增值税 17%），退税率为 11%，费用定额率 10%，当时银行外汇牌价美元的买入价为 8.32 元。试问：该批健身椅的换汇成本为多少？该批健身椅的盈利额为多少？

8. 我国某贸易公司从国外进口 1 000 公吨的盘条，成交价格为每公吨 252 美元 CIF 青岛，将这批盘条加工成机械螺丝 100 万罗，然后出口到国外，出口的成交价格为每罗 0.32 美元 CFR 卡拉奇，纸箱装每箱 250 罗，每箱 0.03 米³，毛重 30 千克，海运运费按 W/M10 级，每吨运费 80 美元，试计算该批进料加工业务的出口创汇率。

9. 我国某贸易公司向泰国商人出售某商品，我方的报价为每公吨 1 500 美元 CFR 曼谷，而外商来电要求我方改报为 CIFC5% 曼谷价。设保险费费率合计为 1%。试问：我方在不减少外汇收入的情况下，应报的 CIFC5% 曼谷价为多少？

10. 我国某贸易公司出口某商品 20 公吨，收购价每公吨人民币 3 000 元（含增值税 17%），国内费用加 17%，出口退税率为 9%，外销价为每公吨 550 美元 CIF 旧金山，含佣金 3%，共支付运费 870 美元，保险费 440 美元。试计算该商品换汇成本。

11. 1990 年，我国某贸易公司与科威特某中间商按 CFRC5% 的价格条件出售一批货物，合同金额为 52 500 美元。但是，国外开来的信用证金额为 49 875 美元，并注明"议付时扣 5% 货款给中间商（某商号）的佣金"。由于我方在审查信用证时忽视了核对信用证金额，故在缮制发票和汇票时，都以合同金额 52 500 美元为准。议付时，中国银行扣除 5% 的佣金，即按 49 875 美元借记开证行北京账户。开证行接单后，以发票金额超过信用证金额为由拒付货款。后经与开证行及中间商多次交涉，只好在信用证有效期内，另行按来证金额 49 875 美元再扣去 5% 佣金赶制发票和汇票，结果造成重复支付佣金。试问：从上述事件中我方应吸取的教训是什么？

第十一章
国际贸易结算

本章学习要点
- 国际贸易结算工具，特别是票据
- 国际贸易结算方式中的汇付和托收
- 信用证结算方式
- 国际结算方式的选用

  国际结算（International Settlement）就是通过某种支付工具和支付方式办理货币收付以结清国家之间的债权债务关系的经济活动。国与国之间的债权债务关系是由国际贸易以及国与国之间的其他经济、政治、文化交流活动引起的。其中，由于国际贸易引起的债权债务关系的清算称为国际贸易结算；由于其他经济、政治、文化交流活动引起的清算称为非贸易结算。国际贸易结算是国际结算的主要组成部分。

  国际贸易结算一般是通过外汇来结算的，主要涉及的有支付工具、付款时间、付款地点以及付款方式等问题。买卖双方必须在合同中对这些问题做出明确规定。

小知识 11-1

国际贸易结算方式的发展

（选自吴百福．国际贸易结算实务．中国对外经济贸易出版社，1997，第2页）

  国际贸易结算的方式是随着生产和经济的增长以及国际贸易的发展而逐步发展起来的。形成当今通行的国际贸易结算方式，曾经历了漫长的历史进程，仅从最初的通过运送金属货币进行结算的简单方式到使用汇票进行结算就花了数百年的时间。

  18世纪60年代开始的第一次工业革命，使欧洲和美国的大机器工业先后普遍地建立起来。国际贸易也随之迅速发展，与贸易相关的金融业、海上运输业和保险业也得到空前发展。作为结算工具的各种票据特别是汇票开始流行。海运提单演变成为可以经过背书进行转让的物权凭证；凭单付款方式在国际贸易结算中被大量地使用。随着银行在国际贸易结算中的作用的充分发挥，银行的信用和资金融通的功能被广泛地运用，银行信用证应运而生。尤其是在19世纪末，跟单信用证在全世界被全面地推广应用，不仅充分发挥了银行的保证作用，而且银行凭以承做押汇，进行资金融通也越来越方便。

  近年来，随着科学技术的发展，许多高新技术已在国际结算业务中得到应用，使得国际结算所使用的工具和手段面目一新，国际贸易结算的方式有了新的发展，结算效率大大提高，从而有利于国际贸易的发展。

第一节　国际贸易结算工具

传统贸易所采用的主要支付工具是货物（易货贸易），随着贸易的发展，产生了货币（Currency），黄金和白银成为支付工具。但是，当大规模的国际贸易在全球展开后，数额巨大的货币的跨国运送，是一般商人无法实现的。于是，人们开始采用各种新的支付工具——票据，借助于银行的中介作用，实行非现金结算，从而避免了货币的直接传递。票据是指某些可以代替现金流通的有价证券，是以支付金钱为目的的特种证券，是由出票人签名于票据上，约定由自己或另外一人无条件支付确定金额的、可流通转让的证券。国际贸易结算中使用的票据有汇票、本票和支票，其中以使用汇票为主。

一、汇票（Bill of Exchange，Draft）

（一）汇票的含义

我国于1995年5月10日公布的《中华人民共和国票据法》第19条规定：汇票是出票人签发的，委托付款人在见票时或指定日期无条件支付确定的金额给受款人或持票人的票据。

在国际上有广泛影响的《英国票据法》规定：汇票是一个人向另一个人签发的，要求见票时或在将来的固定时间或可以确定的时间，对某人或其指定的人或持票人支付一定金额的无条件书面支付命令。

对汇票的定义，无论是我国的规定还是英国的规定，其实质是一样的，都是无条件的支付命令。

（二）汇票的当事人

汇票的当事人有出票人、付款人和受款人。
（1）出票人，即签发汇票的人，一般是出口商或其指定的银行。
（2）付款人，即接受支付命令的受票人，一般是进口商或其指定的银行。
（3）受款人，即受领汇票所规定金额的人，一般是出口方或其指定的银行。

（三）汇票的必要项目

根据国际惯例，汇票的成立是以必要项目的齐全和合格为前提的。根据《日内瓦统一票据法》的有关规定，汇票一般应包括下列基本内容：

（1）应载明"汇票"（Bill of Exchange）字样。同义词Exchange或Draft均可。目的在于与其他支付工具加以区别。

（2）无条件书面支付命令（unconditional order to pay in writing）。汇票是书面形式的支付命令，支付不能受到限制，不能附带任何条件。

（3）一定的金额（in certain amount）。必须表明以一定货币表示的确切数目。金额必须分别用文字大写、数字小写表明。

（4）付款期限（Tenor）。付款期限是付款人履行付款义务的期限。汇票的付款期限有五种方法：① 见票即付（at sight/ on demand）；② 见票后××天付款（Payable ×× Days After Sight）；③ 出票后××天付款（Payable ×× Days After Date）；④ 提单日后××天付款（Payable ×× Days After Bill of lading）；⑤ 指定日期付款（Fixed Date）。后四种是指远期汇票付款的期

限，在时间计算上，"算尾不算头"，计算时间时均不包括见票日、出票日或提单日，但包括付款日。如票据上没有注明付款期限，一概作即期。

（5）付款地点（Place of Payment）。付款地点是持票人提示请求付款的地点。付款地点有一个非常重要的作用，即根据国际私法的"行为地原则"，在付款地发生的"承兑""付款"等行为，包括到期日算法都适用付款地法律。

（6）受票人（Drawee）。又称付款人（Payer），是接受支付命令付款的人。汇票上记载的付款人应有一定的确定性（With reasonable certainty），以使能找到并且不会弄错。实务上一般都注明详细地址。

（7）受款人（Payee）。汇票是债权凭证，而收款人则是汇票上记明的债权人。汇票上"受款人"的记载通常称为"抬头"。它应像付款人一样有一定的确定性，但实务上往往不强求地址，而只写一个完整的名字。汇票上的"受款人"可以有许多种类，现分别介绍如下。

1）限制性抬头（Restrictive Order）。限制性抬头票据不可流通转让。票据的债务人只对记明的收款人负责。票据上标明：Pay… only 或 Pay…, not transferable。

2）指示性抬头（Demonstrative Order）。指示性抬头票据可由收款人背书后交付票据转让权利。票据上标明 Pay… or order 或 Pay to the order of …票据转让是票据的最基本性质。票据本质上都可转让，除非记明不可转让，如限制性抬头票据。

3）来人抬头（Payable to Bearer）。"来人抬头"票据的债务人对"来人"即持有"来人抬头"票据的持票人负责。票据上标明 Pay bearer。

（8）出票日期（Date of Issue）。出票日期有三个重要作用：① 决定票据有效期。② 决定到期日。计算远期汇票的到期日必须知道出票日期。③ 决定出票人的行为能力。若出票时法人已宣告破产或清理，已丧失行为能力，则票据不成立。

（9）出票地点（Place of Issue）。出票地点对国际汇票具有重要意义，因为票据是否成立是以出票地法律来衡量的。但是，票据不注明出票地却也成立，此时就以出票人后的地址作为出票地点。

（10）出票人签字（Signature of the Drawer）。票据法是根据某人在票据上的签字来确定他的票据责任的，不签字就不负责任。出票人签字是承认自己的债务，收款人因此有了债权，从而使票据成为债权凭证。因此汇票没有了出票人签字则不能成立。出票必须由出票人签字，若是伪造签字，票据就不能成立。

我国《票据法》规定，汇票必须记载下列事项：
1）表明"汇票"字样；
2）无条件支付的委托；
3）确定的金额；
4）付款人名称；
5）收款人名称；
6）出票日期；
7）出票人签章。

上述基本内容一般为汇票的要项，但并不是汇票的全部内容。汇票还有一些任意记载事项，如正副本汇票上分别写明"付一不付二"或"付二不付一"等。按照各国票据法的规定，汇票的要项必须齐全，否则，受票人有权拒付。

附汇票样式：

No. RRA

Exchange for USD9400.00

At ———— sight of this **First** of Exchange **Beijing** JUN.23TH 1994

(**Second** of the same tenor and date unpaid), pay to the Order of BANK OF CHINA, HEAD OFFICE

the sum of US DOLLARS NINE THOUSAND FOUR HUNDRED ONLY

Drawn under BANK OF CEYLON, INTERNATIONAL DIVISION

CREDIT NUMBER: C/ P/SIL/94/02059

DATE OF ISSUE: 20 APRIL 1994

To BANK OF CEYLON, CHINA YANXING NATIONAL CORP., 7C, YUE TAN NANJIE
   INTERNATIONAL DIVISION BEIJING, THE PEOPLE'S REPUBLIC OF CHINA

CHINA YANXING NATIONAL CORPORATION

（四）汇票的种类

汇票从不同的角度可以分为以下几种：

（1）按照有无随附商业单据，可分为光票（Clean Bill）和跟单汇票（Documentary Bill）。如果出具的汇票不附带任何货运单据，称为光票（又称为净票或白票）。在国际贸易结算中，光票的使用一般仅限于贸易从属费用、货款尾数、佣金等的收与支；反之，如果出具的汇票附有货运单据（发票、提单、保险单等）则称为跟单汇票。在国际贸易中大多数使用跟单汇票。跟单汇票体现了货款与单据对流的原则，对进出口双方提供了一定的安全保障。因此在国际贸易结算中使用更普遍。

（2）按照付款时间的不同，可分为即期（Sight Draft，Demand Draft）和远期汇票（Time Bill，Usance Bill）。凡是汇票上规定付款人见票后即需付款的称为即期汇票；凡是汇票上规定付款人于将来一定日期付款的称为远期汇票。

（3）按照出票人的不同，可分为商业汇票（Commercial Draft）和银行汇票（Banker's Draft）。出票人是工商企业或个人的叫商业汇票。商业汇票通常是由出口人开立，委托当地银行向国外进口商或银行收取货款时所使用的汇票。商业汇票大都附有货运单据。出票人和付款人都是银行的则称为银行汇票。

（4）远期汇票按照承兑人的不同，可分为商业承兑汇票（Commercial Acceptance Bill）和银行承兑汇票（Banker's Acceptance Bill）。凡工商企业或个人出票而以另一个工商企业或某个人为付款人的远期汇票，经过付款人承兑后，便称为商业承兑汇票。商业承兑汇票是建立在商业信用的基础之上，如工商企业出票而以银行为付款人的远期汇票，经过付款银行承兑后，便成为银行承兑汇票。银行承兑汇票是建立在银行信用的基础之上，便于在金融市场上贴现转让、进行流通。

一份汇票通常同时具备几种属性，例如一份涉外的由贸易公司签发的见票后立即付款的汇票，它既是商业汇票，同时又是即期汇票。

（五）汇票的使用

汇票的使用有出票、提示、承兑、付款等。汇票可以经过背书转让，也可以在未到期时向银行或贴现公司兑换现款。汇票在遭到拒付时，还涉及做成拒绝证书和行使追索等法律权利。

票据行为也可以叫作票据处理手续。为了使各当事人的权利义务确定明了，票据的形式和内容是要式的。出于同样原因，票据行为也是要式的。票据法中对各种票据行为都有详细并且严格的规定。

1. 出票（Issue）

出票是指将格式完备的汇票交付给受款人的行为。出票包括三个动作：制作汇票、签字和交付（to draw a draft and sign it and deliver the draft to payee）。出票人完成出票行为，并在票据上签字后，即成为票据的主债务人。他对汇票债务的责任有两个方面：担保承兑和担保付款。对于受款人来说，获得了票据就成为持票人（Holder），得到了债权，使他获得付款请求权和追索权。

2. 提示（Presentation）

提示可以分为承兑提示和付款提示。是指持票人向付款人出示汇票要求承兑或付款的行为称为提示。票据只是一种权利的凭证，提示就是要求票据权利。无论是承兑提示还是付款提示，都要在规定的时效内、正常营业时间和规定的地点提示，只有如此，持票人才能获得票据权利。

3. 承兑（Acceptance）

受票人在持票人作承兑提示时，同意出票人的付款提示，在汇票正面写明"承兑"（Accepted）字样，注明承兑日期，并由付款人签字并将汇票交还给持票人的行为。承兑后受票人变为承兑人，成为汇票的主债务人，而出票人则从主债务人的地位变为从债务人。所以承兑人必须承担在远期汇票到期时支付票面金额的责任。

4. 付款（Payment）

付款是即期汇票付款人和远期汇票承兑人在接到付款提示时，履行付款义务的行为。付款人向持票人作正当付款后，付款人一般都要求持票人在背面签字作为收款证明并收回汇票，注上"付讫"（Paid）字样，并且可以要求持票人出收据。此时汇票就注销了，不仅付款人解除了付款义务，所有票据债务人的债务都因此解除。

5. 背书（Endorsement）

汇票是可以在票据市场上流通转让的。背书是转让汇票权利的一种法定手续。背书是因背书人在票据背面签字而得名。持票人做背书以表明他有转让票据权利的意图，从而转让票据权利，受让人成为持票人。同汇票抬头一样，背书有三种形式：① 限定性背书即不可转让背书，是指背书人在签写背书指示时带有限制性的词语（例如，pay Mr. Smith only and not transferable），凡做成限制性背书的汇票不能再行转让或流通。② 记名背书，又称正式背书、完全背书（例如，pay to the order of Mr. Smith），是指汇票持有人在汇票背面签上自己的名字，再加上受让人即被背书人的名字。这种背书的汇票可以经过再背书不断转让下去。对受让人来说，所有在他以前的背书人以及原出票人都是他的前手，所有在他之后的受让人都是他的后手。在背书这个行为中前手背书人要对后手背书人负有担保汇票必然会被承兑或付款的责任，后手可以对前手行使追索权。③ 空白背书，也叫无记名背书，背书人仅在票据背面签上自己的名字，而不记明谁是被背书人。

6. 拒付（Dishonor）

拒付又叫退票，是指持票人在提示汇票付款和提示承兑时，受票人做出的不同意出票人指示的反应，即拒绝付款（Dishonor by non-payment）和拒绝承兑（Dishonor by non-acceptance）。除受票人明确表示拒绝付款和承兑外，受票人避而不见、死亡或宣告破产等均可称为拒付。持票人在遭拒付时，请公证机构做出拒绝证书（Protest）以证明持票人已按规定行使票据权利但未获结果。由此，持票人得以行使追索权。拒付证书的费用，持票人在追索时可以向前手收取。汇票遭拒付时，持票人必须按规定向前手作拒付通知（Notice of Dishonor）。前手背书人再通知他的前手，一直通知到出票人。如果不通知前手，持票人或背书人就丧失对前手的追索权。汇票债务人如果未接到拒付通知，他就可免除债务。

7. 追索（Recourse）

汇票遭拒付后，持票人在行使或保全汇票上的权利行为（包括提示、作拒付证书、拒付通知）之后，有权对其前手（背书人或出票人）要求退回汇票金额、利息及作拒付通知和拒付证书等其他有关费用。

8. 汇票的贴现

商人以未到期的票据向银行兑换现款，银行在付款时预先扣除利息，这种金融交易行为就称为贴现。

对于银行来说，贴现实际上是做了一笔贷款，只是预先扣除了利息。由于一般商业票据都有贸易背景，银行有货物作担保，比较安全，一般银行也就不再收取其他抵押品。此外，贴入的票据，在资金较紧张时可以贴出，这使银行在资金运用上有较大的灵活性。

对于商人来说，通过票据贴现可以提前得到现款，获得资金融通，相当方便，一般贴现不需要抵押品，手续较简单，因此，通常用汇票进行的商业票据贴现是一种相当不错的融资渠道，但是并不是所有的票据都可以向银行进行贴现。由于那些信用较差的债务人的票据会给银行带来很大的风险，因此只有那些信用较高的票据才能贴现。一般说，中小厂商的资金较少、知名度较低，因此，他们签字的汇票可接受性较差。如果汇票有银行签字，这样的汇票身价就高，可接受性较好。银行和贴现公司通常只愿意贴现大企业的汇票，而中小厂商签发的汇票一般能由银行承兑后贴现，这就是融通票据的原理。

二、本票（Promissory Note）

（一）本票的定义

本票是一个人向另一个人签发的，保证在见票时或定期或在可以确定的将来时间，向某人或其指定人或持票人无条件支付一定金额的书面付款承诺。简言之，本票是出票人对受款人承诺无条件支付一定金额的票据。

由于本票是出票人向收款人签发的书面承诺，所以本票的基本当事人只有两个，即出票人和收款人。本票的出票人在任何情况下都是主债务人。

（二）本票的基本内容

国际《日内瓦统一汇票、本票》规定，本票应具备以下几项内容：① 表明"本票"字样；② 无条件支付一定金额的承诺；③ 付款期限和付款地点；④ 收款人名称；⑤ 出票地点与日期；⑥ 出票人签字；⑦ 确定的金额。

我国《票据法》第76条规定，本票必须记载下列事项：① 表明"本票"字样；② 无条件支付的承诺；③ 确定的金额；④ 收款人名称；⑤ 出票日期；⑥ 出票人签章。

一般本票式样：

£ 5,000.00　　　　　　　　　　　　　　　　　　LONDON, MARCH 15, 2004

Thirty days after date　　I promise to pay ABC Co. Or order the sum of FIFTY THOUSAND POUND for value received

　　　　　　　　　　　　　　　　　　　　　　　　　　　　William Taylor

银行本票式样：

ASIA INTERNATIONAL BANK, LTD

18 Queen's Road, Hong Kong

CASHER'S ORDER

Hong Kong, Aug, 8, 2004

Pay to the order of Dock field & Co. _____ the sum of Hong Kong Dollars Eighty Thousand and Eight Hundred Only _____

       For Asia International Bank, Ltd.

       HK $ 80,800.00

          Manager

（三）本票的种类

（1）本票从经济活动的角度来看，可以分为交易性本票和纯融资性本票。前者是基于交易行为，一方为付款而签发给他方的本票；后者则是为借贷资金而签发，以作为借据或债券。

（2）根据出票人的不同，本票可以分为一般本票和银行本票。一般本票也叫商业本票，是由工商企业或个人签发的；银行本票则是由银行作为出票人，不注明收款人的银行本票，可以代替现钞流通。

（3）按付款时间分，有即期本票和远期本票。商业本票有即期和远期之分，银行本票则都是即期的。在国际贸易结算中使用的本票大多都是银行本票。此外，远期本票不需要承兑。

（四）本票的性质

一般来讲，本票是自己出票自己付款的一种票据，这是本票与汇票、支票的最显著的区别。汇票与支票均需委托第三人付款。

因为本票的出票人是绝对的主债务责任人，一旦拒付，持票人就可立即要求法院裁定。法院只需审核票据内容，如记载合格，票据成立，就可裁定命令出票人付款。

三、支票（Cheque 或 Check）

（一）支票的定义

支票是银行存户对银行签发的，授权银行对某人或指定人或持票人即期支付一定金额的无条件书面支付命令，即支票是以银行为付款人的即期汇票。

（二）支票的内容

一般来说，支票必须包括：① 支票字样；② 无条件支付一定金额的命令；③ 付款人；④ 付款地；⑤ 出票日期与地点；⑥ 出票人签名。

支票的各个必要项目的要求，与汇票大体相同，因此只对以下几点加以说明：

（1）付款期限。支票必须即期付款，所以无须注明付款期限。

（2）付款人。支票的付款人必须是出票人的开户银行，出票人在该银行持有存款并且根据协议有权开立支票。没有存款的出票人的支票得不到付款，有存款而没有支票协议的出票人签发的支票也同样得不到付款。付款人必须明确是哪个银行的哪个营业处，并且只能有一个。

（三）支票的种类

（1）一般支票（Uncrossed Check），可以通过银行转账，也可以提取现金。

（2）划线支票（Crossed Check），只能用以银行转账，不可提取现金。

（3）记名支票（Cheque to Order），支票上写明 Pay to ××或 Pay to the order of ××，取款时需由收款人签名。

（4）不记名支票（Cheque to bearer），又称空白支票，支票抬头付来人 Pay bearer，取款时持票人不需在支票后签名，凭交付即可转让。

（5）银行支票（Banker's Cheque），即银行汇票，一家银行签发的命令另一家银行向某人或其指定人或来人付款的书面命令。如两家银行是代理行关系叫银行支票，是总分行关系叫银行汇票。

四、票据的使用

票据是可以流通转让的信用工具，通常用做结算工具或信贷工具。汇票既是结算工具又是信贷工具，本票基本上是信贷工具，而支票则是结算工具。以下就简单介绍一下当今世界商业实务中这三种票据的使用情况。

支票主要用于国内结算，出票人签发支票给收款人很方便，不需数钞票也不需去银行。对于收款人来说只需将支票交往来银行很快就可收账，也相当方便。因此，在西方国家的国内结算中，支票的使用相当广泛。

汇票作为结算工具主要用于国际汇款。由银行出票又由银行付款的银行汇票对于收款人最为可靠；商业汇票，由厂商出具，在国际贸易结算中使用得很多，跟单汇票与贸易单据一起寄给付款人作为付款命令，它作为结算工具实际上是可有可无的，仅凭单据进口商也是会付款的，但是作为信贷工具，却是无法替代的。一般国家都鼓励进出口，所以，以进出口贸易为背景的商业票据很容易贴现。因此商业汇票成了进出口商获得融资的重要工具。

由于经常发生出票人拒付案，影响了商业本票的声誉，人们一般不愿意接受商业本票，目前只偶尔有大企业用以筹资的商业本票。至于银行本票（当然这里不包括货币），因为一般国家对发行银行本票限制较多，所以也不多见。

汇票、本票和支票的主要区别见表 11-1 所示。

表 11-1　汇票、本票和支票的主要区别

项　目	票据		
	汇票	本票	支票
性质	无条件书面支付命令	无条件书面支付承诺	无条件书面支付命令
当事人	出票人、付款人、受款人	出票人、受款人	出票人、付款人、受款人
付款时间	有即期和远期之分 远期汇票要承兑	有即期和远期之分 远期本票无须承兑	只有即期

续表

项 目	票据		
	汇票	本票	支票
份数	多份	一份	一份
主债务人	承兑前是出票人 承兑后是承兑人	出票人	出票人
有无到期日记载	有	有	都是即期
出票人担保的责任	付款和承兑	自付款	付款

五、票据的特性与作用

（一）票据的特性

票据的特性主要有三点，即流通性、无因性与要式性。

1. 流通性

票据是一种债权凭证，但是它与一般的债权不同。一般的债权转让必须通知债务人方有效，而票据的转让，按各国票据法规定，可以仅凭交付或经背书后交付就能完成，而无须通知债务人。另外，票据权利的转让比一般债权的转让方便得多，一张票据尽管经过多次转让，数易其主，但最后的持票人仍然有权要求票据的债务人向其清偿。所以，出口商品或提供服务而取得票据的债权人就能简易地用交付或经背书后交付票据以偿付其欠他人的另一笔债务，或凭以向银行取得现金，或通过贴现来取得现金。再有，按照各国票据法规定，票据权利的受让人不仅能够获得票据的全部法律权利，可以用自己的名义提出诉讼，而且这种权利不受其前手权利缺陷的影响。这种特性使票据能被受让人接受，并使票据得意流通。

2. 无因性

票据是出票人向收款人保证自己或第三人向其付款的凭证，出票人的出票就产生了票据的权利义务关系。这种权利义务的产生都是有原因的，这种原因称为票据的基础关系。尽管票据的签发或转让都以某种原因为基础，但是，各国票据法都认为：票据上的权利义务关系一经确立，即与其原因关系相脱离，不论其原因关系是否存在，是否有效，均不影响票据的效力。持票人只要自己是依法取得票据的，就享有票据的权利，债务人必须对持票人支付票款。否则，人们在接受票据时就会顾虑重重，从而影响到票据的流通。

3. 要式性

所谓票据的要式性就是指票据的形式和内容必须符合规定，必要的项目必须齐全，对票据的处理以及出票、提示、承兑、追索等行为也必须符合一定要求。只有这样，才能减少票据纠纷，保证票据的顺利流通。

（二）票据的作用

票据被广泛使用的原因是它在经济活动中具有其独特作用。其主要作用有：

1. 用于汇兑

在经济活动中，交易双方往往分处两地或两国，清偿货款或其他债务，用票据代替现金输送，可以减少麻烦，降低风险，节约费用。

2. 支付工具

由于票据可以代替现金，因此票据可如同现金一样作为支付工具清偿债务，就可以避免清点现金的麻烦和可能产生的差错，节省清点时间，从而提高结算工作效率。

3. 信用工具

在经济活动中，资金周转是企业经济效益的重要因素，从事国际贸易的企业也不例外。因此，常有一方要求另一方提供信用的情形。例如，买方要求延期付款，如果卖方同意，卖方向买方开立一张远期汇票，经买方承兑后，于到期时付款。假如在汇票到期前卖方急需资金，他可以将这张汇票经背书后转让给他人或者向银行贴现，即以票据作抵押向银行融资，从而取得他人或银行资金。支票不具有信用工具的功能，因为它都是即期支付的，所以它只能作为支付工具。

第二节 国际贸易结算方式

作为一笔国际贸易业务的双方，进口方总希望能安全、及时地收到货物，出口方希望能及时地收到货款，只有双方的要求都得到满足，这笔交易才能很好地完成，其中结算环节起着非常重要的作用。非现金结算是通过结算工具的传递来实现的，结算工具的流动方向有时与资金流动方向相同，有时相反。结算工具流向与资金相同时称为"顺汇"方式；结算工具流向与资金流向相反时称为"逆汇"方式。国际贸易结算的常见的方式有：汇付、托收、信用证，其中汇付为顺汇，托收和信用证为逆汇。下面将分别进行介绍。

一、汇付（Remittance）

1. 汇付的含义

汇付又称汇款，是指买卖双方签约后，卖方直接将货物发给买方，而买方则主动按合同约定的时间，将货款通过银行汇交给卖方。这对银行来说只发生一笔汇款业务，这样的支付方式就是汇付。

2. 汇付的当事人

在汇付的业务中，通常涉及四个当事人：汇款人、收款人、汇出行和汇入行。

3. 汇付的分类

汇款人可以根据收款人对款项是否急需以及汇入国的情况等要求银行采用不同的汇款方式，大体可以分为以下三类。

（1）信汇（Mail Transfer，M/T），是汇出行用信函形式来指示国外汇入行转移资金的方式，特点是费用低，时间长。

汇出行接受客户委托后，用付款委托书来通知汇入行，委托书有一定的格式，记载着汇款人、收款人、金额等内容，如汇出行和汇入行没有约定时，委托书上还要交代资金是如何转移给汇入行的。由于信汇方式费力费时，加之国际电信的飞速发展，目前许多国家早已不再使用和接受信汇。

（2）电汇（Telegraphic Transfer，T/T），是汇出行用电报、电传或国际清算网络通知汇入行解付一定金额的付款方式。汇款人要求汇出行电汇时必须填写电汇申请书，并交款付费,然后汇出行以电报、电传或国际清算网络通知汇入行,委托其解付汇款。为了使汇入行核对金额和证实电报、电传的真实性,汇出行发给汇入行的电报上必须加注双方约定的"密押"。汇入行收到通知后,核对密押无误后,以电汇通知书通知收款人(债权人)取款。在收款人取款后,汇入行和汇出行之间进行结算,完成电汇汇款业务。它具有安全、迅速、银行不占用客户资金的特点,是目前使用最普遍的汇款方式。

(3) 票汇(Demand Draft, D/D),应付款人要求,汇出行开立银行即期汇票交汇款人的方式。这种方式具有很大的灵活性,根据抬头情况,汇款人可以将汇票带到国外亲自去取款,也可以将汇票寄给国外债权人由他们去取款。票汇不像信汇,收款人只能向汇入行一家取款,一般来说,国外银行只要能核对汇票上签字的真伪,就会买入汇票。因此,汇票的持票人可以将汇票卖给任何一家汇出行的代理行而取得现款,票汇多用于小额汇款。

信汇、电汇和票汇的业务程序如图11-1和图11-2所示。

图11-1 电/信汇业务程序图

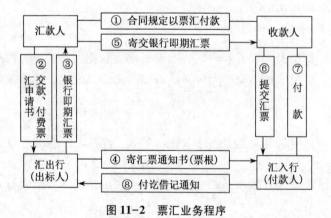

图11-2 票汇业务程序

小知识 11-2

预付货款与定金的区别

(选自徐景霖等. 国际贸易实务案例. 东北财经大学出版社,1999,第376页)

根据我国有关法律规定,"定金"与"预付货款"是两种完全不同的款项。"定金"具有担保的性质。无论是给付定金方,还是接受定金方,在"给付"或"接受"的同时,就相互承诺，如果未来有不按合同规定履行义务的行为，即违反自己所做的担保，应在法律规定的"定金罚则"基础上，接受相应的处罚。如合同得到顺利执行，具有担保性质的"定金"或由给付方收回，或用于抵作价款。这也就是说，在合同得到履行之前，"定金"应该是与合同货款无关的独立款项。

"预付货款"则不然。它是作为货款的一部分，由于买方在合同履行之前，预先支付部分货款给卖方。其余货款则在合同得到全部履行之后，或按合同有关付款条件的具体规定，进行支付。因而，不管是先付还是后付，都是合同项下货款。如果合同中只规定交付"预付货款"，而未规定支付"定金"，那么在任何一方违约情况下，则只能判违约方支付"违约金"，而不能就"预付货款"适用"定金罚则"。"违约金"是对违约方的一种制裁及对守约方的一种补偿。

在合同中规定交付"定金"，又规定"预付货款"的情况下，如果一方违约，是否可以既适用"定金罚则"，又适用"违约金"处罚？根据我国有关法律规定，是完全可以的。所谓"定金罚则"的基本原则是，给付定金一方不履行合同或不完全履行合同义务，无权要求返还全部或部分定金。接受定金一方不履行或不完全履行合同义务，应当双倍返还全部或部分定金乃至"违约金"，法律有规定的，当事人可以在法律规定范围内，具体明确"违约金"标准。

4. 汇付的使用

在国际贸易中，汇付方式通常用于预付货款（Payment in Advance）、订货付现（Cash with Order）和赊销（Open count）等业务。采用预付货款和订货付现，对卖方来说，就是先收款，后交货，资金不受积压，对卖方最为有利；反之，采用赊销贸易时，对卖方来说，就是先交货，后收款，卖方不仅要占压资金而且还要承担买方不付款的风险，因此它对卖方不利，而对买方最为有利。此外，汇付方式还用于支付订金、分期付款、待付货款尾数以及佣金等费用的支付。

合同的汇付条款举例如下：

（1）买方应于×年×月×日前将全部货款用电汇（信汇/票汇）方式付给卖方。

（2）买方须于合同签署后30天内通过××银行电汇货款的10%，计×××美元作为订金付给卖方。

5. 汇付支付的特点

（1）风险大。汇付方式是买卖双方根据贸易合同互相提供信用，银行只以委托人的代理人身份行事，属于商业信用。对于预付货款的买方和货到付款的卖方，一旦付款或发货后就失去了制约对方的手段，能否及时收货或收款完全取决于对方的信用，有很大的风险。

（2）资金负担不平衡。对于预付货款的买方或货到收款的卖方来说，资金被大量占用，负担较重，而另一方的负担很轻。

（3）手续简便，费用少。汇款支付方式的手续是最简单的，银行的手续费也最少。因此，在交易双方相互信任的情况下，或在跨国公司的不同子公司之间，用汇款方式是最理想的。

> 小讨论 11-1

国内用户擅自改变代理人对外约定的
价格和付款条件致损案

（选自黎孝先.进出口合同条款与案例分析.对外经济贸易大学出版社，2003）

1995 年 9 月 14 日，吉林省某外贸公司（买方）代该省某用户向韩国某厂商（卖方）订购一批管道疏通剂，买卖合同规定：单价为 USD1.2CIF 大连，总价款 3.6 万美元，付款条件为买方用户售完货后付款。1995 年 9 月 19 日，该用户又擅自与卖方商谈，改变原买卖合同中的单价和付款条件，并重新签订购入管道疏通剂的合同书，其中约定，用 60 万人民币购入价值 3.6 万美元的管道疏通剂，并于签约当天用 60 万人民币现金直接交付给卖方（韩国商人）。后来，因卖方交付的货物存在严重质量问题，根本起不到疏通管道的作用，用户无法销售出去，买方即向卖方提出损害赔偿要求，卖方不理，买方便向中国国际经济贸易仲裁委员会提起仲裁，要求卖方退回用户交付的 60 万元人民币和赔偿因品质不符合要求而给买方造成的损失。在仲裁审理过程中，作为被申请人的卖方却下落不明，既不做书面答辩，也不派人出席庭审，致使买方用户的实际损失难以挽回。

试分析我方的失误之处。

二、托收（Collection）

汇款方式中无论采用赊销还是预付，都不能做到银货当面两讫，因而无法约束对方，风险较大。托收方式将交易变成一手交钱，一手交货（当然是推定交货），风险比汇付低。

（一）托收的含义

国际商会第 522 号出版物，即《托收统一规则》的第 2 条对托收所作的定义是：
就本惯例条文而言，"托收"意指银行根据所收到的指示，处理下述 b 项所限制的单据（分为金融单据和/或商业单据），其目的为：

（1）取得付款和/或承兑，或者
（2）凭付款和/或承兑交付单据，或者
（3）按其他条款和条件交单。

根据这个定义，托收是银行根据债权人（出口商）的指示向债务人（进口商）收取款项和/或承兑，或者在取得付款和/或承兑（或其他条件）交付单据的结算方式。

（二）托收的当事人

托收方式中通常涉及四个当事人：委托人、托收行、代收行和付款人。

（1）委托人（Principal）。即债权人，在国际贸易中是出口商，他们为收取款项而开具汇票（或不开汇票）或商业单据，委托托收行向债务人进行收款。委托人一方面承担贸易合同下的责任（按质按量按时按地交付货物，提供符合合同的单据），另一方面承担委托代理合同下的责任（填写申请书，明确及时地给托收行以指示，并负担有关费用）。

（2）托收行（Remitting Bank）。执行委托人的指示，在托收业务中完全处于代理人的地位，因此，在将单据等寄给代收行时必须附上列明指示的托收委托书。对于托收行来说，最主要的责任就是它打印的"托收委托书"的内容必须与委托人的申请书的内容严格一致。托收行对单据是否与合同相符无误不承担责任。

（3）代收行（Collecting Bank）。和托收行一样，代收行也是代理人，其基本责任和托收行相同，此外代收行还需要保管好单据，及时快捷地通过托收行通知委托人托收的情况，如拒付、拒绝承兑等。

（4）付款人（Drawee）。付款人是债务人，在国际贸易中是合同的买方，他的基本责任就是在委托人已经履行了合同义务的前提下按合同的规定付款。

在托收业务中，如果付款人拒付或拒绝承兑，代收行应将拒付情况通过托收行转告委托人，如请代收行保管货物，代收行可以照办，但风险和费用都由委托人承担。委托人也可以指定付款地的代理人代为料理货物存仓、转售、运回等事宜，这个代理人叫"需要时代理"（Principal's representative in case of need）。按照惯例，如果委托人在托收指示书中有指定"需要时代理"，他必须在委托书上写明该代理人的权限。

（三）托收的种类

托收按有无附带票据而分为光票托收和跟单托收两种。

1. 光票托收（Clean Collection）

光票托收是指不附带有商业单据（发票、海运提单等）和金融单据（汇票、本票、支票等）的托收。在国际贸易中，光票托收主要用于小额交易、预付货款、分期付款以及收取贸易的从属费用等。

2. 跟单托收（Documentary Collection）

跟单托收包括带有商业单据和金融单据的托收和仅凭商业单据的托收。国际贸易中货款的收取大多采用跟单托收。在跟单托收的情况下，按照向进口商交付单据条件的不同，又分为付款交单和承兑交单。

（1）付款交单（Documents against payment，D/P）。付款交单是指代收行必须在进口人付清货款后方能将单据交于进口人的方式。付款交单按付款时间的不同，又分为即期付款交单和远期付款交单。

1）即期付款交单（D/P at sight），是指出口商发货后开具即期汇票并随附商业单据，通过银行要求进口商见票后立即付款，付清货款后向银行领取商业单据。

2）远期付款交单（D/P after sight），是指出口商发货后开具远期汇票并随附商业单据，通过银行向进口商提示，进口商承兑汇票，并在汇票到期时付清货款后再向银行领取商业单据。

在远期付款交单情况下，如果汇票到期日晚于到货日，即货物已先到达目的地或目的港，进口人为了抓住有利的市场时机，可以采取两种做法：一是提前付清货款后（扣除付款日至汇票到期日之间的利息）从代收行领取商业单据。另一种做法是向代收行借单，在借单时要提供信托收据（Trust Receipt，T/R）。信托收据是一种书面担保，用来表示借单人愿意以代收行委托人的身份代为提货、报关、存仓、保险或出售，并承认货物的所有权仍属于代收行。货物售出后的款项在汇票到期时交给代收行。

借单又分两种情况：一是代收行对于资信较好的进口商，允许进口商凭信托收据借取货运单据，先行提货。这是代收行自己向进口商借单，如果汇票到期时，代收行不能收回货款，则由代收行来承担相应的风险和责任。另一种情况是出口商主动授权代收行可以凭进口商提交的信托收据向进口商借单，即远期付款交单凭信托收据借单（D/P. T/R），日后如果进口商在汇票到期时拒付，则与代收行无关，由此产生的风险则有出口商自己承担。

（2）承兑交单（Documents against Acceptance，D/A）。承兑交单是指出口商在装运货物后开具远期汇票，连同货运单据，通过银行向进口商提示，进口商承兑汇票后领取商业单据。在汇票到期时，进口商再向代收行付清货款。这种方式的特点是：货物所有权转移在先，付货款在后。如果汇票到期后，进口商不付货款时，代收行不承担责任，由出口商自己承担货物和货款两空的损失。因此，出口商对这种方式一般采取很谨慎的态度，使用得不多。

跟单托收的业务程序如图 11-3 所示。

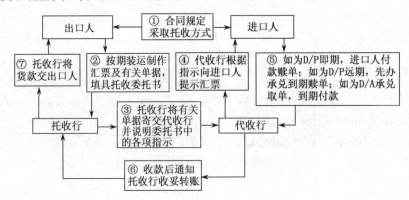

图 11-3　跟单托收的业务程序

（四）托收的特点

1. 比汇付安全

在跟单托收时，特别是付款交单条件下（D/P），对于出口商来说，不会出现钱货两空的危险，对进口商而言，托收远比预付货款安全。

2. 依靠商业信用

托收时，是否付款完全取决于进口商，银行只是转手交单的代理人，对付款不负责任。如果进口商拒付、破产、失去偿付能力等，卖方需要寻找新买主、存仓、保险、回运等，这些都要花费很大代价，这些责任和费用都由出口商承担。所以，在托收支付方式下，卖方最好选择按 CIF 或 CIP 条件成交，这样由卖方办理保险。万一货物在运输途中遇到风险、进口商又拒绝支付货款，由于出口商掌握保险单，就可以据以向保险人索赔。如不能选用 CIF 和 CIP 术语成交，卖方最好投保卖方利益险。卖方利益险是指当货物在运输途中受损而买方又不支付货款时，保险人承担赔偿责任。

3. 资金负担不平衡

托收时出口商资金负担较重，出口商需要垫付自己的资金备货、装运，然后通过银行收款。而进口商只需付款就可以获得合格的单据并凭这些单据提货，如果进出口地距离很近时，几乎相当于"一手交钱，一手交货"。但是，因为有单据，有些银行愿意作押汇，出口商因此能获得融资，而汇款时根本不能作押汇。

4. 手续稍多，费用稍高

托收要通过银行交单，因此手续费比汇款要高。但是由于托收比汇款安全，还是合算的。

总之，在托收业务中，由于出口人的风险大于进口人，而且其资金负担重，所以应该注意防范风险。在成交之前，应注意对进口商资信情况、经营状况等进行调查，在确认进口商有足够的信用和相当实力时，方能与之进行按托收支付条件下的交易。

托收方式普遍受到进口商的欢迎，而且也是一种调动进口商积极性的方法，同时，有利于提高出口商的竞争能力。据此，有人把托收方式看作是一种非价格性的竞争手段。

（五）国际商会《托收统一规则》

国际商会为了调和托收业务中有关当事人之间的矛盾，以利于国际贸易和金融活动的开展，在 1958 年就草拟了《商业单据托收统一规则》，并建议各国银行采用该规则。后几经修订，新的《托收统一规则》于 1995 年公布，1996 年 1 月 1 日正式生效，简称《URC522》。

《URC522》包括 7 部分：A. 总则及定义；B. 托收的方式及结构；C. 提示方式；D. 义务与责任；E. 付款；F. 利息，手续费及费用；G. 其他规定。共 26 条。《URC522》公布实施后，已成为托收业务具有一定影响的国际惯例，并已被各国银行采纳和使用。

该规则的主要内容如下：

（1）委托人应受到国外法律和惯例规定的义务和责任约束，并对银行承担该项义务和责任，承担赔偿责任。

（2）银行必须核实所收到的单据在表面上与托收委托书所列一致，发现不一致应立即通知其委托人。除此之外，银行对单据没有其他义务。银行对单据的形式、完整性、准确性、真实性或法律效力及单据上规定的或附加的一般和/或特殊条件概不负责。

（3）除非事先征得银行同意，货物不能直接发给银行或以银行为收货人。如果未经同意就将货物发给银行或以银行为收货人，银行无义务提取货物，货物的风险和责任仍由发货人承担。

（4）跟单托收使用远期汇票时，在托收委托书中必须指明单据是凭承兑还是凭付款交单。如无此项指明，银行按付款交单处理。

（5）当汇票遭到拒付时，代收行应及时通知托收行转告委托人，而托收行应在合理的时间内做出进一步处理单据的指示。如果代收行发出拒付通知 90 天内未接到任何指示，可将单据退回托收行。

（6）托收委托书应明确并且完整地注明，在付款人拒付时，委托人在进口地的代理权限；没有注明的，银行将不接受该代理人的任何指示。

（六）合同中的托收条款举例

1. 即期付款交单（D/P at sight）

"买方凭卖方开具的即期跟单汇票，于第一次见票时立即付款，付款后交单。"（Upon first presentation the Buyers shall pay against documentary draft drawn by the Sellers at sight. The shipping documents are to be delivered against payment only.)

2. 远期付款交单（D/P after sight）

"买方对卖方开具的见票后××天付款的跟单汇票，于第一次提示即予承兑，并应于汇票到期日即应付款，付款后交单。"（The Buyers shall duly accept the documentary draft drawn by the Sellers at ××days sight upon first presentation and make payment on its maturity. The shipping documents are to be delivered against payment only.)

3. 承兑交单（D/A）

"买方对卖方开具的见票后××天付款的跟单汇票，于第一次提示即予承兑，并应于汇票到期日即应付款，承兑后交单。"（The Buyers shall duly accept the documentary draft drawn by the Sellers at ××days sight upon first presentation and make payment on its maturity. The shipping documents are to be delivered against acceptance.)

小讨论 11-2

在 D/P after sight 支付条件下进口商的借单问题

北京某贸易公司向香港某商人出口一批货物，付款方式为 D/P 60 天，汇票及货运单据通过托收行中国银行北京分行寄到国外代收行香港汇丰银行后，港商对汇票进行了承兑。当货物运到目的港后，恰巧当时该商品市场价格上涨，进口商为了抓住有利的出售时机，便出具信托收据（T/R）向代收行借取货运单据，先行提货；但是，货物出售后买方倒闭。试问：在此情况下，我方在汇票到期时能否收回货款？

三、信用证（Letter of Credit, L/C）

汇付和托收都属于商业信用，与汇款方式相比，托收（D/P）对于出口商比较安全，因为一般情况下买方不付款是得不到货物的，但出口商能否及时收回货款仍取决于进口商的商业信用，在对进口商资信状况不很了解时风险是相当大的。信用证收付方式把由进口商履行的付款责任，转为由银行向出口商提供付款保证的支付方式，以保证卖方安全迅速收到货款，买方按时收到货运单据。由于银行信用的加入，在一定程度上解决了买卖双方之间互不信任的矛盾，并为双方提供了资金融通的便利。所以信用证在国际贸易中得到广泛应用，其中用得最多的基本上都是跟单信用证，即银行付款是以出口商提交符合信用证规定的单据为条件的信用证。

（一）信用证的含义

根据国际商会《跟单信用证统一惯例（2007年修订本）》即《国际商会第600号出版物》（简称《UCP600》）的解释，信用证是指一项不可撤销的安排，无论名称或描述如何，该项安排构成开证行对相符交单予以承付的确定承诺。这里的承付是指：

（1）如果信用证为即期付款信用证，则即期付款。

（2）如果信用证为延期付款信用证，则承诺延期付款并在承诺到期日付款。

（3）如果信用证为承兑信用证，则承兑受益人开出的汇票并在汇票到期日付款。

简而言之，信用证是一种银行依照开证申请人的请求或代表自己，开立给第三者的有条件的保证付款的书面文件。开证行自开立信用证之时起即不可撤销地承担承付责任。

在国际贸易中，信用证是进口商向银行提出请求，由银行开给出口商的在其相符交单时保证付款的书面文件。

（二）信用证的特点

从上面的定义可以看出，信用证具有如下特点：

（1）信用证是一种银行信用。开证行在开出信用证以后就要承担第一性的付款责任，由开证行以自己的信用作为付款的保证。从理论上说，即使将来进口商拒绝付款，也不能以此为理由向出口商追回已付的款项，因此，开证行是第一付款人。

（2）信用证是一种自足性的文件。这一点在《跟单信用证统一惯例（2007年修订本）》中有明确规定："信用证与其可能依据的销售合同或其他合同是相互独立的交易，即使信用证中提及该合同，银行也与该合同无关，并不受其约束。"信用证的开立是以买卖合同作为依据的，但信用证一经开出，就成为独立于买卖合同的另一种契约，不受买卖合同的约束。开证行和参与信用证业务的其他银行只按信用证的规定办事。

（3）信用证是一种单据的买卖。《跟单信用证统一惯例（2007年修订本）》中规定："在信用证业务中，有关各方面处理的是单据，而不是与单据有关的货物、服务或其他行为。"也就是说，信用证业务是一种纯粹的单据业务。银行虽然有义务合理小心地审核一切单据，但是，这种审核只是用以确定单据表面上是否符合信用证条款。银行只根据表面上符合信用证条款的装运单据付款，至于出口商是否已发货，发出的货物是否与合同相符，银行概不负责。这充分体现了凭单付款的原则。因此，进口商应明白货物的真实性是无法从结算中得到验证的。

信用证结算的特点可概括为一个"原则"和两个"只凭"。一个"原则"是"相符的原则"，即受益人提交的单据必须与信用证条款的要求相符，做到"单、证相符"和"单、单相符"。两个"只凭"是指银行只凭信用证条款的要求办事，不受买卖合同的约束；只凭规定的单据行事，不问货物的实际情况。对于"严格符合"，《UCP600》中规定：要求单据表面上和信用证条款相符，单据之间表面上的不一致视为与信用证条款的不符。2006年10月在巴黎召开的国际商会银行委员会会议上通过的《UCP600》条款中则规定：单据之间、单据内部信息之间以及单据和信用证条款之间的信息无须相同，但不能相冲突。在实践中，单词中的拼写或打字错误不构成另一个单词，从而不构成歧义的，一般不视为不符点。

小讨论 11-3

信用证的支付

我某贸易公司从国外进口一批货物，合同中规定：分两批装运，支付方式为即期信用证，每批分别由中国银行开立一份信用证。第一批货物装运后，卖方在信用证有效期内向银行交单议付，议付行审单无误后向出口商议付了货款，随后中国银行对议付行作了偿付。我贸易公司收到第一批货物后，发现货物品质不符合合同要求，因而要求开证行对第二份信用证项下的单据拒绝付款，但是遭到开证行的拒绝。试问：开证行这样做是否有道理？我方应该如何来处理这件事？

信用证业务"单据买卖"的特点也给欺诈分子提供了可乘之机，因为伪造单据比伪造假货更为容易。一些银行为了维护自己的信誉，甚至对一些明知有诈的单据，只要它符合"单、单相符"和"单、证相符"的原则，就进行付款，这使得信用证欺诈问题日益突出，而"信用证反欺诈"越来越成为各国重视的课题。

小知识 11-3

信用证反欺诈

（摘自李权. 国际贸易实务. 北京大学出版社，2002，第69页）

在1941年美国斯特恩诉亨利·施罗德银行案中，买方发现原订购的鬃毛被卖方换成了一批垃圾，于是要求银行不要对卖方付款。但是，银行拒绝接受买方的请求。买方上诉到法院，法院下令银行不能付款。该案例判决后来被《美国统一商法典》所采纳，奠定了"信用证反欺诈例外原则"的基础。1989年我国也作了类似规定：如有充分证据证明卖方利用签订合同进行欺诈，且中国银行在合理时间内尚未对外付款的，人民法院可行使"止付"权，即根据买方指示，冻结信用证项下货款；在远期信用证情况下，如中国银行已承兑汇票，人民法院就不应加以冻结。但是，应该注意的是，"止付"权利仅属于人民法院。

（三）信用证的当事人及其权利和责任

1. 申请人（Applicant）

信用证的开证申请人即进口商受两个合同的约束：一是与出口商签订的买卖合同，一是与开证行签订的业务代理合同（即开证申请书）。

（1）买卖合同下的责任。如果合同中规定使用信用证结算，进口商就有义务到银行申请开证，一方面信用证的内容必须服从合同内容，另一方面进口商必须在合理时间内开出信用证，以便卖方能在收到信用证后在合同规定的装运期出运货物。实务中，如果合同规定了开证日期，那么就必须在规定限期内开出；如果合同有装运的起止日期，那么最晚必须让卖方在装运期第一天收到信用证；如果只有最后装运期，那么买方应在合理时间内开出信用证。

（2）付款业务代理合同下的责任。申请人填写的开证申请书，是对开证行的委托指示，同时也是与开证行签订的付款代理协议。申请人必须合理指示开证，应明确、简洁、完整一致；开证时要向开证行交付一定金额的押金或作质押，以保证开证行的利益；进口商在接到开证行的赎单通知后，应立即向开证行偿还垫款。在开证行破产或无力支付时，申请人有义务向受益人付款。

2. 开证行（Issuing Bank）

开证行接受申请人的委托，代理付款业务，它具有以下责任和权利：

（1）根据开证申请人的指示开证。开证行在开证方面所处的地位是代理人，必须按委托人指示办事，也必须对自己的过失负责。开证行必须注意两点：一是"条款的单据化"，即对受益人的各种要求都应指示他通过某种单据来证明已经照办了；二是信用证是一个自足性文件，即受益人或其他银行只凭信用证就能判断是否单证相符，而不需再去查阅其他文件。

（2）第一性的付款责任。信用证是开证行的付款承诺，是一种依靠银行信用的支付方式。开证行在单据到达且符合条件时必须履行付款责任。即使申请人倒闭，开证行仍必须付款——开证行有不可推卸的付款责任，即第一付款人责任。此外，开证行还应及时偿付议付行、付款行或保兑行垫付的资金。

（3）终局性付款。开证行的付款是一种无追索的付款，一经付出就不得追回，即使事后发现单证不符，也不得追索。

（4）取得质押的权利。申请人在开证时必须按开证行的要求支付押金出具质押证书或开具赔偿保证书。一般的质押书中都明确表示，万一申请人无力偿还，货物由开证行自由处理。事实上银行是不愿意处理货物的，因此，开证行主要通过控制客户的办法来控制风险，对于一些经营状况不好的申请人或风险较大的业务，银行就会增加押金，甚至收足100%。

（5）付款和拒付处理。开证行在审核单据后认为单证相符，应立即付款，而不应该在申请人指示后再付，因为开证行负有第一性的付款责任。申请人在偿还时应加上押汇日至偿付日的利息，申请人付款后即取得单据。如果开证行审单后发现单证不符，就可以拒付，开证行应以快捷的方式通知出口地银行，说明原因，并保管好单据，等待进一步指示。需要说明的是，开证行拒付时，只有保管好单据的责任，而对货物绝对无责。实务中，开证行为了减少手续，发现单证不符时，往往不是立即拒付，而是先征求申请人意见，如果申请人接受，那么开证行就可以直接付款了。

3. 通知行（Advising Bank）

通知行受开证行的委托办理有关信用证的业务，其行为受它与开证行的代理合同约束。它的具体责任有：① 验明信用证的真实性。通知行在收到信用证后必须核对签字或密押，确定真实无误后才可通知受益人。② 及时澄清疑点。在收到的信用证不完整或不清楚时，通知行只可向受益人作"仅供参考"的预先通知，并应立即向开证行电报查询。《UCP600》中将可能出现的另外的通知行称为第二通知行，并赋予其与通知行相同的义务。另外，《UCP600》中还规定了通知行有将受益人接受或拒绝信用证修改的信息告知开证行的义务。

4. 受益人（Beneficiary）

信用证的受益人和申请人之间有买卖合同，应申请人的要求，开证行开立信用证并通过通知行来通知受益人。作为出口商，受益人必须按买卖合同的规定发货和提交符合要求的与货物相符的单据，只有做到货、约一致，单、货一致，单、单相符，单、证相符，才能顺利地履行合同义务和在信用证项下取款。但是如果合同和信用证不一致，就不可能做到一致或相符，此时受益人有权要求进口商指示开证行修改信用证。另外，在开证行无力支付时，受益人有权直接要求进口商付款。

5. 议付行（Negotiating Bank）

通过议付买入票据及单据的银行就是议付行。议付行在审单无误的情况下，按信用证的条款买入受益人（出口商）的汇票和单据，并按票面金额扣除从议付日到估计收到票款之日的利息，将净数支付受益人，这种业务在实务中称为押汇。议付行是受开证行的邀请才议付信用证的，是因为相信开证行一定会偿还垫款，如果开证行信用不佳或者信用证过于复杂，议付风险过大时，出口地银行可以拒绝议付。议付的本质特性是一种融资行为。而融资必然是提前支付，提前支付会给被指定议付行带来风险。

开证行只有在议付行买入的单据符合信用证要求时才负责偿付，因此，议付行必须严格审单，只有这样才能如期收回垫款。如果开证行拒付，议付行一般可以向受益人进行追索，具体应按与受益人的议付协议（通常是总质押书）办理。

提单是货物权利的凭证，议付行议付时取得单据，也就控制了货物。在受益人交单时签的质押书中，议付行都要求受益人声明，在发生意外时议付行有权处理单据，甚至变卖货物，货物就成为议付行可完全支配的抵押品，因此，议付行作押汇的风险比商业贷款要少得多。

6. 保兑行（Confirming Bank）

有时开证行为了使自己开出的信用证有较好的可接受性，就要求另一家银行（一般是出口地信誉良好的银行，通常就是通知行）加以保兑，如果这家银行接受邀请，在信用证上加注保证条款或在信用证上加保兑注记，那么它就成为保兑行。保兑行要对债务负责，与信用证相符的单据一到，保兑行必须立即付款，付款后只能向开证行索偿，如果开证行不付，保兑行无权向受益人或其他前手追索。

7. 付款行（Paying Bank）

如果开证行在信用证中指定另一家银行作为信用证项下汇票的付款人或付款信用证下支付贷款的银行，那么这个银行就是付款行。付款行付款后无追索权，风险就大些，因此手续费比议付高些。

8. 偿付行（Reimbursing Bank）

在信用证中指定的代开证行向议付行或付款行清偿垫款的银行就是偿付行。开证行开出信用证后应立即向偿付行发出偿付授权书，通知授权付款的金额，有权索偿银行等内容，出口地银行在议付或付款后，一面把单据直接寄给开证行，一面就向偿付行发出索偿书，偿付行在收到索偿书后，如果已有授权，只要索偿金额不超过授权金额就立即根据索偿书中的指示，向出口地银行付款。

采用信用证结算货款业务流程如图 11-4 所示。

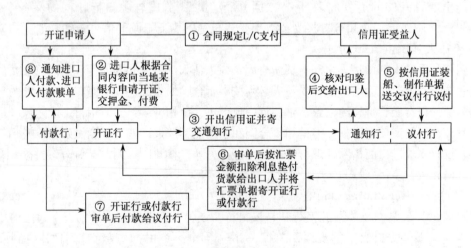

图 11-4 信用证支付的一般程序

（四）信用证的内容

信用证虽然没有统一的格式，但其基本内容是相同的，主要包括以下几个方面：

（1）开证行名称。应该是全称加详细地址。

（2）信用证的类型。需要注意的是，《UCP600》取消了无实际意义的许多条款，其中包括"可撤销信用证"，因此，信用证都是不可撤销的。

（3）信用证的号码和开证日期。

（4）申请人。信用证是买卖双方约定的支付工具，其申请人应该是货物的进口商。信用证有关申请人的记载应该有确定一个法人的必要内容：完整的名称和详细的地址。

（5）受益人。与申请人的要求相同，受益人一般为出口商，他是唯一享有利用信用证进行支款的权利人。

（6）金额。信用证金额是开证行付款责任的最高限额。

（7）有效期限。有效期限是受益人交单取款的最后期限。过了这个期限，开证行就不再承担付款责任。有效期限一般都指受益人向出口地银行（议付行或付款行）交单的最后期限。

（8）货物描述。一般信用证上货物描述只有货名、数量、包装、价格等一些最主要的内容和合同号码。

（9）运输。标明启运地、目的港、装运期限、可否分批装运、可否转运等。

（10）需要的单据。说明单据的名称、份数和具体要求。信用证项下所需要的单据通常有：汇票、商业发票、装箱单、海运提单、保险单、普通（普惠制）原产地证书、商检证书以及其他证明等。

（11）保证条款。开证行通过保证条款说明它的付款责任。

（12）签字或加押。函开的信用证需要开证行有权签字人双签，电开信用证需要加押。

（13）声明适用《跟单信用证统一惯例（2006年修订本）》即《UCP600》。这是一个非常重要的文句，对信用证的可接受性有决定性的影响。

下面是信用证的实例，这是一份SWIFT信用证。SWIFT是环球银行电讯协会（Society for Worldwide Inter-bank Financial Telecommunication）的简称。该组织于1973年在比利时首都布鲁塞尔成立，目前已有1 000多家分设在包括我国在内的不同国家和地区的银行参加该协会，并采用该协会的电信业务的信息系统，使用时必须按照SWIFT使用手册规定的标准，否则会被拒绝。SWIFT信用证在国际上已普遍使用。我国在电开信用证或收到的信用证电开本中，SWIFT信用证占很大比例。SWIFT信用证的开证格式代号为MT 700和MT 701。而对SWIFT信用证进行修改，则采用MT 707。另外，SWIFT电文无须签字证实，因为，该电文的发送者和接受者均有一个测试密码（test key），可以很安全方便地保证证实该电文是否被发出和接受。

SWIFT信用证式样：

BASIC HEADER F 01 BKCHCNBJA5XX 9056 375784
APPL. HEADER O 700 1340990118 BPSMPTPLAXXX 2682 088146 9901182140 N
　　　　　　　　　　　+BANCO PINTO AND SOOTO MAYOR, LISBOA
　　　　　　　　　　　+PORTUGAL

(BANK NO: 1218000)　　　+LISBON CODEX, PORTUGAL
: MT: 700 _____ ISSUE OF A DOCUMENTARY CREDIT _____

SEQUENCE OF TOTAL	: 27: 1/1
DOCUMENTARY CREDIT NUMBER	: 20: 058230CDI11711LC
DATE OF ISSUE	: 31C: 990118
DATE AND PLACE OF EXPIRY	: 31D: 990220 QINGDAO
APPLICANT	: 50: SAINT BILL LIMITADA
	RUA DE PEDROUCOS, 98-A
	1200-287 LISBOA
	PORTUGAL
BENEFICIARY	: 59: DASHAN METALS + MINERALS - IMPORT + EXPORT CPRPORATION
	21 YUNHAI ROAD, QINGDAO
	CHINA
CURRENCY CODE, AMOUNT	: 32B: USD20659.20
MAXIMUN CREDIT AMOUNT	: 39B: NOT EXCEEDING
AVAILABLE WITH...BY...	: 41A: BKCHCNBJ51C
	BY PAYMENT
	+BANK OF CHINA, QINGDAO BRANCH
(BANK NO: 0044105)	+QINGDAO CHINA
PARTIAL SHIPMENT	: 43P: NOT ALLOWED
TRANSHIPMENT	: 43T: ALLOWED
LOADING/DISPATCH/TAKING/FROM	: 44A: QINGDAO
FOR TRANSPORTATION TO...	: 44B: LISBON BY SEAFREIGHT
LATEST DATE OF SHIPMENT	: 44C: 99021
DESCRPT OF GOODS/SERVICES	: 45A: +12000 PAIRS DOUBLE STAR BRAND MEN'S RUBBER SHOES AS PER PROF. IN VOICES DD 98.11.17 AND 98.11.25 + CIF LISBON
DOCUMENTS REQUIRED	: 46A:+SIGNED COMMERCIAL INVOICE (ORIGINAL AND 4 COPIES), VISAED BYTHE CHAMBER OF COMMERCE CERTIFYING GOODS ORIGIN + FULL SET(3/3) OF CLEAN ON BOAED OCEAN BILLS OF LADING, TO THE ORDER OF BANCO PINTO + SOTTO MAYOR, NOTIFYING BUYERS, THEIR NAME AND ADDRESS FULLY MENTIONED AND STATING FREIGHT PAID + PACKING LIST + INSURANCE POLICY/CERTIFICATE TO THE ORDER OF BANCO PINTO + SOTTO MAYOR OR

	TO ORDER AND BLANK ENDORSED, COVERING GOODS FOR THE INVOICE VALUE PLUS 10 PCT AGAINST THE RISKS OF ICC (A), ISC (CARGO) AND IWC (CARGO)
CHARGES	: 71 B: ALL BANKING CHGS OUTSIDE PORTUGAL ARE FOR BENEF ACCT
PERIOD FOR PRESENTATIONS	: 48: 8 DAYS
CONFIRMATION INSTRUCTION	: 49: CONFIRM
INSTRUCTION TO BANK	: 78: PROVIDED DOCS ARE STRICTLY IN GOOD ORDER WE WILL CREDIT YR ACCT WITH AN AMERICAN BANK AT YR OPTION AFTER INSTRUCTIONS IN FIELD 72 HAVE BEEN COMPLIED WITH
SENDER TO RECEIVER INFO	: 72: AVAILABLE BY YR PYMT AT 5 FULL WORKING DAYS AFTER YR SWIFT ADVICE TO US STATING YOU CONSIDER DOCS IN ORDER AND EXACT AMT OF NEGOTIATION PLS SEND US DOCS IN 2 SEPARATE LOTS
TRAILER	MAC: 9FE41FBC CHK: 56783EE6A448

NNNN

(注：信用证中的缩写：DOCS—DOCUMENTS；YR-YOUR；AMT—AMOUNT；ACCT—ACCOUNT；CHGS—CHARGES)

（五）信用证分类

信用证一经开出，如果未征得受益人同意，不能单方面撤销或修改，因此构成一项确定的付款保证。只要受益人提供与信用证条款相符的单据，开证行必须履行其付款义务。国际上常见的信用证就其用途、性质、付款期限、流通方式、可否转让、反复使用及用于特殊贸易结算等情况，可以分为如下几类。

（1）按用途分为光票信用证和跟单信用证。光票信用证（Clean Letter of Credit）主要用于旅游和使领馆及个人消费。受益人取款时只要签发一张汇票，而不需提供其他任何单据；跟单信用证（Documentary Credit）则是指付款行要凭跟单汇票或仅凭票据付款的信用证。跟单信用证在国际贸易中得以广泛使用。以下讲的都是跟单信用证。

（2）按信用证是否有另一家银行加以保证兑付可以分为保兑和不保兑信用证。保兑信用证（Confirmed Credit）是指开证行邀请另一家银行对其开出的信用证承担保证兑付的义务的信用证。没有另一家银行保证兑付的信用证叫不保兑信用证（Unconfirmed Credit）。保兑行在信用证上加具保兑后，未经一切有关方同意，不能自行修改或撤销保兑。保兑行和付款行都负第一性付款责任。保兑信用证有两家银行作了付款承诺，对于受益人来说，就有了双重保障，收款是绝对没有问题的。但是双重保障需要受益人支出双重的费用，并且开证行一般也不愿意对自己开出的信用证请另一家银行保兑，通知行也不轻易要求开证行开立保兑信用证，除非开证行信誉极差。

（3）按信用证受益人收到货款的时间先后可以分为预支、即期、远期、延期信用证。

预支信用证（Anticipatory Credit）是允许受益人在收到信用证后可立即签发光票取款的信用证。开证行对这种预付款承担责任，使出口商可以采购所需的货物，获得资金融通。这种信用证也叫红条款（Red Clause）信用证、绿条款（Green Clause）信用证、打包放款信用证（Packing Credit）。预支信用证是开证行授权通知行或保兑行在受益人交单前向他支付全部或部分货款，付款在前，发货在后，银行不但提供了信用，而且提供了资金。

即期付款信用证（Sight Payment Credit）是开证行或指定行收到符合信用证条款的即期汇票和单据后立即履行付款义务的信用证。这种信用证有的不要求开具和提示汇票，只要提示单据即可付款；有些需要提示汇票后才进行付款，这种信用证是典型的即期付款信用证。

远期信用证（Usance Credit）是指银行不马上付款，而是承兑汇票，等汇票到期后才付款的信用证。通常情况下，受益人取得了银行承兑的远期汇票，就等于收到了货款，可以进行贴现。远期信用证有两种，一种是承兑信用证，另一种是远期议付信用证。

假远期信用证（Usance Credit Payable at Sight），它规定信用证的受益人开立远期汇票，由付款行负责贴现，并规定一切利息和费用由进口商负担。这种信用证表面上看是远期信用证，但从上述的规定来看，出口商可以即期收到十足的货款，因而习惯上称之为"假远期信用证"。这种信用证实质上是付款行给进口商提供融通资金便利。因为进口商是在远期汇票到期时才向付款行付款。

延期付款信用证（Deferred Payment Credit）。出口商在跟单信用证的基础上，同意进口商延期付款，这种延期付款而又不要汇票的信用证就称为延期付款信用证。它的业务和承兑交单相仿，银行在收到单据后交给申请人，在到期日才付款。出口商的货款通过开证行或加上保兑行在信用证上开列的到期付款的承诺而得到保障。

（4）根据信用证的流通方式和付款地点可分为即期付款、承兑、议付和延期付款信用证。每一信用证都必须明确是即期付款、延期付款、承兑或议付信用证，以明确受益人、开证行和指定行的关系。前三种信用证对受益人都没有追索权，仅议付信用证议付行有追索权。

即期付款和延期付款信用证已介绍过，下面介绍承兑和议付信用证。

承兑信用证（Acceptance Credit）就当受益人向指定承兑的银行开具远期汇票并提示时，指定银行即行承兑，并于汇票到期日付款的信用证，就是要汇票的远期信用证。受益人得到银行承兑的汇票，等于银行不可撤销地承担了远期付款的承诺，承兑的汇票可以被无追索权地贴现，受益人随时都可以变现。承兑信用证被称作大陆信用证，是最好的组合方式：信用证作为付款工具、对开证行政治和商业风险的保险、受益人可以随时变现、申请人可以推迟付款。

议付信用证（Negotiation Credit）是指开证行在信用证中，邀请其他银行买入汇票及/或单据的信用证。通常在单据符合信用证条件下，议付银行扣除利息和手续费后将票款付给受益人。议付行在开证行拒付或单据在邮程中丢失时有权向受益人追索已议付的款项及利息损失。

小知识 11-4

在《跟单信用证统一惯例》下，议付行对开证行的权利和义务

（选自金赛波．中国信用证法律和重要案例点评．对外经济贸易大学出版社，2002，第169页）

议付行对开证行的权利如下：

（1）议付行作为被开证行指定或授权作出议付的被指定行或被授权行，有权向开证行提交单据并要求开证行做出无追索权的兑付或承兑；

（2）议付行提交给开证行的单据和信用证规定的条件或条款表面严格相符时，议付行即有权获得即期或远期信用证项下无追索权的偿付；

（3）一旦开证行对相符单据做出拒付，议付行可以自己的名义，以开证行的错误拒付为由起诉开证行；

（4）一旦开证行以单据存在不符点为由拒付，议付行有权要求开证行退还单据；

（5）一旦法院认定议付行是一家《UCP600》项下的合格议付行，议付行不受开证行或开证申请人针对受益人的欺诈抗辩的约束。

议付行对开证行的义务如下：

（1）议付行必须注意自己是否是议付信用证项下被指定向受益人作议付的被指定议付行，或是自由议付信用证项下自愿接受开证行在信用证中指示做出议付的自由议付行；

（2）议付行在做出议付之前必须以合理的谨慎审查单据和信用证条件及条款之间是否表面相符，以及单据之间是否一致；

议付行在做出议付之后，或在向开证行交单的同时，必须明确通知开证行，自己已经根据信用证的指定或授权向受益人作了议付；

（3）议付行必须在向开证行交单之前或在交单同时书面告知开证行自己已经审查单据，并根据统一惯例的规定付出对价；

（4）议付行必须善意行事。

（5）根据受益人对信用证的权利是否可以转让，可分为可转让和不可转让信用证。可转让信用证（Transferable Credit）是受益人有权要求被委托付款或承兑的银行或可以议付的任何银行使信用证全部或部分有效于一个或数个第三者（第二受益人）使用的信用证。根据《跟单信用证统一惯例》的规定，唯有开证行在信用证中明确注明"可转让"（Transferable），信用证方可转让。第一受益人一般是与进口商签订合同的中间商，第二受益人往往是实际供货人。中间商为了赚取差额利润，将信用证转让给实际供货人，由供货人办理出运手续。其程序为：第一受益人通过信用证中的指定银行办理转让手续，该银行办妥手续后立即通知第二受益人，第二受益人将货物出运后备齐所需单据向该银行交单。转证行立即通知第一受益人，第一受益人收到通知后即以自己的发票替换第二受益人的发票，并获取两张发票差额的款项，然后转让行将单据寄给开证行。信用证的转让并不等于买卖合同的转让，第二受益人交货有问题或单据有问题，第一受益人仍要付买卖合同的责任。

《UCP600》强调第二受益人的交单必须经过转让行。但是，当第二受益人提交的单据与转让后的信用证一致，而第一受益人换单单据与原证出现不符时，又在第一次要求时不能做出修改的，转让行有权直接将第二受益人提交的单据寄开证行。这项规定保护了正当发货制单的第二受益人的利益。

可转让信用证只能转让一次，即只能由第一受益人转让给第二受益人，第二受益人不得要求将信用证转让给第三受益人。如果信用证允许分批装运，第一受益人可以把信用证分成几部分转让给数人，或转让一部分，一部分留作己用。新信用证应该与原证规定条款保持一致，但以下几个方面可以不同：申请人可以改变，信用证金额、商品的单价可以减少，到期日、交单日及最迟装运日期可以提前或缩短，对商品投保比例可以增加。

不可转让信用证（Non-transferable credit）是指受益人不能将信用证的权利转让给他人的信用证。凡信用证中未注明"可转让"者均视为不可转让信用证。

(6) 对背信用证（Back to Back credit）。如果进口商开出的是不可转让信用证，或实际供货人不接受买方国家的信用证作为收款保障时，中间商可以用外国开来的原证作为抵押品，要求他的往来银行开立一张以实际供货人为受益人的内容相似的信用证，这种信用证叫作对背信用证或转开信用证。对背信用证是在原证基础上开立的，新证条款一般应和原证相同，但中间商可以改变信用证金额、单价、装运期和有效期。

(7) 对开信用证（Reciprocal credit）。对开信用证是指两张信用证的开证申请人互以对方为受益人而开立的信用证。对开信用证的特点是第一张信用证的受益人（出口商）、开证申请人（进口商）是第二张信用证的开证申请人和受益人，第一张信用证的通知行则往往是第二张信用证的开证行，反之亦然。一般两证同时生效。在第一张信用证开立时应该加下述文句：本信用证待××银行开立了以××为受益人，金额为××的货物由××地运至××地的对开信用证以后生效。

对开信用证多用于易货贸易和"三来一补"业务，交易的双方担心对方凭第一张信用证出口或进口后另一方不履约，而采用这种互为条件，互相约束的开证方法。其优点是可以做到外汇收支平衡，尤其是对实行严格外汇管制的国家和地区更为重要。

(8) 循环信用证（Revolving credit）。上面谈到的信用证当金额使用完毕后无论是否已到有效期就自动失效了，循环信用证则是信用证的全部或部分金额被使用后，其金额又恢复到原金额，可以再次使用的信用证，直到达到规定的总次数或总金额为止。循环信用证内容上比一般的信用证多一个循环条款，说明循环方法，循环次数与总金额。如：This letter of credit amounting US $ 10,000.00 is automatically revolving for 3 times but our total liability does not exceed US $ 40,000.00。

循环信用证的循环计算方式可以分为两类：① 按时间循环。这种类型较多。如信用证规定5月、6月、7月按月循环，那么5月份金额用完后，6月1日信用证金额就可恢复，再被利用。② 按金额循环。这种信用证在规定的金额用完之后就恢复，可再被利用，直到用完总额为止。

循环信用证的恢复方式可以分为：① 自动循环，即每期金额用完后不需等待开证行的通知即自动恢复。② 半自动循环，即信用证的金额用完后一定时间内开证行如果没有通知撤销，信用证就恢复原来金额。③ 被动循环，即每一期金额用完之后必须等待开证行的通知到达，才可恢复到原金额继续使用。

循环信用证主要用于买卖双方订立长期合同并均衡分批交货的情况，进口商开立此种信用证可以不必多次开证，节省手续费和保证金；出口商可以免去等待开证、催证、审证、改证的麻烦，有利于合同的履行。

小知识 11-5

信用证的"软条款"（The Soft Clause Of L/C）

（选自顾民．信用证特别条款与UCP500实务．对外经济贸易大学出版社，2000）

信用证业务中的"软条款"，在我国也叫作"陷阱条款"（Pitfall Clause），是指在不可撤销的信用证中加列一种条款，结果使开证申请人实际上控制了整笔交易，受益人处于受控人的地位，而信用证项下开证行的付款承诺毫不确定，很不可靠，开证行可随时利用这种条款单方面解除其保证付款责任。带有这种条款的信用证实质上是变相的可撤销信用证，极易造成单证不符而遭开证行拒付。

信用证的"软条款"类型主要有：一是暂不生效信用证，如，本证暂不生效，待进口许可证签发后通知生效，或待货样经开证人确认后再通知信用证生效；二是船公司、船名、目的港、启运港或验货人、装船日期须待开证人同意，以开证行修改书形式另行通知；三是开证人出具品质证书、收货收据或由其签发装运指示，其签字需由开证行核实或和开证行存档之鉴相符；四是由受益人出具的商业发票、品质确认书需由开证申请人或指定的人签字或会签，其签字字迹须与标本一致或与开证行存档的笔迹相符。

（9）备用信用证（Stand-by Letter of Credit）。备用信用证又称担保信用证或保证信用证。由于美国和日本的法令只允许担保公司（Bonding Company）做担保业务，禁止商业银行承做担保业务。为了避开法律，美国和日本银行就采用了开立备用信用证方法来代替开立银行保证。

美国联邦储备银行管理委员会给备用信用证下的定义如下：

不论其名称和描述如何，备用信用证是一信用证或类似安排，构成开证行对受益人的下列担保：① 偿还债务人的借款或预支给债务人的款项；② 支付由债务人所承担的负债；③ 对债务人不履行契约而付款。

换句话说，备用信用证就是开证行应开证申请人的请求，向受益人开立的，以自身的银行信用担保开证申请人履行债务的保证付款凭证。

从以上定义可以看出，备用信用证实质上就是保函，是债务人违反约定时才使用的。因为在一般情况下并不被使用，因此称它为"备用"信用证。

备用信用证与一般的跟单信用证一样，银行都承担第一性付款责任，但是两者之间还是有一定区别。两者的区别具体有：第一，跟单信用证通常只用于货物买卖中货款的支付；而备用信用证不仅适用于货物买卖中货款的支付，还适用于投标担保、还款担保等。第二，在备用信用证情况下，付款行是凭受益人出具的证明开证人已经违约的证明书，承担付款责任；而在跟单信用证情况下，付款行是凭受益人提交符合信用证要求的货物单据付款。第三，备用信用证具有"备而不用"的特点，因为只要开证申请人没有违约，备用信用证就不会使用；而跟单信用证是在受益人履约的情况下，开证行就会付款。

(六) 信用证结算方式的优缺点

(1) 当采用信用证方式结算时,受益人(出口商)的收款有保障,特别是在出口商不很了解进口商时,在进口国有外汇管制时,信用证的优越性更为显著。

(2) 信用证方式使双方的资金负担较平衡。对于出口商来说,出运货物以后可以立即把单据卖给出口地银行以获得货款,还可以利用信用证作打包放款,因此,资金负担比货到付款和托收轻得多;对于进口商来说,开证时一般只需缴纳部分押金,获得单据时才支付全额,其资金负担也比预付货款轻得多。

(3) 信用证方式也具有一些缺点。比如容易产生欺诈行为,由于信用证具有自足性的文件,有关银行只处理单据的特点,如果受益人伪造相符单据或制作根本没有货物的假单,那么进口商就会成为受害人。尽管从理论上讲进口商可以依买卖合同要求出口商赔偿,甚至诉诸法律,但跨国争端往往很难解决。另外,信用证方式手续复杂,环节较多,不仅费时,而且费用也较高,审单等环节还需要较强的技术性,增加了业务的成本。

(七) 国际商会《跟单信用证统一惯例》

信用证是国际贸易中广泛应用的一种结算方式。国际商会为了减少由于各国银行在实际业务中的规定不同而引起的争端,调和各有关当事人的矛盾,于1930年拟订了《商业跟单信用证统一惯例》(Uniform Customs and Practice for Commercial Documentary Credits),并于1933年正式公布,建议各国银行采用。随着国际贸易的发展变化,国际商会于1951年、1962年、1974年、1983年及1993年对该惯例进行多次修改。2007年7月之前使用的版本是于1993年5月公布,定名为《跟单信用证统一惯例(1993年修订本)》,也称为《国际商会第500号出版物》,简称《UCP500》,于1994年1月1日开始实施,使用十多年,很好地满足业务发展的需要。国际商会于2002年萌发修订《UCP500》的动议,经过各国专家们的共同努力,新的版本《UCP600》出台并于2006年10月通过《UCP600》的条款,2007年7月1日起实施。

《UCP600》不是国际性的法律,但是它已为各国银行普遍接受和使用。至今已被170多个国家的银行所采用。在开立信用证的正文上均表明适用《UCP600》,故其对各有关当事人具有约束力。

《UCP600》共39个条款,包括总则与定义,信用证的形式与通知,责任与义务,单据,杂项等。其各项规定体现了独立性、完整性、可靠性与可操作性的统一。操作中常见的规定如下:

(1) 汇票不应以开证申请人为付款人。

(2) 银行审单的时间为收到单据次日起算的5个银行工作日。

(3) 议付行在议付时应对汇票及/或单据付出对价,只审查单据而不支付对价,不能构成议付。

(4) 对于信用证的修改,原证的条款在受益人向通知修改的银行发出他接受修改之前,仍然对受益人有效。信用证的受益人可以以做出接受通知的方式,也可以用交单时按修改书来制作单据的方式来表示接受修改书的内容。对同一个修改通知中的修改内容不允许部分接受，因此，部分接受修改内容当属无效。

（5）运输单据的签署必须表明承运人（或多式联运经营人）或其代理人的身份。

（6）禁止转运条款仅对海运中港至港的非集装箱方式的转船有约束力。

（7）装运期以签单日期为准。若单据上另有装船日期、起飞日期，由承运人接管日期等批注，则以该日期为准。

（8）发票必须由受益人开立，如信用证未规定必须签署，发票可以不加签署。除此之外，还有在前面内容中我们所提到的有关规定。

《跟单信用证统一惯例》要求银行在审核单据时必须根据国际标准银行实务。但是惯例中并没有具体规定何为国际标准银行实务。有鉴于此，国际商会银行委员会于2000年5月成立了一个专门的工作组，在调研的基础上于2002年4月完成了ISBP的初稿，并于2003年正式出版。ISBP共有200个条文，不仅规定了信用证单据制作和审核所应遵循的一般原则及必须遵守的重要事项，而且对汇票、发票、运输单据、保险单据及产地证明做出了详细而具体的规定，特别是把过去极易产生争议的不符点认定问题做了清楚的阐述。ISBP为各国相关机构的单据处理人员提供了一套审核适用《跟单信用证统一惯例》的信用证项下的单据的国际惯例。

（八）合同中的信用证结算条款

1. 即期信用证支付条款

买方应通过卖方可接受的银行于装运月份前××天开立并送达卖方即期信用证，有效期至装运月份后15天在中国议付。（The Buyer shall open through a bank acceptable to the Seller an Sight Letter of Credit to reach the Seller ×× days before the month of shipment, valid for negotiation in China until the 15 th day after the month of shipment.）

2. 远期信用证支付条款

买方应通过卖方可接受的银行于装运月份前××天开立并送达卖方的见票后45天付款的信用证，有效期至装运月份后15天在中国议付。（The Buyer shall open through a bank acceptable to the Seller an Letter of Credit at 45 days' sight to reach the Seller ×× days before the month of shipment, valid for negotiation in China until the 15 th day after the month of shipment.）

小知识 11-6

汇付、跟单托收和跟单信用证三种结算方式所具有的风险

（选自吴百福．国际贸易结算实务．中国对外经济贸易出版社，1997，第231页）

汇付、跟单托收和跟单信用证三种结算方式所具有的风险比较见表11-2。

表 11-2　汇付、跟单托收和跟单信用证三种结算方式所具有的风险

结算方式		买方风险	卖方风险
汇付	预付货款	卖方不交货或不按时交货 货物与合同规定不符	买方不按时付款
	赊账交易	卖方不按合同规定交货	买方不收货或收货后不付款 买方拖延付款或要求降价
跟单托收	付款交单 D/P	收到的货物与单据不符	买方不付款赎单 要求降价后才付款赎单 有被代收行改按 D/A 处理带来的货、款两空的风险
	承兑交单 D/A	收到的货物与单据不符	买方不承兑 要求降价后才承兑 买方承兑收货后不付款 买方承兑后要求降价才付款
跟单信用证		付押金后，开证行倒闭 卖方伪造单据 收到的货物与单据不符	买方不开证或不按期开证 开证行失去偿付能力 开证行、开证人对单据无理挑剔、借口拒付、伪造信用证 信用证规定有卖方无法做到或不能接受的条款

四、保函

（一）保函定义（Letter of Guarantee）

保函（Letter of Guarantee，L/G）又称保证书，是指银行、保险公司、担保公司或个人（保证人）应申请人的请求，向第三方（受益人）开立的一种书面信用担保凭证，保证在对受益人负有首要责任的申请人违约或失误时对债务负责。

从上面的定义可以看出保函具有下列性质：

（1）有条件保函保证人的付款责任是第二性的。在使用保函时，通常受益人（债权人）应该先向申请人（债务人）请求付款，只有在债务人不付时，才可利用保函要求保证人付款，因此在理论上，保证人的付款责任是第二性的。

在使用信用证时则不同，信用证一旦开出，开证行就负有首要的付款责任，受益人应该向开证行请求付款，而不是向申请人交单，因此，开证行负有第一性的付款责任。

（2）只有在违约情况发生时才能支付。信用证用于完成买卖合同下的支付，正常情况下，信用证下的支付是一定会发生的。保函与信用证正好相反，只有在申请人违约时（如申请人既未履约也未按约定赔款），受益人才会在保函下索偿，因此保函的支付不一定发生。

（3）开立保函只是为了提供信用担保。保证人是出于对申请人履约能力的信任才开立保函，其目的根本不是为了赔款，而只是为了提供信用保证。因此一般不要求申请人交付押金，而只是要求质押或提供反担保。

(二) 保函的当事人

(1) 申请人 (Principal)。又叫委托人，即要求银行开立保函的一方。根据他与保函受益人之间的合同，他必须如约履行合同义务，否则将由保证人进行付款。对于申请人来说，保函的索偿条件应该能防止受益人在条件不成立的情况下支取款项。

(2) 受益人 (Creditor)。即为收到保证书并凭以向银行索偿的一方。根据他与申请人之间的合同，在申请人未履行合同义务时，受益人可以通过保函取得款项。对受益人来说，保函应该能保证他的这种取款的权利，即使申请人反对，他仍能收款。

(3) 保证人 (Guarantor)。也称担保人，是保函的开立人。保证人根据申请人的要求，并由申请人提供一定担保的条件下向受益人开具保函。根据保函，只要其中的付款条件成立，保证人就应该向受益人付款。对于保证人来说，开立保函只是向申请人提供了自己的信用，往往只收取千分之几的手续费。为了避免把自己卷入申请人与受益人的合同纠纷，保函的索偿条件应该能使保证人自行判断付款的条件是否成立。

(4) 传递行 (The Transmitting Bank)。即根据开立保函的银行的要求，将保函传递给受益人的银行。一般情况下，传递行只负责核对保函的印鉴或密押，而不负经济责任。

(5) 保兑行 (The Confirming Bank)。即在保函上加以保兑的银行。保兑行只在保证人不按保函规定履行付款义务时才向受益人赔付，受益人可以得到双重担保。

(6) 转开行 (The Reissuing Bank)。即根据保证人的要求，凭保证人的反担保向保函受益人开出保函的银行。转开行通常是受益人所在地的银行。转开行有权拒绝保证人要求其转开保函的要求，但在这种情况下，它必须及时通知保证人，以便保证人选择其他的转开行。转开行一旦接受转开请求，就必须按照保证人的要求及时开出保函。保函一经开出，转开行就变成了保证人，承担保证人的责任义务，而原来的保证人就变成了反担保人。

(7) 反担保人 (Counter Guarantor)。反担保人即为申请人向保证人开出书面反担保函的人。反担保人通常为申请人的上级主管单位、出口信贷保险公司或其他银行/金融机构等。反担保人的责任是：保证申请人履行合同义务，同时，向保证人承诺，即当保证人在保函项下作出付款后，保证人可以从反担保人处得到及时、足额的补偿。

上述当事人中，申请人、受益人、保证人是一份保函的基本当事人。

(三) 保函的内容

银行保函并无统一格式，其主要内容如下：

(1) 有关当事人。保函中应列出主要当事人，即申请人、受益人、保证人的完整名称和详细地址，其中保证人的地址尤为重要，因为保函通常是受开立地的法律所约束的。

(2) 责任条款。保证人所应承担的责任，是银行保函的主体。保证人向受益人所承担的责任以保证书内所列的条款为限。

(3) 担保金额。担保金额是保证人的责任限度，通常就是受益人的索偿金额。除保函中另有声明外，其担保金额不因合同被部分履行而减少。

(4) 有效期限。除非保函中有特别声明，保函的到期日是指受益人索偿要求送达保证人的最后期限。一般来说，效期已过，保证人的责任就解除了。如果受益人提出索赔，应在保函所规定的有效期或之前，以书面形式将索偿要求送达保证人。保证人收到后，应立即将索偿内容及收到所有证件通知申请人,不得延误。

(5) 索偿条件。只有在合同一方未履约或违反合同规定时,另一方才能利用保函取款,保证人如何认定申请人违约,什么情况下保证人可以向受益人付款,均由索偿条件决定。索偿条件直接关系到申请人和受益人的权益,各方均必须慎重考虑。

对保函的索偿条件究竟如何确定,目前意见不一。一种意见认为受益人索偿时,保证人有权调查事实以决定是否付款。对保证人有利之处:不必马上付款;不利之处:易被卷入合同纠纷。另一种意见认为索偿条件应限于规定提交的单据。例如可规定受益人需提供保函申请人签发的某种证明。对于保证人来说,只需审核证明是否符合保函规定,相当方便;对于申请人来说,只要他不出证明,受益人无法取款,也非常有利;但对受益人非常不利。索偿条件也可规定受益人凭他自己签发的说明申请人违约的证明索偿。这无疑对受益人非常有利。但万一受益人作假证明,申请人可以诉诸法庭,追回款项。目前多数保函都采用这种索偿条件。

(四) 保函的种类

保函在实际业务中的使用范围非常广泛,它不仅使用于货物买卖,还广泛应用于国际工程承包、招标投标、国际借贷等。下面介绍一些常见的类型。

(1) 投标保函(Tender Guarantee)。投标保函是指在国际投标时,银行、保险公司或其他当事人(保证人)应招标人(受益人)承诺,如果投标人(申请人)中标而不签约,保证人将在规定的金额限度内向招标人付款。投标保函主要是担保投标人在开标前不撤销投标或片面修改投标条件,中标后要保证签约和交履约金。保函金额一般为投标金额的1%~5%。

(2) 履约保函(Performance Guarantee)。履约保函是指保证人承诺在申请人(可以是承包商、中标人、出口商、进口商)不履行他与受益人(业主、招标人、进口商、出口商)签订的合同时,由保证人负责在规定的金额限度内向受益人付款;或者,如果保函规定保证人有选择权,保证人也可采取措施履行合同。保函金额一般为合同金额的10%~15%。

履约保函的适用范围很广,除用于工程承包、招标投标外,还可用于国际贸易。保证人应出口商的申请开立以进口商为受益人的出口履约保函,规定如果出口商未能按期交货,银行负责赔偿进口商的损失。保证人应进口商的要求开立以出口商为受益人的进口履约保函,规定如果出口商按约交货,进口商不能按期付款时,由保证人负责偿还。

(3) 退款保函(Guarantee for Refund of Advance Payments)。招标人签订合同后一般要向中标人支付一定金额的定金,银行向招标人(或业主、买方)担保,如果中标人(或承包商、卖方)未能履行商务合同中规定的义务时,银行负责向其偿还已经预付的款项和利息,但以保函金额为限。

(4) 质量维修保函(Maintenance Guarantee)。在实务中多分为质量保函和维修保函。质量保函是指在进出口贸易中,由银行向买方担保,如果货物不符合合同规定而卖方又不能更换、维修或支付有关费用时,由银行负责在保函金额内给予赔偿。维修保函是指在对外工程承包合同中,由银行向工程业主担保,在工程质量不符合合同规定,而承包商又不能维修时,由银行赔付工程业主一定金额以弥补损失。

(5) 保留金保函(Retention Money Guarantee)。在对外工程承包中,工程业主一般保留

5%~10%的工程款作为预留金,待工程保用期满而又无缺陷时再支付给承包商。如承包商需要业主支付全额而不扣预留金时,应提交银行开立的保留金保函,保证在工程保用期满时,如果收到业主关于工程有缺陷的书面通知时,银行负责归还预留金。

(6) 借款保函(Loan Guarantee)。借款保函是指在国际借贷活动中,银行应借款方的要求而向贷款方出具的本息还款担保。保函金额仅限于本金和利息,不包括其他任何费用(如佣金、诉讼费等)。

此外,还包括关税保付保函、透支保函、付款保函、延期付款保函、提单保函、补偿贸易保函、汇票保函等,种类众多,这里不再一一介绍。

(五) 备用信用证与银行保函的区别

(1) 备用信用证方式下,银行负第一性付款责任,而银行保函方式下,银行付第二性付款责任。

(2) 备用信用证的付款依据是按规定提供某项凭证,同被保证人与受益人的契约无关;而银行保函的付款依据则是某项契约或诺言是否已经履行,往往涉及契约的履行争议等。

五、国际保理

(一) 定义

保理(Factoring)又叫承购应收账款,是指出口商以商业信用形式出售货物,在货物装船后立即将发票、汇票、装运提单等有关单据,卖断给保理组织,从而收进全部或部分货款的结算方式。保理组织买进出口商的票据后,即承购了出口商的债权,它通过一定的渠道向进口商催还欠款,如遭拒付,不能向出口商进行追索。

(二) 业务流程

出口商为能将其应收款项售予保理组织,取得资金的融通,一般都与保理组织签订一个协议,明确规定双方必须遵守的条款与应负的责任。保理业务具体程序如下:

(1) 出口商在以商业信用出售商品的交易磋商过程中,将进口商的名称及有关交易情况报告给本国的保理组织。

(2) 出口方保理组织将上列材料整理后,通知进口方的保理组织。

(3) 进口方的保理组织对进口商的资信情况进行调查,并将调查结果通知出口方的保理组织,对可向进口商提供赊销的金额提出具体建议。

(4) 如果进口商资信可靠,建议赊销金额可行,那么出口方保理组织即通知出口商,并对出口商与进口商的交易加以确认。

(5) 出口商装运货物,把有关单据拿到出口方保理组织出售,并在单据上注明应收账款已转让给保理组织。

(6) 出口方保理组织按汇票(或发票)金额扣除利息和承购费用后,立即或在双方商定的时间将货款支付给出口商。

(7) 出口方保理组织将有关单据寄送进口方保理组织。

(8) 进口方保理组织向进口商催收货款,并向出口方保理组织进行划拨。

有的国家的保理业务由专门的商行进行，有的国家则由财务公司进行。随着国际保理业务的发展，协调性的机构也相应组成，目前，世界上有三个这类组织，它们是"国际保理联合组织"（Factoring Chain International，FCI）、国际保理协会（International Factoring，IF）、哈乐海外公司（Heller Oversea Corporation）。其中，FCI 是最有权威的组织，它向保理业务提供统一标准、程序、法律依据和规则。通过这些组织，各国保理公司之间可以互换进口商的资信情报，掌握进口商的付款能力，大大促进和推动了国际保理业的发展。1992 年，中国银行正式加入国际保理商协会。此后中国银行北京、上海和广州等地区的分行相继开办了保理业务。

（三）保理业务的特点

（1）保理业务最大的特点就是保理组织承担了信贷风险（Coverage of Credit Risks）。出口商将单据卖断给保理组织，这就是说如果进口商拒付或不按期付款，保理组织不能向出口商行使追索权，全部风险由其承担。这对于出口商是非常有利的，只要其货物符合合同规定，就可以安全收款，没有信贷风险和汇率风险。

（2）保理业务可以预支货款。典型的保理是在出口商出卖单据后立即取得现款，得到资金融通，加快了资金周转，有利于增加利润收入。如果出口商资金实力雄厚，也可以等票据到期再索要货款。

（3）保理组织可以代客户承担资信调查、托收、催收账款、会计处理等。由于 FCI 的存在，保理组织熟知海外进口商和市场的情况，他们所提供的信息和数据具有重要的价值，对于出口商的作用是很显著的。

（四）保理业务的种类

根据出口商是否可以立即得到现金，保理业务可以分为：

（1）预支或标准保理业务。即出口商装运货物取得单据后，立即将单据卖给保理组织，取得现款。

（2）到期承购业务。即出口商出运货物后将有关单据卖给保理组织，该组织确认并同意票据到期时无追索权地向出口商支付票据金额，而不是在出卖单据时立即向出口商支付现金。

根据是否公开保理组织的名称，保理又可以分为公开保理组织名称和不公开保理组织名称两类，前者在票据上写明货款付给某保理组织，后者即是按一般托收程序收款，不一定在票据上特别写明该票据是在保理业务下承办的，即不突出保理组织的名称。

需要指出的是，出口人意欲获得保理商的服务时，需交纳资信调查费、承担信用风险和收取应收账款等服务的费用，需交纳的费用一般是所收账款的 1%~3%。另外，出口人应在他与保理商确定的进口人的信用额度内与进口人签订合同、发运货物，如因超过此额度而导致进口人拒付时，保理商不予负责；若由于货物的品质、数量等而引致进口人的拒付，保理商也不负责。

第三节 国际贸易结算方式的选择

国际经济交往中的收付行为都是通过国际结算来实现的,不同的结算方式有着不同的特点,选择和运用不同结算方式要综合考虑外汇资金的安全、货物的安全、资金的周转、费用的承担及扩大贸易往来等因素。如何在众多的结算方式中进行选择和结合运用,就是本节要研究的内容。

(一) 结算方式的基本要素

在分析各种结算方式的利弊时,主要考虑以下几个基本要素:

(1) 支付方式。支付方式的确定是货物买卖合同的首要问题,不同的支付方式就基本决定了买卖双方的风险、责任和资金融通的划分。

(2) 支付条件。支付条件是指各种支付方式的货币条件、时间条件和空间条件。货币条件是指选择什么样的计价和支付货币(汇率风险);时间条件是指收汇和付汇的时间(汇率风险、资金占用);空间条件是指收汇和付汇的地点(当事人的责任、义务及法律选择问题)。

(3) 支付程序。支付程序指其业务程序,这涉及所使用的支付工具以及各当事人在支付中的权利和义务,严格按程序收付汇是使支付方式得以实现的基础。

(4) 有关当事人的权利和义务。选用不同的支付方式,各当事人的权利和义务不同,应明确各当事人在支付中的地位,严格履行其义务,应用自己的权利保护自己的利益。

(5) 各种支付方式的资金融通。资金融通对于买卖双方来说都是重要问题,在不同的支付形式下可以从对方获得资金融通,也可以从银行或金融公司及贴现公司获得资金融通。

(二) 不同结算的结合运用

在国际经济交往中,根据各种结算方式的特点和不同交易的性质,可以将不同结算方式结合起来运用,下面介绍一些例子。

(1) 信用证和保函结合运用。在国际工程承包和大型成套设备的交易中,除了支付货款以外,还会有预付款和保留款的收取。一般货款可以用信用证支付,出口商违约时预付款的退还和保留款的支付可以采用保函。

(2) 汇款和保函结合使用。对于预付和货到付款都可采用保函来防止不交货或不付款。

(3) 信用证和托收结合使用。把一笔交易分为两部分支付,一部分采用信用证,另一部分采用 D/P 托收,这样可以减少开证申请人的开证费和押金,又不至于影响收款,但这样做手续复杂。

(4) 信用证和汇款结合使用。指部分货款用信用证支付,余数用汇款方式结算。

(5) 托收和保函结合使用。为了使出口商收款有保障,由进口商开具保证托收付款的保函,一旦进口商收到单据后未在规定时间内付款,出口商有权向开立保函的银行索取出口货款,这样可以免去使用信用证的麻烦。

(6) 汇款、保函、信用证结合使用。对于成套设备、大型机械产品和交通工具的交易,成交金额大,周期长,一般按进度付清货款,买卖签订合同后,买方一般要预付部分货款作为定金,可以采用汇款方式,在买方付出定金前,卖方应向买方提供出口许可证影印本和银行开具的保函。定金以外的其余货款可按不同阶段分期支付，买方开立不可撤销的信用证即期或远期付款。

（三）分期付款和延期付款

1. 分期付款（Pay by Installments）

在成套设备、大型机械产品和交通工具的交易中，因为成交金额较大，往往采取按工程进度和交货进度分若干期付清货款，即分期付款。例如，双方签约后，卖方向买方提供出口许可证影印件和银行保函，买方预付部分定金，其余货款则按不同阶段分期支付，最后一笔货款一般都是在交货时或卖方承担的保质期满时付清。货物所有权是在付清所有货款时转移给买方，因此，按分期付款条件所签订的合同是一种即期合同，买方没有利用卖方的资金。

2. 延期付款（Deferred Payment）

在上述类似交易中，若买方要求卖方予以资金融通，可采用延期付款方式。具体是买卖双方签订合同后，买方一般要预付一小部分货款作定金，其余大部分货款是在交货后若干年内分期偿还。买方应承担延期付款的利息。延期付款的特点是物权转移在先（交货时），大部分货款支付在后，买方利用了卖方的资金。

3. 分期付款与延期付款的区别

分期付款与延期付款的区别在于：

（1）清偿货款的时间不同。分期付款，其货款在交货时已付清或基本付清；而延期付款的大部分货款是在交货后一个相当长的时间里分期摊付。

（2）货物所有权转移的时间不同。分期付款必须付清最后一笔货款，物权才转移给买方；而延期付款，物权一般在交货时就转移给买方，也就是物权转移在先，而货款付清在后。

（3）支付利息不同。分期付款，买方没有利用卖方的资金，因而不存在利息问题；延期付款，由于买方利用了卖方的资金，所以买方需要卖方支付利息。

具体支付方式的选用要根据实际业务情况来定，这样才会收到较好的效果。

一般来说，只有金额较大，或情况较复杂的交易，才使用多种支付方式。

在选择结算方式时，除了考虑风险外，还要考虑资金占用、费用负担、手续繁简等诸多因素。表11-3是主要三种结算方式的综合情况。

表11-3　三种主要结算方式的综合比较

结算方式		手续	银行收费	双方的资金占用	买方风险	卖方风险
汇款	预付货款	简单	最小	不平衡	最大	最小
	赊账交易	简单	最小	不平衡	最小	最大
跟单托收	付款交单 D/P	稍繁	稍大	不平衡	较小	较大
	承兑交单 D/A	较繁	稍大	不平衡	极小	极大
跟单信用证		最繁	最大	较平衡	稍大	较小

（资料来源：吴百福主编．国际贸易结算实务．中国对外经济贸易出版社，第232页．）

思 考 题

1. 国际贸易结算的工具有哪些？它们之间有哪些联系与区别？
2. 汇款方式与其他方式相比有何优缺点？
3. 信用证包括哪些种类？各有什么特点？
4. 什么是保函？保函主要适用于哪些情况？
5. 保理业务的程序、内容和特点是什么？与贴现业务有何相同与不同之处？
6. 选择国际结算方式主要应考虑哪些因素？
7. 假远期信用证有何特点？
8. 信用证与买卖合同之间有什么关系？
9. 分期付款与延期付款有哪些区别？
10. 在采用信用证付款方式时，装运期、交单期和信用证有效期之间有什么关系？
11. 我国某贸易公司出口货物一批，货款的支付按 D/P at sight（即期付款交单）。该项托收货款被买方拒付，银行随即通知我贸易公司。时隔数周，我贸易公司向银行交代货物处理办法，此时货物已有部分被盗。我方认为银行没有保管好货物，并要求赔偿。银行断然拒绝。试问：银行这样做是否有道理？我贸易公司从该事件中应吸取哪些教训？
12. 我国某公司向国外商人出口商品一批，外商开来一份即期信用证，经由设在我国境内的一家外资银行作为通知行和保兑行。我公司在货物装运后，将全套合格单据送交这家外资银行进行议付。此时，这家外资银行得知了开证行破产的消息。于是，这家外资银行建议我公司改为托收方式来收取货款，并愿意作为我方的托收行。

试问：我公司是否应该接受这家外资银行的建议？为什么？

13. 提单签发日期为 2001 年 6 月 3 日，信用证议付有效期规定为 2001 年 6 月 26 日。问卖方最迟的交单期为哪天？
14. 何为信用证中"双到期"？一般如何解决？

第十二章
检验、索赔、不可抗力与仲裁

本章学习要点
- 约定商品检验的意义
- 合同中商品检验条款的主要规定事项
- 检验证书的作用
- 索赔条款的主要内容
- 不可抗力的含义及法律后果
- 约定及应用不可抗力条款应注意的问题
- 仲裁协议的形式及作用
- 仲裁协议的主要内容
- 拟订仲裁条款应注意的事项

国际货物买卖中双方交易的商品一般都要进行检验,买卖双方中任何一方违反合同,受害一方都有权提出索赔。合同签订后,如果发生不可抗力,造成合同不能按期履行或不能履行,当事人可援引不可抗力条款以免除其责任。当事人对履行过程中发生的争议,可采取仲裁等方式加以解决。为了预防合同履行中可能产生的争议,以及明确如何处理争议,买卖双方在订立合同时,还应对检验、索赔、不可抗力和仲裁等达成协议,并在合同中做出具体规定。

第一节 进出口商品检验检疫

一、进出口商品检验检疫的重要性及一般程序

(一) 进出口商品检验检疫的重要性

进出口商品检验检疫工作是指质量监督和检验检疫机构对进出口商品的质量、数量、重量、包装、安全、卫生、装运条件进行检验并对涉及人和动、植物的传染病、病虫害、疫情等进行检疫的工作,它是促使国际贸易顺利开展的一个重要的环节,也是一个国家为保障国家安全、维护国民健康、保护动、植物正常生长和生态环境不受破坏而采取的一项重要措施,因此,每个国家都设有管理进出口商品检验检疫工作的机构并制定了相关的法律、法规和技术标准。我国主管质量监督和检验检疫工作的最高行政机关为国家质量监督检验检疫总

局。该局管辖的中国检验认证集团（CCIC）及其分支机构，则在指定范围内负责承担进出口商品的法定检验任务和其他检验鉴定业务。根据我国现行的进出口商品检验检疫方面的法律规定，凡列入《出入境检验检疫机构实施检验检疫的进出境商品目录》的进出口商品，除非经国家质检部门审查批准免于检验检疫的，进口商品未经检验检疫或检验检疫不合格的，不准销售使用，出口商品未经检验检疫合格的，不准出口。由此可见，商检工作对把好进出口商品质量关、维护国家利益与对外信誉以及促进我国对外经济贸易的发展等方面，都起着十分重要的作用。

（二）进出口商品检验检疫的法律依据和分类

我国进出口商品检验检疫的法律法规依据主要是"四法三条例"：

"四法"是指《中华人民共和国进出口商品检验法》《中华人民共和国进出境动植物检疫法》《中华人民共和国国境卫生检疫法》和《中华人民共和国食品安全法》。

"三条例"是指《中华人民共和国进出口商品检验法实施条例》《中华人民共和国进出境动植物检疫法实施条例》和《中华人民共和国国境卫生检疫法实施细则》。

按照商检任务的来源与商检结果的权威性，商检任务主要可以分为法定商检与鉴定业务两类。前者主要是根据国家法律或者政府管理部门的有关规定对进出口商品进行的检验检疫；后者主要是指根据贸易双方或其他机构的要求对进出口商品所进行的检验检疫。

根据我国进口商品登记规定，进口商品的检验分两大类：

一类是列入《商检机构实施检验的进出口商品种类表》（以下简称《种类表》）和合同规定由我国商检机构检验出证的进口商品。进口商品到货后，由收货、用货或其代理接运部门立即向口岸商检机构报验，填写进口货物检验申请书，并提供合同、发票、提单、装箱单等有关资料和单证，检验机构接到报验后，对该批货物进行检验，合格后，在进口货物报关单上加盖印章，海关据此放行。

另一类是不属于上一类的进口商品，由收货、用货或代理接运部门向所在地区的商检机构申报进口商品检验，可自行检验，或由商检机构检验。自行检验须在索赔期内将检验结果报送商检机构，若检验不合格，应及时向商检机构申请复验并出证，以便向外商提出索赔。

（三）进出口商品检验检疫的一般程序

我国进出口商品检验检疫工作主要有4个环节：接受报验、抽样、检验和签发证书。

（1）接受报验：报验是指对外贸易关系人向商检机构报请检验。报验时需填写"报验申请单"，填明申请检验、鉴定工作项目和要求，同时提交对外所签的买卖合同、成交小样及其他必要的资料。

（2）抽样：商检机构接受报验之后，及时派员赴货物堆存地点进行现场检验、鉴定。抽样时，要按照规定的方法和一定的比例，在货物的不同部位抽取一定数量的、能代表全批货物质量的样品（标本）供检验之用。

（3）检验：商检机构接受报验之后，认真研究申报的检验项目，确定检验内容，仔细审核合同（信用证）对品质、规格、包装的规定，弄清检验的依据，确定检验标准、方法，然后抽样检验，包括仪器分析检验、物理检验、感官检验、微生物检验等。

（4）签发证书：在出口方面，凡列入《种类表》内的出口商品，经商检机构检验合格后签发放行单（或在"出口货物报关单"上加盖放行章，以代替放行单）。凡合同、信用证规定由商检部门检验出证的，或国外要求签检证书的，根据规定签发所需封面证书；不向国外提供证书的，只发放行单。没有列入《种类表》的出口商品，应由商检机构检验的，经检验合格发给证书或放行单后，方可出运。在进口方面，进口商品经检验后，分别签发"检验情况通知单"或"检验证书"，供对外结算或索赔用。凡由收、用货单位自行验收的进口商品，如发现问题，检验证书供对外索赔用。对于验收合格的，收、用货单位应在索赔有效期内把验收报告送商检机构销案。

二、商品检验条款的主要内容

在国际货物买卖合同中，商品检验条款的内容繁简不一，由于商品的种类、特性及对检验、检疫的要求不同，其具体内容及其详略也有差异。一般来说，该条款通常包括检验权、检验时间与地点、检验机构、检验技术标准与检验证书等内容，现分别介绍和说明如下。

（一）检验权

检验权是指由合同当事人中哪一方行使对货物的检验，也就是说，谁享有对货物的品质、数量、重量、包装等内容进行最后评定的权利。凡享有检验权的当事人所提供的检验证书，通常都作为确定交货品质、数量、重量、包装等项内容的最后依据。由此可见，检验权的归属，直接关系到买卖双方在交接货物方面的权利和义务，是交易双方洽商检验条件时彼此都很重视的关键问题。一般来说，买方在接受货物之前，有权要求检验货物，以确定其是否与合同规定相符。《联合国国际货物销售合同公约》第38条明确规定：买方必须在按情况实际可行的最短时间内检验货物或由他人检验货物。如合同涉及货物的运输，检验可推迟到货物到达目的地后进行。

在国际货物贸易实际业务中，关于检验权的归属有各种不同的规定办法，例如：有的约定由卖方实施检验，并以卖方提供的检验证明为准；有的约定由买方实施检验，并以买方提供的检验证明为准；有的约定先由双方约定的检验机构在发货时进行检验，并出具检验证明，作为卖方向银行收取货款的凭证之一，但货到目的地后，买方有复验权；也有的约定，如双方检验结果差距较大，可由双方再共同指定某权威机构进行仲裁性的检验，以作为确定货物交接的最后依据。

（二）检验时间与地点

在国际货物买卖合同中，关于检验时间与地点的规定，基本上包括下列三种做法：

1. 在出口国检验

此种方法又包括产地（工厂）检验和装运港（地）检验两种。

（1）产地（工厂）检验。产地（工厂）检验是指货物在产地出运或工厂出厂前，由产地或工厂的检验部门或买方的验收人员进行检验和验收，并由买卖合同中规定的检验机构出具检验证书，作为卖方所交货物的品质、数量等项内容的最后依据。

（2）装运港（地）检验。装运港（地）检验又称"离岸品质、离岸重量"（Shipping Quality and Weight），是指货物在装运港或装运地交货前，由买卖合同中规定的检验机构对货物的品质、重量（数量）等项内容进行检验鉴定，并以该机构出具的检验证书作为确定交货状况的最后依据。

采用上述两种规定办法时,即使买方在货物到达目的港或目的地后,自行委托检验机构对货物进行复验,也无权对商品的品质和重量向卖方提出异议,除非买方能证明,他所收到的与合同规定不符的货物是由于卖方的违约或货物的固有瑕疵所造成的。因此,这两种规定办法从根本上否定了买方的复验权,对买方极为不利。

2. 在进口国卸货后检验

此种方法又分为目的港(地)检验和买方营业处所(最终用户所在地)检验。

(1)目的港(地)检验。目的港(地)检验习称为"到岸品质、到岸重量"(Landed Quality and Weight),是指货物运达目的港或目的地时才由合同规定的检验机构在规定的时间内,就地对商品进行检验,并以该机构出具的检验证书作为卖方所交货物品质、重量(数量)的最后依据。

(2)买方营业处所(最终用户所在地)检验。对于一些因使用前不便拆开包装,或因不具备检验条件而不能在目的港或目的地检验的货物,如密封包装货物、精密仪器等,通常都是在买方营业处所或最终用户所在地,由合同规定的检验机构在规定的时间内进行检验。货物的品质和重量(数量)等项内容以该检验机构出具的检验证书为准。

采取上述两种做法时,卖方实际上需承担到货品质、重量(数量)的责任。如果货物在品质、数量等方面存在的不符点属于卖方责任所致,买方则有权向卖方提出索赔。

(3)出口国装运港(地)检验、进口国目的港(地)复验。这是指卖方在出口国装运货物时,以合同规定的装运港或装运地检验机构出具的检验证书,作为卖方向银行收取货款的凭证之一,货物运抵目的港或目的地后,由双方约定的检验机构在规定的地点和期限内对货物进行复验。复验后如果货物与合同规定不符,而且属于卖方责任所致,买方有权凭该检验机构出具的检验证书,在合同规定的期限内向卖方索赔。应当注意的是,当约定买方有复验权时,应订明复验方法,以防因检验方法不同而导致检验结果的不同。由于这种做法兼顾了买卖双方的利益,因而它是国际货物买卖中最常见的一种规定检验时间和地点的方法。

(4)装运港(地)检验重量、目的港(地)检验品质。在大宗商品交易的检验中,为了调和买卖双方在商品检验问题上存在的矛盾,常将商品的重量检验和品质检验分别进行,即以装运港或装运地验货后检验机构出具的重量检验证书,作为卖方所交货物重量的最后依据,以目的港或目的地检验机构出具的品质检验证书,作为商品品质的最后依据。货物到达目的港或目的地后,如果货物在品质方面与合同规定不符,而且该不符点是卖方责任所致,则买方可凭品质检验证书,对货物的品质向卖方提出索赔,但买方无权对货物的重量提出异议。这种规定检验时间和地点的方法就是装运港(地)检验重量、目的港(地)检验品质,习称"离岸重量、到岸品质"(Shipping Weight and Landed Quality)。

需要指出的是,由于实际业务中检验时间和地点的规定,常常与合同中所采用的贸易术语、商品的特性、检测手段、行业惯例以及进出口国的法律、法规密切相关,因此,在规定商品的检验时间和地点时,应综合考虑上述因素,尤其要考虑合同中所使用的贸易术语。通常情况下,商品的检验工作应在货物交接时进行,即卖方向买方交付货物时,买方随即对货物进行检验。货物经检验合格后,买方即受领货物,卖方在货物风险转移之后,不再承担货物发生品质、数量等变化的责任。这一做法特别适用于以 E 组和 D 组实际交货的贸易术语达成的交易。但如果按装运港交货的 FOB、CFR 和 CIF 贸易术语成交时,情况则大不相同。

由于在采用上述三种术语成交的情况下,卖方只要按合同规定在装运港将货物装上船舶,并提交符合合同规定的单据,就算完成交货义务,货物风险也自货物在装运港装上船舶开始由卖方转移给买方。但此时买方却并没有收到货物,自然更无机会检验货物。因此,按装运港交货的贸易术语达成的买卖合同,在规定检验时间和地点时,采用"出口国检验、进口国复验"最为适宜。

(三)检验机构

在国际货物买卖中,交易双方除了自行对货物进行必要的检验外,通常还要委托独立于买卖双方之外的第三方对货物进行检验。有时,虽然买卖双方未要求对所交易的商品进行检验,但根据有关法律或法规的规定,必须由某机构进行检验,经检验合格后方可出境或入境。这种根据客户的委托或有关法律、法规的规定对进出境商品进行检验、鉴定和管理的机构就是商品检验机构,简称检验机构或商检机构。

1. 国际上重要的检验检疫机构

国际上的商品检验机构种类繁多,名称各异,有的称作公证行(Authentic Surveyor)、宣誓衡量人(Sworn Measurer),也有的称为实验室(Laboratory),检验机构的类型大体可归纳为官方检验机构、半官方检验机构和非官方检验机构三种。

(1)官方检验机构。官方检验机构是指由国家或地方政府投资,按照国家有关法律对出入境商品实施强制性检验、检疫和监督管理的机构。如美国食品药物管理局(FDA)、美国动植物检疫署、美国粮谷检验署、日本通商省检验所等。

(2)半官方检验机构。半官方检验机构是指一些有一定权威的、由国家政府授权、代表政府行使某项商品检验或某一方面检验管理工作的民间机构。例如,根据美国政府的规定,凡是进口与防盗信号、化学危险品以及电器、供暖、防水等有关的产品,必须经美国保险人实验室(Underwriter's Laboratory)这一半官方检验机构检验认证合格,并贴上该实验室的英文缩写标志"UL",方可进入美国市场。

(3)非官方检验机构。非官方检验机构主要是指由私人创办的、具有专业检验、鉴定技术能力的公证行或检验公司,如英国劳埃氏公证行(Lloyd's Surveyor)、瑞士日内瓦通用鉴定公司(Societe Generale de Surveillance S. A.,SGS)等。

2. 我国商品检验机构

(1)国家质量监督检验检疫局。1998年3月以前,我国的出入境检验检疫工作由我国国家进出口商品检验局、农业农村部动植物检疫局、卫计委卫生检疫局三个部门分工负责。1998年3月全国人大通过的国务院机构改革方案决定将上述三个部门合并组建成中华人民共和国出入境检验检疫局,即通常所说的"三检合一",国家出入境检验检疫局是我国主管出入境卫生检疫、出入境动植物检疫和进出口商品检验的行政执法机构,由海关总署管理。

2001年4月10日,国务院决定将国家质量技术监督局与国家出入境检验检疫局合并,成立了中华人民共和国质量监督检验检疫总局。国家质量监督检验检疫总局是国务院主管全国质量、计量、出入境商品检验、出入境卫生检疫、出入境动植物检疫和认证认可、标准化等工作,并行使行政执法职能的直属机构。

(2)中国检验认证(集团)有限公司(CCIC)。中国检验认证(集团)有限公司(China Certification& Inspection(Group)Co.,Ltd.,CCIC)是以中国检验认证(集团)有限公司为母公司，由自愿参加的企业或机构共同组成的企业法人联合体。中国检验认证（集团）有限公司是在原中国进出口商品检验总公司基础上改制重组，经中国国务院批准成立，国家质量监督检验检疫总局和国家认证认可监督管理委员会认可，以检验、鉴定、认证、测试为主业的跨国检验认证机构。

3. 商检检疫机构的主要业务

（1）各种进出口商品的检验。受理的检验内容可以为质量、规格、数量、重量、包装、标志、安全、卫生等。检验方式可以根据委托人的要求，采取产地检验、装运前检验、到货检验等方式。

（2）进出口贸易鉴定服务。受理对进出口商品的监视装载、监视卸载、残损鉴定、海损鉴定、货载衡量业务；受理对承运货物的船舶、车辆、集装箱等的适载条件鉴定、积载鉴定、标记封识鉴定、舱口检视等业务。

（3）其他检验鉴定业务。受理财产鉴定评估、价格比较。审核签发价值证明书、抽取或签封货物样品，为有关国家对进出口商品实行全面监管制度提供装船前检验，对出口成套设备提供从设计审查到监督制造等。

（4）各国安全认证的技术咨询服务、代理申请服务、国外认证机构委托的工厂跟踪检验服务、客户委托的安全检测产品预验等。其中包括：中国商检公司负责全面代理国内企业申请美国保险人实验室（UL）的 UL 认证业务，负责承担中国境内数千家 UL 认证企业的跟踪检验业务。中国商检公司与加拿大标准协会（CSA）签署了委托协议，凡在中国生产的 CSA 认证产品的工厂产品申请、测试、认证和跟踪检验统一由中国商检公司负责办理。中国商检公司与德国莱茵技术监督协会（TUV Rheinland）签订了合同协议，由中国商检公司负责承办中国客户申请 GS、CE、TUV 认证标志的工作，进行受理申请、检查工厂、技术测试、颁发确认书、授权使用相应标志及对 TUV 认证工厂进行跟踪检验等。中国商检公司还与英国标准化协会（BSI）、荷兰 KEMA 研究院、德国 VDE 测试认证院、日本电器安全环境研究所（JET）等机构建立了业务合作关系。

（5）承接 ISO 9000、ISO 14000 质量体系认证咨询服务。

（四）检验项目与检验证书

1. 检验证书的种类

检验证书（Inspection Certificate）是检验机构对进出口商品进行检验、鉴定后签发的书面证明文件。

国际货物买卖中的检验证书种类繁多，卖方究竟需要提供哪种证书，要根据商品的特性、种类、贸易习惯以及政府的有关法令而定。在实际业务中，常见的检验证书主要有以下几种：

（1）品质检验证书（Inspection Certificate of Quality）。即证明进出口商品品质、规格的证书。

（2）数量检验证书（Inspection Certificate of Quantity）。即证明进出口商品数量的证书。

（3）重量检验证书（Inspection Certificate of Weight）。即证明进出口商品重量的证书。

（4）价值检验证书（Inspection Certificate of Value）。即证明进出口商品价值的证书，通常用于证明发货人发票所载的商品价值正确、属实。

（5）卫生检验证书（Sanitary Inspection Certificate）。即证明食用动物产品、食品在出口前已经过卫生检验、可供食用的证书。

（6）兽医检验证书（Veterinary Inspection Certificate）。即证明动物产品在出口前已经过兽医检验、符合检疫要求的证书。

（7）消毒检验证书（Disinfection Inspection Certificate）。即证明动物产品在出口前已经过消毒处理、符合安全及卫生要求的证书。

（8）验残检验证书（Inspection Certificate on Damaged Cargo）。即证明进口商品残损情况、估算残损贬值程度、判定致损原因的证书。

（9）产地检验证书（Inspection Certificate of Origin）。即用于证明出口商品原生产地的证书，通常包括一般产地证、普惠制产地证、野生动物产地证等。

国家市场监督管理总局设在各地的检验机构，中国国际贸易促进委员会及其分会以及商务部指定的其他机构负责签发原产地证。凡进出口方要求由我官方机构签发原产地证的，申请单位应向检验检疫局申请办理。凡进出口方要求我民间机构签发原产地证的，申请单位应向贸促会申请。未明确要求的，可向检验检疫局或贸促会申请。

此外，常见的检验证书还有植物检疫证明、积货鉴定证书、船舱检验证书、货载衡量检验证书等。

2. 检验证书的作用

检验证书的作用主要有以下几点：

（1）检验证书是证明卖方所交货物的品质、数量、包装以及卫生条件等方面是否符合合同规定的依据。在国际货物买卖中，交付与合同规定相符的货物是卖方的基本义务之一。因此，合同或信用证中通常都规定，卖方交货时必须提交规定的检验证书，以证明所交货物是否与合同规定一致。如检验证书中所列结果与合同或信用证规定不符，银行有权拒绝议付货款。

（2）作为海关验关放行的依据。凡属法定检验范围的商品，在办理进出口清关手续时，必须向海关提供商检机构签发的检验证书。否则，海关不予放行。

（3）检验证书是卖方办理货款结算的依据。当合同或信用证中规定在出口国检验，或规定在出口国检验、进口国复验时，一般合同中都规定，卖方须提交规定的检验证书。此种情况下，卖方在向银行办理货款结算时，在所提交的单据中，必须包括检验证书。

（4）检验证书是办理索赔和理赔的依据。当合同或信用证中规定在进口国检验，或规定买方有复验权时，如果买方所收到的货物经指定的商检机构检验与合同规定不符，此时，买方必须在合同规定的索赔有效期内，凭指定的商检机构签发的检验证书向有关责任方提出或要求解除合同，有关责任方也需根据商检机构出具的检验证书办理理赔。

（5）计征关税的依据。检验检疫机构出具的重量、数量证书，具有公正、准确的特点，是海关核查征收进出口货物关税时的重要依据之一。残损证书所标明的残损、缺少的货物可以作为向海关申请退税的有效凭证。

检验检疫机构作为官方公证机关出具的产地证明是进口国海关给予差别关税待遇的基本凭证，在我国对外出口贸易活动中有重要的意义。

（6）作为证明情况、明确责任的证件。检验检疫机构应申请人申请委托，经检验鉴定后出具的货物积载状况证明、监装证明、监卸证明、集装箱的验箱、拆箱证明，对船舱检验提供的验舱证明、封舱证明、舱口检视证明，对散装液体货物提供的油温、空距证明、冷藏箱或舱的冷藏温度证明、取样和封样证明等，都是为证明货物在装运和流通过程中的状态和某些环节而提供的，以便证明事实状态，明确有关方面的责任，也是船方和有关方面免责的证明文件。

在我国，法定检验商品的检验证书由国家质量监督检验检疫局及其设在各地的分支机构签发；法定检验以外的商品，如合同或信用证中无相反规定，也可由中国国际贸易促进委员会或中国检验认证集团或生产企业出具。在填制检验证书时，应注意证书的名称和具体内容必须与合同及信用证的规定一致，另外，检验证书的签发日期不得迟于提单签发日期，但也不宜比提单日期提前过长。

（五）检验标准

检验标准是指对进出口商品实施检验所依据的标准，如对商品品质、规格、包装等项目的具体规定和要求；抽样、制样或检验方法及对检验仪器的具体规定和要求等。在国际货物买卖合同中，即使是同一种商品，对其实施检验所依据的标准和方法不同，检验结果往往会大不一样。因此，交易双方在签订买卖合同时，除了规定检验时间和地点、检验机构及检验证书之外，往往还要明确检验标准。检验标准的具体内容，视商品的种类、特性及进出口国家有关法律或行政法规的规定而定。

1. 国际上对检验标准的分类

在国际货物买卖中，商品的检验标准可归纳为以下三类：

（1）对买卖双方具有法律约束力的标准。这是国际货物买卖中普遍采用的检验标准，其中最常见的是买卖合同和信用证。

（2）与贸易有关国家所制定的强制执行的法规标准。主要指商品生产国、出口国、进口国、消费国或过境国所制定的法规标准，如货物原产地标准、安全法规标准、卫生法规标准、环保法规标准、动植物检疫法规标准。

（3）国际权威性标准。国际权威性标准是指在国际上具有权威性的检验标准，其中又包括国际标准、区域性标准化组织标准、国际商品行业协会标准和某国权威性标准四种。

1）国际标准。国际标准是指国际专业化组织所制定的检验标准，如国际标准化组织、国际海事组织、国际电工委员会、联合国食品法典委员会等制定的标准。

2）区域性标准化组织标准。这是指区域性组织所制定的标准，如欧洲标准化委员会、欧洲电工标准委员会、泛美技术标准委员会等制定的标准。

3）国际商品行业协会标准。这是指国际羊毛局、国际橡胶协会等国际性商品行业协会所制定的标准。

4）某国权威性标准。这是指某些国家所制定的具有国际权威性的检验标准，如英国药典、美国公职分析化学家协会制定的标准。

2. 我国商检机构对进出口商品实施检验的标准

（1）法律、行政法规规定有强制性标准或者其他必须执行的检验标准的，按照法律、行政法规规定的检验标准检验。

（2）法律、行政法规未规定有强制性检验标准或者其他必须执行的检验标准的，按照对外贸易合同规定的检验标准检验；凭样成交的，并应当按照样品检验。

（3）法律、行政法规规定的强制性检验标准或者其他必须执行的检验标准，低于对外贸易合同约定的检验标准的，按照对外贸易合同约定的检验标准检验；凭样成交的，并应当按照样品检验。

（4）法律、行政法规未规定有强制性检验标准或者其他必须执行的检验标准，对外贸易合同又未约定检验标准或者约定检验标准不明确的，按照生产国标准、有关国际标准或者国家商检部门指定的标准检验。

国际标准化组织（The International Organization for Standardization，ISO）为了促进各国产品质量及企业质量管理水平的提高和保护消费者权益，在总结传统产品检验、测试及质量控制工作的基础上，于1987年制定了ISO 9000质量管理与质量保证系列国际标准。该标准自发布以来，又得到世界许多国家的普遍重视，我国近几年来也在大力推广ISO 9000系列标准。

在我国，根据《中华人民共和国标准化法》的规定，商品的标准分为四种，即国家标准、行业标准、地方标准和企业标准。国家标准由国务院标准化行政主管部门制定。对没有国家标准，但需要在国家某行业范围内统一技术要求的，可以制定行业标准。没有国家标准和行业标准的，可以制定地方标准或企业标准。对于既有我国标准又有国际标准或国外标准的商品，一般情况下应采用我国标准进行买卖。对于已被国际上广泛采用的标准，或有助于扩大产品在国际市场销路的标准，交易时应尽量采用该种标准。

国际货物买卖合同中的检验条款，除了包括上述内容外，有时还需明确买方对不符货物向卖方索赔的具体期限。

三、合同中的检验条款

目前，在我国的出口贸易中，一般采用在出口国检验、进口国复验的办法，即货物在装船前，由我出口口岸商检机构进行检验，并签发检验证书，作为向银行议付货款的依据；货到目的港后允许买方有复验权，并且以目的港检验机构检验货物后出具的检验证书作为索赔的依据。

现举出口合同中检验条款实例如下：

"双方同意以装运港（地）××（检验机构名称）签发的品质和重量检验证书作为信用证项下议付所提交单据的一部分。买方有权对货物的品质或数量进行复验。复验费由卖方负担，如发现品质或数量与合同不符，买方有权向卖方索赔，并需提供经卖方同意的公证机构出具的检验报告。索赔期限为货到目的港（地）后××天内。"

It is mutually agreed Inspection Certificate of Quality and Quantity issued by … at the port of shipment shall be part of the documents to be presented negotiation under the relevant L/C. The buyers shall have the right to re-inspect the quality and quantity of the cargo. The re-inspections fee shall be borne by the buyers. Should the quality and/or quantity be found not in conformity with that of the contract, the buyers are entitled to lodge with the sellers a claim, which should be supported, by a claim which should be supported by survey reports issued by a recognized surveyor approved by the sellers. The claim, if any, shall be lodged with in… days after arrival of the cargo at the port of destination.

合同未规定检验期限而发生的品质纠纷案

（改编自俞毅主编．国际贸易实务教程．机械工业出版社，2006，第260~261页）

基本案情：2003年9月7日，A公司（买方）与B公司（卖方）在广州签订合同。合同规定：B公司向A公司提供186 000个"220 V，100 W"内涂白灯泡，单价为0.113美元，FOB佛山，总金额为21 018美元；装运期为2003年11月20日之前；付款条件为装运后两天以内以T/T付款，货物的品种、数量、重量以中国进出口商品检验检疫局出具的商检证书作为最后的依据。

2003年11月20日，A公司来提货并开箱进行外观检验，没有发现问题。2003年11月30日，A公司电汇全部货款21 018美元给B公司。

2004年6月上旬，A公司验货时发现抽样货物有灯头生锈现象。A、B双方进行了多次函电交涉，但没有结果。2005年2月，A公司申请广东进出口商品检验局对该批商品进行检验，2005年4月3日，广东出口商品检验局出具的检验报告单称该商品的外观质量不符合国际GB 10681—1989《普通照明灯泡》的要求。A公司遂以广东出口商品检验局检验的商检证书为依据向B公司提出索赔，要求B公司运回该批货物并赔偿相关损失。B公司认为尽管产品可能存在质量问题，但A公司未在合理的时间内提出索赔，所以索赔无效，于是双方发生争执。

第二节 索 赔

一、争议与索赔的含义

所谓争议（Disputes），是指交易的一方认为对方未能部分或全部履行合同的责任与义务而引起的纠纷。

所谓索赔（Claim），是指遭受损害的一方在争议发生后，向违约方提出赔偿的要求，在法律上是指主张权利，在实际业务中，通常是指受害方因对违约方违约而根据合同或法律提出予以补救的主张。

所谓理赔，是指违约方对受害方所提出赔偿要求的受理与处理。

索赔与理赔是一个问题的两个方面，在受害方是索赔，在违约方是理赔。交易中双方引起争议的原因很多，大致可归纳为以下几种情况：

（一）卖方违约

不按合同的交货期交货，或不交货，或所交货物的品质、规格、数量、包装等与合同（或信用证）规定不符，或所提供的货运单据种类不齐、份数不足等。

（二）买方违约

在按信用证支付方式条件下不按期开证或不开证；不按合同规定付款赎单，无理拒收货物。

(三) 买卖双方均负有违约责任

如合同条款规定不明确,致使双方理解或解释不统一,造成一方违约,引起纠纷;或在履约中,双方均有违约行为。

从违约性质看,争议产生的原因,一是当事人方的故意行为导致违约而引起争议;二是由于当事人一方的疏忽、过失或业务生疏导致违约而引起争议。此外,对合同义务的重视不足,往往也是导致违约、发生纠纷的原因之一。

二、不同法律对违约行为的不同解释

(一) 英国法的规定

英国法把违约分成违反要件与违反担保两种。前者是指违反合同的主要条款,受害方有权主张解除合同并要求损害赔偿。后者是指违反合同的次要条款,受害方只能要求损害赔偿,但无权主张解除合同。一般认为与商品有直接关系的品质、数量和交货期等条件属于要件,与商品不直接联系的为担保。值得注意的是,英国《货物买卖法》却规定,受害方有权把卖方的违反要件当作违反担保处理,而不把它作为废弃合同的理由。

(二) 《联合国国际货物销售合同公约》的规定

1980年,《联合国国际货物销售合同公约》把违约区分为根本性违约和非根本性违约。前者是指一方当事人违反合同的结果,使另一方当事人蒙受损害,以至实际上剥夺了他根据合同规定有权期待得到的利益,即为根本性违反合同,受害方可以要求解除合同并要求损害赔偿。未达到上述违约后果,视为非根本性违约,受害人只能要求损害赔偿。

综上所述,英国《货物买卖法》与《联合国国际货物销售合同公约》对违约的划分是不同的。前者对违约的划分是从合同条款本身来判断的,后者是从违约的后果及其严重程度而确定的。

我国法律也有类似《联合国国际货物销售合同公约》的规定:当事人一方迟延履行债务或者有其他违约行为致使不能实现合同目的的,当事人可以解除合同。

三、索赔条款

国际贸易涉及的面很广,情况复杂多变,在履约过程中,如一个环节出问题,就可能影响合同的履行,加之,市场情况千变万化,如出现对合同当事人不利的变化,就可能导致一方当事人违约或毁约,而给另一方当事人造成损害,从而引起争议。受损害的一方为了维护自身权益,便向违约方提出索赔。违约方对受损害方的索赔要求进行处理,称为理赔。

(一) 国际贸易中索赔的类型

涉及国际货物买卖的索赔,一般有三种情况,即贸易索赔、运输索赔和保险索赔。

(1) 贸易索赔。它是以买卖合同为基础的,当一方当事人违反买卖合同规定时,受害方可依据买卖合同规定和违约事实提出索赔。如果发生的损失不属于合同范围就不属于贸易索赔性质。例如，CIF 合同项下的货物在海运途中发生损失，这个损失不能由卖方承担，而应另寻途径解决。

（2）运输索赔。它是以运输合同为基础的，当一方当事人违反运输合同规定时，受害人可以依据运输合同规定和违约事实提出索赔。例如，按 CFR 条件成交的货物在装船前经检验品质完全符合合同，但货到目的地时出现部分货物损坏，经查是由于承运堆码不当，导致货物倾斜而致。所以卖方与此无关，买方只能凭运输合同向承运人索赔。

（3）保险索赔。它是以保险合同为基础的，当发生保险合同承保范围内的风险并由此造成损失，被保险人可向保险公司索赔。例如，按 CIP 条件成交的货物，在运输途中遭遇暴雨而损坏。如果卖方按照中国人民保险公司海运货物保险条款投保了水渍险，买方可凭保险单向保险公司索赔。

（二）买卖合同中的索赔条款

索赔条款有两种规定方式，一种是异议与索赔条款（Discrepancy and Claim Clause）；另一种是罚金条款（Penalty Clause）。在一般货物买卖合同中，多数只订异议与索赔条款。而在大宗商品和机械设备合同中，除了订明异议与索赔条款外，往往还需另订罚金条款。

1. 异议与索赔条款

异议与索赔条款一般是针对卖方交货品质、数量或包装不符合合同规定而订立的，主要包括索赔依据、索赔期限。

例如："买方对于装运货物的任何索赔，必须于货物到达提单或运输单据所订目的港之日起××天内提出，并须提供卖方同意的公证机构出具的检验报告。属于保险公司、轮船公司或其他有关运输机构责任范围内的索赔，卖方不予受理。"

2. 罚金或违约金条款

此条款一般适用于卖方延期交货或买方延期接运货物、拖延开立信用证、拖欠货款等场合。在买卖合同中规定罚金或违约金条款，是促使合同当事人履行合同义务的重要措施，能起到避免和减少违约行为发生的预防性作用，在发生违约行为的情况下，能对违约方起到一定的惩罚作用，对守约方的损失能起到补偿性作用。

罚金或违约金与赔偿损失虽有相似之处，但仍存在差异，其差别在于：前者不以造成损失为前提条件，即使违约的结果并未发生任何实际损害，也不影响对违约方追究违约金责任。违约金数额与实际损失是否存在及损失的大小没有关系，法庭或仲裁庭也不要求请求人就损失举证，故其在追索程序上比后者简便得多。

违约金的数额一般由合同当事人商定，我国现行合同法也没有对违约金数额做出规定，而以约定为主。按违约金是否具有惩罚性，可分为惩罚性违约金和补偿性违约金，世界大多数国家都以违约金的补偿性为原则，以惩罚性作为例外。根据我国合同法的规定，在确定违约金数额时，双方当事人应预先估计因违约可能发生的损害赔偿确定一个合适的违约金比率。在此需要着重指出的是，在约定违约金的情况下，即使一方违约未给对方造成损失，违约方也应支付约定的违约金。为了体现公平合理原则，如一方违约给对方造成的损失大于约定的违约金，守约方可以请求法院或仲裁庭予以增加；反之，如约定的违约金过分高于实际造成的损失，当事人也可请求法院或仲裁庭予以适当减少。但如约定的违约金不是过分高于实际损失，则不能请求减少，这样做，既体现了违约金的补偿性，也在一定程度上体现了它的惩罚性。当违约方支付约定的违约金后,并不能免除其履行债务的义务。

例如:

"卖方不能按合同规定的时间交货,在卖方同意由付款银行在议付货款中扣除罚金或由买方于支付货款时直接扣除罚金的条件下,买方应同意延期交货。罚金率按每7天收取延期交货部分总金额的0.5%,不足7天者以7天计算。但罚金不得超过延期交货部分总金额的5%。如卖方延期交货超过合同规定期限10周时,买方有权撤销合同,但卖方仍应不延迟地按上述规定向买方支付罚金。"

关于丧失索赔的反请求案

(引自黎孝先著. 进出口合同条款与案例分析. 对外经济贸易大学出版社, 2003,第254页)

1996年申请人(卖方)与被申请人(买方)签订了买卖合同。合同签订后,申请人交付了两批货物,并收取了货款。被申请人收到第三批货物并使用后,却一直拖欠该批货款,于是申请人向中国国际经济贸易仲裁委员会深圳分会提请仲裁,要求被申请人支付拖欠的货款及利息损失。被申请人则以申请人延迟交货作为抗辩理由,并提出反请求,要求申请人赔偿损失。后经仲裁庭开庭审理查明,被申请人确已收到第三批货物,并且已经使用。虽然申请人第三批交货因故超过约定的交货期限,但被申请人未能提供任何就迟延交货提出异议的证据,也未提供证据来证明其已向申请人催交货物,并宣称保留因对方迟延交货而要求索赔的权利。在申请人提请仲裁之前一年零一个月中,被申请人并未提出过第三批货物迟延交付造成的损失问题,也未在合理时间内就申请人迟延交货提出索赔。据此,仲裁庭裁定,被申请人应向申请人支付拖欠的货款及利息,并驳回了被申请人丧失索赔权的反请求。

第三节 不可抗力

一、不可抗力的含义

不可抗力(Force Majeure)是指买卖合同签订后,不是由于合同当事人的过失或疏忽,而是由于发生了合同当事人无法预见、无法预防、无法避免和无法控制的事件,以致不能履行或不能如期履行合同,发生意外事件的一方可以免除履行合同的责任或推迟履行合同。因此,不可抗力是一项免责条款。

在国际贸易中,对不可抗力的含义及其叫法并不统一。在英美法中,有"合同落空"(Frustration of Contract)原则的规定,其意思是指合同签订后,不是由于合同当事人的过失,发生了当事人意想不到的事件,致使订约目的受到挫折,从而造成"合同落空"。发生事件的一方,可据此免除责任。

在大陆法系国家的法律中,有所谓"情势变迁"或"契约失效"原则的规定,其意思是指签订合同后，不是由于合同当事人的原因而发生了当事人预想不到的情况变化，致使合同不可能再履行或对原来的法律效力需作相应的变更。不过，法院对引用此项原则来免除履约责任的要求是很严格的。

《联合国国际货物销售合同公约》第 79 条规定："当事人对不履行义务不负责任，如果他能证明此种不履行义务，是由于某种非他所能控制的障碍，而且对于这种障碍，没有理由预期他在订立合同时能考虑到或能避免或克服它或它的后果。"意指合同签订后，如发生了合同当事人订约时无法预见和事后不能控制的障碍，以致不能履行合同义务，则可免除责任。

上述各种解释表明，各国对不可抗力尽管有不同叫法与说明，但其精神原则大体相同：
（1）意外事故必须是发生在合同签订以后；
（2）不是由于合同当事人双方自身的过失或疏忽而导致的；
（3）意外事故是当事人双方所不能控制的、无能为力的。

二、约定不可抗力条款的意义

在国际贸易中，买卖双方洽商交易时，对成交后由于自然力量或社会原因而可能引起的不可抗力事件是无法预见、无法控制的，加之，国际上对不可抗力事件及其引起的法律后果并无统一的解释。为避免因发生不可抗力事件而引起不必要的纠纷，防止合同当事人对发生不可抗力事件的性质、范围作任意的解释，或提出不合理的要求，或无理拒绝对方的合理要求，故有必要在买卖合同中订立不可抗力条款，明确规定不可抗力事件的性质、范围、处理原则和处理办法，以利于合同的履行。

三、不可抗力条款的规定

不可抗力条款，通常包括下列主要内容。

（一）不可抗力的性质与范围

不可抗力事件有其特定的含义，并不是任何一种意外事件都可作为不可抗力事件。不可抗力事件的范围较广，通常分为下列两种情况：一种是由于自然力量引起的事件，如水灾、旱灾、冰灾、雪灾、雷电、火灾、暴风雨、地震、海啸等；另一种是政治或社会原因引起的，如政府颁布禁令、调整政策制度、罢工、暴动、骚乱、战争等。

关于不可抗力事件的性质与范围，通常有下列几种规定办法。

（1）概括规定。在合同中不具体规定哪些事件属于不可抗力事件，而只是笼统地规定："由于公认的不可抗力的原因，致使卖方不能交货或延期交货，卖方不负责任"；或"由于不可抗力事件使合同不能履行，发生事件的一方可据此免除责任"。这类规定办法，过于笼统，含义模糊，解释伸缩性大，容易引起争议，不宜采用。

（2）具体规定。在合同中详列不可抗力事件，这种一一列举的办法，虽然明确具体，但文字烦琐，且可能出现遗漏情况，因此，也不是最好的办法。

（3）综合规定。列明经常可能发生的不可抗力事件（如战争、洪水、地震、火灾等）的同时，再加上"以及双方同意的其他不可抗力事件"的文句。这种规定办法，既明确具体，又有一定的灵活性，是一种可取的办法。在我国进出口合同中，一般都采取这种规定办法。

(二) 不可抗力事件的通知和证明

不可抗力事件发生后如影响合同履行时，发生事件的一方当事人，应按约定的通知期限和通知方式，将事件情况如实通知对方，对方在接到通知后，应及时答复，如有异议也应及时提出。此外，发生事件的一方当事人还应按约定办法出具证明文件，作为发生不可抗力事件的证据。在国外，这种证明文件一般由当地的商会或法定公证机构出具。在我国，由中国国际贸易促进委员会出具。

(三) 不可抗力事故的后果

不可抗力事故的后果有两种：解除合同；延期履行合同。至于什么情况下解除合同，什么情况下延期履行合同，要看所发生事故的原因、性质及对合同所造成的影响程度而定。为避免事后发生争议，买卖双方应在合同中对此事先做出规定。若在合同中事先没有明确规定，一般的处理原则是：如果不可抗力事故严重，使履行合同成为不可能，则可解除合同；如果影响不大，只是在某种程度上阻碍了合同的履行，即可延期履行合同。

政府禁令是否属不可抗力的争议案

（引自黎孝先著．进出口合同条款与案例分析．对外经济贸易大学出版社，2003，第 271~272 页）

从意大利出口一批蚕豆到英国格拉斯哥，买卖双方按 CIF 条件签订合同，合同规定，某年 10 月至 11 月间交货。但在某年 10 月 20 日，意大利政府宣布：从当年 11 月 1 日起，除非有特殊许可证，否则，禁止出口。卖方因此没有装船，买方则要求赔偿损失。卖方以政府发布禁令为由，声称遇到不可抗力，可以免责，故不予赔偿。于是买方诉诸法院。法院认为，如禁令公布后立即生效，即可构成不可抗力事件。但是，该项禁令只是把装运时间从两个月减少到一个月，而且该禁令不是公布后立即生效，卖方仍有 10 天宽限期，完全可以装运。而卖方并不能证明其在 10 天宽限期内确实找不到载货船舶，因此法院判决买方胜诉。

第四节 仲　裁

一、仲裁的含义及特点

国际商务纠纷的解决方式通常有以下四种：① 友好协商，即双方通过相互谅解自行协商解决；② 调解，即通过第三方从中斡旋协调解决；③ 提交仲裁；④ 司法诉讼。本节主要介绍解决争议的仲裁方法。

仲裁（Arbitration）又称公断。就字义来看，"仲"表示地位居中，"裁"表示评判，二者合在一起的基本含义即居中裁决。它是指当事人双方在发生争议或纠纷时，根据双方之间的协议自愿提交给一定机构，该机构以第三方身份对争议的事实或权利义务关系依法做出裁决，从而解决争议的一种法律制度。

20 世纪以来，仲裁方法已被广泛地用于解决国际商事交往中的各种争议。不仅各国纷纷建立了自己的国际商事仲裁机构，常设仲裁机构仲裁也逐渐取代临时仲裁而成为现代仲裁的主要形式。各种仲裁机构相互之间的合作与交流十分密切，而且许多国家都参照仲裁的国际条约或规则制定了自己的国内仲裁法来规范国际商事仲裁，并赋予法院在一定程度上支持和监督仲裁的权力，以增强仲裁的法律效力。国际商事仲裁的发展具有明显的国际化和统一化的特征。1958 年 6 月 10 日在联合国经社理事会主持下起草了仲裁领域最重要的一个多边国际条约《承认与执行外国仲裁裁决的公约》（以下简称 1958 年《纽约公约》）；我国于 1986 年 12 月 2 日决定加入，该公约于 1987 年 4 月 22 日对我国生效。1976 年还诞生了另一个较有影响的多边国际条约《联合国国际贸易法委员会仲裁规则》。以上述两公约为基础，1985 年 12 月 11 日联合国大会还批准了《国际商事仲裁示范法》第 40/72 号决议（简称《示范法》），它反映了现代国际商事仲裁领域最新的发展，较好地平衡了当事人意思自治与法院的司法管制，是一部相当完备的现代化仲裁法典，为许多国家采用。1994 年 8 月 31 日我国参照《示范法》颁布了《中华人民共和国仲裁法》，该法已于 1995 年 9 月 1 日正式施行。

与其他争议解决方式相比，仲裁具有以下明显的特征：

（1）仲裁机构在性质上属民间组织，处于第三方地位，它们作为公断人以其公正的仲裁活动树立自己的威信，谋求生存和发展。

（2）仲裁的重要原则是当事人意思自治的原则，即仲裁是在自愿的基础上进行的，仲裁机构不具有强制管辖权。各方当事人通过在合同中签订仲裁条款或另外达成书面仲裁协议的方式，自行约定或选择仲裁事项、仲裁机构、仲裁地点、仲裁程序、裁决效力及仲裁使用的语言等。这使得仲裁能更灵活地保护当事人合法权益，更易被当事人所信任。

（3）与诉讼相比，仲裁更为经济。由于仲裁是自愿进行的，双方对抗的程度一般不会像诉讼那么激烈，而且仲裁不公开进行，有助于保守商业秘密。

（4）仲裁往往比诉讼的专业权威性更强。仲裁因其对象为民、商事纠纷，常涉及复杂的法律、经济贸易和技术性问题。而各仲裁机构大都备有分专业的仲裁员名册供当事人选择，所聘仲裁员一般都是各行业的专家。而法院通常不具备这一条件，其法院的专业领域也主要限于法律本身。

（5）仲裁实行一裁终局。而各国的诉讼制度多是二审或三审终审。中国法院的诉讼制度是两审终审制，任何一方对一审判决不服均可在规定的期限内提起上诉，二审判决是终审判决，具有裁判力。

（6）国际商事仲裁裁决较涉外诉讼的判决更容易得到外国法院的判决和执行。1958 年《纽约公约》是广泛得到承认的国际公约，一个缔约国的仲裁机构做出的裁决就能够比较方便地在另一缔约国得到执行。而且裁决多是依照"公平原则""商务习惯"做出的，可避免因适用法律错误而导致无效。而诉讼因各国政治、法律、文化、经济等差异，一国法院判决需另一国法院执行时，不仅审查极为严格，而且常会附有苛刻条件。

正是仲裁的上述优点，在国际商贸交往中，交易双方一般都愿争取仲裁方式来解决争议，而较少选择司法诉讼或第三方斡旋。

二、仲裁协议的形式及作用

（一）仲裁协议的形式

仲裁协议是指各方当事人自愿将他们之间契约性或非契约性的法律关系上可能发生或已经发生的争议提交仲裁解决的协议。

仲裁协议是仲裁的第一要素，是现代国际商事仲裁的基石。仲裁协议是仲裁受理案件的法定依据。

《中华人民共和国仲裁法》第 16 条规定："仲裁协议包括合同中订立的仲裁条款和其他书面方式在纠纷发生前或者纠纷发生后达成的请求仲裁的协议。"这里指出了仲裁协议的不同形式或类别。实践中，仲裁协议主要有如下三种：

（1）各方当事人在争议发生前订立的，表示愿意将他们之间将来可能发生的争议提交仲裁解决的协议。这种协议往往不是单独订立的，而是包括在双方当事人订立的合同之中，作为合同条款之一的仲裁条款。

（2）各方当事人在争议发生之后订立的，表示愿意将他们之间已经发生的争议提交仲裁解决的协议。这种协议往往是单独签订的。虽然争议发生后再订立仲裁协议较争议发生前达成仲裁协议往往要难得多，但是考虑到仲裁能较快地解决纠纷的优势和特点，为了避免耗费时日的法院诉讼，发生争议后达成仲裁协议的也不在少数。

（3）各方当事人在争议发生以前或发生之后通过函电交换和援引等方式达成仲裁的协议。双方当事人可以通过互换信函、电报、电传、传真、电子数据交换和电子邮件在网上达成仲裁的协议，这种协议往往不是通过双方共同签署同一份有关仲裁协议的文件，而是一方当事人提出仲裁的建议或要约，另一方当事人通过上述通信方式给对方以确认或承诺即达成仲裁协议。

（二）仲裁协议的作用

1. 仲裁协议授予仲裁机构或仲裁员以仲裁管辖权

仲裁协议是仲裁机构受理当事人之间争议案件的唯一依据和前提条件。只有当事人订立了书面的仲裁协议，仲裁机构才能受理仲裁案件，仲裁员才能审理案件。《中华人民共和国仲裁法》规定，当事人采用仲裁方式解决纠纷，应当双方自愿达成协议。没有仲裁协议，仅一方申请仲裁的，仲裁机构将不予处理。

2. 仲裁协议对当事人的法律效力

一份有效的仲裁协议对当事人具有严格的约束力，即当事人丧失了就特定事项向法院提起诉讼的权利。如果发生了仲裁协议中约定的争议事项，只能以仲裁方式解决，任何一方都不得向法院提起诉讼。

3. 仲裁协议排除法院管辖权

世界上大多数国家的立法都承认仲裁协议具有排除法院管辖权的法律效力。如果有一方当事人违反仲裁协议将他们之间的争议向法院提起诉讼，法院应当驳回起诉，由当事人将争议提交有管辖权的仲裁机构进行仲裁。《中华人民共和国仲裁法》第 5 条规定："当事人达成仲裁协议,一方向人民法院起诉的,人民法院不予受理,但仲裁协议无效的除外。"

4. 赋予仲裁裁决以强制执行的效力

一份有效的仲裁协议是强制执行仲裁裁决的依据。在一般情况下,有关国家的法院在强制执行仲裁裁决时,都要求申请强制执行的一方当事人提交仲裁协议,否则不予承认和执行。1958年《纽约公约》第5条和《中华人民共和国仲裁法》第63条、第71条均将当事人之间订立有效的仲裁协议作为仲裁裁决能够得到法院承认与执行的重要条件。

三、仲裁协议的内容

不论是合同中的仲裁条款还是单独的仲裁协议书,也不论选择机构仲裁还是临时仲裁的仲裁协议,以及争议前或争议后签订的仲裁协议,其内容一般包括仲裁意愿、仲裁事项、仲裁规则、仲裁机构或仲裁地点及仲裁裁决的效力等内容。

1. 仲裁意愿

仲裁意愿就是当事人愿意将争议交付仲裁解决的意思表示,是仲裁协议的最重要的内容,是仲裁协议发生法律效力的依据。仲裁意愿的表达需有明确的将争议提交仲裁解决的意愿。许多国家的立法都对仲裁意愿构成仲裁协议的重要内容做出了规定。如果由于文字表述的原因使仲裁意愿的表达有瑕疵,可能导致仲裁意愿不明确而使仲裁协议的效力处于待定状态,最终有可能导致采用仲裁方式解决纠纷的意愿落空。

2. 仲裁事项

仲裁事项又称可仲裁范围,即当事人将可能发生或已经发生的哪些事项提交仲裁,或仲裁范围包括哪些事项。仲裁事项是未来仲裁庭审理并做出裁决的权力界限,超出仲裁事项或范围做出裁决的部分应为无效裁决,一方当事人可以向法院申请撤销该部分裁决,或向法院申请不予执行。

在约定提交仲裁的事项时,还要考虑仲裁地法和执行地法对于可仲裁性的法律规定,并非所有事项均可提交仲裁。如有的国家法律规定凡涉及人身权的民事争议不具有可仲裁性,有的国家法律规定凡涉及工业产权和侵权行为的争议不得提交仲裁。《中华人民共和国仲裁法》第3条规定:"下列纠纷不能仲裁:(一)婚姻、收养、监护、抚养、继承纠纷;(二)依法应由行政机关处理的行政争议。"

3. 仲裁规则

仲裁规则主要是指机构、仲裁庭和当事人在自始至终整个仲裁程序中应当遵循的行为规范的总和,一般包括如何提出仲裁申请、答辩的方式和期限、仲裁庭的组成、裁决的做出和效力以及仲裁费用等内容,仲裁规则可以补充和细化仲裁地国仲裁立法的规定,但不得与其相抵触。各国常设仲裁机构均制定有自己的仲裁规则,如《中国国际经济贸易仲裁委员会仲裁规则》《中国海事委员会仲裁规则》《美国仲裁协会国际仲裁规则》《新加坡国际仲裁中心仲裁规则》《瑞典斯德哥尔摩商会仲裁院仲裁规则》等。当事人选择某一仲裁机构就意味着选择它的仲裁规则,除非有明确的排除适用。有的仲裁机构则明示允许按当事人的约定,采用其他国际商事仲裁规则,如瑞典斯德哥尔摩商会仲裁院应当事人要求,可采用《联合国国际贸易法委员会仲裁规则》。《中国国际经济贸易仲裁委员会仲裁规则》(2000年10月1日起施行)第7条也规定,凡当事人同意将争议提交仲裁委员会仲裁的,均视为同意按照本仲裁规则进行仲裁,但当事人另有约定且仲裁委员会同意的,从其约定。这里是一个开放式的规定，表明了中国国际经济贸易仲裁委员会在其可操作的范围内可以适用其他仲裁机构的仲裁规则，体现了该机构国际化和更加尊重当事人意思自治的一面。

如采用临时仲裁的方式，当事人既可以选择仲裁地国国家或国际性的仲裁机构的仲裁规则，也可以授权仲裁庭选择某仲裁规则或自行拟定仲裁规则。

4. 仲裁地点

仲裁地点的确定是当事人磋商的重点。这是因为仲裁地点的选择在许多情况下决定了仲裁程序进行所依据的程序法和程序规则。除非当事人在仲裁协议中已经做了明确规定，一般来说，仲裁地国家的仲裁立法以及仲裁机构的仲裁规则成为当然适用的程序规范，同时，如果当事人未选择解决争议的实体法，根据国际私法适用法律的最密切联系原则，仲裁地的实体法律往往成为仲裁庭首选的准据法，而实体法的适用是仲裁庭对双方发生的争议审理和裁决的依据。

仲裁地点与开庭地点是两个完全不同的概念。仲裁地点是仲裁裁决书做出的地点，它决定着裁决书的"国籍"，直接影响到仲裁程序法和实体法的适用，也直接波及仲裁裁决的结果，对于裁决的执行更是意义非凡。开庭地点则只是仲裁庭审的地点，主要是从方便当事人的角度出发，体现仲裁的方便灵活性，不会影响案件的仲裁地点。

5. 仲裁机构

仲裁机构是当事人在仲裁协议中必须明确的事项。仲裁机构的选择与仲裁地点密切相关。在多数情况下，仲裁机构和仲裁地点是一致的，当事人在选择某地作为仲裁地点时，一般也会选择在该地的常设机构进行仲裁。仲裁机构的选择意味着对仲裁程序规则的选择，在一定程度上也默示着对实体法的选择。

国际上著名的仲裁机构有：

（1）国际商会仲裁院（The International Court of Arbitration of International Chamber of Commerce，ICC）；

（2）美国仲裁协会（American Arbitration Association，AAA）；

（3）中国国际经济贸易仲裁委员会（China International Economic and Trade Arbitration Commission，CIETAC）；

（4）伦敦国际仲裁院（The London Court of International Arbitration，LCIA）；

（5）斯德哥尔摩商会仲裁院（The Arbitration Institute of The Stockholm Chamber of Commerce，SCC）；

（6）伦敦谷物及饲料贸易协会（Grain Feeding Trade Association，GAFTA）；

（7）日本商事仲裁协会（Japanese Commerce Arbitration Association，JCAA）；

（8）中国香港国际仲裁中心（Hong Kong International Arbitration Center，HKIAC）；

（9）世界知识产权组织仲裁中心（Arbitration Center，WIPO）。

6. 仲裁裁决的效力

所谓仲裁裁决的效力，包括仲裁庭对当事人之间已发生的提交仲裁的争议做出的裁决在实体上是否为终局，是否对当事人发生法律效力，能否再向法院提起上诉等问题。许多国家的立法和常设仲裁机构的仲裁规则都规定，仲裁裁决具有终局效力，对各方当事人均具有约束力，任何一方均不得向法院起诉，即使向法院起诉，法院一般也只是审查程序，不审查实体，即只审查仲裁裁决在法律手续上是否完备，而不是审查裁决本身是否正确。如果法院查出裁决在程序上有问题，有权宣布裁决为无效。

但也有极少数国家法律允许当事人就仲裁裁决向法院起诉。由于仲裁制度的生命力在于公正效率，如果允许针对仲裁裁决再行上诉，仲裁制度的存在就失去了优势。所以，国际仲裁的趋势都主张对仲裁裁决的上诉程序加以严格限制。但鉴于目前世界各国在仲裁裁决效力的规定上有所不同，为了使当事人的权利义务最终得以确定，仲裁的目的能够最终得以尽快实现，当事人应在仲裁协议中明确规定仲裁裁决是终局的，对当事人双方都有约束力。

一份完整有效的仲裁协议，除了上述内容之外，还可以根据实际情况增加其他内容，如争议适用的法律，仲裁庭的组成方式，仲裁使用的语言和仲裁费用的分担等。

仲裁协议中仲裁意愿和仲裁事项是最重要的，如果缺少了这两项内容，就不能称为仲裁协议；如果缺少了其他内容，当事人可以签订补充协议予以完备，或由法院或仲裁庭予以决定。然而各国法律对仲裁协议内容的规定是不完全一致的。

四、我国仲裁的基本程序

（一）仲裁的申请

这是仲裁程序开始的首要手续，是仲裁机构立案受理的前提。我国仲裁机构受理争议案件的依据是一方当事人的书面申请与双方当事人的仲裁协议。申请书的主要内容包括申诉人与被诉人的基本信息、申诉人的诉求以及所依据的事实与证据。

申诉人在提交申请书的同时，应在仲裁委员会仲裁员名册中指定一名仲裁员或者委托仲裁委员会主席指定，并预缴一定数额的仲裁费。

仲裁机构收到仲裁申请书后，首先要审查仲裁协议是否合法，争议是否属于仲裁协议范围以及失效是否过期等。其次，经审查认为申诉人申请仲裁的手续完备，即予以立案并立即向被诉人发出仲裁通知，将仲裁申请书及其附件连同仲裁机构的仲裁规则、仲裁员名册与费用表各一份发送给被诉人。仲裁程序自仲裁机构发出仲裁通知之日起开始。

被诉人应在收到仲裁申请书之日起20日内在仲裁委员会仲裁员名册中指定一名仲裁员或委托仲裁委员会主席指定，并应在收到仲裁申请书之日起45天内向仲裁委员会提交答辩书及有关证明文件。

被诉人对仲裁委员会已经受理的案件，在收到申诉人的申请书后应根据申请书提出的问题一一进行答辩，并附上有关证据材料。如被诉人反诉，应在收到仲裁申请书起45天内提出。被诉人应在反诉书中写明具体要求及所依据的事实与证据。

（二）仲裁庭的组成

根据国际惯例，双方当事人可以在仲裁协议中规定仲裁员的人数与指定方式，组成仲裁庭。若协议无规定，根据我国仲裁规则，仲裁庭可以由三名或一名仲裁员组成。

由三名仲裁员组成的，设首席仲裁员。当事人双方均可在仲裁机构提供的仲裁员名册中指定或委托仲裁机构指定一名仲裁员，并由仲裁机构主席指定第三名仲裁员作为首席仲裁员，共同组成仲裁庭。指定的仲裁员如果与案件有利害关系，应自行向仲裁委员会请求回避。当事人有权向仲裁委员会提出书面申请要求该仲裁员回避。当事人要求仲裁员回避，应当在案件第一次开庭审理之前提出。如果要求回避缘由的发生或者得知是在第一次开庭审理之后,可以在其后到最后一次开庭审理终结以前提出。

(三) 仲裁案件的审理

仲裁审理的过程一般包括开庭、收集与审查证据或询问证人,如有必要还要采取"保全措施",即对有关当事人的财产采用扣押等临时性强制措施。仲裁审理案件有两种形式:一种是书面审理,也称不开庭审理。一般是经一方当事人申请或由仲裁机构征得双方当事人同意,只根据有关书面材料对案件进行审理并做出裁决,海事仲裁常采用书面仲裁形式。另一种是开庭审理,即由仲裁庭召集全体仲裁员、双方当事人与有关人士,听取当事人申诉、辩论、调查案件事实并进行调解直至做出裁决。仲裁审理过程是不公开的,以保护当事人的商业秘密。

(四) 仲裁的裁决

裁决是整个仲裁程序的最后一步,是仲裁机构对案件进行审理后所做的处理结论。根据各国仲裁规则规定,裁决必须以书面形式做出,裁决是终局的,双方当事人都必须依照执行而不得向法院起诉,也不得向其他任何机构提出变更仲裁裁决的要求。

五、不规范的仲裁协议

尽管致力于商事仲裁不断发展的国际组织和一些常设仲裁机构不断向商界和法律界的仲裁使用者提供仲裁协议,但在实践中当事人仍然制定出一些不规范的或不明确或不完整的仲裁协议,从而导致仲裁程序的拖延甚至无法进行。在实践中,不规范的仲裁协议有以下几种情况:

1. 既约定了仲裁又选择了诉讼

例如,仲裁协议这样约定:"双方因本合同而发生的争议,应提交中国国际经济贸易仲裁委员会或者北京市中级人民法院依法解决。"

发生了争议后,究竟是选择仲裁解决还是选择法院诉讼解决?根据中国现行的法律规定,会被认定为请求仲裁的意思表示不明确,而使该仲裁协议无效。

2. 同时选择了两个仲裁机构

例如,仲裁协议这样约定:"凡因履行本合同或与本合同有关的一切争议,均提交中国国际经济贸易仲裁委员会(CIETAC)或瑞典斯德哥尔摩商会仲裁院(SCC)仲裁解决。"

上述条款,无论根据中国法律还是外国法律,都不能说当事人选择仲裁的意思表示是明确的。虽然这样的条款在理论上依照中国法律为有效,但在实践中会出现较多的麻烦。如一方在中国的CIETAC仲裁,另一方在SCC提起仲裁,可能引起管辖权的冲突。一般的理解是先受理的仲裁机构排除了另一仲裁机构的管辖权,当然这种解释还要受制于仲裁机构所在地仲裁立法和司法的支持。

3. 约定了不存在的仲裁机构

例如,仲裁条款这样约定:"发生争议,应提交山东省对外经济贸易委员会进行仲裁。"

很显然,山东省对外经济贸易委员会不是仲裁机构,没有仲裁职能,或者说是不存在的仲裁机构,因此这样的仲裁条款是无法实施的。

4. 只约定了仲裁地点

例如，仲裁条款这样约定："发生争议在北京仲裁。"

作为涉外争议仲裁，在《中华人民共和国仲裁法》实施以前，由于 CIETAC 是中国唯一的处理涉外经济贸易争议的仲裁机构，而且在中国是机构仲裁，因此这样约定可以认为是确定的，"在北京仲裁"就是在 CIETAC 仲裁，是可以实施的。然而，《中华人民共和国仲裁法》在 1995 年 9 月 1 日实施后，新组建的北京仲裁委员会虽然主要受理国内争议案件，但也受理涉外争议案件，所以约定"在北京仲裁"就成为不确定的，没有选定仲裁委员会，是不可实施的，北京有两个可以受理国际贸易争议案件的仲裁委员会，当事人在签订仲裁协议时应该选定其中之一才是确定的、可以实施的。

5. 当事人所选择的仲裁机构与选择适用的仲裁规则相矛盾

例如，有的仲裁协议这样约定："双方经协商不能解决争议，应提交中国国际经济贸易仲裁委员会按照联合国国际贸易法委员会的仲裁规则进行解决。"

CIETAC 以前的仲裁规则做出"凡当事人同意将争议提交仲裁委员会仲裁的，均视为同意按照本仲裁规则进行仲裁"这是一条强制性的规定，在 CIETAC 仲裁就得适用 CIETAC 的仲裁规则，如约定适用别的仲裁规则，比如约定适用联合国国际贸易法委员会的仲裁规则，则在 CIETAC 仲裁是无法实施的。

然而，CIETAC 现行规则规定"凡当事人同意将争议提交仲裁委员会仲裁的，均视为按照本仲裁规则进行仲裁"的规定后，加上了"但当事人另有约定且仲裁委员会同意的，从其约定"。那么依现行 CIETAC 仲裁规则的规定，上述当事人的约定能否得到仲裁委员会的认定呢？至今尚无先例，不知能否得到仲裁委员会的同意。但是，由于联合国国际贸易法委员会仲裁规则关于仲裁员的指定机构和仲裁庭是否有权对仲裁管辖权异议做出决定等问题，与《中华人民共和国仲裁法》规定不一致甚至是冲突的，所以是很难得到仲裁委员会同意的。

6. 仲裁裁决的终局性不确定

例如，仲裁协议约定："本合同争议协商不成提交中国贸促会对外贸易仲裁委员会仲裁，如对裁决不服，可以提交瑞典斯德哥尔摩商会仲裁院仲裁，裁决是终局的。"

依据中国法律和 CIETAC 仲裁规则的规定，仲裁裁决是终局的。当事人一方对裁决不服的，除非存在程序上的重大缺陷时可以向法院申请撤销，或者在另一方申请执行时向法院申请不予执行，除此之外是不能向法院或其他仲裁机构要求再审或改变裁决内容的。因此，这种仲裁协议的约定应当认为是无效的。

并非所有的不规范的仲裁协议都当然无效。1997 年 12 月中旬最高人民法院、北京市高级人民法院、北京市第二中级人民法院与中国国际经济贸易仲裁委员会和中国海事仲裁委员会在北京联合举行仲裁业务协调会，就仲裁协议的效力等一系列的问题进行了研讨。会议对常见的 18 种不规范的仲裁协议的效力问题交换了意见，并对其中 15 种协议的效力认定达成了共识。其中包括：仲裁同时选择了两个机构的仲裁协议有效；使用中国国际经济贸易委员会旧名称的有效；合同中关于争议方式解决的规定系引用其他文件中的仲裁条款的，有效；合同权利义务全部由承继人继承或代位求偿的，其中仲裁条款对承继人和代位人有效；约定使用外国机构规则的，中国仲裁机构的规则规定允许的情况下有效；当事人既约定进行仲裁，又约定进行诉讼的，无效；通过胁迫手段签订的仲裁协议无效，等等。

对于不规范的仲裁协议如何处理呢?

中国《仲裁法》第18条规定:"仲裁协议对仲裁事项或者仲裁委员会没有约定或者约定不明确的,当事人可以补充协议;达不成补充协议的,仲裁协议无效。"作为当事人而言,在发现双方所签订的仲裁协议不规范时,应尽量争取双方再签订补充协议加以规范,使之明确,以便可以实施,或重新签订一份规范的、明确的、可实施的仲裁协议。如果双方达不成补充协议或新的仲裁协议,除非少数不规范的仲裁协议经争辩后可被认定为有效的以外,大部分不规范的仲裁协议将会导致无效。

六、不同仲裁机构的示范仲裁条款

为了方便国际贸易的当事人在磋商和签订合同文本中包括仲裁条款,以便将来可能发生的争议通过仲裁方式予以解决,许多常设仲裁机构都制定了示范仲裁条款,也可称为格式或标准条款,供当事人参照使用。当然示范仲裁条款只是向当事人提供了一个标准范本,当事人在此基础上可以根据实际情况进行增删,但至少要保持作为一个有效的仲裁协议必备的要素。示范仲裁条款一经采用而被双方当事人订入合同中,便对双方当事人产生法律约束力。

国际上主要的仲裁机构推荐的示范仲裁条款如下。

1. 中国国际经济贸易仲裁委员会推荐的示范仲裁条款

"凡因执行本合同所发生的或与本合同有关的一切争议,均应提交中国国际经济贸易仲裁委员会根据申请仲裁时该会的仲裁规则进行仲裁。仲裁裁决是终局的,对双方均有约束力。"

2. 中国海事仲裁委员会推荐的示范仲裁条款

"凡因本合同引起的或与本合同有关的任何争议,均应提交中国海事仲裁委员会,按照申请仲裁时该会的仲裁规则进行仲裁。仲裁裁决是终局的,对双方均有约束力。"

3. 国际商会仲裁院的示范仲裁条款

"因本合同所发生的或与本合同有关的一切争议,应该按照《国际商会仲裁规则》,由依该仲裁规则指定的一名仲裁员或若干名仲裁员最终解决。"

4. 斯德哥尔摩商会仲裁院的示范仲裁条款

"任何因本合同所发生的或与本合同有关的任何争议、纷争或诉求,或者关于合同违约、终止或无效,均应根据《斯德哥尔摩商会仲裁规则》通过仲裁解决。"斯德哥尔摩商会仲裁院还建议当事人对以上仲裁条款做如下增补:"仲裁庭应由_____名仲裁员(或独任仲裁员)组成","仲裁地应为_____","仲裁过程中使用的语言应为_____。"

5. 伦敦国际仲裁院的示范仲裁条款

"由于本合同而产生的或与本合同有关的任何争议,包括对合同的存在、效力或终止的任何问题,均应按照伦敦国际仲裁院的规则提交仲裁并通过仲裁予以解决,伦敦国际仲裁规则应被视为通过援引已经并入本条款。"伦敦国际仲裁院建议双方当事人根据需要对仲裁条款做如下补充:

"仲裁员人数为(1~3名)"。

"仲裁地点为(国家及或城市名称)"。

"仲裁过程使用的语言为( )"。

"支配合同的法律为( )的实体法"。

6. 由联合国国际贸易法委员会推荐的示范仲裁条款

"由于本合同发生的与本合同有关的任何争议、争端或请求，或有关合同的违约、终止、无效，应按照现行有效的联合国国际贸易委员会仲裁规则予以解决。"

7. 当事人通过临时仲裁庭进行仲裁解决争议可参照的订立临时仲裁条款的格式

由独任仲裁员审理争议的仲裁条款：

"因本合同发生的任何争议或争执应提交独任仲裁员解决；仲裁员由当事人协议任命，如无协议，则由任命机构任命；仲裁在_____进行，所依循的仲裁程序由当事人约定。如无约定，由仲裁员确定；在当事人不出庭的情况下，仲裁员有权进行并作出其裁决。"

由三名仲裁员审理争议的仲裁条款：

"因本合同发生的任何争议或争执应该提交仲裁，在（地点）解决。

仲裁庭应由按以下方式任命的三名仲裁员组成：

1）应由各方当事人指定一名仲裁员，然后由被指定的两名仲裁员共同选一名首席仲裁员；

2）如果一方当事人在收到另一当事人指定仲裁员的通知后30天内没有指定仲裁员，可应后者的要求由任命机构指定仲裁员；

3）如果第二名仲裁员被任命后30天内，两名仲裁员未能就第三名仲裁员达成一致意见，应依任何一方当事人的书面要求，按照任命机构的提名指定第三名仲裁员；

4）因仲裁员死亡、辞职、拒绝行为或无能力履行其职责而造成的仲裁员空缺，应采用原任命该仲裁员的方法补缺。"

迷你案例 12-4

一起合同争议案件的仲裁结果

（改编自程德钧主编．国际贸易争议与仲裁．对外经济贸易大学出版社，2002，第 335~342 页）

1996年6月11日，卖方深圳SM供销公司与买方瑞士GL国际公司签订了80吨金属硅96SM—015I号售货合同，单价为1 360.00美元/吨 CIF 鹿特丹，总价为108 800.00美元；以信用证方式付款；由SGS出具重量/数量检验证明书，并以此作为买方付款的依据；货到目的口岸后，买方经检验如确定货物与合同不符，买方有权解除合同或要求换货。

1996年6月17日，买方开出了以卖方为受益人的信用证。7月2日，SGS出具了第CN 6150/007593号检验证书，注明：集装箱 NO. TEXU2006706 右侧有一破洞（直径约为30毫米）检验期间，发现4个破损包装袋（破损处从2厘米到30厘米不等），货物外露并溢出。

1996年7月26日，货物抵达荷兰鹿特丹港。卖方向银行提交了信用证规定的单据，银行指出单据之间存在不符点，即SGS检验证书中记载4个包装袋破损，集装箱上有一个洞；买方已将抽样送到SGS UK检验，在SGS UK检验结果出来之前，买方不接受不符点。但卖方要求议付。

信用证有效期届满时，双方未就付款问题达成一致意见，银行将单据退回给卖方。货物到达荷兰鹿特丹后一直滞留港口。卖方于1996年12月13日提请仲裁，要求买方支付货款。

本案销售合同没有规定解决本案合同争议所应适用的法律。鉴于本案合同交易为国际货物买卖，依据最密切联系原则，仲裁庭认为本案应适用卖方营业所所在地的法律，本案合同卖方营业所所在地在中国，故本案应适用中华人民共和国法律。

《中华人民共和国涉外经济合同法》第6条规定："中华人民共和国缔结或者参加的与合同有关的国际条约同中华人民共和国法律有不同规定的，适用该国际条约的规定。"该法第5条第3款规定："中华人民共和国法律未做规定的，可以适用国际惯例。"

鉴于本案卖方所在国中国和买方所在国瑞士批准参加了1980年《联合国国际货物销售合同公约》，该公约与本案合同有关，仲裁庭认为该公约也应适用于本案。

鉴于本案合同涉及对信用证条款的解释和适用，而中国法律对此未作规定，仲裁庭认为《跟单信用证统一惯例》国际商会500号出版物可以作为国际惯例予以适用。

仲裁庭裁决如下：

对于金属硅的货款，四个集装箱共计108 908.80美元，由于有一个集装箱破损，则在长途海运过程中及其后的储存过程中，货物受潮，根据买方所提供的专家意见中，本案货物金属硅受潮就会引起化学变化进而影响到货物的质量，因此，对于其中有破损的集装箱的货款应做50%的降价处理，该降价损失由卖方承担。因此，买方应向卖方支付货款95 295.30美元，以及自1996年7月22日至1997年11月28日期间所发生的货款利息，按年息7%计算。

卖方在买方支付上述款项前，应将提取货物的有关文件、凭证交至买方。

对于买方垫付的滞港费及其他费用共计20 500.44美元，鉴于本案争议主要是由于部分货物包装破损所引起的，卖方应承担主要责任，买方也应承担一定的责任，所以滞港费应由卖方承担70%，买方承担30%。

思 考 题

1. 某年，中国粮油食品进出口公司上海粮油分公司与法国ABC公司达成6万公吨大米交易，按FOB条件成交，2月、3月、4月每月平均装运。另规定：(1) 买方所租载货船舶必须不迟于第一装运月份的第20天抵达装运港，否则由此引起的卖方任何损失由买方负担；(2) 买方必须于船舶到达装运港前10天将船名和估计到达装运港的时间通知卖方，并以卖方接受为准。2月份合同顺利执行。3月10日ABC公司来电称：由于船舶市场船源紧缺，租不到船只，要求延迟一个月装运。由于我方早已备妥货物，延期势必造成利息和仓租等费用的损失，我方去电表示不同意，除非对方赔偿我方费用损失（约16.8万美元）。3月19日ABC公司来电称，尽最大努力无法找到船只，并称这是不可抗力事故，只同意赔付款3万美元。双方由此起纠纷。

问：ABC公司将租不到船称为不可抗力有道理吗？

2. 德国某制造商和中国一销售商商定由后者在荷兰专门经销毛毯，合同规定：由本合同产生的一切争议如当事人之间未能达成友好解决时，应首先提交中国商会仲裁。如当事人中一方不接受此决定，将由申请人指定的普通法院司法诉讼解决。事后，双方发生争议，德国制造商向当地法院提起诉讼。法院认为没有出庭的我方应负法律责任。我方表示反对这项判决,并向同一法院提出申诉,理由是根据合同应将争议首先提交仲裁。

问:(1)双方之间是否存在仲裁协议?

(2)本案应首先提交仲裁还是司法诉讼?

3. 台湾某出口商与美国买方签订了一项冻虾销售合同,合同的主要条款如下:

(1) 数量:5 000磅,净重。

(2) 单价:CIF 旧金山,每磅 0.90 美元。

(3) 总值:4 500 美元。

(4) 规格:每磅冻虾 300~500 尾。

(5) 包装:每 2.5 磅捆好投进塑料袋内,放进小箱内,而后第 20 小箱共 50 磅冻虾放入容积 50 磅的大箱内。

货物抵达后,买方提出异议:运到的冻虾是每磅 200~700 尾,包装也有不少不符合合同要求,货中有部分品质不良,属劣等货。因而提出索赔,要求减低合同金额 400 美元。收到买方索赔后,卖方即向冻虾供应商调查,供应商表示冻虾在规格上绝对是公司规定的每磅 300~500 尾,而且绝不存在劣等货,但供应商也承认由于疏忽部分包装与合同不符。由于美国冻虾市场正值市价下跌,据此卖方推定买方的索赔有转嫁下跌风险之嫌,索赔有意夸大了。于是要求买方提供目的地货物检验证书,结果买方未能提供。事后证明包装不符的损失约 100 美元。

问:(1)买方提出索赔包括几项内容?是否都有理?

(2)卖方是否要理赔?供应商在案中承担什么责任?

4. 某公司以 CIF 条件出口食品 1 000 箱,即期信用证付款。货物装运后,凭已装船清洁提单和已投保一切险的保险单,向银行收妥货款。货到目的港经买方复验发现:(1)抽查 20 箱,其中 10 箱货物含沙门氏细菌超过进口国标准。(2)货物短少 2 箱。(3)2 箱货物水渍,是因为途中遭遇暴雨。(4)4 箱货物外表情况良好,但箱内货物共短少 60 千克。

问:以上情况进口人应分别向谁索赔?为什么?

第十三章
国际货物贸易流程

本章学习要点
- 国际贸易流程中的四个基本环节
- 交易准备阶段的主要工作
- 交易磋商的基本步骤
- 合同有效成立的条件
- 合同的形式、种类和内容
- 合同履行的基本步骤

在国际贸易中,买卖双方经过市场调研和交易磋商,签订进出口合同,作为约束双方权利和义务的依据,并依照相关法规和国际惯例履行合同,实现国际贸易的最终目的。国际货物贸易流程是买卖双方进行国际货物交易的基本行为顺序。按照贸易进行的先后次序,可分为交易准备、交易磋商、合同的签订和合同的履行等四个基本阶段。

第一节 交易准备

一、出口交易前的准备工作

在对外磋商出口交易前,首先,应当进行国际市场的调研工作,收集整理有关出口商品的国外市场资料,了解国外市场的基本特点,研究市场的变化规律,预测国际市场的发展趋势;其次,通过市场调研选择适当的目标市场和交易对象(客户),并制定出口商品经营方案,初步分析并决策出口的可行性、出口数量和出口商品价格水平,等等。

(一)国际市场调研

国际市场调研是指运用科学的方法,有计划、有系统地搜集、整理和分析有关国际市场供需状况、价格动态、有关国家进出口政策、法规、措施和贸易习惯等方面的信息资料,为出口营销预测、决策和制定出口经营计划提供依据。

对国际市场进行调研的主要内容,应包括以下几个方面:

1. 对出口商品世界市场行情的调研

对商品的世界市场进行调研的主要任务和程序是:① 搜集有关该类商品在国际市场的生产技术和经济信息;② 通过对信息资料的分析,揭示该类商品世界市场的变动特点和原因;③ 在分析当前情况的基础上,研究有关国家该类商品的市场供求、价格、库存、订单等情况的未来变动趋势。

2. 对出口商品特性的调研

出口商品是用来满足国外顾客需求的。加强对出口商品特性的调研,对于制定正确的营销计划有着非常重要的意义。调研的主要内容有:① 世界市场上有关某类商品的技术、新工艺、新材料和新品种及其发展趋势;② 该类商品外销的预计生命周期;③ 国际市场对该类商品质量、商标和包装的要求;④ 国际市场对该类商品售前售后服务的要求;⑤ 对目标市场销售潜力的估计;⑥ 该类商品在目标市场上的供求情况和竞争形势;等等。

3. 对出口商品价格的调研

国际市场价格围绕国际价值经常上下波动,经常受到诸如经济周期、通货膨胀、垄断与竞争、投机活动、自然灾害、季节变动等社会的、经济的和自然的多种因素的影响。我们必须具体分析这些因素对价格的影响,并根据价格变动趋势,选择在最有利的目标市场推销商品。

4. 对出口分销渠道、促销手段的调研

调研的主要内容有:① 现有销售渠道;② 国外市场分销和储运手段、储运费用以及在商品分配过程中的通信网络;③ 广告媒介选择及其效果的估测;④ 各主要竞争对手广告费支出情况;⑤ 广告以外的其他促销手段的应用范围和效果;等等。

5. 有关国家进出口政策、法规、措施和贸易习惯调研

进出口国的贸易政策、法规、措施是判断交易是否可行和如何执行的重要依据,而了解相关的贸易习惯往往是交易顺利进行的有力保障。调研的主要内容:① 出口国的出口政策,特别是有关出口配额和出口许可证方面的要求;② 进口国的进口政策,特别是关税水平和非关税壁垒等保护措施;③ 该类商品或进口国、出口国的贸易习惯做法;等等。例如,我国商务部和海关总署在每年年末公布下一年的进出口许可证管理货物目录,对于目录中列明的商品,进出口商必须申请取得相关的许可证后,才可以进行该商品的进出口活动。

小知识 13-1

中国出口许可证管理货物目录

(摘引自商务部公告 2018 年第 111 号《公布 2019 年货物出口许可证发证目录》,http://www.mofcom.gov.cn/article/b/e/201901/20190102823727.shtml)

根据《货物出口许可证管理办法》(商务部令 2008 年第 11 号)和《2019 年出口许可证管理货物目录》(商务部 海关总署公告 2018 年第 108 号),2019 年出口许可证货物及有关说明如下:

一、2019 年实行出口许可证管理的货物共 45 种,由商务部和商务部委托的省级地方商务主管部门及副省级市商务主管部门(以下简称委托机构)负责实施货物出口许可。

(一)商务部配额许可证事务局(以下简称许可证局)负责签发以下 6 种货物的出口许可证:小麦、玉米、煤炭、原油、成品油(不含一般贸易方式出口润滑油、润滑脂及润滑油基础油)、棉花。在京的属于国务院国资委管理的对外贸易经营者申领的出口许可证,由许可证局负责签发。

（二）商务部驻有关地方特派员办事处（以下简称特办）负责签发以下21种货物的出口许可证：活牛、活猪、活鸡、大米、小麦粉、玉米粉、大米粉、药料用麻黄草、甘草及甘草制品、蔺草及蔺草制品、天然砂、磷矿石、镁砂、滑石块（粉）、锡及锡制品、钨及钨制品、锑及锑制品、锯材、白银、铂金（铂或白金）、铟及铟制品。其中，镁砂项下所有货物的出口许可证由特办负责签发。

（三）委托机构负责签发以下19种货物的出口许可证：牛肉、猪肉、鸡肉、矾土、氟石（萤石）、稀土、钼及钼制品、焦炭、成品油（仅限一般贸易方式出口润滑油、润滑脂及润滑油基础油）、石蜡、部分金属及制品、硫酸二钠、碳化硅、消耗臭氧层物质、柠檬酸、维生素C、青霉素工业盐、摩托车（含全地形车）及其发动机和车架、汽车（包括成套散件）及其底盘。

二、为维护正常的经营秩序，对以下出口货物实行指定机构发证，对外贸易经营者出口此类货物，需向指定机构申领出口许可证。

（一）以陆运方式出口的对港澳地区活牛、活猪、活鸡出口许可证由广州特办、深圳特办签发。

（二）广州特办、海南特办负责签发本省对外贸易经营者对台港澳地区天然砂出口许可证，福州特办负责签发本省对外贸易经营者对台天然砂出口许可证；福州特办负责签发标准砂出口许可证。

（三）天津特办负责签发药料用麻黄草出口许可证。

三、对外贸易经营者以一般贸易方式出口润滑油、润滑脂及润滑油基础油的，由商务部委托的省级地方商务主管部门凭货物出口合同签发出口许可证；以承包工程、境外投资、加工贸易、外资企业出口及边境贸易等方式出口的，仍按照商务部、发展改革委、海关总署2008年第30号公告相关规定执行。

（二）寻找和选择出口交易对象

在国际市场调研的基础上择优选定适当的目标市场后，应当对潜在客户的购买需要和资信情况进行全面调查，分类排队，遴选出成交可能性最大的合适的客户作为交易对象。对客户资信调查的主要内容包括：

（1）支付能力。主要是了解客户的财力，其中包括注册资本的大小、营业额的大小、潜在资本、资本负债和借贷能力等。

（2）客户背景。主要指客户的政治经济背景及其合作态度，应当与遵循平等互利原则的客户进行贸易交往。

（3）经营范围。主要指企业的经营品种、经营性质、经营的业务范围、合资或独资经营方式以及同本国的既往交易情况等。

（4）经营能力。主要指客户的活动能力、购销渠道、联系网络、贸易关系和经营做法等。

（5）经营作风。主要指企业经营作风和客户的商业信誉、商业道德、服务态度和公共关系水平等。

了解客户资信状况的途径很多，例如，通过实际业务的接触和交往活动，从中考察客户；通过举办交易会、展览会、技术交流会、学术讨论会主动接触客户和进行了解；通过有关国家的商会、银行、咨询公司和各国民间贸易组织了解客户；从国内外有关专业性报刊和各种行业名录中了解客户和物色潜在客户；等等。目前通过互联网寻找客户信息是较为普遍、有效且经济的方式。应当指出的是，在选择客户时，既要注意巩固老客户，也要积极物色新客户，以便形成一个广泛的有基础和有活力的客户群。

（三）制定出口商品经营方案

出口商品经营方案是对外洽商交易、推销商品和安排出口的依据，用以保证经营意图的贯彻和实施。针对不同的出口商品所制定的经营方案在内容及形式上各不相同，但其主要内容大致都包括以下几方面：

(1) 货源情况。其中包括国内供应商的生产能力、技术水平、可供出口的数量以及出口商品的品质、规格和包装等情况。

(2) 国外市场情况。主要包括国外市场需求情况和价格变动的趋势。

(3) 出口经营情况。主要是指出口经营的经济效益预算，包括出口成本、出口换汇成本、出口盈亏额和盈亏率等指标的预算，并提出具体的经营进度与计划。

(4) 经销计划和措施。包括分国别和地区，按品种、数量或金额列明经销的计划进度，以及按经销计划采取的措施，如对客户营销网络的利用、贸易方式、支付方式的选择以及价格佣金和折扣手段的应用，等等。

对于大宗商品或重点商品通常逐个制定出口商品经营方案；对其他一般商品可以按商品大类制定经营方案；对中小商品，则仅制定内容较为简单的价格方案即可。

此外，出口商品在交易前，还应在国内外进行商标注册，及时做好广告宣传工作。

二、进口交易前的准备工作

与出口交易类似，进口交易前的准备工作也包括三个主要方面，即国际市场调研，选择交易对象和制定进口商品经营方案。但是在具体内容上，与出口交易又有所不同。

（一）国际市场调研

进口交易前的国际市场调研注重以下几点：

(1) 商品的国际市场供应情况、本国市场的供求状况、影响供求变动的主要因素和供求的变动趋势。

(2) 商品特性。包括商品的质量、性能、技术、工艺水平、主要供应商、与国内同类产品间的差异、新材料和新品种的出现等。

(3) 商品的价格水平。即国际市场的供应价格水平与同类商品的国内需求价格水平、产品的性能价格比以及影响价格变动的主要因素等。

(4) 本国的进口关税水平、相关进口政策、法规、出口国的出口政策、法规，国际贸易的习惯做法等，以判断交易的可行性。

（二）选择进口交易对象

选择出口交易对象时，注重其支付能力的资信状况考察，而选择进口交易对象时，则侧重于供应商的生产技术、产品质量、售后服务水平、产品在国际市场的声望、企业对待客户的态度等方面，以考察谈判签约后对方的履约能力。

（三）进口商品经营方案

（1）确定进口品种、规格、质量、数量及交货期的要求范围，以明确采购的目标，为选择交易对象提供依据。

（2）采购市场与交易对象的选择，制定选择的标准和步骤。

（3）根据经济效益预计目标，确定进口的价格范围，避免定价偏高或偏低。价格幅度是交易磋商的重点与依据，一般中小企业以价格方案作为进口经营方案。

（4）贸易方式的运用与交易条件的选择。应当在考虑经营目标、商品的特点、习惯做法、费用预算等因素的基础上酌情确定，灵活掌握。

第二节 交易磋商

交易磋商（Business Negotiation）是指买卖双方就某项商品的交易条件进行协商以求得一致意见，达成交易的整个过程。

交易磋商在形式上可分口头和书面两种。传统的口头磋商主要是指面对面或者通过电话进行的谈判形式，如参加各种交易会、洽谈会及贸易小组出访、邀请客户来华洽谈交易等，以及双方通过电话进行的交易磋商。随着信息技术的发展，口头磋商也包括利用互联网进行的视频、语音沟通。由于采用直接交流的形式，便于了解对方的诚意和态度，以便采取相应的对策，并可根据进展情况及时调整策略，争取达到预期的目的。口头磋商适用于谈判内容复杂、涉及问题较多的交易。书面磋商是指通过信件和数据电文（包括电报、电传、传真、电子数据交换 EDI、电子邮件、网络信息）等方式来磋商交易。随着现代通信技术的发展，尤其是计算机网络技术和电子商务的发展，书面磋商特别是电子方式日益简便易行，费用不断降低，成为日常业务中的通常做法。通过口头洽谈和书面磋商，双方就交易条件达成一致后，即可制作正式书面合同。

交易磋商的内容涉及拟签订的买卖合同的各项条款，包括品名、品质、数量、包装、价格、装运、保险、支付以及商检、索赔、仲裁和不可抗力等。在一般商品的实际业务中，商检、索赔、仲裁、不可抗力等条款通常作为一般交易条件（General Terms and Conditions）印在合同的固定格式中，只要对方没有异议，就不必逐条重新协商、列出。在许多老客户之间，事先已就"一般交易条件"达成协议，或者双方在长期的交易过程中已经形成一些习惯做法，或者双方已订有长期的贸易协议，在这些情况下，也不需要在每笔交易中对各项条款——重新协商。上述情况有利于缩短磋商时间、提高效率和节约费用开支。

交易磋商的程序可概括为四个环节：邀请发盘、发盘、还盘和接受。其中，只有发盘和接受是交易必不可少的两个基本环节或法律步骤。

一、邀请发盘（Invitation to Offer）

（一）含义

邀请发盘是指交易的一方打算购买或出售某种商品，向对方询问买卖该项商品的有关交易条件，或者就该项交易提出带有保留条件的建议。

邀请发盘在通常的交易中并非必不可少的环节，仅仅是对交易进行询问，寻找买主或卖主，是正式进入磋商过程的先导。然而在一些特殊的贸易方式下，如招标投标、拍卖等，邀请发盘则有可能成为必要环节。

（二）形式

邀请发盘可有不同形式，其中最常见的是询盘（Inquiry）。询盘是为了试探对方对交易的诚意和了解其对交易条件的意见。它既没有法律约束力，也没有固定格式。询盘可由买方发出，也可由卖方发出；可采用口头方式，也可采用书面方式。书面方式包括书信、电传、传真、电子邮件等，时常还采用询价单（Inquiry Sheet）格式进行询盘。目前国际贸易业务中采用传真和电子邮件方式进行询盘的较为普遍，随着信息网络技术的发展，利用电子邮件和商务网络询盘已成趋势。按照我国《合同法》中的规定，寄送的价目单、招标公告、拍卖公告、招股说明书和商业广告等都属于邀请发盘。

以下为两则询盘的实例。

买方询盘：

From：Sam Smith, ABC Trading Corp.
To：Export Manager, China AGF Imp. & Exp. Corp.
Date：Mon, 14 Jan 2019 12：34：47
Subject：Inquiry

Dear Sir,
We are interested in your large size Shandong Groundnut Kernels which enjoy great reputation in the world. Please offer us your lowest price CIF New York for shipment in May 2019.
Thanks and regards,

Yours faithfully,

Sam Smith
Import Manager

（询价内容译文：我方拟订购贵公司经营的山东产大粒花生仁，该产品在世界享有很高的声誉。请报 CIF 纽约最低价，2019 年 5 月装运。）

卖方询盘：

"We are one of the leading suppliers of aluminum ingot 99 percent in world trade. Please feel free to contact us if you are interested.（我公司是 99% 铝锭贸易中的重要供应商之一，如贵方有兴趣，请随时联系我们。）"

（三）法律效力

按照国际商业法律，邀请发盘对交易双方均无约束力。但是如果买卖双方在询价的基础上进行反复磋商并最终签订合同，则一旦发生争议，原询价内容也将作为争议处理的依据。

二、发盘（Offer）

（一）含义

发盘是指交易的一方——发盘人，向另一方——受盘人提出购买或出售某种商品的各项交易条件，并表示愿意按这些条件与对方达成交易，订立合同的行为。发盘在法律上称为"要约"。

发盘既是商业行为，又是法律行为，在合同法中称之为要约。由卖方发出的发盘称作售货发盘（Selling Offer），若由买方发出，则称作购货发盘（Buying offer）或递盘（Bid）。一项有效的发盘一经成立，如果该项发盘按所适用的法律的规定具有约束力，则发盘人就成为义务方，有义务在对方接受时按发盘中所规定的条件与对方订立合同；而受盘人就成为权利方，有权利在发盘的有效期内要求对方按发盘中所规定的条件与之签订合同。

（二）发盘的构成条件

根据《联合国国际货物销售合同公约》（United Nations Convention on Contracts for the International Sale of Goods，以下简称《公约》）第14条第一款解释：

"向一个或一个以上特定的人提出订立合同的建议，如果十分确定，并且表明发盘人在得到接受时承受约束的意旨，即构成发盘。一个建议如果写明货物并且明示或默示地规定数量和价格，或者规定如何确定数量和价格，即为十分确定。"

根据上述解释，构成一项发盘应具备三个条件：

（1）发盘要有特定的受盘人。受盘人可以是一个，也可以是一个以上的人，可以是自然人，也可以是法人，但必须特定化，而不能是泛指广大的公众。因而，一方在报纸杂志或电视广播中做商业广告，即使内容明确完整，由于没有特定的受盘人，也不能构成有效的发盘，而只能看作是邀请发盘。

（2）发盘的内容须十分确定。对于什么是"十分确定"，《公约》的解释是在发盘中明确货物，规定数量和价格。在规定数量和价格时，可以明示，也可以暗示，还可以只规定确定数量和价格的方法。公约的这一规定是符合有些国家（如美国）有关合同法规定的。但在我国的外贸业务中，一般都要求在发盘中列明商品名称、品质或规格、数量、包装、价格、交货和支付等主要条件。这样，一旦对方接受，便可据以制作详细的书面合同。这样做既有利于减少事后的争执，也有利于合同的订立和履行。

（3）表明发盘人受其约束。这是指发盘人在发盘时向对方表示，在得到有效接受时双方即可按发盘的内容订立合同。

发盘中通常都规定有效期，作为发盘人受约束的期限和受盘人接受的有效时限。但规定有效期并非构成发盘的必要条件，如果发盘中没有明确规定有效期，受盘人应在合理时间内接受，否则无效。何谓"合理时间"，需视交易的具体情况而定。一般按惯例处理。

我国《合同法》中规定，要约的有效条件是：内容具体确定；表明经受要约人承诺，要约人即受该意思表示约束。

> **小知识 13-2**
>
> **关于《联合国国际货物销售合同公约》**
>
> （摘引自：http://www.people.com.cn, http://www.mofcom.gov.cn/article/ae/ai/201302/20130200034951.shtml）
>
> 1980 年 4 月 11 日，《联合国国际货物销售合同公约》订于维也纳。在联合国大会第六届特别会议通过的关于建立新的国际经济秩序的各项决议的广泛目标下，考虑到在平等互利基础上发展国际贸易是促进各国间友好关系的一个重要因素，认为采用照顾到不同的社会、经济和法律制度的国际货物销售合同统一规则，将有助于减少国际贸易的法律障碍，促进国际贸易的发展，特签订此公约。《公约》开放签字时间是 1980 年 4 月 11 日至 1981 年 9 月 30 日，签字方 19 个。《公约》于 1988 年 1 月 1 日生效。中国于 1981 年 9 月 30 日在《公约》上签字，1986 年 12 月 21 日核准。中国核准《公约》时提出不受《公约》第一条第一款第二项、第十一条以及《公约》中与第十一条内容有关的规定的约束。2013 年 1 月，我国政府正式通知联合国秘书长，撤回对《联合国国际货物销售合同公约》所作"不受公约第十一条及与第十一条内容有关的规定的约束"的声明，该撤回已正式生效。至此，我《合同法》与《公约》对于合同形式的规定及适用趋于统一。
>
> 《公约》共分为四个部分，计 101 条。第一部分是适用范围和总则。第二部分是合同的订立。第三部分是货物销售。第四部分是最后条款。《公约》适用于营业地在不同国家的缔约国当事人或国际私法规则导致适用缔约国法律的非缔约国当事人之间所订立的货物销售合同；如果当事人不希望适用《公约》，允许当事人排除适用。《公约》规定，合同自收到承诺时成立。《公约》规定的卖方的义务是交付与合同规定相符的货物、移交单据，担保第三方不能对所交货物提出任何权利或要求；买方的义务是支付价款，接收货物。此外，《公约》还对卖方和买方违反合同的补救办法、风险转移、预期违反合同、分批交货合同、损害赔偿、利息、免责、宣告合同无效的效果、货物保全等作了具体的规定。

（三）发盘的生效和撤回

1. 生效

按照《公约》第 15 条的解释，"发盘于送达受盘人时生效"。就是说发盘虽已发出，但在到达受盘人之前并不产生对发盘人的约束力，受盘人也只有在接到发盘后，才可考虑接受与否的问题，在此之前凭道听途说表示接受，即使巧合也属无效。我国《合同法》规定，要约到达受要约人时生效。采用数据电文形式订立合同，收件人指定特定系统接收数据电文的，该数据电文进入该特定系统的时间，视为到达时间；未指定特定系统的，该数据电文进入收件人的任何系统的首次时间，视为到达时间。

2. 撤回

发盘的撤回是发盘人在发盘尚未生效时收回其发盘的意思表示。按照《公约》第 15 条第二款的规定,"一项发盘,即使是不可撤销的,也可以撤回,如果撤回的通知在发盘到达受盘人之前或同时到达受盘人"。这一规定是基于发盘到达受盘人之前对于发盘人没有产生约束力,所以发盘人可以将其撤回,前提是发盘人要以更快的通信方式使撤回的通知赶在发盘到达受盘人之前到达受盘人,或起码同时到达。反之,如果发盘的通知已先于撤回通知到达受盘人,发盘即已生效,对发盘人产生了约束力。这时,按照《公约》,发盘人不得撤回该发盘,而只能考虑发盘的撤销。由于当前电子商务的快速发展,发盘通常以电子邮件、传真的方式发送,因此这种情况下就无法撤回。而过去采用的信函和电报方式发出的发盘,反而留有撤回的机会。

(四)发盘的撤销

发盘的撤销不同于撤回,它是指发盘送达受盘人,即已生效后,发盘人再取消该发盘,解除其效力的行为。撤回和撤销最终都可使发盘失效,但是撤回是要收回尚未生效的发盘,而撤销是要收回已生效的发盘。

《公约》第16条的规定是:

(1)在未订立合同之前,如果撤销通知于受盘人发出接受通知之前送达受盘人,发盘可以撤销。

(2)但在下列情况下,发盘不得撤销:① 发盘中写明了发盘的有效期或以其他方式表明发盘是不可撤销的;② 受盘人有理由信赖该发盘是不可撤销的,而且受盘人已本着对该发盘的信赖行事。

以上规定表明,发盘在一定条件下可以撤销,其条件是在受盘人发出接受通知之前将撤销的通知传达到受盘人;而在一定条件下又不得撤销,一是发盘中明确规定了接受的有效时限,或者虽未规定时限,但在发盘中使用了"不可撤销"(如"firm""irrevocable"等)的字样,那么在合理时间内也不得撤销;二是受盘人从主观上相信该发盘是不可撤销的,并且在客观上采取了与交易有关的行动,如寻找用户、组织货源等,这时发盘人也不得撤销。因为这种情况下,发盘人再撤销发盘会造成较严重的后果。

我国《合同法》规定,要约可以撤销,但撤销通知应在受要约人发出承诺通知之前到达受要约人。如果要约人确定了承诺期限或以其他形式表明该要约不可撤销以及受要约人有理由相信该要约是不可撤销的,并已经为履行合同做好准备工作,则该要约不得撤销。

迷你案例 13-1

美国某出口商 A 公司向我国 B 公司发盘,拟供应苹果 400 公吨,限我方 10 日内回复为有效。我方于第 7 日以传真方式向对方发出接受通知,而此时外方发来电子邮件宣称已撤销该发盘。请问,此发盘可否撤销?

(五)发盘的失效

发盘的失效是指在一定条件成就后,发盘对发盘人的约束力得以解除。与发盘的撤回、撤销不同的是,发盘的失效是在发盘已经生效,并且已经对发盘人产生约束后,不仅是因为发盘人依法撤销的行为，而且可以因为其他非发盘人的原因而使发盘对发盘人失去约束力。

《公约》第 17 条规定："一项发盘，即使是不可撤销的，于拒绝通知送达发盘人时终止。"就是说，当受盘人不接受发盘提出的条件，并将拒绝的通知送到发盘人手中时，原发盘就失去效力，发盘人不再受其约束。

除此之外，在以下情况下也可造成发盘的失效：

（1）受盘人做出还盘。
（2）发盘人依法撤销发盘。
（3）发盘中规定的有效期届满。
（4）人力不可抗拒的意外事故造成发盘的失效，如政府禁令或限制措施。
（5）在发盘被接受前，当事人不幸丧失行为能力，或死亡或法人破产等。

三、还盘（Counter Offer）

（一）含义

还盘是指受盘人在接到发盘后，不同意或不完全同意发盘人在发盘中提出的条件，为了进一步协商，向发盘人提出需要变更内容或建议的表示。《公约》规定，对发盘表示接受，但载有添加、限制或者其他更改的答复，即为拒绝原发盘并构成还盘。我国《合同法》规定，受要约人对要约的内容做出实质性变更的，为新要约。还盘可以用口头方式或书面方式表达出来，一般与发盘采用的方式相符。还盘通常是针对价格、品质、数量、交货时间及地点、支付方式等重要条件提出修改意见。从法律上讲，还盘并非交易磋商的基本环节。

还盘示例：

"Your price is too high to promote sales. Counter offer at USD98 per set CIF Xingang shipment July 2019. Please reply within 5 days.（你方报价过高，无法推销。还盘每台 98 美元 CIF 新港，2019 年 7 月装运，请 5 日内回复。）"

（二）法律效力

还盘是还盘人要求原发盘人答复是否同意还盘人提出修改的交易条件。还盘一经做出，原发盘即失去效力，发盘人不再受其约束。一项还盘等于是受盘人向原发盘人提出的一项新的发盘。原发盘所产生的对发盘人的约束力，同样适用于还盘人。受盘人的答复如果对原发盘的条件做了实质性的变更，则构成还盘，原发盘失效。按照《公约》规定，有关货物价格、付款、货物的质量和数量、交货时间和地点、一方当事人对另一方当事人的赔偿责任范围或解决争端等方面的条件做出了添加或修改，则构成对原发盘内容的实质性变更。我国《合同法》中也有类似规定，即有关合同标的、数量、质量、价格或报酬、履约期限、履约地点和方式、违约责任和争议的解决办法等方面的变更，构成对要约内容的实质性变更。

还盘做出后，还盘的一方与原发盘的发盘人在地位上发生了变化。还盘者由原来的受盘人变成新发盘的发盘人，而原发盘的发盘人则变成了新发盘的受盘人。新受盘人有权针对还盘的内容进行考虑，决定接受、拒绝或是再还盘。有时，一项交易需经多次还盘，才最后达成协议，订立合同。

四、接受（Acceptance）

（一）含义

所谓接受，是指受盘人接到对方的发盘或还盘后，同意对方提出的条件，愿意与对方达成交易，并及时以声明或行为表示出来。接受在法律上称为承诺。接受如同发盘一样，既属于商业行为，也属于法律行为。接受产生的重要法律后果是交易达成，合同成立。

《公约》规定，受盘人声明或做出其他行为表示同意一项发盘，即为接受。我国《合同法》规定，承诺是受要约人同意要约的意思表示。

（二）构成接受的条件

构成一项有效的接受，必须具备以下条件。

1. 接受必须由受盘人做出

发盘必须向特定的人发出，即表示发盘人愿意按发盘中提出的条件与对方订立合同，但这并不表示他愿意按这些条件与任何人订立合同。因此，接受只能由受盘人做出，才具有效力，其他人即使了解发盘的内容并表示完全同意，也不能构成有效的接受。

2. 接受的内容必须与发盘相符

从原则上讲，接受的内容应该与发盘中提出的条件完全一致，才表明交易双方就有关的交易条件达成了一致意见，即所谓"合意"，这样的接受也才能导致合同的成立。而如果受盘人在答复对方的发盘时虽使用了"接受"的字眼，但同时又对发盘的内容做出了某些更改，这就构成有条件的接受（Conditional Acceptance），而不是有效的接受。

当然，这并不是说受盘人在表示接受时，不能对发盘的内容作丝毫的变更。根据《公约》，"对发盘表示接受但载有添加或不同条件的答复，如所载添加或不同条件在实质上不改变发盘的条件，除非发盘人在不过分迟延的期间内以口头或书面通知反对其差异外，仍构成接受"。"有条件的接受属于还盘，但如果受盘人在表示接受的同时提出某种希望，而这种希望不构成实质性修改发盘条件，应看作是一项有效接受，而不是还盘""有关货物价格、付款、货物质量和数量、交货地点和时间、一方当事人对另一方当事人赔偿责任范围或解决争端等的添加或不同条件，均视为实质上变更发盘的条件"。我国《合同法》规定，有关合同的标的、数量、质量、价款或报酬、履约期限、履约地点和方式、违约责任和解决争议方法等方面的变更，即构成对要约内容的实质性变更，应视为新要约。

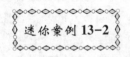
迷你案例 13-2

美方的回复为还盘

我国某企业 2019 年 2 月 25 日向美国某公司发盘："我方可供货男式衬衫 20 000 打，每打 FOB 新港 120 美元，以不可撤销的信用证支付，装运期为 2019 年 10 月。本报价有效至 2019 年 3 月 10 日。"3 月 1 日，该企业收到美方回复："我公司接受你方报盘，装运期须提前到 2019 年 8 月。"

本案例中，美方所做的回复中，即使使用了"接受"的字样，但是由于在装运期上提出了新的要求，视为对原发盘的实质性修改，所以构成还盘，我国发盘企业不再受此约束。

3. 必须在有效期内接受

发盘中通常都规定有效期。这一期限有双重意义：一方面它约束发盘人，使发盘人承担义务，在有效期内不能任意撤销或修改发盘的内容，过期则不再受其约束；另一方面，发盘人规定有效期，也是约束受盘人，只有在有效期内做出接受，才有法律效力。如发盘中未规定有效期则应在合理时间内接受方为有效。

在国际贸易中，由于各种原因，导致受盘人的接受通知有时晚于发盘人规定的有效期抵达，在法律上称为"迟到的接受"。迟到的接受不具有法律效力，发盘人一般不受其约束。但《公约》第21条规定过期的接受在下列两种情况下仍具有效力：① 如果发盘人毫不迟延地用口头或书面形式将表示同意的意思通知受盘人；② 如果载有逾期接受的信件或其他书面文件表明，它在传递正常的情况下是能够及时送达发盘人的，那么这项逾期接受仍具有接受的效力，除非发盘人毫不迟延地用口头或书面方式通知受盘人，他认为发盘已经失效。因此，在接受迟到的情况下，不论受盘人有无责任，决定该接受是否有效的主动权在发盘人。

迷你案例 13-3

我国某出口商 A 于 2019 年 3 月 10 日向英国 B 公司发盘，并限 B 公司 5 日内电回复为有效。B 公司于 3 月 18 日发来电子邮件表示接受，A 公司立即回复表示其接受仍然有效，并开始备货。第 2 天，B 公司又来电称其此前的接受因逾期而无效，但我方坚持认为在 A 公司回复 B 接受其逾期接受时，合同关系即订立。请问，为什么？

（三）接受的方式

按照《公约》的规定，接受必须用声明或行为表示出来。声明包括口头和书面两种方式。一般说来，发盘人如果以口头发盘，受盘人即以口头表示接受；发盘人如果以书面形式发盘，受盘人也以书面形式来表示接受。除了以口头或书面声明的方式接受外，还可以行为表示接受。《公约》中规定："如果根据该项发盘或者依照当事人之间确立的习惯做法或惯例，受盘人可以做出某种行为，例如与发运货物或支付货款有关的行为，来表示同意。"

（四）接受的生效和撤回

1. 接受的生效

关于接受在什么情况下生效的问题，国际上不同的法律体系存在着明显的分歧。英美法系实行的是"投邮生效原则"，这是指在采用信件、电报等通讯方式表示接受时，接受的函电一经投邮或发出立即生效，只要发出的时间是在有效期内，即使函电在邮途中延误或遗失，也不影响合同的成立。大陆法中以德国法为代表采用的是"到达生效原则"，即表示接受的函电须在规定时间内送达发盘人，接受方生效。因此，函电在邮递途中延误或遗失，合同不能成立。

《公约》采纳的是到达生效的原则，在第 18 条中明确规定"接受发盘于表示同意的通知送达发盘人时生效"。这是针对以书面形式进行发盘和接受时的规定。如果双方以口头方式进行磋商，受盘人如果同意对方的口头发盘，就马上表示同意，接受也随即生效。但如果发盘人有相反的规定，或双方另有约定则不在此限。此外，对于以行为表示接受，《公约》规定："接受于该项行为做出时生效，但该项行为必须在上一款规定的期限内做出。"

2. 接受的撤回

关于接受的撤回问题，由于《公约》采用的是到达生效原则，因而接受通知发出后，受盘人可以撤回其接受，但条件是他须保证使撤回的通知不晚于接受通知到达发盘人之前送达到发盘人。然而这种可能性仅限于对接受采用"到达生效"原则的国家，因为对于采取"投邮生效"原则的英美法系的国家，接受一经投邮立即生效，合同即告成立，也就无法撤回了。即使在特定情况下，接受可以撤回，也不能撤销。因为所有法律均规定，发盘一经接受，合同即告成立。

第三节 合同的签订

国际货物买卖合同是不同国家的当事人按一定条件买卖商品达成的协议。经过交易磋商后，一方的发盘或还盘被对方有效地接受后，合同即告成立，双方建立了合同关系。

一、合同成立的时间

合同成立的时间是国际贸易中的一项重要内容，它不仅关系到双方当事人正式建立合同关系的起始时间，还影响到诸多合同义务的履行期限。例如，买卖双方在合同中约定"买方须于合同订立后 7 日内向买方电汇 15% 合同金额的预付款（The buyer should pay by T/T 15% of the total contract value to the seller as down payment within 7 days after the signing date of the contract）"。

按照《公约》的规定，接受生效的时间就是合同成立的时间，而接受生效的时间，又以接受通知送达发盘人或按照商业习惯及发盘中的要求做出接受行为时为准。我国《合同法》规定："当事人采用书面形式订立合同的，自双方当事人签字或盖章时合同成立。"当签字与盖章不在同一时间时，最后签字或盖章时合同成立。在实际商务来往中，买卖双方有时候也选择将签约当日或其他某个可以确定的时间作为合同成立的时间。

二、合同有效成立的条件

买卖双方意思达成一致，建立起合同关系，但是合同具有法律效力、受法律保护，必须具备下列条件。

1. 当事人必须在自愿和真实的基础上达成协议

各国法律都认为，当事人的意思表示必须真实才能成为一项有法律约束力的合同，否则无效或可以撤销。当事人必须在自愿和真实表示的基础上达成一致，任何一方不得采取欺诈、胁迫的手段使得对方与自己订立合同，也不得使用含糊的词句，使对方在产生重大误解的情况下签订合同。

2. 当事人必须有订立合同的行为能力

签订买卖合同的当事人主要为自然人和法人。自然人订立合同的行为能力，一般是指精神正常的成年人才有资格订立合同。而未成年人、精神病人、禁治产人订立合同则受到限制。法人订立合同时，必须在其经营范围内，通过其代理人签订合同，不得越权。我国《合同法》规定，订立合同的当事人应当具有相应的民事权利能力和民事行为能力。

3. 合同必须有对价（Consideration）和合法的约因（Cause）

对价是英美法中的概念，它是指合同当事人之间所提供的相互给付，即双方互为有偿。约因是法国法中的概念，它是指当事人签订合同所追求的真实目的。合同在具有对价或约因时，才是具有法律效力的合同，否则，订立的合同得不到法律保障。

4. 合同的标的和内容必须合法

合同标的和内容的合法性只是各国法律从广义上的一项基本要求，一般包括三方面的内容，即合同的标的和内容不得违反法律、不得违反公共秩序或公共政策，以及不得违反善良风俗或道德。按照我国《合同法》，当事人订立、履行合同应当依照法律、行政法规，尊重社会公德，不得扰乱社会经济秩序、损害社会公共利益。

5. 合同的形式必须符合法律规定的要求

按照世界上多数国家的法律，除少数合同外，一般对合同的形式原则上不加以限制。例如，大陆法中通常对商事合同采用"不要式原则"，即对合同形式无特定要求。《公约》中也明确规定，国际货物销售合同无须以书面形式订立，在形式方面不受任何其他条件的限制，买卖合同可以以包括人证在内的任何方法证明。我国的《合同法》规定，当事人订立合同可以采用书面形式、口头形式或其他形式。法律、行政法规规定采用书面形式的，应当采用书面形式。当事人约定采用书面形式的，应当采用书面形式。

三、合同的形式、种类及内容

（一）合同的形式

合同的形式指的是合同当事人达成协议的表现形式，是合同内容的载体。在国际商务中，合同的形式有书面形式、口头形式和其他形式。

1. 书面形式

书面形式是指合同书、信件和数据电文（包括电报、电传、传真、电子数据交换和电子邮件）等可以有形地表现所载内容的形式。它是使用最为广泛的合同形式。由于国际货物买卖金额大、周期长、内容复杂且买卖双方相距遥远，采用书面形式订立合同可以提供合同订立的证据，为买卖双方履行合同提供依据，并为未来可能发生的争议提供参考。此外，书面形式还是许多国家规定的国际货物买卖合同的唯一有效形式。

2. 口头形式

采用口头形式订立合同是指当事人之间通过面谈或电话方式达成协议、订立合同。由于无书面凭证，在合同订立后需要确认双方的权利、义务、风险和费用承担时很难找到有力证明和依据，特别是在发生争议时往往产生对合同内容理解的不一致，影响合同的履行。但是，在买卖双方较为熟悉、买卖交易简单、金额小的情况下，采用口头形式订立合同可以节省时间、简化手续，还可以快速成交、抓住市场机会。国际贸易中，有时候，买卖双方在口头订立合同后，还会补签一份书面合同，作为双方履约的依据。

3. 其他形式

除了书面形式和口头形式外,合同还有其他形式,例如,当买卖双方当事人在建立长期的贸易往来后,形成了一定的交易习惯,可以直接以某种特定的行为方式表示接受而与对方订立合同。或者发盘中已经明示受盘人可以以做出某种行为表示接受,而无须发出接受通知,则受盘人以行为方式接受、订立合同。

(二) 合同的种类

常见的国际货物买卖合同有两种:

1. 销售合同(Sales Contract)

其内容比较全面、完整,合同中主要包括品名、规格、数量、包装、价格、运输、交货期、付款方式、商品检验、争议的解决以及不可抗力等条件,对于买卖双方的权利和义务进行全面、明确的规定,因而在大宗商品和成交额较大的贸易中得到普遍应用。销售合同的常见格式见表13-1。

销售合同的基本条款包括:

(1) 合同书的性质——"销售合同(Sales Contract)"的字样。一般出现在合同书的开头。

(2) 合同编号(Contract No.)、签约日期(Date)和地点(Place)。合同编号是管理合同和在交易往来中的重要标识。签约地点牵扯到争议解决的适用法律问题,特别是合同条款中无特别说明时,因此非常重要。

(3) 买卖双方名址(The Buyers & The Sellers)。

(4) 双方表示共同订立合同的意愿。

(5) 品名、品质、规格、数量、单价和合同金额(Description of Goods, Quantity, Unit Price and Amount)。当产品的规格较为复杂时,可以将此项要求体现在合同附件(有时也叫"技术附件", Appendix, Annex or Technical Attachment)。注意标注所采用的价格术语(如"INCOTERMS 2010")。合同金额应用大写来表示(Say US Dollar...Only)。合同金额是支付货款的依据。

(6) 制造商与原产国(Manufacturer and Country of Origin)。

(7) 包装(Packing)。应详细规定包装的种类、物料及责任。如无特别指明,包装费用应包含在合同价款中。

(8) 保险条款(Insurance)。此条款中依照合同的价格术语、国际惯例和买卖双方的约定规定投保的责任方、保险金额、险种和赔付方法。

(9) 装运期(Date of Shipment)。

(10) 启运港与目的港(Port of Shipment & Port of Destination)。

(11) 是否允许分批装运和转运(Partial Shipment & Transhipment, allowed or not)。

(12) 支付条件(Terms of Payment)。

(13) 单据(Documents)。指的是合同项下卖方应向买方提供的单据。在L/C方式下,它指议付单据。

(14) 装船通知(Shipping Advice)。卖方在装运后的指定时间内应将装运细节通知收货人(买方)。

表13-1 销售合同示例

SPARKLE SPARKLE INTERNATIONAL TRADE CORPORATION, CHINA

SALES CONTRACT

THE SELLERS: SPARKLE INTERNATIONAL TRADE CORPORATION, No. 5 Zhongguan Road, Beijing 100081, China Tel/Fax: +86-10-632528 **THE BUYERS:** John Williams Trading Company, No. 75 Coastal Road, New York, NY10000, USA Tel/Fax: +1-221-481300	Contract No.: 19 EX012-US Date: Jan. 06, 2019 Place: Beijing, China

The undersigned Sellers and Buyers have confirmed this contract in accordance with the terms and conditioned stipulated below:

1. Description of Goods, Quantity, Unit Price and Amount:

No.	Descriptions	Unit	Quantity	Unit Price	Amount
1.	Horizontal Milling Machine A-12	set	100	USD6 000.00	USD600,000.00 **Total:** **USD600,000.00** **CIF New York, USA**

Total Value (in words): SAY US DOLLAR SIX HUNDRED THOUSAND ONLY.
*The price terms are based on INCOTERMS 2010

2. Manufacturer and Country of Origin: Sparkle Machine Tool Works, China
3. Packing: in container(s) and be good for long-distance ocean transportation
4. Insurance: to be covered by the Seller for 110% of the total contract value against All Risks and War Risk
5. Date of Shipment: before October 1st, 2019
6. Port of Shipment: Xingang, China   **Port of Destination:** New York, USA
7. Partial shipment: not allowed   **Transhipment:** not allowed
8. Payment: by irrevocable sight L/C issued before March 1, 2019 in favor of the Seller and payable against the presentation of the documents in Clause 9
9. Documents:
- Full set clean on board Bill of Lading made out to order and blank endorsed;
- Commercial Invoice in 3 originals and 2 copies;
- Packing List in 3 originals and 2 copies;
- Certificate of Quality & Quantity in 3 originals and 2 copies;
- Beneficiary's certified copy of fax dispatched to the Buyer with 48 hours after shipment advising name of vessel, date, quantity, weight and value of shipment.
- Beneficiary's certificate certifying that one set of the above documents has been sent to the Buyer by fax within 7 days after the date of shipment.

10. Shipping Advice

续表

> The Seller shall, within 48 HOURS after shipment, advise the Buyer by fax of the contract No., invoice No., B/L No., description of goods, quantity, involced value, gross weight, name of vessel and the date of shipment.
>
> **11. Inspection and Claims**
> Except those claims for which the insurance company or the owners of the vessel are liable, should the quality of specification or quantity be found not in conformity with the stipulations of the contract, the Buyer may lodge claim against the Seller supported by survey report issued by an inspection institute agreed upon by both parties. Claim for quality discrepancy should be lodged by the Buyer within 30 days after the arrival of the goods at the port of destination, while for quantity/weight discrepancy claim should be lodged by the Buyer within 15 days after the arrival of the goods at the port of destination. If the Seller fails to respond within 30 days after receipt of the aforesaid claim, the claim shall be reckoned as having been accepted by the Seller.
>
> **12. Force Majeure**
> The Seller shall lose no time to advise the Buyer of delay in shipment or non-delivery of the goods due to Force Majeure during the process of manufacturing or in the course of loading and express to the Buyer within 14 days with a certificate of the incident issued by local government authorities. In such case, the Seller is still liable to take all possible measures to expedite the shipment. Should the incident last over 10 weeks, the Buyer shall have the right to treat the contract as null and void.
>
> **13. Arbitration**
> All disputes in connection with this Contract of the execution thereof shall be settled through friendly negotiation. Should no settlement be reached, the case may then be submitted for arbitration to China International Economic and Trade Arbitration Commission and be subject to the rules and procedures of the said Arbitration Commission. The Arbitration shall take place in Beijing, the People's Republic of China. The arbitration result of the Commission shall be final and binding upon both Parties. Neither Party shall seek recourse to a court or other authorities to appeal for revision of the arbitration. The arbitration fee and attorneys' charges shall be borne by the losing Party.
>
> **This Contract shall be made in original and duplicate, one for each Party, and shall be binding on both Parties under the terms and conditions stipulated herein upon being signed in the presence for witnesses.**
>
> **Representative of the Sellers**   **Representative of the Buyers**
>
> **Authorized signature**   **Authorized signature**
>
> Ming SUN   John Williams
>
> 孙名   J. Williams

（15）检验与索赔（Inspection & Claims）。包括检验的机构、内容、方式和效力；索赔提出的期限和条件（对随附证明的要求），及卖方应采取的态度和承担的责任。

（16）不可抗力（Force Majeure）。按照国际惯例，因不可抗力事故，卖方无法正常交货时，可以延期交货或解除交货义务，但须在规定时间内出具指定机构的证明。

（17）仲裁或其他解决争议的方法（Arbitration or Disputes）。争议的解决可以通过友好协商、仲裁或提交法院三种方式进行，如果双方签订了仲裁条款，则仲裁结果是终局的，排除任何法律诉讼的做法。仲裁条款中应说明仲裁的机构、地点和效力。

（18）对合同生效的说明（the effectiveness of the contract）。如合同在买卖双方授权代表签字时生效。

(19) 买卖双方代表签字（盖章）(Signature)。

(20) 合同附件（Appendix, Annex）。由于合同主页为主要商务条款的基本格式，当交易标的在技术方面十分复杂或产品品种、型号较多时，通常采用合同附件的形式加以具体说明。合同附件是合同不可分割的部分，与合同具备同样的法律效力。

2. 销售确认书（Sales Confirmation）

属于简式合同的一种，主要包括品名、规格、数量、价格、包装、装运、保险和付款方式等条件。虽然它所包括的条款较为简单，但与进口或出口合同具有同等法律效力，适用于金额不大，批数较多的土特产和轻工产品，以及已订有代理、包销等长期协议的交易。

（三）合同的内容

书面合同的内容一般由下列三部分组成：

（1）约首。约首是指合同的序言部分，包括合同的名称、订约双方当事人的名称和地址以及双方订立合同的意愿和执行合同的保证。序言对双方均具约束力。

（2）本文。本文是合同的主体部分，具体列明各项交易的条件或条款，如品名、品质规格、数量、单价、包装、交货时间与地点、运输与保险条件、支付方式以及检验、索赔、不可抗力和仲裁条款等，明确了双方当事人的权利和义务。

（3）约尾。一般列明合同的份数、使用的文字及其效力、订约的时间和地点及生效的时间（有时订约时间和地点也列在约首）。合同的订约地点往往要涉及合同准据法的问题，因此交易中双方往往都力争将签约地点定在本国。

第四节　合同的履行

在国际贸易中，买卖双方经过交易磋商，签订进出口合同，作为约束双方权利和义务的依据。合同一经有效成立，有关当事人应该本着"重合同，守信用"的原则，认真履行合同规定的义务，使合同签订时所表达的愿望和目的得以实现。否则，违约一方将因构成侵权行为而承担相应的法律责任。

一、出口合同的履行

卖方履行出口合同时的基本义务是依照合同交付货物，移交与货物有关的全套单据，并转移货物所有权。由于采用的价格术语和支付方式的不同，卖方履行合同的做法也有差别。鉴于目前国际货物买卖合同通常以信用证（Letter of Credit）方式进行结算，卖方往往代为办理海运和投保手续，即以 CIF 价格术语成交，则卖方履行出口合同的一般程序包括：备货、催证、审证、改证（如需要）、租船订舱、报验、通关、投保、装运、制单、交单、结汇、出口退税和核销，等等（图 13-1）。在这些环节中，有关货（备货）、证（催证、审证和改证）、船（租船、订舱）、款（制单、结汇）等四个环节的工作尤为重要。

（一）备货

货物是履行合同的基础和标的。备货即卖方根据合同规定按时、按质、按量地准备出口

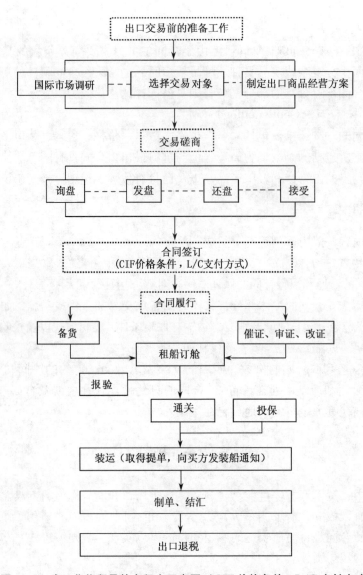

图 13-1　出口货物贸易基本程序示意图（CIF 价格条件，L/C 支付方式）

货物。如果卖方已经收到信用证，则应根据合同和信用证的规定，向生产加工单位或供应部门下达联系单（有时也叫作通知单或信用证分析单）、安排生产、催交货物、进行加工或整理、刷制运输标志、按联系单规定核实应交货物的品质、规格、花色、数量、包装等，使货物本身条件符合合同和信用证规定的要求。此外，卖方在备货时应特别注意，所交付的货物，必须是第三方不得根据工业产权或其他知识产权提出任何权利主张或要求的货物。通常在卖方按照合同规定，根据买方提供的图纸、方案或要求交付货物时，很难确定在这种情况下是否可能会对第三方造成知识产权上的侵权，并且此类纠纷较为复杂、买卖双方的责任界限模糊，因此，在出口业务中进行补偿贸易和来料加工、来件装配时，应该在合同中明确双方的责任。

（二）催证、审证、改证

1. 催证

如果出口商在备货前尚未收到信用证，则需要结合具体情况掌握备货进度，并进行催证。在按信用证方式成交时，买方按合同约定的时间开立信用证是卖方履行供货义务的前提条件，否则卖方无法安排生产和组织货源。但是在某些情况下，如市场行情发生变化或买方资金短缺时，买方往往拖延开证。出现这种情况时，卖方应及时催促对方迅速开证。如经催促对方仍不履行，应向对方提出保留索赔权的声明。

2. 审证

信用证依据合同开立，因而信用证内容应该与合同条款相一致。然而在实际业务中，信用证内容与合同不符的情况时有发生，有些是由于对方国家、地区的贸易习惯做法的特殊规定，有些是因为对方或开证行的疏忽或差错，也有国外客户有意在信用证中加列不合理条款的情况。此外，如果买卖双方的合同条款订立得过于简略，对于货物交付和货款支付的细节未能详细、周到地制定在合同条款中，则买方开立的信用证内容有可能不被卖方完全接受。为了保障安全收汇和合同的顺利执行，应对信用证进行认真审核。

审核信用证是银行和出口方的共同职责，但各自审证的侧重点不同。银行着重审查开证行的政治背景、资信能力、付款责任、索汇路线和信用证的真伪，出口方则着重审查信用证的内容是否与合同规定一致，以及信用证条款的可接受性。

（1）银行审核信用证的重点内容。

1）信用证的真实性审核。银行通过信用证上的签字、密押和预留印鉴，判断信用证的真伪。

2）信用证的政治性和政策性审核。国外来证必须符合我国的对外政策。如来证是由国家规定不准予经贸往来的国家或地区的银行开立的，或来证中含有歧视性条款或其他与我国政策不符的内容，则不予接受。

3）开证行的资信情况审核。通过对开证行所在国家的政治经济状况、开证行的资信、声誉和经营作风进行审核，判断开证行承担信用证义务的能力。

4）信用证的性质审核。包括信用证的兑用方式、可转让性、是否已加保兑、信用证中有无开证行保证付款的文句，以及是否申明所适用的国际惯例规则等。

同时，银行也会认真阅读来证，从具体的装运期、有效期及议付单据等条款中审核是否存在不合理或矛盾之处，虽然这是出口方审核的主要内容。

（2）出口方审核信用证的重点内容。

1）信用证的性质和种类；

2）开证申请人和受益人；

3）信用证金额和币种；

4）信用证有效期及到期地点；

5）有关货物品名、质量、规格、数量、包装、价格等；

6）起运港、目的港、装运期、分批装运和转运；

7）对投保的要求；

8）信用证的付款方式及付款单据；

9）信用证特殊条款，等等。

3. 改证

信用证经审核如发现问题，应及时通知开证人向开证行办理改证。例如，在出口贸易履行过程中，有时会遇到在信用证规定的装运期和有效期内无法按期装运货物和制单结汇的情况，应及时要求对方展延装运期和有效期。根据《跟单信用证统一惯例》，未经开证行、保兑行（若已保兑）和受益人同意，信用证既不能修改，也不能撤销。因此，对不可撤销信用证中任何条款的修改，都必须在有关当事人全部同意后才能生效。同时，信用证在修改时，"原证的条款（或先前接受过修改的信用证）在受益人向通知该修改的银行发出他接受修改之前，仍然对受益人有效""对同一修改通知中的修改内容不允许部分接受，因此，部分接受修改内容当属无效"。

在办理改证工作中，凡需要修改的各项内容应一次向国外客户提出，尽量避免因多次提出修改要求而增加双方的手续和费用。而对于来证不符合合同规定的各种情况，也应根据来证内容是否违反政策原则和影响安全收汇对改证要求进行灵活掌握。收到改证通知后，对信用证的修改内容应认真审核，如不同意则有权拒绝接受，并将修改通知书立即退还通知行。对信用证的修改内容只能全部接受或全部拒绝，而不能部分接受。一般情况下，卖方应坚持收到可接受的银行修改信用证通知书后才可对外发货，以免造成工作上的被动和经济上的损失。

（三）租船订舱

在 CIF 或 CFR 价格条件下，租船订舱是卖方的基本义务。当货物备妥、信用证经审核无误后，卖方即应组织租船订舱的工作，同时办理申请检验、投保和报关，在约定的装运期内出运货物。对于出口数量较大的货物，如需要整船载运，则应办理租船手续；若出口货物数量不多，无须整船装运的，则安排洽订班轮或租订部分船位运输。

订舱工作的基本程序为：

（1）出口公司根据外运公司定期发布的出口船期表，结合货物的出运要求，填写托运单（Booking Note, B/N），作为订舱依据。托运单是指托运人根据贸易合同和信用证条款内容填写的向承运人办理货物托运的单证，又称"订舱委托书"。承运人根据托运单内容，根据配载原则，结合船舶的航线挂靠港、船期和舱位等条件进行考虑，同意接受运输委托后，即在托运单上签章，并返回托运人一份。此时，订舱手续即告完成，运输合同业已成立。

（2）船运公司或其代理人在接受托运人的托运单证后，即发给托运人装货单（Shipping Order, S/O）。装货单俗称下货纸，它是船运公司或其代理人在接受托运人的托运申请后，签发给托运人或货运代理人的凭证，也是命令船长将单上货物装船的单证，还是托运人向海关办理出口货物申报手续及海关凭此验放货物的凭证。

（3）货物装船之后，即由船长或大副签发收货单，即大副收据（Mate's Receipt）。收货单是船公司签发给托运人的表明货物已装船的临时收据。托运人凭收货单向外轮代理公司交付运费并换取正式提单。

（四）报验

报验是指包括出口商品的生产、经营部门和进口商品的收货、用货部门或代理接运等部门，按照法律、行政法规的规定或根据需要向商检机构申请办理检验、鉴定工作的手续。凡国家规定或合同规定须经有关商检机构检验出证的出口商品，货物备齐后应向商检机构申请检验、鉴定，未经检验或检验不合格则不得出口。货物经检验合格，由商检机构签发检验证书。货物应在检验证书规定的有效期内出运，超过有效期装运出口应向商检机构申请展期，经复验合格后才准予出口。

小知识 13-3

出口报验的主要规定

（摘引自 https://baike.baidu.com/item/中华人民共和国进出口商品检验法实施条例/8002405）

按照《中华人民共和国进出口商品检验法》，法定检验的出口商品的发货人应当在国家市场监督管理总局统一规定的地点和期限内，持合同等必要的凭证和相关批准文件向出入境检验检疫机构报检。法定检验的出口商品未经检验或者经检验不合格的，不准出口。出口商品应当在商品的生产地检验。国家市场监督管理总局可以根据便利对外贸易和进出口商品检验工作的需要，指定在其他地点检验。出口实行验证管理的商品，发货人应当向出入境检验检疫机构申请验证。出入境检验检疫机构按照国家市场监督管理总局的规定实施验证。

在商品生产地检验的出口商品需要在口岸换证出口的，由商品生产地的出入境检验检疫机构按照规定签发检验换证凭单。发货人应当在规定的期限内持检验换证凭单和必要的凭证，向口岸出入境检验检疫机构申请查验。经查验合格的，由口岸出入境检验检疫机构签发货物通关单。

法定检验的出口商品、实行验证管理的出口商品，海关凭出入境检验检疫机构签发的货物通关单办理海关通关手续。

法定检验的出口商品经出入境检验检疫机构检验或者经口岸出入境检验检疫机构查验不合格的，可以在出入境检验检疫机构的监督下进行技术处理，经重新检验合格的，方准出口；不能进行技术处理或者技术处理后重新检验仍不合格的，不准出口。

法定检验以外的出口商品，经出入境检验检疫机构抽查检验不合格的，依照本条例第二十七条的规定处理。实行验证管理的出口商品，经出入境检验检疫机构验证不合格的，参照本条例第二十七条的规定处理或者移交有关部门处理。

出口危险货物包装容器的生产企业，应当向出入境检验检疫机构申请包装容器的性能鉴定。包装容器经出入境检验检疫机构鉴定合格并取得性能鉴定证书的，方可用于包装危险货物。出口危险货物的生产企业，应当向出入境检验检疫机构申请危险货物包装容器的使用鉴定。使用未经鉴定或者经鉴定不合格的包装容器的危险货物，不准出口。

对装运出口的易腐烂变质食品、冷冻品的集装箱、船舱、飞机、车辆等运载工具，承运人、装箱单位或者其代理人应当在装运前向出入境检验检疫机构申请清洁、卫生、冷藏、密固等适载检验。未经检验或者经检验不合格的，不准装运。

（五）通关

通关是指进出境的运输工具的负责人、货物的收发货人及其代理人、物品的所有人向海关申请办理进出口货物的进出口手续，通过申报进出口货物并呈交相关单证，经海关审核、查验后，按规定缴纳税费或予以税费减免，取得进出口货物批准放行的全过程。进出口货物的通关，一般包括四个基本环节：进出口货物申报、海关查验、海关计征税费和海关批准放行。

（1）进出口货物申报。申报指出口货物的发货人、进口货物的收货人或他们的代理人在进出口货物时，在海关规定的期限内，以书面或者电子数据交换方式（EDI）向海关报告其进出口货物的情况，并随附有关货运和商业单据，申请海关审查放行，并对报告内容的真实准确性承担法律责任的行为。

（2）海关查验。海关在接受申报后，依法为确定进出境货物的性质、原产地、货物状况、数量和价值是否与申报内容相符，而对货物进行实际检查的行政执法行为。

（3）海关计征税费。申报货物及随附单证通过查验后，海关依法对进出口货物征收关税及其他有关税费。

（4）海关批准放行。海关批准放行是指海关在接受进出口货物的申报，经过审核报关单据、查验货物、依法征收税费后，对进出口货物做出结束海关现场监管决定的工作程序。

出口货物装船出运前必须向海关申报，即出口报关，由出口发货人或其代理人填写出口货物报关单，连同合同副本、发票、装箱单、重量单，必要时出口许可证、商品检验证书等单据，向海关申报出口，并将货物提运至码头交海关查验，海关对货物和有关单证查验无误、依法征缴税费后，在报关单上盖章放行。经海关签章的出口货物报关单、出口退税专用报关单是出口单位办理出口退税的重要依据。

随着信息技术的发展以及电子报关系统在全球贸易管理中的普遍应用，各国都在对传统的报关手段进行数字化改革，以简化手续、提高效率、节省人工，并最大可能地打击贸易犯罪。

小知识 13-4

中国电子口岸

（引自 http://www.chinaport.gov.cn）

中国电子口岸（口岸电子执法系统）是海关总署等国务院十二部委在电信公网上（Internet）联合共建公共数据中心，它是运用现代信息技术，借助国家电信公网资源，将国家各行政管理机关分别管理的进出口业务信息流、资金流、货物流电子底账数据集中存放到公共数据中心，在统一、安全、高效的计算机管理平台上实现数据共享和数据交换。各国家行政管理部门可进行跨部门、跨行业的联网数据核查，企业可以在网上办理各种进出口业务。

中国电子口岸的建立有什么重要意义？首先，有利于增强管理部门的管理综合效能。企业只要与电信公网"一点接入"，就可以通过公共数据中心在网上直接向海关、国检、外贸、外汇、工商、税务、银行等政府管理机关申办各种进出口手续，从而真正实现了政府对企业的"一站式"服务。其次，使管理部门在进出口环节的管理更加完整和严密。管理部门实行"电子+联网核查"的新型管理模式，从根本上解决业务单证弄虚作假的问题，严厉打击走私、骗汇、骗税违法犯罪活动，创造公平竞争市场环境。再者，降低贸易成本，提高贸易效率。通过中国电子口岸网上办理业务，企业既节省时间，又减少奔波劳累之苦，提高贸易效率，降低贸易成本，方便企业进出口。总之，中国电子口岸是贸易现代化的重要标志，是提高行政执法透明度，实现政府部门行政执法公平、公正、公开的重要途径。

中国电子口岸所要实现的目标是什么？一是要建立现代化的管理部门联网综合管理模式，增加管理综合效能。在公共数据中心支持下，进出口环节的所有管理操作，都有电子底账可查，都可以按照职能分工进行联网核查、核注、核销。二是要利用高科技手段增强管理部门执法透明度。中国电子口岸，借助于高科技手段，使管理部门各项进出口管理作业更规范、统一、透明，各部门、各操作环节相互制约，相互监督，从机制上加强了管理部门廉政建设。三是便利企业，提高贸易效率，降低贸易成本。很多进出口手续在办公室通过网络就可以完成，通关效率提高，出口退税迅速，结售汇核查等手续更为便捷。

（六）投保

凡按 CIF 或 CIP 价格术语成交的出口合同，出口方应在装船前按照合同和信用证规定的保险条款，及时向保险公司办理投保手续，填制投保申请单。办理出口货物的投保手续时，应将货物名称、投保金额、运输路线、运输工具、开航日期、投保险别等一一列明。保险公司接受投保申请后，即签发保险单据。

（七）装运

货物经海关查验放行后，才可装船出运。船方理货员凭装货单验收货物，船上收货完毕由船长或大副签发大副收据，托运人凭大副收据及时向外轮代理公司换取正式提单并办理结算运费。货物装船并取得提单后，出口方应向买方发出装船通知，以便对方做好收货准备。

（八）制单结汇

制单结汇是出口合同履行的重要环节。出口货物装运后，出口方即应按照信用证的规定，正确缮制各种单据，递交银行办理议付结汇手续。

1. 结汇方式

我国出口结汇方式主要有：收妥结汇、押汇和定期结汇。

（1）收妥结汇。收妥结汇又称收妥付款，是指议付行收到受益人提交的出口单据后，经审核无误，将单据寄交国外付款行索取货款，待收到付款行已将款项划拨议付行账户的贷记通知书（Credit Note）时，即按当日外汇牌价，将货款折算为本国货币划拨受益人账户的结算方式。

（2）押汇。押汇，又称买单结汇，是指议付行在审单无误的情况下，按信用证条款买入受益人的汇票和单据，从票面金额中扣除从议付日到估计收到票款之日的利息，将余款按议付日外汇牌价折成本国货币，划拨受益人的结算方式。议付行向受益人垫付资金、买入跟单汇票后，即成为汇票持有人，可凭票向付款行索取票款。

（3）定期结汇。定期结汇是指议付行根据向国外付款行索偿所需时间，预先确定一个固定的结汇期限，到期后主动将票款金额折成本国货币划拨受益人的结算方式。

2. 缮制结汇单据的基本要求

如前所述，开证行在审核单据与信用证要求完全相符后，才承担付款责任。如开证行对所提交的单据发现任何不符,均有拒付货款的可能。因此,正确缮制结汇单据、及时办理议付,是安全收汇的重要保证。信用证要求受益人"相符交单(Complying Presentation)",这是受益人在信用证下获得承付或议付的条件。《UCP600》中国际商会首次对此进行了明确定义:"相符交单是指与信用证条款、本惯例的相关适用条款以及国际标准银行实务一致的交单。"在传统意义上,从事信用证国际结算业务中普遍存在的交单标准为"单证相符、单单一致",但是在严格意义上,这是不完全的,特别是《UCP600》下对于相符交单有了更加明确的含义。

缮制结汇单据的基本要求是做到"正确、完整、及时、简明、整洁"。

(1)正确是指单据的正确性,做到单据与信用证一致,单据间一致。

(2)完整是指单据的种类、份数和单据本身包含的项目,须与信用证的要求一致,保证完整。

(3)及时指受益人应在信用证的有效期内,及时交单议付。

(4)简明指单据内容应按信用证要求和国际惯例填制,力求简明。

(5)此外,单据表面应保持整洁,字迹清晰,以免因此发生误差而影响收汇。

(九)出口退税

出口退税是国家为帮助出口企业降低成本,增强出口产品在国际市场上的竞争能力和鼓励出口创汇而实行的返还出口企业部分国内税的措施。目前符合出口退税条件的企业在完成发货和收汇手续后,应及时向税务机关申请出口退税。办理出口退税手续需提供的基本单据有:出口货物报关单、出口结汇单和出口购货发票,等等。

小知识13-5

我国货物贸易外汇管理制度的改革

(摘引自 http://www.safe.gov.cn/sfe/2012/0629/5425.html)

我国对外贸易管理中曾于1992年起实行过出口收汇核销制度。该制度是为了监督出口单位及时、安全收汇和防止境内出口收汇截流境外,国家外汇管理部门根据国家外汇管理的要求,通过海关对出口货物的监管,对出口单位的结汇情况进行监督的管理制度。具体地,货物出口报关时,出口单位必须向海关提交出口收汇核销单和标明核销单编号的出口报关单办理申报手续,海关审核无误后,在单据上签章标注核放情况。办理结汇时,外汇指定银行在核销单上签注结汇情况。在货物出运、货款收妥结汇后,出口单位凭出口报关单、核销单及其他所需单据向外汇管理部门进行出口核销。

为大力推进贸易便利化,进一步改进货物贸易外汇服务和管理,国家外汇管理局、海关总署、国家税务总局决定,自2012年8月1日起在全国实施货物贸易外汇管理制度改革,并相应调整出口报关流程,优化升级出口收汇与出口退税信息共享机制。

首先,改革货物贸易外汇管理方式,取消出口收汇核销单(以下简称核销单),企业不再办理出口收汇核销手续。国家外汇管理局分支局(以下简称外汇局)对企业的贸易外汇管理方式由现场逐笔核销改变为非现场总量核查。外汇局通过货物贸易外汇监测系统,全面采集企业货物进出口和贸易外汇收支逐笔数据，定期比对、评估企业货物流与资金流总体匹配情况，便利合规企业贸易外汇收支；对存在异常的企业进行重点监测，必要时实施现场核查。

其次，对企业实施动态分类管理。外汇局根据企业贸易外汇收支的合规性及其与货物进出口的一致性，将企业分为 A、B、C 三类。A 类企业进口付汇单证简化，可凭进口报关单、合同或发票等任何一种能够证明交易真实性的单证在银行直接办理付汇，出口收汇无须联网核查；银行办理收付汇审核手续相应简化。对 B、C 类企业在贸易外汇收支单证审核、业务类型、结算方式等方面实施严格监管，B 类企业贸易外汇收支由银行实施电子数据核查，C 类企业贸易外汇收支须经外汇局逐笔登记后办理。

再次，调整出口报关流程，企业办理出口报关时不再提供核销单。

最后，简化出口退税凭证。出口企业申报出口退税时，不再提供核销单；税务局参考外汇局提供的企业出口收汇信息和分类情况，依据相关规定，审核企业出口退税。

（十）索赔和理赔

涉及国际货物买卖的索赔，主要有三种情况：贸易索赔、运输索赔和保险索赔。

（1）贸易索赔。贸易索赔以货物买卖合同为基础，当一方当事人违约，受害方可依据买卖合同和违约损害事实提出索赔。

（2）运输索赔。运输索赔以运输合同为基础，当一方当事人违约时，受害人可依据运输合同和违约损害事实提出索赔。

（3）保险索赔。保险索赔以保险合同为基础，当发生保险合同承保范围内的风险并由此造成损失时，被保险人可向保险公司提出索赔。

对索赔的处理，称为理赔。在对外贸易中，买卖双方应事先在合同中订立索赔条款，明确各方的权利和责任。当违约发生后，受损方应确定索赔的对象，提出具体索赔要求，提供索赔依据。责任方应认真审核对方的索赔单证，澄清事实，明确责任，合理确定损失程度和解决办法。

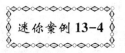

进口商应向谁索赔？

我国 A 公司以 CIF 汉堡出口食品 1 000 箱，即期信用证付款。货物装运后，A 公司凭已装船清洁提单和已投保一切险及战争险的保险单，向银行收妥货款，货到目的港后经进口人复验发现下列情况：① 该批货物共有 10 个批号，抽查 20 箱，发现其中 2 个批号涉及 200 箱食品细菌含量超过进口国标准。② 收货人只实收 995 箱，短少 5 箱。③ 有 10 箱货物外表状况良好，但箱内货物共短少 60 千克。

试分析上述情况，进口商应分别向谁索赔？

二、进口合同的履行

从买方的角度看卖方的出口合同，即为进口合同，因而进口合同和出口合同应视为一个合同的两个方面。对照出口合同的履行程序，买方履行出口合同的基本义务是依照合同收取卖方交付的货物和履行付款义务，此外还应督促卖方按合同交货。对于在 FOB 价格术语和信用证付款条件下的成交，买方履行进口合同的一般程序包括：开立信用证、租船订舱、投保、信用证单据审核、付款、通关、提货，等等，如图 13-2 所示。

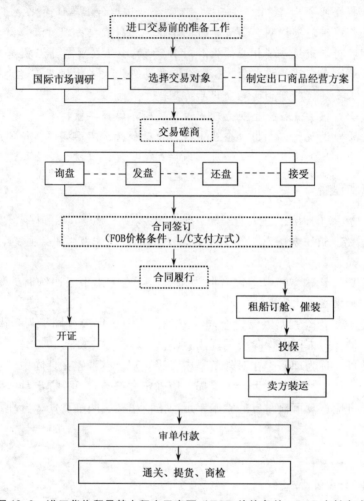

图 13-2 进口货物贸易基本程序示意图（FOB 价格条件，L/C 支付方式）

（一）开立信用证

进口合同签订后，进口方应按合同规定通过指定银行办理信用证开立手续。信用证的种类、金额、开证时间和信用证条款内容应按合同的约定办理。开立信用证的一般手续是：

（1）进口人向开证行提交开证申请书，并随附相关单据，如合同、进口审批证明、备案登记表、购汇申请单，等等。

（2）进口人向银行交付开证保证金。

（3）开证行办理外汇审批手续。

（4）开证行对开证申请审核无误后，即按申请人要求开立信用证。

（二）租船订舱和催装

以 FOB 价格术语成交的进口合同，应由买方办理租船订舱手续。买方应根据合同规定的交货期联系安排出运时间及预定舱位，并与卖方联系确认。买方租船订舱后，应将船名、航次、航行日程及船运公司的联系地址及时通知卖方，以便卖方办理装运。

（三）保险

以 FOB 条件进口的货物应由进口人根据进口货物的具体情况办理保险事宜。一般情况下，与保险公司签订长期预约保险合同的进口单位在收到卖方装船通知后，只需将船名、提单号、开航日期、商品名称、数量、装运港、目的港、保险金额等通知保险公司，即可作为办妥投保手续，保险即自货物在国外装运港装上船起生效。

（四）审单付款

卖方在货物出运后，根据信用证条款的规定向银行提交全套单据进行议付。议付行审核无误后将单据寄交进口地开证行，开证行进行审核后向进口人提示单据。进口人须认真审核单据的种类、份数和具体内容，审核无误后，即付款赎单。进口人在办理付款时，须按规定填制进口付汇核销单。如发现单证出现不符点，应根据具体情况立即采取相应的处理办法，包括：通知国外议付银行更改单据后付款、由国外银行书面担保后付款、改为货到检验合格后付款、拒付。审单付款是进口履约程序中的重要环节，它关系到卖方提供单据的有效性，直接影响到卖方的及时、顺利收货。

小知识 13-6

《UCP600》对不符单据处理的新规定

信用证业务中，当开证行、保兑行或其他指定银行发现受益人提交的单据不符而拒绝承兑、议付或付款时，银行必须在拒付通知中写明对单据的处理方式。《UCP600》规定了 4 种对不符单据的处理方式：① 银行留存单据听候交单人的进一步指示；② 开证行留存单据直到其从申请人处接到放弃不符点的通知并同意接受该放弃，或者其同意接受对不符点的放弃之前从交单人处收到其进一步指示；③ 银行将退回单据；④ 银行将按之前从交单人处获得的指示处理。其中①，③项为《UCP500》下的规定；②，④为《UCP600》的补充。

（五）通关

进口货物抵达目的港口后，进口收货人或其代理人应在海关规定的期限内，向海关提交进口货物报关单及有关货物单据，办理申报手续。海关以申报单据为依据，对进口货物进行实际核对和检查，以确保货物合法进口。经海关查验无误后，进口货物的纳税人应在规定时间内缴纳关税和其他税费，以取得海关对货物的放行。

（六）提货

海关放行后即可从港口提运货物。在进口货物卸货时，港务局也应进行核对。如发现货物短少即填制短卸报告交船方签认，并向船方提出保留索赔权声明；如发现货物残损，即将货物存放于海关指定仓库，由保险公司会同商检局及有关单位进行检验，以便向责任方索赔。

（七）商检

国家规定实行法定检验的进口商品都必须在规定期限内进行检验。进行进口商品检验，也是核查卖方交货和对外索赔的重要依据。一般情况下，为避免超过合同规定的对外索赔期限，凡合同规定在卸货港检验，或合同规定货到检验后付款，或属于法定检验范围的商品，或合同规定的索赔期限较短的，或卸货时已发现残损或有异状或提货不着等情况者，一般应在卸货港进行检验。

按照《联合国国际货物销售合同公约》，当买方收到来自卖方的交货后，在买方有合理机会对货物进行检验之前，不能认为买方已接受卖方交货。所以，当买方对进口货物进行检验后，发现进口货物品质、数量、包装等与合同规定不符的，应向有关责任方提出索赔。索赔时应根据具体情况，明确索赔对象和索赔内容。

思 考 题

1. 国际贸易的基本程序包括哪几个重要环节？
2. 交易的准备阶段，进出口双方进行国际市场调研主要从哪些方面入手？有何意义？
3. 信用证审核的主要内容是什么？信用证单据审核的原则是什么？
4. 信用证结汇单据的缮制中应注意哪些问题？
5. 进出口货物的通关手续包括哪些基本环节？
6. 国际货物买卖中的索赔有几种情况？

第十四章
国际贸易方式

本章学习要点
- 经销的含义、特点、一般经销与独家经销的区别
- 代理的性质与类型、代理协议的主要内容
- 寄售与展卖的含义和特点
- 拍卖的特点、出价方法与拍卖程序
- 国际招标的方式、招投标的基本程序
- 对销贸易的特点
- 加工贸易的含义、性质与特点；加工贸易合同的主要内容
- 商品交易所的含义与特点

国际贸易方式是指国际商品贸易中买卖双方所采用的具体交易形式或使用的具体方法。在国际贸易中最常用、最简单的贸易方式是单边逐笔出口（进口），即买卖双方直接通过函电往来和面谈，就商品的交易条件进行磋商，达成交易，签订合同，然后交货、付款，交易即告结束。此外，还有多种贸易方式，如经销、代理、寄售、展卖、拍卖、对销贸易、加工贸易等。下面几节将分别阐述除单边逐笔出口（进口）外的贸易方式。

第一节 经销和代理

一、经销

（一）经销的含义

经销（Distribution）是指进口商（经销商）与出口商（供货商）达成协议，承担在规定的期限和区域内销售指定商品的一种贸易方式。依据经销权限的不同，分为以下两种类型。

1. 独家经销（Sole Distribution）

我国通常称为包销（Exclusive Sales），是指出口商通过签订协议给国外经销商在一定时期、一定地区经营某一种或某一类商品的专营权利。这种专营权是指专卖权和专买权。专卖权是指出口商在某一时期和某一地区内只能通过经销商销售某种商品，不能再同该地区的其他商人做该种买卖。专买权是指经销商在规定的时期和地区内只能经营出口商的商品，既不

能经营其他来源的同类商品，也不能把出口商的商品销售到其他地区。

采用独家经销方式，出口商和独家经销商在一定时期内通过协议确定了稳定的关系。在规定的期限内，在规定的地区内双方对约定商品的经营与市场开发有着共同的目标和一致的利益，可以同舟共济。由于出口商给予独家经销商专营权，可以充分调动经销商的积极性，促使其专心销售，并为客户提供必需的售后服务。这样有利于出口商对市场销售做出全面和系统的长期规划。

但是采用独家经销方式也存在一定的风险。如果独家经销商资金不足或缺乏销售能力，可能完不成协议规定的最低限额；倘若独家经销商作风不正，居心不良，凭借专营权压低价格或包而不销，就会使出口商蒙受损失。

2. 一般经销

在一般经销的方式下，不存在专卖权和专买权，即出口商可在同一时间、同一地区内寻找几家经销商来经销同类商品，经销商也不享有独家专营权。

经销与单边逐笔销售不同的是，双方当事人除签订买卖合同外，还要事先签订经销协议，确定双方当事人的权利与义务。在经销的条件下，经销商和出口商的关系是一种买卖关系。出口商根据经销协议供货，而经销商则根据经销协议购货，在经营中自担风险、自负盈亏。经销方式下，各有关当事人之间的相互关系如图14-1所示。

图14-1　经销方式下当事人之间的关系

（二）经销协议的内容

经销协议是出口商与经销商达成的规定双方权利与义务关系的契约。其主要内容包括：经销商品的范围、经销地区、经销期限、经销数量或金额、作价办法、经销商在商标保护、广告宣传、提供市场信息等方面的责任。在独家经销协议中，还应包括专营权的内容。

（三）采用经销方式应注意的问题

1. 物色合适的经销商

要选择资信好、经营能力强的客户作为经销商。这一点在独家经销方式下尤为重要。在运用独家经销方式前可以先实行一般经销，经过一段时间的考察，再确定理想的经销商作为独家经销商。

2. 合理规定经销商品和经销地区

经销的商品可以是一类商品，也可以是一类商品的某几种规格、型号的商品。经销的地区可以为几个国家，也可以为一个国家的一个或几个城市，其地区的大小，取决于经销商品的特点、经销地区的市场情况、经销商的经营能力、经营规模和可利用的销售网络。一旦确定采用独家经销的形式，出口商在独家经销的区域内就不得再指定其他经销商经营同类商品。

3. 明确规定经销数量或金额

经销数量或金额要根据市场容量，以经销人经过努力可以达到的水平为基础加以确定，要防止偏高或偏低。此项数量或金额的规定对协议双方有同等的约束力，它也是卖方应供应的数量或金额。经销数量和金额一般采用最低数额的做法。为防止经销商签约后拖延履行，可以规定最低数额以装运数为准。与此同时，还应规定经销商未能完成规定的数额时出口商保留的权利。

4. 明确经销商品的作价方法

经销的作价方法有两种：一是在规定的期限内，一次作价，不论经销商品价格上涨还是下跌，均以协议价格为准；一是在经销期限内分批作价。由于国际市场价格变化频繁，宜采取后种方法。

5. 注意规定知识产权保护方面的内容

经销商使用卖方的商标、牌号，可能会产生商标、专利的注册及使用权等问题。因此，经销协议必须明确规定，经销商负责对经销商品的专利权和商标权给予应有保护。如果需要，还应明确规定经销商不得制造、模仿或复制出口商的经销商品。

6. 处理好经销协议与买卖合同的关系

经销协议本身不是买卖合同，而是出口商与经销商之间对经销商品签订具体买卖合同的依据，它只规定一般经销条件。经销协定一经买卖双方签订即生效，任何一方不能借口未签订具体买卖合同而否认经销协议的效力。

二、代理

（一）代理的性质与特点

代理（Agency）是国际贸易中常见的做法。在全球贸易中，相当数量的业务是通过代理商进行的。代理是指代理人（Agent）按照委托人（Principal）的授权，代表委托人与第三人订立合同或从事其他法律行为，委托人直接承担由此产生的权利和义务的一种贸易方式。代理方式与经销方式相比，具有以下特点：

（1）代理人只能在委托人授权的范围内，代表委托人从事商业活动。
（2）代理人一般不以自己的名义与第三者签订合同。
（3）代理人通常是运用委托人的资金从事业务活动。
（4）代理人不负责交易的盈亏，只收取佣金。
（5）代理人只居间介绍生意，招揽生意，但不承担履行合同的责任。

在代理方式中各有关当事人之间相互关系如图14-2所示。

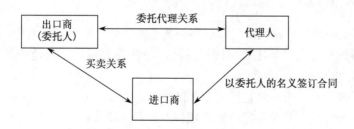

图14-2　代理方式下各方当事人之间的关系

(二) 代理的类型

根据委托人授权的大小，代理可分为以下几类。

1. 普通代理

普通代理（Agent），又称为一般代理，是指委托人在同一地区与同一期限内委托几个代理人为其销售指定的商品，同时保留直接与代理地区买主成交的权利的一种代理。代理人根据销售商品的实际金额或代理协议规定的办法向委托人收取佣金。按照国际市场的通常做法，普通代理人不得购买委托人的商品谋利。但在委托人的同意下，代理人也可自行购买其所代理的商品。在此情况下，普通代理人仍可按代理协定取得一定的佣金。

2. 独家代理

独家代理（Exclusive Agent，Sole Agent）是指委托人在指定地区和规定的期限内，授予代理人代销指定商品的专营权的一种代理。委托人在规定期限、指定地区内只能委托该代理人推销指定商品，而不能委托其他代理人；即使委托人在这一期限与地区直接同客户进行了交易，也要向独家代理人支付一定的佣金。

独家代理与普通代理不同，其主要区别表现在：

（1）独家代理人享有专营权，而普通代理人则不享有专营权。

（2）独家代理人收取的佣金，不仅包括经自己介绍所成交的金额部分，而且包括委托人直接同代理地区的客户成交应支付的佣金。而普通代理人收取的佣金只限于经他介绍所成交的金额。

尽管独家代理人享有专营权，但与经销形式的专营权有着本质的区别，具体表现在：

（1）专营权的性质不同。独家代理的专营权是专门代理权，而独家经销的专营权是专买专卖权。

（2）当事人之间的关系不同。独家代理方式下，委托人与代理人是委托代理关系，而独家经销方式下，出口商与经销人是买卖关系。

（3）承担的风险不同。独家代理人只为委托人推销商品，不需垫付资金、不负盈亏、不承担经营风险。而独家经销人则要自筹资金、自担风险、自负盈亏。

（4）经营的收益不同。独家代理人获取的是佣金，而独家经销人赚取的是利润。

3. 总代理

总代理（General Agent）是指代理人在指定地区内，不仅有独家代销指定商品的权利，还有代表委托人从事商务活动和处理其他事务的权利。他有权指派分代理，并可分享代理的佣金。由于总代理的权限较大，我国出口企业一般不委托外商担任我方总代理。

(三) 代理协议的内容

代理协议是规定委托人与代理人之间权利与义务的法律文件。它主要包括以下内容：

（1）双方当事人。应明确委托人与代理人之间的法律关系、授权范围和代理人的职权范围。

（2）指定的代理商品。明确规定代理商品的品名、规格。

（3）指定的代理地区。明确规定行使代理权的国家、城市。

（4）代理类型。由于代理人性质不同，代理权限的差异较大。因此，应明确规定代理的类型，说明在该代理类型下，委托人和代理人的权利。

（5）协议有效期及中止条款。代理协议可以是定期的，也可以是不定期的。定期可规定为1~5年。不定期的由双方当事人在协议中规定，其中一方不履行协议，另一方有权中止协议。

（6）代理的佣金。代理佣金是委托人给予代理人推销商品的报酬。在协议中代理佣金条款应包括以下内容：

1）计算佣金的基础。可以是实际出口数量，也可以发票总金额，或是FOB总值。不论采取何种方法，都应事先在协议中订明。

2）佣金率。根据商品特点、交易金额、市场状况等因素确定，通常为1%~5%。

3）支付方法。可以定期总算、累计总付，也可以逐笔结算、逐笔支付。

（7）非竞争条款。独家代理协议应规定代理人在协议有效期内无权提供、购买与委托人的商品相竞争的商品，也无权代表该地区内的其他相竞争的公司。

（8）最低成交额。应规定代理人应代销的最低数额。如果未达到或超过最低成交额时，委托人可对佣金做相应的调整。

（四）代理方式的利弊

采取代理方式，出口商可以利用代理人的销售渠道，巩固和扩大原有市场，开辟新市场。由于代理商不承担经营的风险，所获的收益（佣金）与推销数量直接挂钩，有助于调动代理人经营的积极性，增加出口数量。同时，由于委托人始终掌握着商品价格等主要交易条件，故不会出现包销方式下包销商有可能控制市场的局面。但是采用代理方式也有一些不足：一是不利于出口商直接、广泛接触客户；二是如果代理人资信不佳，就会出现"代而不理"或"越俎代庖"的现象。

（五）运用代理方式应注意的问题

（1）慎重选择代理商。要在广泛接触、相互了解的基础上，选择资信好、渠道健全、经营能力强的销售商作为代理。

（2）认真签订代理协议。全面规定双方的权利与义务，明确规定代理地区、代理佣金等条款。

（3）处理好代理商与我国在国外建立的合资企业、独资企业的关系。要协调好所经营的同一商品的价格、市场，不要轻易地以国外建立的企业替代原有的代理商。

（4）加强与代理商的联系，充分发挥代理商的作用。如定期交换市场信息。

第二节　寄售、展卖与拍卖

一、寄售

寄售（Consignment）是一种委托代售的贸易方式。其做法是寄售人（出口商）先将准备销售的货物运往国外寄售地，委托当地代销人按照双方商定的条件，由代销人代为销售，所得货款，扣除佣金及有关费用后，交付给寄售人。

(一) 寄售的性质和特点

寄售贸易是根据寄售协议进行的。寄售协议属于信托合同性质。寄售人与代销人之间是委托代售关系,而不是买卖关系。同一般出口相比,寄售具有以下特点:

(1) 寄售是一种现货交易。寄售人先将货物运至目的地市场(寄售地),然后经代销人在寄售地向当地买主销售。因此,它是典型的凭实物进行买卖的现货交易。

(2) 寄售人与代销人之间是委托代售关系,而非买卖关系。货物在售出前,其所有权属寄售人。代销人只为寄售人提供服务并收取佣金,其责任只限于在货物抵达后照顾货物,尽力推销,并依照寄售人的指示处置货物。

(3) 寄售货物在售出之前,包括运输途中和到达寄售地后的一切费用和风险,均由寄售人承担。

寄售方式下当事人之间的关系如图 14-3 所示。

图 14-3 寄售方式下当事人之间的关系图

(二) 寄售协议的内容

寄售协议是明确寄售人与代销人权利与义务关系的法律文件,一般应包括以下内容:

(1) 双方当事人的关系。应明确双方关系的法律性质。

(2) 双方当事人的权利与义务。

代销人的主要义务是:

1) 提供储存寄售商品的仓库,办理进口许可证。

2) 保证货物在仓库存放期间,品质和数量完好无损,如发生货物损失、灭失等现象,代销人负赔偿责任。

3) 代垫寄售商品在经营、仓储期内所产生的有关费用,代垫费用办理寄售商品的保险。

4) 进行广告宣传或提供售后服务。

5) 及时向委托人反馈市场信息。

委托人的主要义务是:

1) 按质、按量、按期提供寄售商品。

2) 偿付代销人在寄售过程中所垫付的费用。

(3) 寄售商品价格。通常有三种方法:

1) 规定最低售价。代销人不得低于最低价格销售。

2) 随行就市。由代销人根据市场行情确定售价,但不能低于当地市场价。

3) 代销前征求寄售人的意见。

(4) 佣金条款。其内容与代理的规定相似。

(三) 寄售方式的利弊

寄售方式对寄售人、代销人及买主都有明显的好处。对寄售人而言，既可以在寄售货物出售前拥有货物的所有权，又可以通过代销人选择最佳销售时机、销售价格，获取较大的利益。对代销人来说，不垫付资金、不负担风险，甚至是做无本生意。寄售是现货交易，货物与买主直接见面，买主可以缩短交易时间，避免资金积压。

但是寄售对寄售人来说也有不少缺点。由于寄售是一种先出运后成交的贸易方式，寄售人负担的费用过多，承担的风险较大。寄售人要在出售前垫付各种费用，要等货物出售后才能收回货款，并要承担货物出售前的价格变动的风险、货物不能售出的风险以及代销人资信不佳而造成的损失。

(四) 运用寄售方式应注意的问题

由于出口商运用寄售方式要承担较大的风险和费用，因此，在采用寄售方式时应注意以下各项：

(1) 加强对寄售市场的选择。要在对国外市场充分调研的基础上加以选择。应尽量将寄售地点选在商品进出与外汇转移比较方便，税收与费用比较低的地区。

(2) 加强对代销人的选择。要选择资信良好、推销能力强的客户作为代销人，以便在货到目的地后能迅速售出，货物售出后寄售人能迅速收回货款。

(3) 加强对寄售商品和数量的选择。应选择当地市场有销路而又难以凭样品成交的商品，或是在新市场处于试销阶段的新商品，同时也要注意寄售商品数量不宜过大，以免短期内销不出去会增加仓储费用和利息。

(4) 注意缩短结算期限。结算期限尽量缩短，可以减少寄售人的风险，加快资金周转。

(5) 订立合理的寄售协议和搞好寄售管理。在寄售协议中，应对寄售货物作价方法、货款的支付方式、佣金的计算与支付、寄售期限以及寄售货物的所有权等问题做出明确的规定。为了保证寄售协议的实施，寄售人还应在售价、费用和收款等方面加强管理。

二、展卖

展卖（Fair and Sales）是利用各种形式的展览会和博览会以及其他交易会形式对商品实行展销结合的一种贸易方式，也是国际贸易中一种行之有效的习惯做法。

(一) 展卖的特点和作用

展卖的基本特点是展销结合，以展带销，以销为主。这种方式具有以下作用：

(1) 展卖方式有利于扩大出口商品在国际市场上的影响。通过展览不仅可以起到宣传商品、刺激参观者购买欲望的作用，而且对于展览会评选出的优秀产品，又创造了扩大销路的绝好机会。

(2) 展卖方式有利于出口商收集市场信息，进行市场调研。参加展销活动，出口商可以通过货比货和听取消费者的反映，摸清竞争对手的长处和弱点，找到自己的优点及不足。同时也可获取有关市场和商品方面的经济及技术信息，为在竞争中获胜取得珍贵的第一手资料。

(3) 展卖有利于出口商疏通贸易渠道，建立和发展客户关系，以扩大销售地区，实现出口市场的多元化。

(二) 展卖的类型

1. 国际博览会

国际博览会（International Fair）又称国际集市，是指在一定地点定期举办的由一国或多国联合组办，邀请各国商人参加交易的贸易方式。参加者除了同主办国家进行交易外，还可同其他国家的贸易商进行交易。

国际博览会分为两种形式：一种是综合性国际博览会，各类商品均可展览和交易，故规模较大，产品齐全，会期较长，如智利的圣地亚哥和叙利亚的大马士革的国际博览会。一种是专业性国际博览会，只限于某类专业性商品，其规模较小，会期较短，如慕尼黑的体育用品及运动时装国际博览会。

小知识 14-1

慕尼黑体育用品及运动时装国际博览会

慕尼黑体育用品及运动时装国际博览会（International Trade Fair For Sports Equipment & Fashion, ISPO）是当今世界最大的体育用品类国际博览会，展览会每年两届，在德国巴伐利亚州府慕尼黑市举办，至今已举办了60多届，展览会展出面积13万平方米，分设"爱好运动世界""冬季（夏季）运动世界""健身运动世界""运动时装世界""运动鞋和团体运动世界""自然与户外运动世界""球拍与室内运动世界""儿童与妇女运动世界"以及"国际运动世界"等近10个专题。每届展览会都有来自世界上近百个国家的数千家生产及销售企业参展，有4万余个专业客商到会洽谈，世界上许多著名品牌如 ADIDAS、BENETTON、UMBRO 等都如约而至并大面积展出。展览会上展出的产品代表着当今世界运动类产品的最新潮流，因此，许多生产及销售企业都把该展作为了解信息，改进设计，提高产品质量，培植名牌产品，把握商机的重要场所，争相参展。

---

2. 中国进出口商品交易会

中国进出口商品交易会（Chinese Import and Export Commodities Fair），简称广交会。它的前身是中国出口商品交易会，创立于1957年，每年春秋两季在广州举办。从2007年第101届开始更名为中国进出口商品交易会。广交会从中国的单一出口交易平台，转变为进口和出口双向交易平台。广交会作为中国对外开放的重要窗口，为推动中国对外贸易发展发挥了巨大的作用，也在改革开放的宏伟大潮中不断成长起来。30年前，广交会的展览面积只有13万平方米，到会客商1.8万人，成交金额18.8亿美元；30年后，第103届广交会到会客商19.2万人，出口成交达382.3亿美元，第104届广交会全面启用新馆后，展览面积进一步扩大到113.1万平方米。广交会是目前中国规模最大、层次最高、成交效果最好的，具有综合性、多功能的举世瞩目的国际贸易盛会，至2019年4月，已举办了125届。

3. 在国外举办展卖会

我国在参加国外举办的国际博览会的同时，还通过三种形式在国外举办展卖会：

(1) 自行举办展卖会。采取该种形式，展卖会的各种费用，如展品的运费、保险费、广告宣传费、展出场地的租金等均需自行负担。展卖结束后的剩余产品自行处理。由于这种形式承担的责任、费用、风险较大，故很少采用。

(2) 支持外商举办展卖会，即我方将展品卖断给外商，由外商在国外举办或参加展卖会。该种方式适合于展卖品在过去有一定销售基础，拥有一定的发展潜力，并拥有比较密切的客户关系或代理关系的市场。

(3) 与外商联合主办我国出口商品展卖会。在该种方式下，我方提供展品，外方承担展品的运费、保险费、劳务费、展台租赁、设计费、展出期间的宣传广告费等。在展卖期间展品所有权属于我方。展卖商品售出后，外商可以从出售所得的货款中得到一定的费用作为报酬。该种方式主要在开辟新地区、新市场时采用。

（三）利用展卖方式应注意的问题

1. 选择适宜展卖的商品

在国际贸易中，并非所有的商品都适用于展卖。一般地讲，品种规格复杂，性能多变，用户对造型、设计、图案要求严格的商品采用展卖的方式效果好。如机械设备、电子产品、手工艺品等。在选择展卖商品时，一是要注意选择质量好、在市场上具有竞争力的商品，这一点在参加国际博览会时更为重要；二是要注意展出品种的多样化，以满足不同层次消费者的需求。

2. 选择合适的展销地点

展出地点一般应选择交易比较集中、市场潜力较大并有发展前途的集散地或交易中心地带。同时也应考虑展出场地、交通、通信等基本设施状况、服务水平及收费标准。

3. 选择适当的展卖时机

一般来说展销季节应是适合该项商品销售的季节，同时每次展销时间不宜过长，否则花费过大，影响效果。

4. 选择好合作的客户

这是展卖能否成功的关键。合作的客户必须资信良好，经营能力强，熟悉市场并具有一定的销售渠道。

5. 加强宣传组织工作

成功的展卖离不开宣传和组织工作。要将一般宣传与重点宣传相结合，不仅要通过报纸、杂志、电台、电视等宣传媒介的广告，吸引公众的注意，而且应有选择地向一些客户事先发出邀请，做重点宣传，从而吸引更多的客户参加展卖会。为强化宣传效果，应加强展台、展品的布置，说明书等小册子应做到图文并茂。

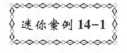
迷你案例 14-1

578.3 亿美元！首届进博会交易采购成果丰硕

（来源：新华网，2018-11-10 19:16:22）

新华社上海 11 月 10 日电（记者于佳欣、周蕊）首届中国国际进口博览会于 10 日闭幕，此次进博会交易采购成果丰硕，按一年计，累计意向成交578.3亿美元。

这是记者从此间召开的闭幕新闻通气会上获悉的。进博会是迄今为止世界上第一个以进口为主题的国家级展会，是国际贸易发展史上一大创举。在当前保护主义、单边主义抬头的背景下，举办进博会是中国主动向世界开放市场的重大举措，也是中国推动建设开放型世界经济、支持经济全球化的实际行动。

中国国际进口博览局副局长孙成海说，在578.3亿美元意向成交额中，智能及高端装备展区成交额最高，为164.6亿美元；其次是食品及农产品展区，成交126.8亿美元；汽车展区成交119.9亿美元；医疗器械及医药保健展区成交57.6亿美元；消费电子及家电展区成交43.3亿美元；服装服饰及日用消费品展区成交33.7亿美元；服务贸易展区成交32.4亿美元。此外，与"一带一路"沿线国家累计意向成交47.2亿美元。

本届进博会以"新时代，共享未来"为主题，共吸引了172个国家、地区和国际组织参会，3 600多家企业参展，超过40万名境内外采购商到会洽谈采购，展览总面积达30万平方米。截至11月10日中午12时，累计进场达80万人。

5日召开的首届虹桥国际经贸论坛上，举行了"贸易与开放""贸易与创新""贸易与投资"平行论坛。此外，还同期举办了虹桥国际财经媒体和智库论坛。

专家表示，进博会达成丰硕成果的背后，是全球企业对中国13亿多人口大市场的看好，是对中国进一步扩大开放前景的看好。扩大进口将进一步促进中国企业转型升级，更好地推进高质量发展和满足人民对美好生活的需要。

三、拍卖

拍卖（Auction）是由专营拍卖业务的拍卖行接受货主的委托，在一定的地点和时间，按照一定的章程和规则，以公开叫价的方法，把货物卖给出价最高的买主的一种贸易方式。

（一）拍卖的特点

（1）拍卖是由经营拍卖业务的专门机构（拍卖行）按照一定的规章和程序进行的，而不是由买卖双方洽谈进行。

（2）拍卖是一种现货交易。交易的大部分商品是一些规格复杂、难以标准化或价值昂贵、并且价格变化较大的商品，或是容易腐烂、变质以及历史上习惯于采用拍卖方式进行交易的商品。如毛皮、原毛、茶叶、烟草、香料、咖啡、可可、水果、蔬菜、地毯、古董、书画等。某些商品，如澳洲羊毛，大部分的交易是通过国际拍卖方式进行的。货物必须在交易前运到拍卖地，并事先经过验看，拍卖后对货物的品质一般不负索赔责任。

（3）拍卖是一种现场公开竞购的交易。在拍卖时，公开出价、互相竞购，由出价最高者购买，具有公开的竞争性。拍卖价格的高低取决于当场买主竞争的激烈程度和货物的品质。

（二）拍卖出价的方法

（1）增价拍卖，也称买方叫价拍卖。拍卖时，拍卖人当众宣布叫价起点，然后由买主自由出价，最后把商品出售给出价最高的人，这是最常见的拍卖方式。

（2）减价拍卖，即荷兰式拍卖。拍卖人当众宣布最高价，如无买主，则由拍卖人逐渐降低所喊价格，直到有人接受为止。这种方法经常用于拍卖鲜活商品如鲜花、水果、蔬菜等。

（3）密封递价（Sealed bids）拍卖，又称招标式拍卖。先由拍卖人公布每批货物的详细情况和拍卖条件等，然后由买主在规定时间和地点将自己的递价以密封的形式交给拍卖人，然后由拍卖人进行审查比较，决定将货物售给哪一个竞买者。这种方法不是公开竞买，拍卖人有时考虑除价格以外的其他因素。有些国家的政府或海关在处理库存物资或没收货物时往往采用这种拍卖方法。

（三）拍卖程序

国际商品拍卖一般经过准备阶段、正式拍卖阶段和付款交货阶段。

准备阶段，卖方与拍卖行订立委托拍卖合同，其内容包括拍卖的货物名称、规格、数量、质量；拍卖的时间、地点；拍卖品的交付时间和方式；佣金及其支付的方式、期限；价款的支付方式、期限；违约责任等内容。参加拍卖的货主要把货物运到拍卖地点或指定仓库，委托拍卖行代为整理挑选、分级分批。同时拍卖行编制拍卖目录，列明商品种类、拍卖程序、拍卖条件，在拍卖日期前10~15天发送给买主选择。买主接到通知后可以到指定地点看货，有的还允许买主抽样试验。

在正式拍卖时，按拍卖目录排定的次序，逐批叫价成交。从法律的角度讲，拍卖过程包含发盘和接受两个环节。买方喊价相当于发盘，主持人落槌则属于接受。根据拍卖业务惯例，在主持人落槌之前，买主可以撤回其出价。

主持人落槌后，拍卖行工作人员交给买方一份确认书，由买方填写并签字，表明交易正式达成。成交时，买方即需支付货款金额的一定百分比，其余也需尽快支付。货款付清后，货物的所有权随之转移。

小知识 14-2

索斯比拍卖行

（选自央视"高端访问"栏目，2004-11-29）

上千年前，在西方，诞生了一个神奇而又神秘的行当——拍卖；独特的交易方式，变幻莫测的拍品，出乎预料的结果，吸引了越来越多的人，而在这个行当中，寿命最长、规模最大、最具权威的一家拍卖行，就是大名鼎鼎的索斯比了。

对于很多中国人来说，拍卖行业仍然充满着神秘色彩，索斯比也始终是一个既熟悉又陌生的名字。今天我们要采访索斯比的副总裁约翰先生，以了解索斯比拍卖行。

记者：约翰先生，请允许我问您一系列小问题。首先索斯比拍卖行是干什么的？

约翰：起初它是一家图书出售公司，在过去的230年里公司的规模逐渐壮大，现在我们承载了各种拍卖业务，业务范围包括各种书画作品、中国陶制品以及名酒。原则上讲，我们只作为中介，那就是说，我们接受收藏者的委托，替他们拍卖商品，从收藏者那里获取佣金，并从购买者那里获取奖金。

记者：你们的艺术品来源都有哪几种？

约翰：途径很多，大多数艺术品都来自欧洲和美洲，那里的很多人都有大量的收藏，其中包括银器、家具、书画和瓷器。我们只会对那些我们认为有拍卖价值的商品进行拍卖，所以我们会对商品进行鉴别。

记者：我们知道拍卖的时候通常有一个起拍价，这个起拍价是谁定的？

约翰：这要从头说起，比如说你有一幅名画，我们对它的估价在10万到12万美元之间。我们会把这幅画的估价登载在拍品名录上，然后我们会制定一个低于这个估价的最低价，而这个价格也就是起拍价，低于此价，我们就不会拍出这幅画。当拍卖师组织拍卖的时候，他会从低于起拍价50%的价格开始叫价。

记者：一件拍品有起拍价，还有一个底价，这个底价是出售者要求的还是索斯比拍卖行决定的？

约翰：它是由两者共同决定的。对某一拍品有我们自己的价值评定，而拍品的拥有者也有他自己的心理价位，如果我们认为拍品拥有者要求的价格太高，我们就会拒绝拍卖，所以我们之间必须达成协议。

我们的收入来源有两个，一个是拍品出售者支付的佣金，另一个是购买者支付的奖金，通常佣金的比率高低与拍出的价格成反比，拍品拍出的价格越高，佣金比率就越低。

记者：拍卖行业有风险吗？对索斯比这样的拍卖行，最大的风险体现在哪里？

约翰：对收藏者来说最大的风险在于他的藏品由于某些原因拍卖失败，对拍卖行而言，最大的风险在于经济的变化，如果我们不能很清楚地判断经济状况，从而调整拍卖品的价格，那么就会导致更多的拍品无法顺利拍卖出去。索斯比拍卖行于1744年在英国成立，1983年因经营不善陷入困境，被美国房地产商陶布曼收购。成为美资公司后这家拍卖行分成了两个总部，一个在伦敦，另一个在纽约。历经两个半世纪的开拓和多元化发展，索斯比目前每年在全球17个国家举行500多场拍卖会，涉及的拍卖品项目多达70多个，拍卖也日趋专业化，日内瓦分行主拍珠宝首饰，纽约以美术作品为主，中国的古代文物和名贵瓷器拍卖，则分别在伦敦和中国香港进行。索斯比的繁荣向人们证明了拍卖业的兴盛，上百年的浮浮沉沉更见证了其艰难与波折。然而就是这个高风险的行业，在今年上半年还创造了一个高回报的历史性奇迹。2004年5月5日，在索斯比拍卖行的一次春季拍卖会上，随着著名拍卖师托拜厄斯·迈尔的一声槌响，毕加索的名画《拿烟斗的男孩》，以1.04亿美元的天价拍出。拍卖史上最昂贵的艺术品，在这家创立了整整260年的著名拍卖行诞生了。

记者：除了它艺术方面的价值，像拍卖《拿烟斗的男孩》那样，把握拍卖的时机，拍卖行和出售者对这幅作品的宣传角度的控制以及对它进行的宣传推广是否也构成了艺术品价值大小的一个关键因素？

约翰：我喜欢"推广"这个词，但我不喜欢"控制"这个词，你懂我的意思吗？对任何销售来说，市场营销是很重要，所以我们当然会为这次拍卖制作精美的拍卖广告，对它进行宣传，同时我们还与潜在的购买者们进行接触，但是这其中不存在控制，我们不可能强迫别人花一亿美元买幅画。

第三节　招标与投标

招标（Invitation to Tender）是指招标人（买方或工程业主）预先发出招标公告或招标

单，提出拟购商品的品种、数量和有关买卖条件或拟建项目的各种条件，邀请投标人（卖方或工程承包商）在规定的时间和地点投标的行为。

投标（Submission of Tender）是指投标人根据招标公告或招标单规定的条件，在指定的时间内向招标人递盘的行为。

招标与投标实际上是一笔交易的两个方面。

投标与招标是国际贸易中比较常见的贸易方式。发达国家的一些政府部门以及一些大企业，特别是公营事业单位经常采用招标方式来采购大宗的物资、机械设备和招标承建某些工程项目。近年来，不少发展中国家也日益广泛地通过招标方式进口主要商品以及成套设备。目前国际上的政府贷款项目和国际金融组织的贷款项目也往往规定，凡利用其提供的贷款进行采购或兴建的项目必须采用公开招标的方式。因此，在国际贸易中，招标与投标这种贸易方式的运用正在不断扩大。

一、招标方式

（一）国际竞争性招标

国际竞争性招标（International Competitive Bidding，ICB）是指招标人发布招标公告，邀请众多投标人参加投标，通过投标人之间的竞争，选择其中对招标人最有利的投标人达成交易。它可以分为以下两种：

（1）公开招标（Open Bidding）。公开招标是指招标人在报刊上公开发布招标公告，一切愿意参加投标的厂商都可参加投标。公开招标的竞争性最强。

（2）选择性招标（Selected Bidding）。又称邀请招标，是指招标人有目的地向一些声誉较好、实力较强或与自己有良好业务关系的厂商寄发招标通告，邀请其参加投标。

（二）谈判招标

谈判招标（Negotiated Bidding）是招标人选择几家客户直接进行谈判，并同谈判成功的客户达成交易。它不属于严格意义的招标方式。

（三）两段招标

两段招标（Two-stage Bidding）即招标分为两个阶段进行。第一阶段采用公开招标方式，在对众多投标人的投标进行初评后，再邀请几家比较理想的客商进行第二阶段的选择性招标。

二、招标投标的程序

招标投标的程序一般包括招标、投标和开标三个阶段。

（一）招标

招标是国际招标与投标业务的第一个阶段，是决定招标能否成功的关键阶段。在这一阶段，招标人要进行以下工作：

(1) 发布招标通告。凡采用公开招标或两段招标时，应在国内外报刊上刊登招标通告，简要说明招标项目的具体要求、投标期限、投标人资格等内容。

(2) 资格预审。采取公开招标和两段招标均需对投标人进行资格审查，以确保招标的顺利进行。资格预审是对投标人的基本情况、财务状况、生产及供应能力、经营作风和信誉的全面审查。

(3) 编制招标文件。招标文件又称标书、标单。招标文件应详细说明各种招标条件、投标人资格、投标日期、开标日期、寄送投标单的方法等。此外，还应规定投标人缴纳投标保证金及履约保证金的条款，明确以保证金金额的交付、保证方式等作为投标担保。

（二）投标

投标是国际招标与投标业务的第二个阶段，在这个阶段，投标人要进行以下工作：

(1) 研究招标文件。这是搞好投标的最重要环节。要认真分析招标文件中的招标条件、商品要求、技术规格、合同条款，还要仔细研究投标人所在国的相应法律和税收规定。

(2) 编制投标文件和提供保证函。投标人一旦决定参加投标，就应根据招标文件的要求编制和填报投标文件，并按照招标人的要求提供投标保证金或投标保证函。投标保证金可以缴纳现金，也可以通过银行向招标人出具银行保函或备用信用证。保证金额是以投标金额的百分比计算的，一般10%左右。如开标后，投标人未中标，招标人退回投标人保证金。如投标人中标，但不与招标人签约，保证金则被没收。

(3) 递送投标文件。投标文件应在投标截止日期之前，一般以密封挂号邮寄或由专人送达招标人，逾期失效。

（三）开标

开标是招标人在规定的时间和地点，对递交的投标文件进行比较，择优选择中标人。开标分为公开开标和不公开开标两种形式。

公开开标是由招标人按照规定的时间地点，当众拆开所有密封投标单，宣读内容。凡是投标人都可派出代表监督开标，开标后投标人不得更改投标内容。不公开开标，是由投标人自行选定中标人，投标人不能派出代表参加开标。

通常中标人在开标时即确定。但一些比较复杂的招标项目，特别是工程项目，往往要给招标人一段评标时间，由其组织评标小组对投标文件的条件进行全面审查和比较，选出最优者中标。如招标人认为所有投标均不理想，不能选定中标人，可以全部拒绝，宣布招标失败，另定日期重新招标。

招标人选定中标人后，在招标人与中标人签订正式合同以前，双方仍可以进一步澄清涉及合同的有关条款，甚至可以讨价还价，调整最后价格和部分条款。在此基础上，双方签订正式买卖合同或工程承包合同。

三、招标投标方式的特点

招标与投标不同于一般交易方式。其主要区别是：

(1) 投标只按招标人提出的条件，一般由投标人一次性递价成交，无须经过双方反复磋商。

（2）招标是由一家招标人向多家投标人发出投标邀请，因此，投标人之间的竞争十分激烈。而招标人处于比较主动的地位，通常可以较低的价格获取所需要的商品或完成拟建的工程项目。

第四节　商品期货交易

期货交易是一种特殊的贸易方式。现代期货交易起源于19世纪后期的美国，目前已在全世界范围内得到普遍发展。改革开放以来，我国也创建了期货市场以促进国内外贸易的发展。

一、期货交易的含义及特点

期货交易（Futures Trading）是指在期货市场（Futures Market）或商品交易所（Commodity Exchange）内，按一定规章制度进行的期货合同的买卖。商品期货交易的品种主要有谷物、棉花、咖啡、可可、油料、木材、有色金属、原油等初级产品。期货交易只是期货合同本身的买卖，很少涉及实际货物的转移。

期货与现货交易存在着明显的区别。现货交易买卖的是实际货物，转移的是货物的所有权，而期货交易买卖的是标准期货合同，一般不涉及货物的实际交割，只需在期货合同到期前对冲；现货交易双方可以在任何时间和任何地点进行交易，而期货交易必须在期货市场或商品交易所内，在开市时间内进行交易；现货交易的合同条款是根据双方的情况订立的，局外人一般不知道；而期货交易的合同条款是标准化的，价格是对外公布的。

期货交易具有以下特点：

1. 期货交易以标准期货合同为交易标的

标准合同是由各商品交易所制定的。商品的品质、规格、数量及其他交易条件都是统一拟订的。买卖双方只需确定价格、交货期和合同数目。交易的结清是通过对冲交易来实现的，即在期货合同到期前，交易者做一笔方向相反、交割期和数量相同的期货交易。

2. 期货交易实行特殊的清算制度

商品交易所内设有清算所（Clear House），它是交易所内进行期货合同交割、对冲和结算的独立机构。清算所保障了期货交易的顺利进行，已成为期货市场运行机制的核心。

清算所通常实行会员制。清算所的非会员必须通过会员进行清算结算，而且要支付一定的手续费。

3. 建立严格的保证金制度

保证金制度（Margin System）又称为押金制度，是指清算所规定的达成期货交易的买方或卖方，应交纳履约保证金的制度。保证金分为初始保证金和追加保证金。初始保证金是指清算所要求每一位会员都必须在交易所开立一个保证金账户，对每一笔交易都要按规定交纳一定的保证金。初始保证金通常按交易金额的一定百分比计收，一般为5%~10%。追加保证金是指清算所在会员保证金账户短缺时，为使保证金额维持在初始保证金水平，而要求会员增加交纳的保证金数额。清算所对每笔期货交易按当日结算价格核算盈亏，当发现有亏损并超过规定的百分比时,清算所即要求该会员追加保证金。该会员须在次日交易开盘前交纳保证金,否则清算所有权停止该会员的交易。

二、期货交易的类型

根据交易者动机的不同,期货交易分为以下两类:

1. 套期保值

套期保值,又称为海琴(Hedging)。其通常做法是,在卖出或买入实际货物的同时,在期货市场上买入或卖出同等数量的期货,利用期货市场价格和现货市场上实际商品价格的变化趋势基本一致的规律,以期货市场的盈利来弥补实际货物交易中可能遭受的损失。

套期保值有两种方式:卖期保值和买期保值。卖期保值(Selling Hedge)是指套期保值者根据现货交易情况,先在期货市场上卖出期货合同,然后再以买进期货合同进行对冲的做法。买期保值(Buying Hedge)是指套期保值者根据现货交易情况,先在期货市场上买入期货合同,然后再通过卖出期货合同进行对冲的做法。进行套期保值业务的目的不是利用价格波动进行投机,而是为了避免价格波动给实际货物买卖造成的损失。因此,套期保值必须将买卖现货与买卖期货同时进行,以把握两个市场价格趋势的一致性;同时,两次买卖的数量必须相等,否则也会导致盈亏差额。

2. 投机交易

投机(Speculation)的主要方式是买空卖空。买空即多头(Long,Bull),投机者预测价格将会上涨而买入期货合同,待价格上涨后再卖出,通过买入和卖出的差价谋利。卖空即空头(Short,Bear),投机者预测价格将下跌而卖出期货合同,待价格下跌后低价补进,从中盈利。

迷你案例 14-2

大豆套期保值实例

(引自上海科技网站)

以下实例只用于说明套期保值原理,具体操作中,应当考虑交易手续费、持仓费、交割费用等。

卖出套期保值实例:

某年7月份,大豆的现货价格为每吨2 010元,某农场对该价格比较满意,但是大豆9月份才能出售,因此该单位担心到时现货价格可能下跌,从而减少收益。为了避免将来价格下跌带来的风险,该农场决定在大连商品交易所进行大豆期货交易。交易情况见表14-1。

表 14-1 大豆期货交易情况

项目	现货市场	期货市场
7月份	买入100吨大豆：价格为 2 010元/吨	卖出10手9月份大豆合同： 价格为2 050元/吨
9月份	卖出100吨大豆：价格为 1 980元/吨	买入10手9月份大豆合同： 价格为2 020元/吨
套利结果	亏损30元/吨	盈利30元/吨
最终结果	净获利100×30−100×30＝0（元）	
注：1手＝10吨。		

从该例可以得出：第一，完整的卖出套期保值实际上涉及两笔期货交易。第一笔为卖出期货合同，第二笔为在现货市场卖出现货的同时，在期货市场买进原先持有的部分。第二，因为在期货市场上的交易顺序是先卖后买，所以该例是一个卖出套期保值。第三，通过这一套期保值交易，虽然现货市场价格出现了对该农场不利的变动，价格下跌了30元/吨，因而少收入了3 000元；但是在期货市场上的交易盈利了3 000元，从而消除了价格不利变动的影响。

买入套期保值实例：

某年9月份，某油厂预计11月份需要100吨大豆作为原料。当时大豆的现货价格为每吨2 010元，该油厂对该价格比较满意。据预测11月份大豆价格可能上涨，因此该油厂为了避免将来价格上涨，导致原材料成本上升的风险，决定在大连商品交易所进行大豆套期保值交易。交易情况见表14-2。

表 14-2 大豆套期保值交易情况

项目	现货市场	期货市场
9月份	卖出100吨大豆：价格为 2 010元/吨	买入10手11月份大豆合同： 价格为2 090元/吨
11月份	买入100吨大豆：价格为 2 050元/吨	卖出10手11月份大豆合同： 价格为2 130元/吨
套利结果	亏损40元/吨	盈利40元/吨
最终结果	净获利40×100−40×100＝0（元）	

从该例可以得出：第一，完整的买入套期保值同样涉及两笔期货交易。第一笔为买入期货合同，第二笔为在现货市场买入现货的同时，在期货市场上卖出对冲原先持有的头寸。第二，因为在期货市场上的交易顺序是先买后卖，所以该例是一个买入套期保值。第三，通过这一套期保值交易，虽然现货市场价格出现了对该油厂不利的变动，价格上涨了40元/吨，因而原材料成本提高了4 000元；但是在期货市场上的交易赢利了4 000元，从而消除了价格不利变动的影响。如果该油厂不做套期保值交易，现货市场价格下跌他可以得到更便宜的

原料，但是一旦现货市场价格上升，他就必须承担由此造成的损失。相反，他在期货市场上做了买入套期保值，虽然失去了获取现货市场价格有利变动的盈利，可同时也避免了现货市场价格不利变动的损失。因此可以说，买入套期保值规避了现货市场价格变动的风险。

第五节 对销贸易

对销贸易（Counter Trade）是在古老的易货贸易基础上发展起来的以进出结合为基本特征的一种贸易方式。其本质含义是：不是单方的购买，而是双方有买有卖，一方的商品和劳务的出口必须以进口为条件。对销贸易内容复杂、形式多样，主要包括易货贸易、互购、补偿贸易、转手贸易和抵消交易等五种形式。由于第一章已介绍过易货贸易，本节只对后四种形式进行分析。

一、互购

互购（Counter Purchase）是指交易双方互相购买对方产品的一种贸易方式。在这种贸易方式下，双方签订两份既独立又有联系的合同：一份是约定先由进口的一方用现汇购买对方的货物，另一份则由先出口的一方承诺在一定期限内购买对方的货物。

1. 互购与易货的区别

（1）互购不是单独以货换货，而是现汇交易，并且不要求等值交换。

（2）先出口的一方应在第一份合同中规定回购的金额，详细内容另行商订。

（3）一笔互购交易有时要涉及两个以上当事人。按照目前国际上的做法，在征得对方同意的基础上，出口方的回购义务和先进口方的供货义务可分别由第三方完成。

2. 互购贸易的利弊

对先出口方来说，互购贸易首先有利于其资金周转。由于互购贸易用现汇支付，一般采用信用证即期付款或付款交单进行，有时也可采用远期信用证付款交单方式。先出口的一方除接受远期信用证外，不垫付资金，还可以在收到出口货款至支付回购货物价金的这段时间里，利用对方的资金。其次，由于先出口方先出后进，在后续谈判中处于比较有利的地位。西方发达国家凭借技术上的优势，往往比较愿意采用互购做法。

对先进口方来说，利用互购贸易有利于带动本国商品的出口，但也存在一定的不稳定性。由于互购是先出口方对今后所做的承诺，这些承诺往往比较原则化，先进口国面临着承诺不能履行的风险。

二、补偿贸易

补偿贸易（Compensation Trade）是指在信贷的基础上进口机器设备，然后用机器设备生产的产品或其他产品或劳务，分期偿还机器设备价款的一种贸易方式。

1. 补偿贸易的种类及特点

按照补偿产品的方式，可分为三类：

（1）直接产品补偿。机器设备的进口方用其机器设备直接生产的产品，分期偿还设备价款。

（2）其他产品补偿。当所交易的机器设备本身生产出的产品对方并不需要时，经双方协商，可用回购其他产品来代替。

（3）劳务补偿。这种做法常见于同来料加工或来件装配相结合的中小型补偿贸易中。由承接对外加工、对外装配业务的单位分期以加工费偿还进口加工或装配所需的机器设备的价款。

（4）综合补偿。进口机器设备的一方，一部分用直接产品偿还进口设备的价款，一部分用间接产品偿还。有时还可以用部分产品和部分现汇偿还进口设备的价款。

补偿贸易同其他贸易方式相比，具有三个基本特征：

（1）出口国家提供的一定信贷是补偿贸易的基础，即进口设备方不用现汇支付（有时需要支付15%的定金），补偿贸易实际上是一种商业信贷。

（2）设备进口与产品出口相联系。设备供应方必须同时承诺回购设备进口方产品或劳务。

（3）设备出口方供应技术、设备并取得补偿产品，设备进口方提供补偿产品取得设备的使用权和所有权，双方是买卖关系。

2. 补偿贸易的利弊

补偿贸易对设备进口方和设备供应方有十分重要的作用。通过补偿贸易，设备进口方可以引进先进的设备，提高技术水平和劳动生产率，扩大本国的生产能力，提高产品的质量，增加花色品种，增强出口产品的竞争性。同时通过对方回购，还可以扩大出口，获得比较稳定的销售渠道和销售市场。

就设备供应方而言，实行补偿贸易，有利于突破进口方支付能力的不足，扩大出口。特别是在市场竞争激烈的情况下，通过承诺回购义务，可以争取贸易伙伴，加强自己的竞争地位。

但是，补偿贸易并非十全十美，还存在不少缺点和局限性，主要表现在：

（1）补偿贸易内容复杂，既涉及信贷和流通领域，也涉及生产领域。双方当事人都同时充当买主和卖主的角色，关系较为复杂，开展起来比较困难。

（2）补偿贸易持续的时间长，产品回购需要通过多次交易，在价格和数量的确定上存在着一定的未知因素，产品的销售具有一定的风险。

（3）进口设备的一方，在作价上容易吃亏。因为，对方提供的机器设备的价格通常包含较高的利润。

（4）出口设备的一方对补偿产品在品质、规格和交货方面要求较严，往往借口销售市场状况不好，对补偿产品进行压价或撕毁合同，不再接受返销产品。

（5）如果补偿贸易的出口，同自己同类产品的出口发生竞争，会打乱原有的贸易渠道。

3. 进行补偿贸易应注意的问题

由于补偿贸易是一种比较复杂的交易，交易期限较长，在履行合同过程中会遇到难以预料的变化，因此，进行补偿贸易时应注意以下几个问题：

（1）做好项目的可行性研究。应根据我国国内的生产条件、资源情况、国际市场现状及发展趋势、产品的销路、价格等因素进行估算，对投资、成本、利润及经济效益进行估算。

（2）注意结算货币的选择。适用何种货币计价结算应结合贸易条件、价格因素一并考虑。机器设备从签约到付款有相当一段时间，计价币值可能变动。因此，生产企业在计算成本和价格时，应将货币币值升降和利息变动负担的因素计算在内。

（3）坚持进口设备既要先进，又要适合我方需要，严防外商借补偿贸易之机出售过时设备，或高估设备价格，牟取暴利。在进口设备时，要争取引进国外的专利或专有技术，提高技术水平。

（4）正确处理补偿贸易与正常出口的关系，要尽量避免返销产品与正常出口商品抢市场的现象。

（5）认真签订补偿贸易合同。补偿贸易合同是规定双方权利和义务的法律文件，其具体内容应包括以下几个方面：

1）设备的名称、型号、规格、性能、参数，同时应明确设备安装的责任、对方应负责的技术协助（包括人员培训）以及质量保证的期限等。若涉及专利或专有技术，还应规定相关内容。

2）有关信贷的条件。包括贷款金额、计价和结算货币、利率、偿还期限、偿还办法以及银行担保。

3）有关回购的规定。包括回购的产品名称、每期回购的数量、不履行回购义务的补救办法、回购产品的作价办法、回购义务的转让以及回购产品的品质标准和交货时间。

三、转手贸易和抵消交易

1. 转手贸易

转手贸易（Switch Trade）又称三角贸易（Triangular Trade），这是一种特殊的贸易方式。是指在记账贸易的条件下，人们采用转手贸易作为取得硬通货的一种手段。最简单的转手贸易是根据记账贸易办法买下的货物运到国际市场转售，从中取得硬通货。复杂的做法是在记账贸易项下握有顺差的一方将该项顺差（实际上是在相应的逆差国家购买货物的权利）转让给第三方，以换取他所需要的商品或设备，然后由该第三方利用该项顺差在相应的逆差国购买约定的货物，运往其他市场销售，收回硬通货。

在实践中，由于第三方购买的货物一般不是在国际市场易换得自由外汇的产品，因此，第三方往往需要把所购产品与其他国家产品相交换，有时经过多次交换，才能换取能够换取硬通货的产品。因为这种贸易环节多，手续复杂，成本较高，所以，在顺差转让时，一般要给予一定的优惠。而这种贸易一般只能由专门从事转手贸易的"转手商"组织运营。由于这种贸易的难度较大，故在对销贸易中所占比重不大。

2. 抵消交易

抵消（Offset）交易是20世纪80年代开始盛行的一种贸易方式，这种贸易方式目前多见于军火或大型设备的交易。其基本做法是，军火或大型设备出口商承诺购买进口方的有关零部件，或承诺将进口货款转化为资本，在进口国兴办零部件工厂和其他工业，然后以分红的形式取得利润，如东道国实行外汇管制，也可用利润购买当地产品出口，取得外汇的方式实现利润汇回。从本质上看，这种方式已突破商品交换的范围，成为直接投资，通过贸易推动生产国际化进程的一种特殊方式。

第六节 加工贸易

加工贸易是指从国外进口原料、辅料、零部件、元器件和包装材料，利用本国设备和劳动力，经加工或者装配，将制成品再出口的贸易方式。加工贸易包括来料加工和进料加工两个方面。

一、来料加工

来料加工（Processing with Customer's Materials）是指由境外商人提供一定的原材料、辅料、零部件、元器件和包装材料，由我方按对方的要求进行加工或者装配，制成品由境外商人销售，我方按照约定收取工缴费作为报酬。

（一）来料加工的性质和作用

来料加工属于服务贸易的一种形式，是以商品为载体的服务出口。开展该项业务不论对承接方还是委托方，均有积极作用。

对承接方而言，可以克服本国生产能力有余而原材料不足的矛盾，增加外汇收入；可以充分利用劳动力的资源，促进本地区经济的发展；可以借此引进国外先进的技术和管理经验。对委托方来说，可以降低成本，增强其在国际市场的竞争能力；可以促进其产业结构的调整与升级。

（二）来料加工合同的主要内容

来料加工是一种以商品作为载体的服务出口。其合同的内容不同于一般的货物买卖合同。通常应包括以下几个内容：

1. 对来料来件的规定

对方提供的原材料或零部件是来料加工顺利进行的物质基础，也是保证我方按时按质交付货物的前提之一。因此，合同中必须具体规定对方送交料件的时间、地点，并详细说明料件的品质、数量，还应规定料件短缺及未按时提交料件的处理办法。

2. 对提交成品的规定

为保证成品的质量，要对成品的品质规格、数量、交货期做出明确规定。对于有特殊要求的产品，必须订明详细的技术条款，并规定违约的处理办法。我方在规定该条款时，应根据自身的技术水平、生产能力、实事求是地加以规定，做到对双方均有利。

3. 有关工缴费的规定

工缴费是指加工成本加利润。在确定工缴费标准时，应以邻近国家与地区的工资水平为计算基础，并同时考虑以下因素：一是我国企业加工该产品的实际成本；二是我国目前的劳动生产率与国外的差距；三是来料加工过程中涉及的运输、保险费用由谁承担。

4. 付款办法

对来料、来件及成品均不作价的，则可规定工缴费由外商通过信用证或汇付方式向我方支付。对料、件和成品分别作价的,双方可以对开信用证,即来料、来件用远期信用证,成品出口用即期信用证,也可以用托收方式即来料、来件用承兑交单(D/A),对成品出口用即期付款交单(D/P at sight)。

5. 运输和保险

根据来料加工业务的做法,无论是料件或成品,其所有权始终属于外方,我方获取的工缴费是净收入。因此,料件和成品的运输及保险应由外商负责,如合同规定由我方代办,则费用应由外商负担。

(三) 开展来料加工应注意的问题

(1) 应选择投资少、见效快、收益较大、在国际市场上销路稳定的商品进行加工装配,同时也要逐步提高技术层次,改变目前以劳动密集型产品加工装配为主的状况。

(2) 要正确处理来料加工业务与正常出口的关系。与一般出口贸易争客户、争市场的业务,尽量少搞或不搞。

(3) 要加强经济核算,讲究经济效益,合理确定工缴费,力求工缴费的标准既有竞争性,又能为国家增加外汇收入,严格避免各加工单位自相竞争,任意降低收费标准。

(4) 在来料加工业务中,外商对成品的品质、规格、外形设计及使用的商标等都有具体要求。加工企业应特别要求外商提供其拥有相关专利、商标使用权的证明,并要外商保证以后若发生知识产权的争议,由其承担一切责任。

二、进料加工

进料加工(Processing with Imported Materials)是指进口国外有关原料、辅料,加工成制成品后再出口。例如从国外进口面料,做成服装出口。这种做法在我国又称"以进养出"。

(一) 进料加工的作用

(1) 进料加工有助于弥补国内物资资源的不足,扩大商品出口。我国除煤炭、石料等少数资源外,是一个物资资源相对不足的国家,如果按人均资源占有量来说更是如此。随着国内市场对物资资源需求的增加,内外销争资源的矛盾日益严重,已成为发展我国出口贸易的制约因素。因此进口一些在花色、品种、规格、质量、数量等方面不能满足出口需要的原材料,加工出口,能较好地解决原材料不足的矛盾。

(2) 采取进料加工有助于我国出口商品适应国际市场的需要和提高出口商品的档次。由于各国自然条件与社会生产条件的差异,各国都不可能提供自己所需要的全部原料。而进料加工出口可以不受国内原材料、花色品种的制约,完全按照外商的要求制作,这样可使出口商品更加适销对路。同时也可以提高出口商品的档次和质量,增加外汇收入。

(3) 采用进料加工有助于出口企业进行经济核算,提高竞争力。由于国际市场进料和向国际市场销售成品均依据国际市场价格,这可以促使企业认真核算成本,并利用我国的工资水平低于发达国家和某些发展中国家的优势,增强企业出口竞争力。

(二) 进料加工与来料加工的区别

(1) 在进料加工中,原料进口和成品出口是两笔不同的交易,均发生了所有权的转移,而且原料供应者和成品购买者之间没有必然的联系。而在来料加工业务中，原料、零部件的运进和成品的运出均未发生所有权的转移，它们属于一笔交易，有关事项在同一个合同中加以规定。

（2）在进料加工中，两国商人的关系是买卖关系，而在来料加工中，两国商人的关系是委托加工关系。

（3）在进料加工中，我方从国外购进原料、零部件加工成成品，使价值增值，再销往国外，赚取的是由原料、零部件到成品的附加值，但我方要承担市场销售的风险。在来料加工中，成品由外方销售，我方无须承担风险，但我方获取的只是一部分劳动力的报酬，它与进料加工产生的附加值是不能画等号的。

（三）发展进料加工应注意的问题

（1）加强国际市场的行情调研。在进料加工方式下，进料与出口是两笔不同的买卖，我国加工方同国外原料供应方以及产品进口方为买卖关系。如果我们对国际市场行情摸不准，就会出现盲目进口原料加工，而产品卖不出去或者盲目签订出口合同而进料无保证的现象。

（2）加强产品的开发能力。发展进料加工完全是面向国际市场。在当今世界，科技进步日新月异，新产品层出不穷，买主的选择性愈来愈大。这就要求企业不断地开发新颖、独特的产品。而做到这一点，企业人员必须更新设计观念，使设计工作适合国际市场的需要。

（3）精确核算进料成本、国内生产费用，选择赢利高、创汇率高的产品以保证取得良好的经济效益。

三、境外加工贸易

（一）开展境外加工贸易的意义

境外加工贸易是指我国企业以现有技术、设备投资，在境外以加工装配的形式，带动和扩大国内设备、技术、零配件、原材料出口的国际经贸合作方式。开展境外加工贸易，是企业实施"走出去"战略的重要途径，具有重要意义。

（1）开展境外加工贸易，有利于我国缓解双边贸易的不平衡。改革开放以来，中国的出口贸易有了飞速发展，但与不少国家存在着双边贸易不平衡问题，影响双边贸易的健康发展。开展境外加工贸易，可以保持和拓展东道国市场，并通过东道国向第三国出口，从而减少双边贸易的不平衡。

（2）开展境外加工贸易，有利于我国打破贸易保护主义。由于我国产品在国际市场上有较强的竞争力，成为不少国家贸易保护主义针对的对象，反倾销调查、技术性贸易壁垒层出不穷。通过境外加工贸易，可以将出口与对外投资有机结合，冲破贸易保护主义的限制，利用我国境外投资企业加大我国生产设备和零部件的出口。

（3）开展境外加工贸易，有利于我国产业结构的优化。我国某些行业的生产技术已经成熟，国内市场已经饱和，出现过度竞争局面。通过境外加工贸易，把成熟的、发展余地不大的产业向海外转移，以加速我国产业结构的调整。

（4）开展境外加工贸易，有利于我国企业提高经济效益。开展境外加工，实施从产地销到销地产,最大限度地缩小了从产地到销地的距离,可以增强我国企业的竞争力。我国企业可以利用东道国较低的生产和运输成本组织生产,以健全的市场营销渠道扩大销售,从而获取较高的经济效益。

(二) 开展境外加工贸易应注意的问题

(1) 做好境外加工贸易项目的可行性研究。可行性研究是保证项目取得成功的关键。可行性研究的重点应放在市场需求、主要竞争对手情况、进出口管理、海关管理、外汇管理、税收管理、环保政策、人员入境、用工制度等政策上。要认真分析能否有效发挥自身优势,要根据市场需求准确定位并适时调整。

(2) 选好合作伙伴。如果采取合资或合作方式,那么,选择国外合作伙伴则是开展好境外加工贸易业务的前提。必须对当地企业的资信情况、市场营销能力、合作精神进行深入了解,并应通过签订协议的方式明确合资、合作双方的权利与义务。要落实各方投资资金和开办初期的流动资金。在合资、合作过程中,要安排得力人员参与企业的注册和经营管理,特别要坚持财务部门由中方控制,确保中方投资主体出售给合资、合作企业的设备、零部件等货款安全回收。

(3) 境外加工贸易项目必须遵守东道国的法律、法规,依法开展经营活动。

思 考 题

1. 什么是经销?采用经销方式应注意哪些问题?
2. 国际贸易中的代理有哪些主要形式?代理协议应包括哪些主要内容?
3. 独家经销与独家代理有何不同?
4. 国际货物拍卖的出价方法有哪些?
5. 招标与投标方式的特点是什么?公开招标和选择性招标有何不同?
6. 根据交易者动机的不同,商品期货交易可分为哪两种不同的类型?卖期保值与买期保值有何不同?
7. 对销贸易与正常进出口贸易的主要区别是什么?
8. 什么是加工贸易?开展加工贸易有何意义?发展加工贸易应注意哪些问题?

附 录

国际贸易单证示例

Booking No.: 0102		B/L NO. 0302	
1. Shipper Insert Name, Address and Phone BEIJNG INTERNATIONALTRADE CORP, NO.7 BAISHIQIAO ROAD, BEIJING 100081,CHINA, TEL:8610684166		**CSC** CSC SHIPPING LINES TLX: 33057 CSC CN FAX: +86(021) 65458984	
2. Consignee Insert Name, Address and Phone TO ORDER		**ORIGINAL** Port-to-Port or Combined Transport **BILL OF LADING**	
3. NotifyParty Insert Name,Address and Phone (it is agreed thatnoresponsibility shallattach to the Carrier or his agents for failure to notify) HAMME COMPANY, P.O.BOX31,HAMBURG, GERMANY		RECEIVED in external apparent good order and condition except as of Lading are furnished by the Merchants, and which the carrier has nootherwise noted. The total number of packages or units stuffed in the container, the description of the goods andthe weights shown in the Bill reasonable means of checking and is not a part of this Bill of Ladingcontract. The carrier has issued the number of Bills of Lading stated below, all of this tenor and date, one of the original Bill of Lading must be surrendered and endorsed or signed against the deliveryof the shipment and whereupon any other original Bills of Lading shall be void. The Merchants agree to be bound bythe terms and conditions of this Bill Lading as if each had personally signed this Bill of Lading. SEE clause 4 on the back of this Bill of Lading (Terms continued on the back hereof, please read carefully)	
4. Combined Transport* Pre-carriage by	**5. Combined Transport*** Placeof Receipt		
6. OceanVessel SONG HE	**Voy. No** 09	**7. Port of Loading** SHANGHAI,CHINA	*Applicable Only When Document Used as a Combined TransportBill of Lading
8. Port of Discharge HAMBURG PORT, GERMANY		**9. Combined Transport*** Place of Delivery	

Marks & Nos. Container .Seal No.	No. of containers or Packages	Description of Goods (If Dangerous Goods, See Clause 20	Gross Weight kg	Measurement m³
2019 001,DE	ONE	ONE SETOFMILLING MACHINE MODEL 112 LC NO. 001 FREIGHT PREPAID ON BOARD AUG.30, 2019	8 000	4
	Description of Contents for Shipper's Use Only (Not part of This B/LContract)			

10.Total Number of containers and /or packages (in words) Subject to clause 7 Limitation			IN ONE WOODEN CASE ONLY		
11. Freight & Charges ALL ASARRANGED Declared Value Charge	Revenue tons	Rate	Per	Prepaid	Collect
Ex. Rate:	Prepaid at	Payable at		Place and date of Issue	30/08/19 IN SHANGHAI
	Total Prepaid	No. of Original B(s)/L THREE		Signed for the Carrier, **CSC CONTAINER LINES**	
LADEN ON BOARD THE VESSEL **DATE**	SONG HE AUG 30, 2019				

北京国际贸易公司
BEIJING INTERNATIONAL TRADE CORP
No. 7 Baishiqiao Road, Beijing 100081, China Tel/Fax: 684166

COMMERCIAL INVOICE
商业发票

No.: 19001

Date: 30/08/19

MESSRS.

HAMME COMPANY, P. O. BOX 31,
HAMBURG, GERMANY

Shipment from　　Shanghai, China　　to　　Hamburg Port, Germany

	货品名称及规格 Commodities and specifications	数量 Quantity	单价 Unit Price	总价 Amount
1	MILLING MACHINE MODEL 112 LC NO. 001	ONE SET	USD80,000.00	USD80,000.00 CFR HAMBURG PORT, GERMANY

北京国际贸易公司
BEIJING INTERNATIONAL TRADE CORP

No. 7 Baishiqiao Road, Beijing 100081, China Tel/Fax: 684166

装箱单
PACKING LIST

MESSRS.	Reference No. 001-P1
HAMME COMPANY, P. O. BOX 31,	Invoice No. 19001
HAMBURG, GERMANY	Date 30/08/19
	Contract No. 19-001DE

SHIPMENT FROM SHANGHAI TO   HAMBURG PORT, GERMANY

Description	Quantity	N. W.	G. W. kg	Measurement m^3
MILLING MACHINE MODEL112 PACKED IN WOODEN CASE (S) LC NO. 001 SAY IN ONE WOODEN CASE ONLY.	ONE SET		8 000	4

中国人民保险公司
The People's Insurance Company of China

总公司设于北京　　1949 创立
Head Office: Beijing　Established in 1949

保 险 单
INSURANCE POLICY

保险单号次
POLICY NO. 0856E

中 国 人 民 保 险 公 司 （ 以 下 简 称 本 公 司 ）
THIS POLICY OF INSURANCE WITNESSES THAT THE PEOPLE'S INSURANCE COMPANY OF CHINA (HEREINAFTER CALLED "THE COMPANY")
根 据
AT THE REQUEST OF BEIJING JW INTERNATIONAL TRADE CORP
（以下简称被保险人）的 要 求 ， 由 被 保 险 人 向 本 公 司 交 付 约 定
(HEREINAFTER CALLED "THE INSURED") AND IN CONSIDERATION OF THE AGREED PREMIUM PAID TO THE COMPANY
的 保 险 费 ， 按 照 本 保 险 单 承 保 险 别 和 背 面 所 载 条 款 与 下 列
BY THE INSURED, UNDERTAKES TO INSURE THE UNDER MENTIONED GOODS IN TRANSPORTATION SUBJECT TO THE
特款承保下述货物运输保险，特立本保险单。
CONDITION OF THIS POLICY AS PER THE CLAUSES PRINTED OVERLEAF AND OTHER SPECIAL CLAUSES ATTACHED HEREON.

标 记 MARKS & NOS.	包装及数量 QUANTITY	保险货物项目 DESCRIPTION OF GOODS	保险金额 AMOUNT INSURED
C N 1 9 0 4 XINGANG, CHINA CBHU 0967-SN5226	1X20FT CONTAINER	30 SETS OF JOHN WILLIAMS 390-MODEL MOWER	USD110, 550.-

总保险金额;
TOTAL AMOUNT INSURED: *USD110, 550.-*

保　费　　　　费率　　　　装载运输工具
PREMIUM *AS ARRANGED*　RATE *AS ARRANGED*　PER CONVEYANCE S. S *OCEAN VESSEL SONG HE*
VOY. NO. *068E*

开航日期　　　　　　　自　　　　　　　至
SLG ON OR ABT *01/05/19* FROM *NEW YORIK , USA* TO *XINGANG , CHINA*

承保险别:
CONDITIONS *ALL RISKS AND WAR RISK*

所保货物，如遇出险，本公司凭本保险单及其他有关证件给付赔款。
CLAIMS IF ANY PAYABLE ON SURRENDER OF THIS POLICY TOGETHER WITH OTHER RELEVANT DOCUMENTS
所保货物，如发生本保险单项下负者赔偿的损失或事故，
IN THE EVENT OF ACCIDENT WHEREBY LOSS OR DAMAGE MAY RESULT IN A CLAIM UNDER THIS POLICY IMMEDIATE
应立即通知本公司下述代理人查勘。
NOTICE APPLYING FOR SURVEY MUST BE GIVEN TO THE COMPANY'S AGENT AS MENTIONED HEREUNDER
　　　　　　　　　　　PICC (Property) TIANJIN Branch

赔款偿付地点　　　　　　　　　　　　　　　　　　中国人民保险公司
CLAIM PAYABLE AT/IN *XINGANG*　　　　　　　　　THE PEOPLE'S INSURANCE CO. OF
　　　　　　　　　　　　　　　　　　　　　　　　　　CHINA

出单日期
DATE *30/04/19*

地址: 中国北京东河沿街 69 号　　　　　　　　　--------------------
Address: No. 69 Dong He Yan Jie, Beijing, China　General Manager

参 考 文 献

[1] 彼得·林德特. 国际经济学 [M]. 范国鹰,等,译. 北京:经济科学出版社,1992.
[2] 陈宪. 国际贸易(第二版)[M]. 上海:立信会计出版社,2004.
[3] 大卫·李嘉图. 政治经济学及赋税原理 [M]. 郭大力,王亚南,译. 北京:商务印书馆,1962.
[4] 董瑾. 国际贸易学(第二版)[M]. 北京:机械工业出版社,2010.
[5] 范家骧. 国际贸易理论 [M]. 北京:人民出版社,1985.
[6] 高成兴,黄卫平,朱立南. 国际贸易教程(第三版)[M]. 北京:中国人民大学出版社,2007.
[7] 海闻,P. 林德特,王新奎. 国际贸易 [M]. 上海:上海人民出版社,2003.
[8] 卢进勇,刘恩专. 跨国公司理论与实务 [M]. 北京:首都经济贸易大学出版社,2008.
[9] 李京. 国际贸易单证(第三版)[M]. 北京:北京理工大学出版社,2017.
[10] 黎孝先. 国际贸易实务(第五版)[M]. 北京:对外经济贸易大学出版社,2011.
[11] 迈克尔·波特. 国家竞争优势 [M]. 李明轩,邱如美,译. 北京:华夏出版社,2002.
[12] 石广生. 中国加入世界贸易组织知识读本 [M]. 北京:人民出版社,2001.
[13] 唐海燕,毕玉江. 国际贸易学 [M]. 上海:立信会计出版社,2011.
[14] 佟家栋,周申. 国际贸易学(第二版)[M]. 北京:高等教育出版社,2007.
[15] 王志乐. 静悄悄的革命——从跨国公司走向全球公司 [M]. 北京:中国经济出版社,2008.
[16] 薛荣久. 国际贸易(第五版)[M]. 北京:对外经济贸易大学出版社,2008.
[17] 姚曾荫. 国际贸易概论 [M]. 北京:人民出版社,1987.
[18] 张二震,马野青. 国际贸易学(第三版)[M]. 北京:人民出版社,2007.
[19] 张玮. 国际贸易(第二版)[M]. 北京:高等教育出版社,2011.
[20] 亚当·斯密. 国民财富的性质和原因的研究 [M]. 郭大力,王亚南,译. 北京:商务印书馆,1974.
[21] 俞毅. 国际贸易实务教程. [M]. 北京:机械工业出版社. 2006.
[22] 赵春明. 国际贸易学 [M]. 北京:石油出版社,2003.
[23] 周瑞琪,王小鸥,徐月芳. 国际贸易实务(英文版)(第四版)[M]. 北京:对外经济贸易大学出版社,2019.
[24] 徐进亮,张啸晨. 国际贸易实务(双语版)[M]. 北京:对外经济贸易大学出版社,2019.

[25] Charles W L Hill. Global Business Today [M]. McGraw-Hill Companies Inc., 1997.
[26] Dominick Salvatore. International Economics (5th edition) [M]. Prentice Hall Inc, 1995.
[27] Paul R Krugman, Maurice Obstfeld. International Economics—Theory and Policy (5th edition) [M]. Addison Wesley Longman Inc., 2000.